生命叙事与心理传记学

Life Narrative and Psychobiography

岭南师范学院心理传记学与生命叙事研究所
台湾生命叙事与心理传记学会
主办

2013年广东省心理学专业综合改革试点
建设项目资助（粤教高函〔2013〕113号）

2014
Vol.2

第二辑

郑剑虹
李文玫
丁兴祥
主编

中央编译出版社
Central Compilation & Translation Press

图书在版编目(CIP)数据

生命叙事与心理传记学. 2 / 郑剑虹,李文玫,丁兴祥主编.
—北京：中央编译出版社，2014.12
ISBN 978-7-5117-2456-4

Ⅰ. ①生…
Ⅱ. ①郑…②李…③丁…
Ⅲ. ①心理学
Ⅳ. ①B84

中国版本图书馆 CIP 数据核字(2015)第 000667 号

生命叙事与心理传记学. 2

出 版 人：	刘明清
出版统筹：	贾宇琰
责任编辑：	王　琳
责任印制：	尹　珺
出版发行：	中央编译出版社
地　　址：	北京西城区车公庄大街乙 5 号鸿儒大厦 B 座(100044)
电　　话：	(010)52612345(总编室)　(010)52612341(编辑室)
	(010)52612316(发行部)　(010)52612317(网络销售)
	(010)52612346(馆配部)　(010)55626985(读者服务部)
传　　真：	(010)66515838
经　　销：	全国新华书店
印　　刷：	北京时捷印刷有限公司
开　　本：	787 毫米×1092 毫米　1/16
字　　数：	327 千字
印　　张：	25.5
版　　次：	2014 年 12 月第 1 版第 1 次印刷
定　　价：	89.00 元
网　　址：	www.cctphome.com　　邮　箱：cctp@cctphome.com
新浪微博：	@中央编译出版社　　　微　信：中央编译出版社(ID: cctphome)
淘宝店铺：	中央编译出版社直销店(http://shop108367160.taobao.com)　(010)52612349

本社常年法律顾问：北京市吴栾赵阎律师事务所律师　　闫军　　梁勤
凡有印装质量问题，本社负责调换，电话：(010)55626985

主办：岭南师范学院心理传记学与生命叙事研究所
　　　台湾生命叙事与心理传记学会

编审委员会

编审顾问：黄希庭（西南大学）
　　　　　　吴静吉（台湾政治大学）
主　　编：郑剑虹　李文玫　丁兴祥
编审委员（按姓氏笔画排列）：
　　丁兴祥（台湾辅仁大学）
　　丁道群（湖南师范大学）
　　王思峰（台湾辅仁大学）
　　王林发（岭南师范学院）
　　尹可丽（云南师范大学）
　　冯朝霖（台湾政治大学）
　　刘电芝（苏州大学）
　　宋文里（台湾辅仁大学）
　　李文玫（台湾龙华科技大学）
　　李劲松（云南师范大学）
　　吴继霞（苏州大学）
　　谷传华（华中师范大学）
　　陈祥美（台湾圣约翰科技大学）

陈顺森（闽南师范大学）
张慈宜（台湾辅仁大学）
张煜麟（台湾南台科技大学）
范兆雄（岭南师范学院）
郑剑虹（岭南师范学院）
郑荣双（岭南师范学院）
周　宁（云南师范大学）
洪瑞斌（台湾中国文化大学）
钟　年（武汉大学）
郭永玉（华中师范大学）
郭斯萍（广州大学）
胡志坚（聊城大学）
贾宇琰（中央编译出版社）
凌　辉（湖南师范大学）
翁开诚（台湾辅仁大学）
倪鸣香（台湾政治大学）
萧延中（华东师范大学）
舒跃育（西北师范大学）
傅安国（海南大学）
赖诚斌（台湾树德科技大学）
熊同鑫（台湾台东大学）
霍建国（台湾龙华科技大学）
燕良轼（湖南师范大学）
薛荣祥（台湾龙华科技大学）

英文编辑顾问： 游柱然　刘克奇
文字编辑校对： 林诗君　任俊荟　吴雨珊　梁惠飘　莫欣欣　黄敏婵

目录
contents

心理传记学：理论探索

生命诗学：心理传记与生命叙说的新开展
丁兴祥　张继元　/ 1

心理传记学：实例研究

"成为一个动词"：客家女诗人张芳慈的心理传记学研究
李文玫　霍建国　/ 33

砥砺风雨路，蟾宫三折桂——奥运冠军陈艳青心理传记学研究
吴继霞　王　可　姜　华　/ 81

林语堂的生命脚本初探
陈祥美　/ 111

理论即生命经验：以太虚大师的人生佛教为例
薛荣祥　丁兴祥　/ 145

"清廉卓绝"堪比海瑞——闽浙总督陈瑸的心理传记学探索
陈发钏　郑剑虹　/ 171

千古一相——诸葛亮生命历程的心理传记分析
舒跃育　/ 195

苏轼仕隐矛盾的心理传记学研究
王世明　陈顺森　/ 233

生命叙事与质性研究

在无名的生活中突围：一位台湾水电工为尊严进行斗争的故事
张慈宜　/ 267

都市儿童近视初期传记性历程之研究
张煜麟　倪鸣香　刘影梅　/ 301

幸福进取者与不幸者情绪调节的对比性个案研究
尹可丽　/ 327

优秀贫困大学生的心理弹性及其保护性因素的个案研究——对 A 的个案分析
刘礼艳　刘电芝　/ 361

海峡两岸"生命叙事与心理传记学学术研讨会"简介　/ 391

《生命叙事与心理传记学》约稿启事　/ 393

contents

Psychobiography: Theory

The Poetics of Life: A New Approach to Psychobiography and Life Narrative
Shing-Shiang Ting & Chi-Yuan Chang / 1

Psychobiography: Research

"Becoming a Verb": The Psychobiographical Research of Hakka Female Poet Fan-ci Chang
Wen-mei Li & Chien-kuo Huo / 33

A Psychobiographical Study on the Olympic Champion Yanqing Chen
Jixia Wu, Ke Wang & Hua Jiang / 81

An Initial Research of Lin Yutang' Life Script
Hsiang-mei Chen / 111

Theory as Life Experiences: A Study of Engaged Buddhism of Master Tai-Xu
Jung-hsiang Hsueh & Shing-shiang Ting / 145

The Psychobiography Explorations of Chen Bin's "Greant Integrity"
Chen Fazhao & Zheng Jianhong / 171

A Rare Prime Minister: A Psychobiographical Study of Zhuge Liang's Life Course

Yue-yu Shu / 195

Su Shi's Self-contradiction between Being an Official and Resignation

Shi-ming Wang & Shun-sen Chen / 233

Life Narrative and Qualitative Research

The Break Out of an Unknown Life: An Electrical Technician's Life Narrative

Tsz-Yi Chang / 267

A Study of Biographical Process for Urban Children in Early Myopia Phase

Yu-Lin Chang, Ming-Shiang Ni & Yiing-Mei Liou / 301

How Happy Enterprising Individual and Unhappy Individual Regulate Emotion: A Comparative Case Study

Ke-li Yin / 327

A Case Study of the Resilience Factors and Its Protective Factors of Excellent Impoverished Undergraduate — Case Analysis of A

Liu Liyan & Liu Dianzhi / 361

A Brief Introduction of Cross-Strait Conference on Life Narrative and Psychobiography / 391

Notice to Contributors / 393

生命诗学：
心理传记与生命叙说的新开展

丁兴祥　张继元[*]

（辅仁大学心理系，台湾新北，24205）

/ 摘　要 /

本文首先回顾了心理传记学的历史发展与理论的哲学立场，然后援用当代诠释学的"实践哲学"视野以及中国哲学于心理传记学之中，最后提出"心理传记与生命叙说"的新取向将是朝向"生命诗学"（the poetics of life）。"心理传记与生命叙说"探索的本质若是朝向"生命诗学"，这将是生命的叙说、理解及实践，是一整体生命之开展。心理传记之建构宛如"诗"的建构，借由心理传记学的再思考（rethinking），本文主张该"艺术"取向的"心理传记与生命叙事学"登场了。而作为生命诗学的心理传记学，不仅是一种"理解"、"欣赏"传主的学问，也是朝向人们生命创造转化之学，更是迈向涵养

---

[*] 丁兴祥，E-mail: 000864@mail.fju.edu.tw; 张继元，E-mail: 0609az@yahoo.com.tw

知行合一、互为主体、人道精神、历史意识、自然生态与社会关联性的地球公民志业。

/ 关键词 /

生命诗学，心理传记，生命叙说

一、心理学宛若历史学（psychology as history）

本文接续《弗洛伊德百年之后："'辅仁'心理传记学"的继往开来》（张继元，丁兴祥，2012）一文，是两位作者针对"心理传记与生命叙说"的进一步探索作品。

"心理学宛若历史学"，这是格根（Gergen，1973）的说法。本文作者丁兴祥回忆道，当初1980年代去美国留学（加州大学戴维斯分校），在"社会心理学"的课堂上，读到格根这篇发表在JPSP上的文章，受到不小的震撼！当年赴美就是将心理学视为一门"科学"，而且是一种"精确"的科学，可以"计量"的。而丁兴祥的博士指导教授西蒙顿（Simonton）更是以此闻名，甚至认为"历史学"亦可计量，可发展成"历史计量学"（historiometry）。另外，当初留学时系上的另一位社会心理学教授埃尔姆斯（Elms）则认为格根的文章有其"典范转移"（paradigm shift）的价值，因此写了一篇文章讨论"社会心理学的信心危机"问题。这样的争议，在美国70年代、80年代是相当受到重视的，是心理学对自身方法及学科定位"反思"的年代，而这样的"反思"，便有机会激发出崭新的学科方向。

心理学对自身专业之反思，尤其在本体论及认识论层次上的反思，有助于自身的定位与开展（丁兴祥，赖诚斌，2006）。心理学一直是一门发展中且不断变迁的学门，它的研究问题、研究主题及研究方法之选择，会受到其历史文化脉络的影响,同时也受到心理学家"自身反思"的影响。社会及人格心理学家艾伦·C.埃尔姆斯曾经将自己心理学专业发展的心路历程,比喻为是在寻找"一条回家的路"。他在《揭露生命》(1994)一书中,便提到他的心路历程——如何从一位实验心理学家走上心理传记学。丁兴祥(2006)也在《质性心理学:研究方法的实务指南》一书中的"导读"中略述了自己"回家"的故事。丁兴祥的博士论文是采用西蒙顿"历史计量学"的进路,研究中国文学杰出人才的社会文化脉络因素。回台湾之后,仍用西蒙顿的方法研究中国人的创造力之社会文化条件;然而,在研究历程中却逐渐发现人的"创造力"有其更复杂的一面,而传统心理学的"实证取向"方法论,并不足以解释这样的复杂性。于是丁兴祥逐渐开始研究"创造者"的个别生命史,而当初在美国受埃尔姆斯"心理传记学"取径的召唤经验似乎再度被启动了,因此开始以"心理传记学"的方式,探索"个案"的复杂性及独特性。

二、凡走过必留下痕迹:那些年·那些事·那些人

丁兴祥开始转向"心理传记学"后,除了在系上开"心理传记学"课程之外,也开始"质性研究"的课程,并指导"生命史及心理传记"取向的论文。最先指导的心理传记学论文是关于梁启超(陈祥美,1993)、沈从文(赖诚斌,1993)。当时"心理传记学"课程的教本则选用鲁尼恩(Runyan, 1982)的《生命史与心理传记学》(*Life Histories and Psychobiography*)。后来,丁兴祥与选课的同学将这本教本翻译成中文,由远流出版社出版,书名为《生命史与心理传记学》(2002)。

除了"心理传记"课之外,丁兴祥也在研究所创新地开设"质性研究"及"叙说研究"的课,而心理传记学正是一种"叙说研究"。迄今,"叙说"(narrative)转向逐渐在台湾受到重视,"叙说"(亦可以翻译为"故事",

story）不仅是日常生活普遍现象，也是学术研究的新典范。当时台湾缺乏这方面的中译本，上课所用的教本之一：黎西曼（Riessman，1993）的《叙说分析》（*Narrative Analysis*）由两位研究生王勇智、邓明宇合作译出，由丁兴祥校订。这本书提供了三种不同叙说分析的具体方法，丁兴祥在序文中提及"叙说"不仅是在介绍一种适合研究"人"的方法，也是开展生命的途径，更是一种让学术走向大众的社会关怀。无论对于叙说研究的学术发展，或对于我们的生命，在很多层面，它都是一种真真切切的实践印记（丁兴祥，2003）。另外，由于丁兴祥亦开设"质性研究"课程，而"质性研究"于心理学也正在国外兴起，且有好几本介绍质性心理学的书，因此，基于教学需要，丁兴祥便与几位研究生将乔纳森·A. 史密斯（Jonathan A. Smith，2003）的《质性心理学》（*Qualitative Psychology*）译成中文，在 2006 年由远流出版。然而，由于心理学的主流典范是"量化"取向，这本书却广泛地介绍了心理学可用的"质性研究法"，可以说是相当"另类"的取向，然而，这个"另类"却往往是"原有"的！丁兴祥在导读的序文中曾写"质性心理学，原来是我们一条回家的路"（丁兴祥，2006）。

近年来，"质性心理学"逐渐受到重视，但也开始有了争议。诚如前面所提，"反思性"（reflexivity）是人文精神活动的核心，集体的反思更能汇集动能及意志产生社会变革。于是丁兴祥在《应用心理研究》期刊主编了一期"心理学的定位与开展"（2006）。该期刊共收集七篇针对"心理学"的反思性论文，而这些论述从回观自身、到扬弃、到对话、到实践行动，皆是针对"心理学"（对人的根本隐喻）进行反思，并企图探寻心理学新的出路，注入未来开展的能动力。心理学或可打破"旧典范"的视框，在不断的反思及对话中转化生成（becoming）引领出新的未来（丁兴祥，2006）。回观心理"科学"，通由"反思"心理学，区辨"认识论"，甚至"本体论"的重新定位，如此可开创出不同于"自然科学"定位的"人文科学心理学"（the human science psychology）。这样的"人文科学心理学"在主体性、研究关系、认识论位置、知识想象等等亦皆接引至社会关联性，而将心理科学朝向实践一个善美的社会学术图像（丁兴祥、赖诚斌，2006）。本文主张"心理传记与生命叙说"是一种"人文科学心理学"，人文科学心理学将"人"看成历史性的，是朝向"社会关联"的，是朝向"生活"或自身"生命"的心理学。2005年，丁兴祥在系上主办的"辅仁80·心理70"研讨会中，在"穿越历史时空：心理工作者在故事中对谈"场次针对"辅大心理系"的历史进行反思，并强调要发展一种"朝向社会关联的心理学"，而这正是埃尔姆斯当年在美国针对社会心理学的呼吁。那篇文章论及心理学者对自身的社会位置、所生产的知识应和社会有关联性并有所反思。其中，更引述辅大系友张厚粲教授的话，她说："学心理学的目的是什么？如果只是为了将来教心理学，那么取消这一群学心理学的，不就没事了？社会也不会受到什么影响！"这话正点出了心理学必须回应社会关联的要求，也就是要与具体的"生活世界"产生关联（丁兴祥，2005）。朝向"社会关联"的心理学，往往得要回归"生活世界"（life world）。

格根（1973）针对当时的主流心理学，对心理学的"本质"进行反思，重新定位心理学，将心理现象视为"历史"的产物。萨宾（Sarbin, 1986）顺着这样的反思更进一步宣称历史即叙说（history as narrative），提出了"叙说心理学"。萨宾对心理学的"再思考"，开创了一种新的心理学发展方向。萨宾的"叙说心理"是对"人"的根本隐喻（root metaphor）重新定位，将"人"视为"叙说"或"叙说者"。这种对"人"的根本隐喻的重新定位是一种"典范转移"。这样的转换，改变了心理学的"实证主义"定位；而"叙说"是语言建构的，或透过语言建构其世界的，这是一种"另类"的心理学。萨宾的"叙说心理学"包含广泛，是一种"叙说转向"，其中包含了"自我叙说"（self-narrative）。该书几乎花了一半篇幅讨论"自我叙说"，可以说"自我叙说"亦是一种另类心理学（丁兴祥，2012）。丁兴祥指导的研究生以及该系的许多研究生也有许多人是朝向反思"自身"的生命,以"自我叙说"作为研究取径,探究"自己"。这样的取径,一反传统心理的"客观我",而将主体的经验作为探究的对象。这是一种回身向内"己",向内用力的探究历程,犹如曾子所言:"吾日三省吾身。"这样的向内用力,"反求诸己"的心理学,可以上接本土文化传统,或可开出一种"为己之学"。这种心理学可探究主体的"叙说与实践"、"自我志向及价值确定"、"叙说与认同"、"互为主体的感通"等等议题,这是传统心理学忽略或难以触及的。此种"生命叙说"的取向,或可上通中国文化所重视的"生命的学问"。

回顾上述的"行走痕迹",丁兴祥自己认为这一路走来可说是一段逐渐变迁之旅。从赴美求学,试图用"历史计量学"探究中国人的创造力发展,而后遇到埃尔姆斯的"心理传记学",开了心理学研究的"另一扇窗"。虽然两种路数差异很大,但丁兴祥在美国学习时并不偏食,两者皆学,但博士论文仍以"历史计量学"为方法;回国后,以"历史计量法"探究中国人的创造发展之社会文化脉络。但他逐渐发现其不足,统计量数可说明大样本的趋势,却无法解释"创造者"个人的独特发展,因此,开始采用"心理传记学与生命史"取向研究杰出创造者。这是一条由"量"而"质"的研究之路。若从方法论的角度来看,可以说从传统的"实证主义"逐渐朝向"后实证主义",再朝向"诠释学"取向。而这样的转向,当然不只是"个人"的反思,也是"一小群人"集体的反思,更是回映着心理学"本身"的典范反思(张继元、丁兴祥,2013)。

三、"生命史与心理传记学"的新取向:生命诗学

(一)心理传记学的再思考(rethinking)

鲁尼恩(1982)所著的《生命史与心理传记学》,可说是这个领域最早的

教科书。该书主要是探讨"生命史"及"心理传记学"领域中所遭遇的方法及概念上的基本问题,而这些问题包括:个体生命的描述及解释、生命历程的概念化、个案研究、特则(idiographic)研究以及心理传记方法的批判检验。这本书提供了研究单一个案生命历程时,在理论及方法上更严谨的基础。鲁尼恩针对"生命史与心理传记学"的研究领域发展作了回顾,并在方法上提供了一些标准及程序,使这个领域的方法更为严谨、有效。但这本书并没有针对"生命史"或"心理传记学"提出定义。而麦克亚当斯(McAdams, 1988)将"心理传记学"定义为:"有系统地运用心理学理论,将生命经验转化成一个连贯且具有启发性的故事。"这个定义将"心理学理论"、生命历程以及故事三者结合起来,可看出麦克亚当斯已受"叙说转向"的影响,将"心理传记"与"叙说"取向结合。

埃尔姆斯(1994)的《揭露生命:传记与心理学的不安之联盟》(*Uncovering lives: The uneasy alliance of biography and psychology*)这本书书名标示出"心理传记学"是一种跨领域的学科,是将心理学与传记学结盟,但却是一种不安(或不易)的联盟。他认为心理传记学是一种传记学,这种传记学是实质地使用心理学的理论及知识。这样的定义已将心理传记学归属于"传记学",但却结合心理学知识。不同的"结合"常常会经历"磨合",也就是说,会造成两个领域(学门)的紧张。埃尔姆斯在书中强调,"心理学家宛若传记学家"(the psychologist as biographer),这已有朝向"文学"的味道。但心理学是一门"科学",那么心理传记学是否可用"科学方法"?埃尔姆斯回答颇为"艺术、诗意",他说这个问题本身即是一个"奇怪"的问题,因为并没有所谓"the scientific method",亦即没有"固定的"、"不变的"、"恒久的"科学方法。问题应改为:"是否可以科学地做心理传记学?如何做?"回观心理传记学历史,从弗洛伊德开始,心理传记学家便在逐渐改进方法,而且已有长足的进步(Runyan, 1988)。如果要肯定的回答,埃尔姆斯认为"心理传记学"是一种可改进的（improvable）科学取向，而且是一种"经验"研究。心理传记的研究方法、路径会因研究者的不同而有其自身的特色（Runyan，2012），就像"科学方法"一样，是多样的、弹性的。心理传记学的探究方法仍是一块亟待开发之地。

舒尔茨（Schultz，2005/2011）在《心理传记学手册》中虽未直接对"心理传记学"下定义，但在该书的序文中界定了心理传记学研究的目标。他说"心理传记学"是心理学的一种研究方式，其目标不是在探究普遍规律，或特定群体，而是在寻求个体的差异性和独特性，它的目标不是探究一般化，而是探究个体生命最深层、最微妙和最特殊之处。舒尔茨的说法是在强调"心理传记学"是一种"特则"取向的心理学研究。这与奥尔波特（Allport）多年前区分两种不同取向的心理学："通则与特则"，是一致的。埃尔姆斯也强调"心理传记学"是心理学研究的一种方式，它是一种特殊的方式、一种艺术的方式、一种更为艰难的方式，但不管怎样，它是一种研究方式（Schultz，2005/2011）。若依前述麦克亚当斯（1988）的定义：心理传记学是"有系统地运用心理学理论，将生命经验转化成一个连贯且具有启发性的故事"，那么如何选择"心理学理论"应用于生命经验便成了重要的关键。针对这个问题，埃尔姆斯在《心理传记学手册》中的第五章"手套是否合适：心理传记学研究中理论选择的艺术"，便以其自身多年从事心理传记学研究的经验，认为"心理传记学"的理论选择与其说是一门科学，不如说是一门艺术。理论的选择过程就如同手套是否合适，是一种"艺术性"选择，它结合了知识、技术和创造性直觉（Schultz，2005/2011）。

基于上述"心理传记学"定义的变迁，可以看出一些趋向。最早的鲁尼恩（1982）定义，为了要与传统心理学研究方法区隔，特别重视"心理传记学"方法的严谨，采取审慎批判的态度，建立评价的程序，他后来称之为"准法庭程序"，这是采取"后实证主义"的认识论立场。到了麦克亚当斯

(1988)，受到"叙事转向"的影响，其定义明显地结合了应用心理学理论于生命经验，并强调将之转化成一连贯且具启发性的故事。这一定义已朝向"叙事"研究，已有诠释学及文学的倾向。埃尔姆斯（1994）则认为心理学家就如同传记学家一样，心理传记学是一种传记学（文学的一种）。然而，心理传记本身具跨学科性质（心理学及传记学），这样的联盟或跨界会带来某种紧张，甚至不安。埃尔姆斯甚至以自身在加州大学戴维斯分校指导心理传记学博士论文的切身经验说明了心理系的"不安"。到了舒尔茨（2005/2011）主编的《心理传记学手册》时，舒尔茨强调"心理传记学"研究是重视个体独特性及差异性的一种心理学研究，是三种心理学研究方式之一。探究的目标是个体的深层、微妙及特殊之处，是一种"特则"取向，这便将心理传记学区别于其他形式的心理学研究（例如：追求普遍法则）。是由"科学"转向了"个别"（特则）的"艺术"取向。埃尔姆斯也在《心理传记学手册》中，强调心理学家在研究心理传记时的"理论选择"是一门"艺术"。而这种理论选择是一种艺术性选择，结合了知识、技术与创造性直觉。

(二) 该"艺术"取向的"心理传记与生命叙事学"登场了

心理学有个长长的过去，短短的历史（艾宾浩斯语），而这个短短的历史又随着时间不断地变迁。从冯特（Wundt）开始，就包含了路径（取向）之争，冯特本身的生命史及学术取向，就有两种不同取向的心理学：实验取向与民族心理取向。冯特的两种取向反映了冯特本人"认识论"的矛盾与多元，甚至，晚年更全心朝向《民族心理学》（*Folk Psychology*）。任何心理学取向，在认识论上都有其基本预设，也有人称之为"根本隐喻"（root metaphor）。这个"隐喻"就像哲学的"本体论"设定，而"隐喻"本质上是想象的、开放的，随着"隐喻"（本体论）的开展，发展出其"认识论"及"方法论"。

回顾心理学的历史，其背后的"隐喻"是不断变迁而多元并存的。林肯和古贝（Lincoln & Guba，1994）将本体论、认识论及方法论三者所形成的基本信念称之为"典范"（Paradigm）。而不同典范为了争夺正统性（合法性）及知识生产，进行着激烈的斗争。目前，人文社会科学（人文科学）（the human sciences）研究，若依林肯和古贝的区分，至少有"实证主义"、"后实证主义"、"批判理论"及"建构论"四个典范。每一种"典范"皆自成一格，各有其"基本信念"的设定，当然也有其评价的标准（criteria）。不同典范所开出的科学（学问）当然也就不同，彼此争锋。这种众声喧、哗彼此竞争的现象，正显示了学术的开放性及活力（丁兴祥，2012）。

有关心理学的"科学"争论，近50年来已有许多讨论的文献。如上所述，自从冯特在1879年提出了"科学"心理学之后，迄今似乎全世界的心理学都被认为应该是"科学"的，而且所指的"科学"，仿佛只能是"自然科学"。然而，即使是冯特本人也从来没有否定本文所重视的人文科学（human science）心理学，他晚年所著的《民族心理学》便是属于人文科学取向的心理学研究，甚至认为民族心理学是属于高层次的心理学研究。"人文科学"概念起源于德国科学家威廉·狄尔泰（Wilhelm Dilthey），他区别了自然科学与人文科学的不同，但都属于"科学"。狄尔泰认为两者的研究对象不同，若把自然科学模式套用于人类生活，将无法捕捉生命的意义。他主张应发展人文科学以增进对人类生活经验的了解（丁兴祥、赖诚斌，2006）。另外，20世纪60年代在美国倡议认知心理学的布鲁纳（Bruner），在90年代前后反思了当初自己所推动的认知心理学，认为现今科学的认知心理学尚未能切实地面对心理学科的核心议题，甚至认为是走错了路，因而提出文化—历史心理学、叙事取向的心理学（Bruner，1990）。在华人心理学世界中，丁兴祥、赖诚斌（2006）则以《回观心理"科学"：从反思性到善美社会之人文科学心理学》一文，从心理学发展的历史、本体论、认识论与方法论的角度出发，回顾与反思心理学史中的典范思潮，针对人文科学心理学有详细的论述。另外，翁开诚（2011）则以一辈子的教学、助人与研究的生命体验，试图说明自己长期在心理谘商实践过程中科学与人文心理学的拉扯与突破。

回到多元典范的开放性，萨宾（1986）宣称"人"可视为一种"叙说"（故事），或"叙说者"。这就是一种"基本隐喻"，这种隐喻与传统的实证（及后实证）典范大异其趣，形成了80年代的心理学新趋势，他称之为"叙说心理学"（narrative psychology）。这种新的趋势，也有人称之为"叙说典范"。诚如布鲁纳所言，这是对传统心理学"机械论"的革命，是"认知心理学"未竟之业，是对"实证论"（客观主义、机械论）的扬弃与变革。这是将"人"重新定位，以新的"隐喻"、新的"视框"理解人，人不再被视为客观的物质或机械，而是语言（叙说）所建构的，或者通过语言（叙说）建构其世界。这样的定位，开展出"叙说心理学"（叙说取向的心理学）。叙说心理学呼应了林肯和古贝所提的"建构论"典范，也与"诠释学"典范颇有会通之处。有的学者在区分人文科学研究的典范是区分为"实证"、"诠释"及"批判"三大典范。依这样的区分，"叙说"取向则较接近诠释学（hermeneutics）典范。

"诠释学"是当代西方哲学两大思潮之一（另一思潮为分析哲学）（洪汉鼎，2010）。这两大思潮也反映在今日的心理学典范争议中，当代心理学的主要典范便是由分析哲学及诠释学主导的，在心理学门，这两种思潮的争议往往会以"量化"、"质化"或"科学"、"非科学"之名聚讼不休，而实质问题则是来自西方本身此两大哲学思潮的争锋。追溯其源，这两大思潮在西方传统哲学发展中便有其争论不休的核心问题，而这两大思潮在当代哲学彼此争锋，对比交错之下，各自也都有其自身的发展。分析哲学之外，诠释学本身亦有一个不断变迁的历史（洪汉鼎，2006）。2013年4月洪教授到辅大哲学系演讲，便以"实践哲学、修辞学与想象力：当代诠释学研究的前沿问题"为题探究诠释学未来的发展。当天小小的教室座无虚席，可见这样的问题吸引着许多学者及学生，本文作者丁兴祥亦参加。洪教授在2001年，访问德国时亲自与伽达默尔（Gadamer）有过一次精彩的访谈（这也是他与伽达默尔的最后一次会面）。那年伽达默尔已101岁（隔年即过世）。洪教授当时提出一个问题："您怎样看待诠释学之未来？"伽达默尔声音清晰地说："诠释学需要一种幻想力或想象力（Phantasie），这是确实的。"伽达默尔认为，"在我们这个充满科学技术的时代，我们确实需要一种诗的想象力，或者说一种诗（gedicht）或诗文化"。洪教授的引述，让当时坐在台下的丁兴祥震撼不已，丁兴祥心想，这不就是"心理传记学与生命史"一直向往的方向及目标吗?!"心理传记学"可以"'想象的艺术'为目标的诠释学为典范"，开展出不同于以往的心理传记学。而这样以"实践哲学"（修辞、想象与实践）、"诗的想象力"为方向的心理传记学，正是世界各地投身于心理传记学的研究者可尝试努力的崭新方向（张继元、丁兴祥，2013）。

（三）心理传记学即生命诗学

　　心理学若转向"叙说"，在"本体论"上就已经远离了传统的实证心理学。而"叙说转向"是将人视为一种"叙说"、一个故事，亦即将一个人的生命经验或有意义的事件组织起来，成一连贯的整体。这可说是一种"诠释研究"（Denzin，1999），邓津（Denzin）所谓的"诠释性传记学"便是将有意义的传记经验作为诠释研究的主题（the subject matter）。生命叙说或心理传记在这样的视框下，可视为一种"诠释学"，一种"诠释学的应用"。然而，"诠释学"本身的视框也随历史、人物及哲学立场的不同而有所差异，其历史发展过程中也发生三大转向（洪汉鼎，2006）。伽达默尔晚年认为"诠释学是哲学，而且是作为实践哲学的哲学"。这种诠释学既不是一种单纯理论的一般知识，也不是一种光是应用的技术方法，而是一门综合理论与实践双重任务的哲学。与以往的实践哲学不同，作为实践哲学的当代诠释学是以亚里士多德的实践智慧（Phronesis）为其核心，它试图重新恢复古老的实践智慧来为人文科学规定其真正模式（洪汉鼎，2006，p. 25）。

伽达默尔晚年对诠释学未来的想象，可说是综合了他多年来对诠释学的看法。洪汉鼎（2010）曾将伽达默尔在出版《真理与方法》之后对诠释学的看法整理成三种可能的发展方向：作为实践哲学，作为修辞学或语艺学，以及作为想象艺术的诠释学。这三个方向可以显示西方诠释学未来的方向。当代的诠释学正在走一条实践哲学的修辞学进路，而"想象力"正是人类这条进路的动力（洪汉鼎，2013）。如果我们将"心理传记学与生命故事"视为一种"诠释学"（人文科学的基本根基），依伽达默尔的说法，其未来的发展则会朝向一条实践哲学的修辞学进路，一门"想象艺术"的学科。

伽达默尔以"修辞学"及"想象艺术"取径的诠释学，应用于"生命与叙说"的关系，与吕格尔（P. Ricoeur）的拟态（mimesis）（亦可译为"再现论"）可以相互参照。也如同伽达默尔回归亚里士多德的"实践智慧"，吕格尔也将"叙说"回归亚里士多德的模仿论（再现论）。沈清松（2000）将"mimesis"译成"再现"，认为这个词比"表象"（representation）意义更广，"再现"包含了模仿、表象、构成等意义。亚里士多德的"再现论"（模仿），不是简单模仿，而是一创造性模仿，不是如实照抄，也不只是描述，而是模仿人的行动与行动的展开，经过典型化并加以扩大的结果。吕格尔用"mimesis"这个概念，重返亚里士多德理论，他在《时间与叙事》一书中提出了"三层再现论"。生命与故事（叙事）之间是双向影响的，故事模拟生命，生命模拟故事，人类运用"想象力"建构了生命故事。故事是由叙说历程所建构的，是经验经由选择性记忆的历程建构（再现）了生命故事。这就是说，"生命故事"是当事人建构的产生，是一种诠释的行为，是一个动态的历程（Flick，

1995）。吕格尔将美学与文学中的"拟态"（再现）概念应用于生命故事。拟态是指人们将世界及行动转为符号世界，就如同文学是将自然或社会关系模仿成文学剧本。吕格尔将"minesis"的历程，视为一种动态、不断交互影响的历程。他将这个历程区分成三个阶段：从前理解（拟态1），跨过文本（拟态2），达到诠释（拟态3）。这是一连串的过程，这是一种主动建构的过程。生命故事建构的过程，就如同文学（诗学）建构的过程。依这个模式，世界并不是发掘出来的，而是经由"建造"，才成为一个世界（Goodman，1978）。理解是一个主动创造、经由想象、赋予意义的动作及历程，这个历程亦可称为一种"诗意的创造"历程。无论是心理传记或自身书写生命故事，都可视为一种"诗意的"（poetic）、建构的产物，是一种"再现"（拟态）（沈清松，2000；赖诚斌、丁兴祥，2005）。

伽达默尔及吕格尔是西方哲学、诠释学及叙事学的重要论述者，都不约而同地将诠释学及叙事学回归希腊亚里士多德的传统。伽达默尔回归亚氏的"实践智慧"传统，区分不同类型的智慧，将科学（理论）及技术，与实践智慧分开。而吕格尔则回归亚氏的"mimesis"的概念，认为"minesis"不只是描述、如实呈现，而是一种主动创造（建构）的活动。两者皆强调"想象"、"虚拟"、"创造"的重要，而这都关联到一种"诗意建构"的活动。生命故事是一种诗意建构的活动，依这样的视框，心理传记与生命故事的形构可以说是一种"生命（生活）诗学"（the poetics of life）。

四、"生命诗学"的开展

（一）伽达默尔的语重心长："诗的想象力"之必要

伽达默尔在2001年接受洪汉鼎访问时，强调"诠释学的未来需要一种幻想力或想象力（phantasic）"。他语重心长地说："我们这个充满科学技术的时代，我们确实需要一种诗的想象力，或者说一种诗（gedicht）或诗文化"。他溯源于希腊文化，概括地说明现代世界及其数理自然科学和技术，最终可归因于希腊文化及其哲学和科学的诠释学应用。话锋一转，他强调："中国人今天不能没有数学、物理学和化学这些发端于希腊的科学而存在于世界上。但是这个根源的承载力在今天已枯萎了，科学今后将从其他根源找寻养料，特别要从远东找寻养料"（洪汉鼎，2010，p. 427）。

文明及文化之间的对话是必要的，尤其是在所谓"全球化"的时代。洪汉鼎引申伽达默尔的话，认为伽达默尔虽然没有明说，但显然对欧洲和西方语言—诠释学视域的地区狭窄性表示不满，并主张我们应学习他种文化的语言和知识。他希望新一代能更为开放，开启和准备学习和吸收外来优秀文化（洪汉鼎，2010）。俗语说："他山之石，可以攻错"，孔子亦说"攻乎异端，斯害也已"、"叩其两端而竭焉"，这些话语都是在强调探究问题时的开放态度。儒学这种宽容精神，该是今日社会所面对的种种困境之重要资源。中国文化能不断吸收和同化外来事物、思想而继续生存和发展，便在于这种宽容切磋之精神。李泽厚认为这是一种"实用理性"，重实践、重经验、重"以实事理实功"的精神（李泽厚，2000）。李泽厚晚年提出"人类学历史本体论"、"西体中用"等等，可以说是他对中国文化在近代西方文化冲击下所提出的"转化性创造"的论述。

(二)《该中国哲学登场了?》

这是李泽厚、刘绪源（2011）出版的书名，引起不少讨论。李泽厚强调书名后面有一问号，即这命题能否成立? 如果成立，如何可能? 针对这样的命题，后来又出版《中国哲学如何登场? 李泽厚 2011 年谈话录》（李泽厚、刘绪源，2012），可见这个命题可以继续深化。哲学就是不断地"对谈"，伽达默尔对诠释哲学的反思及宽容开放态度，且朝向跨文化、跨文明的反思及对话，正是我们可以学习的。

"他山之石，可以攻错"，但也不要"抛弃家中无尽藏"，"叩其两端而竭焉"也许就是一种"度"。李泽厚提出中国文化的"情本体"、"积淀说"、"度的本体性"、"实用理性"等等，是他反思中国传统文化及当代处境所提出的"意见"，这种"意见"或先见，或可成为我们发展当代"生命学问"、"生命诗学"的重要理论资源，或可开创出另类的"心理传记与生命故事"研究。"生命诗学"、"艺术取向的心理传记"之提出是关乎"生命的学问"，是着重在人类精神的发展与提升。牟宗三（2011）在1961年就提出所谓"生命的学问"，他认为真正的"生命的学问"就在华人文化之中。但这学问却已断绝，而且更为近时知识分子的科学尺度所窒死。他忧心地说，一个民族不能尽其民族之性，犹如一个人不能彰显自己的主体性，就是由于未能尽其性。个人的尽性与民族尽性，皆是"生命"的事。如果"生命"糊涂了，"生命"的途径迷失了，则未有不陷于颠倒错乱者。生命途径的豁朗是在生命的清醒中，这需要我们随时注意、警觉与用心来重视"生命的学问"（牟宗三，2011）。牟宗三当年的"忧心"、"忧世"的"忧患意识"在行文间表露，他感慨地说中国从古即说"大学之道，在明明德"。试问今日大学教育，有哪一门是"明明德"？今日之学校教育以"知识"为中心，却无"明明德"之学问。"明明德"的学问，才是真正"生命"的学问！方东美（2009）则从另一角度评论中国文化及西洋近代文化。他在1943年《中国文化的艺术精神》一文中表示，西洋近代文化中"科学"渗透到文化各方面，而在中国文化中则是"艺术"精神弥漫于中国文化之各方面。西洋哲学方法重思辨、重分析；中国哲学方法重体验、重妙悟。他提出中国重"广大和谐的生命精神"、"生命情调"、"文学心理学与科学心理学之异趣"、"中国艺术之理想"的"生生之美"（方东美，2009）。

牟宗三强调中国文化重视"生命的学问"，方东美重视中国人的"艺术"精神，都是中国近代与西方近代文化交流、冲突、对比下的"体悟"。梁漱溟在多年前（1923）《东西文化及其哲学》一书中，也体悟了"中国文化"是生活方式"向内"的文化，而西方（近代）是"向外"的文化。这些"体悟"（理解）若放到当代中国的历史脉络来看，都是在西方近代文化冲击下，试图"返本开新"、"继往开来"的反思，也都试图致力于中国文化的"转化"与"创新"。这是当代中国不可回避的议题，这个议题在"五四"时期就有过激烈的争辩。中西文化对比，不免有简化之嫌，何况还有古今之别。不过，一个文化实际的历史发展与累积，会形成自身的传统，经由"历史的积淀"（李泽厚语），形成"文化—心理结构"（cultural-psychological forming）。中国文化由巫史传统、氏族社会形成生活的整体，会演化出自身的"哲学"或不同的生活方式。不同学者之殊见，亦有其会通之处，殊途或可同归。

(三) 生命诗学即生命创造转化之学

1. 生命之转化与创造

吴怡（1996）在讲授"中国哲学"多年后，结合学术及自身之经验，提出了"整体生命哲学"的模式，就是"生、理、用"的循环系统。在这个系统里，"用"是原动力，也就是说整个生命哲学的系统是归在经验之"用"上。他认为这是"下学而上达"的路，从"经验"出发。但这里所谓的"经验"不是科学家及某些实证哲学家的只重现实，或感官的经验，是以整体生命为经验，也就是这个"经验"是可以上达的，是生命之转化、生命之上扬。依吴怡的看法，他认为中国哲学虽可区分成不同的派别（如：儒释道），然而

其旨趣都是在关注"生命"的哲学。而这个生命哲学,可用"生、理、用"循环相互影响的系统来看:

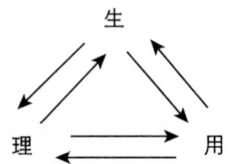

"生、理、用"三者可视为一"整体",相互关联及影响,可称之为"整体生命哲学"。这里的"生"是指生生不息的天道,"理"是指圣哲们体悟天道而建立的"理论","用"是指实用或实践(包括个人修养和社会的运用)(吴怡,1996)。吴怡特别强调这三者是以"用"为发动力,使"生、理、用"的关系,不是静的三角形,而变为动态的圆周,由过去到未来,逐渐扩大,随时间而演变,体验加深,理论加强,运用增大。这个系统中,若物质、精神两方面和谐配合,而成为中和进化发展,这即是"生命的转化"。诚如吴怡所言,这个转化若向上提升,"下学而上达"便是一种"创造转化"。中国文化这种"生、理、用"之互动循环,可以是生命诗学之理论根源。生命诗学,无疑是迈向生命诗化、艺术化、主体性化的学问。

2. 回到叙说、诠释与实践之循环

若将上述的"生命哲学"运用于"生命叙说"(心理传记),"生命叙说"可以是一个"叙说—诠释—实践"之螺旋式发展路径,同时也是一种"生命转化"之学。透过"叙说"之加深,诠释之加强、扩大,实践之落实、增加,"生命叙说"可成为一种"生命之创造转化"。关于"叙说—诠释—实践"之相互关系,在叙说心理学已有相当多的讨论。翁开诚(2011)便以《叙说、

反映与实践：教学、助人与研究的一体之道》一文讨论之。虽然翁文主要是论述"助人专业"的发展，其中"反映"亦可被视为一种对自身文本的"诠释"。"叙说—诠释—实践"三者之互动与互补，亦可视为"生命创造转化"之历程。

赖诚斌与丁兴祥（2005）也曾以吕格尔所提出的"三层再现"（mimesis）（沈清松，2000）讨论"自我书写与生命创化"的历程。认为"自我"（生命）之形构是"经验我"、"文本我"及"诠释我"三者之间的互动。其动态关系如下：

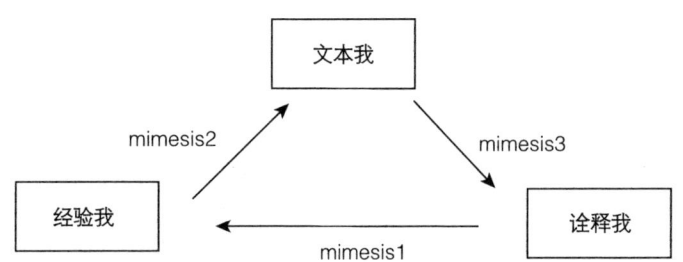

这个动态过程中，再现2（mimesis）可以是一种"叙说"（亦即configuration），再现3是诠释（亦即re-figuration），而再现1是实践（回到经验我，伦常日用中）（即prefiguration），三者之间是循环的。

兰德尔（Randall, 2011）在讨论"生命故事"时，也有类似的论述。他将"生命"（lives）视为一种"文本"（text），而文本经由"隐喻"（metaphor）而"诠释"，"诠释"之目的在建构生命之"意义"；人生之目的便是在追求生命之意义（生命创化）。"生命"（经验）经由叙说（记忆的选择）而形成"故事"（strory），"故事"经由"隐喻"（想象）的运用而诠释（理解），"理解"可激发生命"意义"的追求与建构。这样的"生命意义"随时间而变化，即使在"老年"也是成长的机会。故，经由"叙说"生命故事，人们可以开展生活之智慧（ordinary wisdom）。

五、心理传记"赋比兴"的实践

  心理学是一个不断演变的学问,这显示着它的年青。短短的历史,其学说相互竞争、林立,似乎从未停息。有志于"心理学"的人,要能"继往开来",勇于创新,切不可"原地踏步"。然而,"典范"有其保守性,"体制"有其"权力",而人有会"惯习"。要开创新的方向,创建不一样的(alternative)取径或学科并不容易。"心理传记学"或"生命史"在心理学历史中至少也有百年(张继元、丁兴祥,2013),百年来游走于精神分析、人格心理学及历史科学,其中有相遇也有冲突(Runyan,2005)。从早期心理传记学的理论使用被规定只能是弗洛伊德的精神分析,到埃里克森的心理传记学经典大作《青年路德》、《甘地的真理》开始重视历史、社会以及埃里克森自己提出的理论(如:self-identity),再到70、80年代埃尔姆斯、鲁尼恩、麦克亚当斯等人认为只要属于心理学理论皆可应用于心理传记研究中(丁兴祥、赖诚斌,2001)。晚近,在中国大陆倡议心理传记学的郑剑虹,认为心理传记学可以量化研究,亦可进行质性研究,甚至可以同时使用,因而提出"心理传记学质量结合模式"的想法(郑剑虹,2012)。心理传记学仅百年历史,但从上述简述的发展史中亦可以见其多元性。本文提出"生命诗学"的心理传记学,倾向重视历史、文化、情本体、诠释学、文学等等人文学科学问,但并不否认心理传记学研究的另一种可能,甚至认为心理传记学该要百花齐放,互相切磋、交流。心理传记(生命史)试图结合心理学、历史学、传记学(文学),这种交叉学科有其创新性,但也会遭到不同学门的批判。这也许是这个学门不可避免的处境,必须有勇气真诚地面对。各个学门自身亦处于历史(或典范)的变迁中,遭逢此问题及困难不易解决,但每个学门应勇于创建出自身独立(独特)的知识内容及探究方式,就像冯特与弗洛伊德当年所面对的。

"心理传记"徘徊于"科学"与"艺术"之间,就如同埃尔姆斯(1994)所言,有其学科位置的模糊性。埃尔姆斯实践"心理传记"多年,体会到运用"心理学知识(理论)"于传记学,就像手与手套的关系,这本身就是一种"艺术"。在"科学"(自然科学)典范主导的心理学,"艺术"似乎是个不合适、不合法的"方法"。这样的困扰是近代西方自身的问题,将"科学"(理论)与技术智慧无限扩大的结果。就像伽达默尔所言,在希腊时代,如亚里士多德将人类智慧(知识)区分为五类,"科学"与"技术"只占两类,另外还有"实践智慧"、"哲学智慧"与"神的智慧",而这些不同的智慧影响着不同的学科。其中"实践智慧"是探讨"人与人关系"的智慧。心理学应是一种"实践智慧",其哲学视角可采"诠释学"。这样的哲学反思,是关于学科定位的争议、心理学方法的争议,心理学应首先厘清这种定位问题(丁兴祥,2006)。

"心理传记学"若要有其自身的"定位",就得有所"选择"。若选择"诠释学"传统,那么"实践哲学"、"修辞学"与"想象力"三个方向就是我们得努力的方向——以亚里士多德"实践智慧"为核心的实践哲学进路。它与康德主义的实践哲学之理性主义进路不同,就在于它提高了"人类想象力"在创造人类精神世界中的重要作用。因为通过"想象力",人类可不断地开发出具有预见性和一定程度不确定性的各种观念和思想,使人类精神世界在多样性中不断延续和发展(洪汉鼎,2013)。另外,既然我们认为心理传记学属"诠释学"传统,传主与研究者之间的关系就必然存在可供讨论的空间,若心理传记学研究的理想是朝向如伽达默尔所言的"视域融合"(张继元、丁兴祥,2012),在这样的脉络下,或许我们可说,心理传记学研究是由传主与研究者共创的。"生命诗学的心理传记学"相信,是研究者主动启动了自身"生命诗学"的精神,或者说是"美感经验",才能真切地朝向如伽达默尔所言的"视域融合"。

依此观点,"心理传记"是一门实践智慧之学,是透过"修辞"、"想象"

与"实践"而前进的实践哲学。如此的"实践哲学"也可说是一种偏向"艺术"取向的学问。"艺术"取向不是"纯粹科学"及"技术知识",因为科技知识是追求"精确性",方法是"逻辑学",重视"理性"。而"艺术"取向是运用"实践智慧"(phronesis),或理论智慧(sophia),或"神性智慧"(nous),追求"非精确性"(多元性、开放性),方法是"修辞学",重视"超越性"(洪汉鼎,2011,p.720)。修辞学是一门语言的艺术(符号艺术),有人译为"语艺学";而"想象力"更是实践智慧的动力。若心理传记学采取"艺术"取向,修辞、想象及实践便成为三种必要之方法,是走一条"实践智慧"的进路。而这种取向的"心理传记",亦可由中国诗学传统中的"赋"、"比"、"兴"历程表示之。综合上述,可以下图说明之:

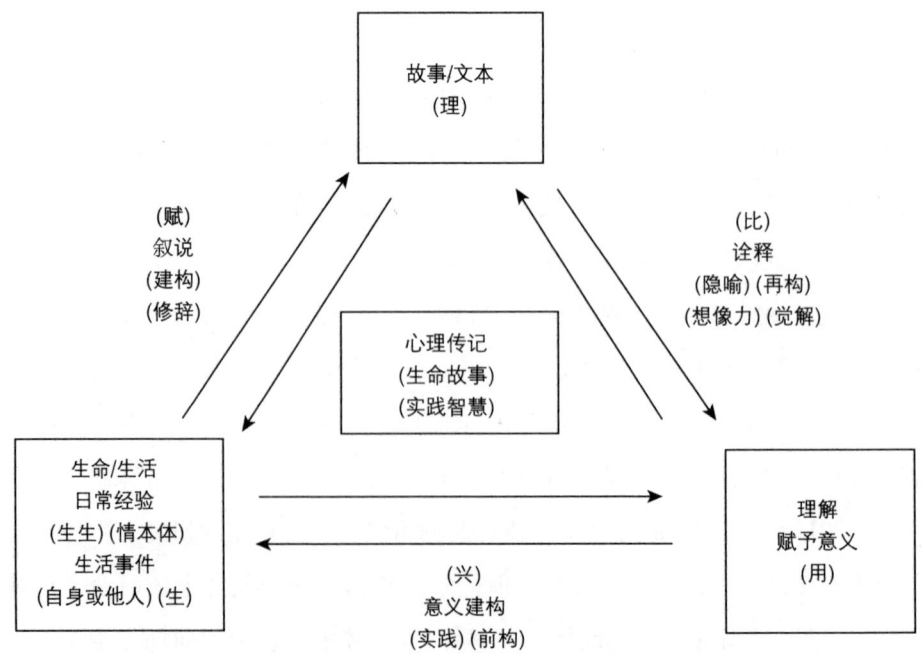

图1 心理传记(生命史)作为生命诗学(赋比兴)的实践历程

心理传记（生命史）之建构如同"诗"的建构，透过赋比兴的历程，生命及生命经验（传主或自身）（伦常日用之中）透过"叙说"（记忆及资料之选择）（赋）而形构（再现）为"故事"（心理传记/文本），故事再透过"诠释"（比）（隐喻）的再形构（视框转换、融合、隐喻、想象）而得到新理解及体悟，"理解"再经由"行动"投入"生活"而建构、激发（兴）生命之"意义"。这可以是双向循环的历程，是一个将"生命经验"经由叙说、知解及行动的动态历程。诚如吴怡所言，中国哲学系统动力在"用"（实践），而心理传记（生命叙说）动力在"兴"，兴于诗。子曰："小子！何莫学夫诗？诗，可以兴，可以观，可以群，可以怨。迩之事父，远之事君。多识于鸟兽草木之名。"（《论语·阳货篇》）。"兴、观、群、怨"，此可为实践之动力。李泽厚（2000）在《论语今读》中，在"兴于诗"的"记"中提及：中国传统思维—语言方式，亦是生活—人生方式。中国思维特征与"诗"有关，它不重逻辑推论、不重句法（语言），而重直观联想、类比关系。非纯理性，乃"美学"方式，他称之为"以美启真"。"心理传记"（生命诗学）可以是诗的赋比兴的历程，生命故事宛若一首诗之完成。生命经验中的"情"（仁）所激发的"兴"，可经由"赋"（叙说、修辞）形成"故事"，再经由"比"（诠释、隐喻、想象力）有了"体悟"（理解），而"兴"（建构意义、实践）。而这个"兴"的扩大、深化，又可开启"生命之意义"的追寻与完成。而生命（生活）之本体为"生生"，生生之为"美"，生即生命。生生之本体，仁也、情也（李泽厚称之为"情本体"）。反身而"诚"，兴于"诗"，通过"赋"与"比"产生"觉解"（体悟、理解），进而迈向生命之"在"（存有、是），而"用"（实践）于伦常日用之中。这是一种关乎"自家生命"的学问，是一种"为己之学"、"成人之美"之学，是"我说，我在，故我行"的生命意义之建构，是一种"实践美学"，更是"知之真切笃实处即是行，行之明觉精察处即是知"（王阳明）。"学"而时习之，不亦说乎啊！

六、结语：兴于诗、立于礼、成于乐——回到"文学的心"

如同丁兴祥（2006）于《质性心理学》的译本序中所说，"质性心理学是一条'回家的路'"，这个感悟也是丁兴祥在美国的老师埃尔姆斯的感悟。这条路是指从实证主义的"科学取径"、"化约主义"回到面对"人"的复杂性、独特性及时间性。这虽是丁兴祥或埃尔姆斯个人的学思感悟，却也反映了"心理学"在历史进程中的一路探寻。虽然是在走一条老的、人较少走的路，但这样的心境和探索颇有弗罗斯特（R. Frost）《未走之路》（*The Road Not Taken*）一诗中"我选了一条人迹稀少的行走，结果后来的一切都截然不同"的风味。

现在我们提"心理学"（心理传记学）之定位及选择，并宣称"心理学即生命诗学"，便是一条"回家的路"。而这"回家"是要从"科学的心"回到"文学的心"（the literary mind）。我们主张"文学的心"才是人类经验的基础，这种想法当然充满着"典范转移"的味道。多年前，布鲁纳便提出"叙说思维"是人类基本思维之一，当时便有许多人呼应。后来，特纳（Turner, 1996）则直接用"文学的心"写成一本专著。特纳本人是跨领域的学者，既有文学专业，也涉入认知科学。在这样的脉络下，特纳认为使用"故事"（story）及"寓言"（比喻）（parable）是人类思维的基本核心能力，而这便是"文学的心"，且先于其他思维（包括逻辑、科学、非文学的思维）。同时，我们也使用它实践于每日生活之中。如此的论点，颠覆了传统心理学及一般人的想法。简言之，特纳强调"说故事"（寓言）是人类心智的基础，我们日用于生活之中，包含思考、认知、行动、创造，甚至说话。"文学的心"并非是边缘的、可有可无的、不重要的，好像我们只要想到"文学的心"，便只会联想到这只是那些诗人、先知、好幻想者、照顾幼儿者、绘本（picture book）分享者、故事创作者等人的事。在这些"想法"中,我们不会认为"说故事"(storying)是人类心智的基础,当然,大部分的心理学家也大大地忽略这种"基础"。说到故事(寓言),人们会想到白雪公主、小红帽、孙悟空、好心的国王——柯扎克的故事、和甘伯伯去游河的故事、《封神榜》、《红楼梦》等等,这些只是"故事",其中有神奇的剧情,有好的娱乐效果,有启发性,有漂亮的插图等等,但这不是"逻辑的"、"科学的",好些内容也远离我们的日常生活情境。特纳认为这种"常识"(包括专家)是错的。"文学的心"不是边缘的、幻想的、非逻辑的,"文学的心"是人类经验组织的基础。文学的心不只是"文学"在使用,这是"人脑"的基础,更是"文化—心理"结构积淀的"心理成本体"(李泽厚,2011)。而逻辑、文法,甚至语言,都发生在此之后,都是"故事"思维的结果(Turner,1996)。"故事"、"文学的心"对本文所提出的"生命诗学的心理传记学"影响甚深,本文作者除了反思当今西方心理传记学的研究传统之外,也吸取了中西文化古今人文科学的丰富资源,尤其是中国哲学(如:儒学的"仁"、赋比兴)更瑰丽,深化了生命诗学心理传记学在创造、想象、情感、感通等等方面的思想论述;而华人界历来众多的经典人物评传、小说、文学等"故事",如《史记》、《红楼梦》、《金瓶梅》等等,甚至是当代经典电影(如:侯孝贤导演的《恋恋风尘》),更是华人世界在从事心理传记学研究时的重要资产,也是心理传记学研究者的重要学习养分,而这些资源都是"故事"。

"故事"是组织人类生活经验的基本原则及形式;而"寓言"则是一种故事,其投射(project)一个故事到另一个情况或事件,从中产生新的意义。"寓言"是个"隐喻",综合了故事及投射,这是人类思考、决策创新及解决问题所不可少的工具,是日常生活中的"理性"(reasoning)。华人好用"类比思维",常被讥笑为不会"逻辑"。然而,华人常用"打个比方"、"说个故事"来思考,古圣先贤也常这样,"文学的心"即是一种"想象力"的表现。

另外，子曰："诗三百，一言以蔽之，思无邪。""思无邪"乃真情之表露，是"情本体"之"体现"。情动于中，而言于外（故事、寓言、诗）。兴于诗之后，发乎情而止于礼，进而成于乐。

特纳的宣称，对于"认知"科学是个挑战，"说故事"应是"认知科学"的核心课题。目前，不仅布鲁纳、萨宾、特纳皆已提出这样的说法，亦有许多人投身在这样的课题中。我们主张"心理传记"（生命故事）是一种关乎"生命"的"诗学"（美学），赋比兴是人类经验的基础，是在运用"文学的心"。这历程是将每日生活（生活经验）说的"故事"，运用"寓言"（隐喻、想象力），产生"理解"（诠释），用于生命之中，建构"意义"。这是一个不断开展的实践智慧。我们断言，"心理传记与生命故事"是一种朝向伦常日用之中的"美学"，是一种"实践美学"。多年前，丁兴祥的留美老师西蒙顿曾针对心理学的研究取径写了一篇《图书馆即实验室》，其目的在强调"档案研究法"（archival study）的重要；现在，我们又面临林中路，不仅是图书馆（档案文本）可为经验研究之基础，还有"每日生活即实验室"、"生活即实验"。这是一条回家的路，是回到生活（生命）之中，是道在伦常日用之中。诚如《易》中的"复卦"（䷗），其《序卦传》言："物不可以终尽剥，穷上反下，故受之以复。"由阳刚返回"再生"（renaissance），由剥而复，利有攸往，前途应是一片光明。若用老子的话来说："玄德深矣，远矣。与物反矣，然后乃至大顺。"心理学一路走来，是到"复"（反）的时候了。

最后，"复"至何方？所"复"为何？本文将"心理传记与生命叙说"的复归指向"生命诗学"，即强调对"人"的故事化、诗化、主体化、实践化……并在日常生活中不断发展、体现，也就是"道在伦常日用之情中"（翁开诚，2011）。犹如孔子在春秋之时，面对自己身处的社会与时代，提出"恢复周礼"，进而"人而不仁，如礼何？人而不仁，如乐何？"，突出"仁"的重要性一样，其归指皆是朝向人性的完满、社会的理想，也就是"大学之道，在明明德，在亲民，在止于至善"。台湾教育学者冯朝霖近年来针对全球的生态村运动进行深度之探索，终于思索出生态村（eco-village）的意义："以一村子的实践表达对生命的爱恋、以一村子的创意成全对社会的关怀、以一村子的合作满足对经济的需求、以一村子的谦卑趋近对生态的尊重、以一村子的智慧共负对后代的教育、以一村子的愿景体现对法界的感恩"（冯朝霖，2013）。其中的"爱恋、关怀、需求、尊重、教育、感恩"，即是生态村村人对己、人、万物、宇宙之"情"。情，指情况、情感（李泽厚，2011），以"情"为出发点，情理相融，是戮力对人性、自身、群体、社会、万物、宇宙的"以美立命"。"心理传记与生命叙说"探索的本质若是朝向"生命诗学"，是生命的叙说、理解及实践，是一整体生命之开展，那么这一切都是为了迈向更完善的人性发展、社会和谐、世代正义、环境保护等等地球公民志业，此亦穿越时光与孔子所追求之志相辉映："老者安之，朋友信之，少者怀之。"如此，"心理传记与生命叙说"将不仅是个人的，也是人际的、社会的、实践的、未来的，更是努力朝向更为美善的主体—人道—生态—社会理想，如此，一路实践下去。

参考文献

丁兴祥，赖诚斌（2001）. 心理传记学的开展与应用：典范与方法. 应用心理研究，（12），77—106.

丁兴祥（2006）. 心理学的定位与开展. 应用心理研究，（31），53—54.

丁兴祥，赖诚斌（2006）. 回观心理"科学"：从反思性到善美社会之人文科学心理学. 应用心理研究，（31），113—132.

丁兴祥，倪鸣香（2008）. 生命史及心理传记：接续与开展. 应用心理研究，（39），13—16.

丁兴祥（2003）. 一种实践的印记. 见 Riessman, C. K. 著. 叙说分析（王勇智，邓明宇译）. 台北：五南出版公司.

丁兴祥（2006）. 一条回家的路：重新面对"人"的复杂性. 见 Simth, J. A. 著. 质性心理学：研究方法的实务指南（丁兴祥等译）. 台北：远流出版公司.

丁兴祥（2005）. 说一个辅大心理系的故事：断裂与接续. 辅仁80，心理70：穿越历史时空——心理学工作者. 在故事中对谈系列研讨会，新北，22—24.

丁兴祥（2012）. 自我叙说研究：一种另类心理学. 应用心理研究，（56），15—18.

冯朝霖（2013，5月）. 共生的智慧：生态村与盖雅教育（gaiaeducation）. 在宜兰慈心华德福的演讲稿（未出版），宜兰.

方东美（2009）. 生生之美. 北京：北京大学出版社.

洪汉鼎（2013，4月）. 实践哲学、修辞学与想象力：当代诠释学研究的前沿问题. 辅仁大学哲学系演讲（未定稿），新北.

洪汉鼎（2010）. 当代西方哲学两大思潮（上）（下）. 北京：商务印书馆.

洪汉鼎主编（2006）. 理解与解释：诠释学经典文选. 北京：东方出版社.

李泽厚（2000）. 论语今读. 台北：允晨文化公司.

李泽厚，刘绪源（2011）. 该中国哲学登场了？上海：上海译文出版社.

李泽厚（2011）. 哲学纲要. 北京：北京大学出版社.

李泽厚，刘绪源（2012）. 中国哲学如何登场？上海：上海译文出版社.

赖诚斌，丁兴祥（2005）．自我书写与生命创化：以芦荻社大学员蕃薯的故事为例．应用心理研究．(25)，73—114.

牟宗三（2011）．生命的学问．台北：三民出版公司．

沈清松（2000）．吕格尔．台北：东大出版社．

吴怡（1996）．生命的转化．台北：东大出版社．

翁开诚（2011，4月）．道在伦常日用之情中：以美启真，以美显善．两岸学术交流论坛——百年心理、在地转化：迈向人民的心理学"之报告论文，武汉．

翁开诚（2011）．叙说、反映与实践：教学、助人与研究的一体之道．哲学与文化期刊．7（38），75—95.

张继元，丁兴祥（2012/2014）．Freud 百年之后："'辅仁'心理传记学"的继往开来．生命叙说（事）与心理传记学（第 1 辑）．台湾桃园：龙华科技大学．北京：中央编译出版社．

郑剑虹（2012/2014）．中国大陆的心理传记学研究及其质量结合模式．生命叙说（事）与心理传记学（第 1 辑）．台湾桃园：龙华科技大学．北京：中央编译出版社．

Denzin, N. K.（1999）．解释性互动论（张若玫译）．台北：弘智文化公司．

Elms, A. C.（2011）．手套是否适合：心理传记学研究中理论选择的艺术．见 Schultz 主编．心理传记学手册（郑剑虹等译）．广州：暨南大学出版社．（英文版 2005 年）

Flick, U.（2007）．质性研究导论（李政贤、廖志恒、林静如译）．台北：五南出版公司．（英文版 1995 年）

Runyan, W. M.（2002）．生命史与心理传记学：理论与方法的探索（丁兴祥，张慈宜，赖诚斌等译）．台北：远流出版公司．

Runyan, W. M.（2011）．心理传记学和生命史研究概念的发展：精神分析，人格心理学和历史科学的相遇．见 Schultz 主编．心理传记学手册（郑剑虹等译）．广州：暨南大学出版社．（英文版 2005 年）

Schultz, W. T.（2011）．心理传记学手册（郑剑虹等译）．广州：暨南大学出版社．（英文版 2005 年）

Schultz, W. T.（2011）．心理传记学导言．见 Schultz 主编．心理传记学手册（郑剑虹

等译). 广州: 暨南大学出版社. (英文版 2005 年)

Bruner, J. (1990). *Acts of Meaning*. Cambridge, M. A.: Harvard University Press.

Elms, A. (1994). *Uncovering Lives: The Uneasy Alliance of Biography and Psychology*. New York: Oxford University Press.

Elms, A. (1976). *Personality in Polities*. New York: Harcourt Brace Jovanorich.

Gergen, K. J. (1973). Social Psychology as History. *Journal of Personality and Social Psychology*, 26 (2), 309 – 320.

Lincoln, Y. S. & Guba, E. G. (1994, 2000). (Eds.). *Hardbook of Gualitative Research*. Thousand Oaks, C. A.: Sage.

McAdams, D. P. & Ochberg, R. L. (Eds.). *Psychobiography and Life Narrative*. Durham and London: Duke University Press.

Randall, W. L. (2011). Memory, Metaphor, and Meaning: Reading for Wisdom in the Stories of Our Lives. In G. Kenyon, E. Bohlmeijer & W. L. Randall (Eds.). *Storying Later Life: Issues, Investigations, and Interventions in Narrative Gerontology*. New York: Oxford University Press.

Runyan, W. M. (1982). *Life Histories and Psychobiography: Explorations in Theory and Method*. New York: Oxford University Press.

Runyan, W. M. (2012). Psychobiography and the Psychology of Science: Encounters with Psychology, Philosophy, and Statistics. *Handbook of the Psychology of Science*, 353 – 379.

Sarbin, T. R. (Ed.) (1986). *Narrative Psychology: The Storied Nature of Human Conduct*. New York: Praeger.

Turner, M. (1996). *The Literary Mind*. N. Y.: Oxford University Press.

The Poetics of Life: A New Approach to Psychobiography and Life Narratives

Shing-Shiang Ting Chi-Yuan Chang

(Department of psychology, Fu Jen Catholic University, 24205)

/ Abstract /

The traditional approach to history and epistemological philosophy of psychobiography and life narratives has been reviewed, and a new one has been rethought and presented. We adopt modern practical hermeneutics and ideas from Chinese philosophy to psychobiography and life narratives. Then we promote a new approach to psychobiography as the poetics of life.

This approach suggests that life narratives, understanding of life and practice as a whole, and that they are connected with one another. Psychobiography and life narratives are poetic construction processes, which claim an aesthetic approach to psychobiography. The aim of taking psychobiography as the poetics of life is not only to understand life but also to transform life in a meaningful and practical way. Moreover, it help us commit ourselves to cultivating the wisdom of unifying knowledge and practice, intersubjectivity, humanity, historical and eco-consciousness, and social relevance.

/ Keywords /

the poetics of life, psychobiography, life narratives

"成为一个动词"：
客家女诗人张芳慈的
心理传记学研究

李文玟　霍建国*

（龙华科技大学通识教育中心，台湾桃园，33306）

/ 摘　要 /

张芳慈是第一位出版客家诗文集的台湾客家女诗人。其诗文集为《天光日》。本论文采用心理传记学的研究取向，针对客家女诗人张芳慈所出版的作品及其所进行的生命口述传记文本进行深度的分析与书写，以呈现传主如何在社会文化处境中，展现自身的能动性与主体性——"成为一个动词"。本论文除了强调传主社会文化处境与过往生命经验的重要影响之外，同时也从生命发展的社会心理意涵，扣合着诗人诗集的出版来进行书写与分析。从诗集的出版来看，30岁以前的芳慈有着《越轨》的渴望

---

* 李文玟，E-mail: winniel@mail.lhu.edu.tw；霍建国，E-mail:huo@mail.lhu.edu.tw

与冲动，谱出"与诗相恋"的生命情怀；36岁有着《红色漩涡》的生命骚动，此阶段，"诗"作为一种抵抗的力量，抵抗着自我，也抵抗着体制；到41岁的母语书写与客家情感——《天光日》，此时，"诗"连结了曾经断裂的生命；再到47岁之后以"成吉思汗之名，指挥了所有的动词"，此时"诗"成为一个动词，成就着生命的完足与能量。这样的发展历程并不是独一的，而是反映了台湾20世纪60年代左右出生的女性，在社会文化与经济发展的历史脉络下所呈现出来的一种在地化样貌。

/ 关键词 /

客家女诗人，生命主体性，心理传记学

一、研究动机与问题意识

这是一篇属于客家女性的主体性探究的书写。

即便客家研究或是客家女性研究有愈来愈受到重视的趋势，但是社会上对于客家女性所呈现出来的"节俭、刻苦耐劳"美德意象依旧鲜明，当把这样社会性的美德烙印在个人身上时，具有生命主体性的客家女性往往被淹没在社会道德的声浪中，而无法凸显出属于其自身的主体性。

本文第一作者在过往的客家女性研究中，无论是对于从乡村迁移至台北都会区的客家女性，或是客庄阿婆的生命史探究；无论是对年轻一代的后生客家细妹，还是小有知名度的客家女诗人，都发现客家女性是很有生命主体性与生命韧性的，总是可以在其所生存的时空脉络与政经条件中，活出自我的主体性样貌。只是很可惜地，这样的主体性样貌经常被"美德"所掩盖，本文第一作者这几年来的研究都试图站在客家女性的主体性立场，来让客家女性的声音与面貌可以呈现多元化的主体性样貌（李文玫，2008，2010，2011a，2011b，2012a，2012b）。

在2010年期间以客家女性的情欲流动为主题进行六位客家女诗人的研究时，感动于每位女诗人都以其生命来进行母语书写，其中让笔者想要进一步深入探究的是，出版诗文集《天光日》的客家女诗人张芳慈。她用"不断扩张版图"与"女人要成为一个动词"来定义客家女性的情欲流动，同时这也是她自身的生命体验与主体性书写的映照（李文玫，2010）。在此，"成为一个动词"可以作为客家女人主体性的展现，值得更进一步透过心理传记学的研究方法，将其"成为动词"的历程呈现出来。

虽然有很多人从文学评论的角度对张芳慈进行诗作的评析，但是从心理传记的视角来进行作品与书写者的深入探究，却是一种新的尝试，这是本论文创新之处，期待透过心理传记的研究取径，采用心理学的相关理论与知识，针对客家女诗人张芳慈所出版的作品及其所进行的生命口述传记进行深度的分析与书写，以呈现客家女性如何在所经验的社会处境中，展现自身的能动性与主体性——"成为一个动词"。

二、相关文献资料

（一）客家女性的主体性探究

客家女性有"主体性"可言吗？

这是强调美德论述的学者向来忽略的重要议题。过往客家女性的论述中，从1933年由历史学者罗香林所撰写的《客家研究导论》，到台湾客家研究的先驱陈运栋先生在1978年所出版的《客家人》一书中，以及之后武陵出版社出版的多本关于客家的书籍，如雨青（1985）、高宗熹（1992）等人对客家妇女的描述（可说是"客家女性"被放置在客家研究的一个章节中），这段时期对于客家女性的研究，可说是"客家女性作为可被夸耀的特性来看待——客家男性研究学者的高度赞扬"，大部分的作者都是男性，不断引用外国人类学者对客家女性劳动的赞扬与描述，而对客家女性的地位推崇备至，并未正视客家女性在身体及心理上所承担的极大压力；当"劳动"成为一种不断被世人或男性学者建构成令人钦佩的美德时，作为劳动承载者的客家女性，其实并没有发声的机会。

　　直到20世纪80年代末期，以及90年代，台湾社会处在多元发展的阶段，而随着女性主义思潮的引进以及台湾妇女运动的成熟，一些具有性别意识的学者开始从社会压迫的角度来看待客家女性的劳动状态，如张维安（1994）、林鹤玲、李香洁（1999）；及至在1994年所出版的《重返美浓》一书中，钟永丰、夏晓娟以及钟秀梅都对客家女性的地位与身份提出批判性思考，所以此时期对于客家女性的论述是"劳动背后是严酷的社会压迫——女性主义观点的看待"，这种观点的批判是希望客家女性可以从社会压迫的钳制中逐渐解放出来。

　　真正从女性主体的观点来进行书写要在2000年之后，《台湾客家女性》是一本重要的书籍，由张典婉在2004年出版，以客家文学中对女性的描述作为素材，希望提升客家女性研究的发声机会与主体性；而在这段期间的前后，也有多本硕士论文及研究论文是以客家女性的劳动经验、族群认同或生命经验为主，主要采用田野调查与访谈方式进行，让客家女性说自己的故事。期刊论文如陆绯云（2002）、何素花（2002）、连瑞枝（2006）、钟秀梅、宋长青（2008）、简美玲（2008）；多本硕士论文——李竹君（2001）的《客家农村女性的劳动经验与美德》、彭桂枝（2003）的《女人与工作：一群客家农村中年女性的工作经验》、余亭巧（2004）的《客家女性的族群认同经验：五位女性客家文化工作者的生命历程》、王雯君（2005）的《闽客族群边界的流动：通婚对女性族群记忆与认同的影响》等皆以访谈、口述史或自我叙说的方式，进行客家女性的书写与论述。此时期可以称之为"客家女性主体位置的书写论述——女性主体经验与口述史的角度"。

这样的主体性书写对于客家女性研究而言，是一条值得继续探究的路径，而强调个人生命主体性与生命诠释的心理传记学正好提供了这样的研究取径。

(二) 心理传记学与主体性探究

麦克亚当斯和奥克伯格（McAdams & Ochberg，1988）将心理传记定义为："心理传记学是有系统地运用心理学理论将个人生命转换成一个连贯且具启发性的故事。"

在此定义下，心理传记学有几项特点，一为心理学理论的系统性运用，也就是说在解读传记主体的生命经验时，带着心理学相关理论的视角来进行，这种理论视角的选择并不是研究者任意为之，而是在阅读传主的生命时，能有与传主生命历程或是世界观相互呼应的理论视角，在进行心理传记学的研究时不一定要套用西方心理学理论，可以使用东方或是传主自身所发展出来的生命理论来与之对话，因为这样的理论视角选择是可以同时兼顾在地文化性与脉络性，而不会空洞地掉入"理论套用"的空壳中。

二为研究者将传主的个人生命转换成为故事性的书写。传主的个人生命可能透过各种文本的呈现，像是自传、小说、影像、歌诗等等形式，研究者必须搜集并且完整阅读传主的所有相关文本，再透过核心主题的串联，将传主的个人生命转换成连贯性、启发性的故事书写，重新呈现在世人眼前。

三为强调传主的生命主体性。在整体性的心理传记书写中，会清晰地看见传主生命主体性的展现，无论是生命阶段的任务完成或是自身生命理论的形塑，甚至在面对生命困境时所展现出来的生命力，在完整而连贯的分析诠释中，读者很容易读到传主的生命主体性。

（三）在语言中的主体性书写

语言（文字）可作为一种个人情感与生命的承载。早期社会学的符号互动论，就非常强调符号作为沟通以及人认识世界的重要媒介；而后现代思潮中，更强调语言、主体与权力的重要性，弗里德曼和库姆斯（Freedman & Combs, 1996）指出人们认识的世界是以语言分享的世界……而自我则是经由语言而有的社会建构。自我的真实呈现，就是一种主体性的建构，人处在社会文化的情境脉络中，个人的主体性就是在这样的历史社会文化脉络中所建构出来的（赖诚斌、丁兴祥，2002）。

人处在这样的社会文化脉络中，透过语言符号得以外显自身的主体性，并与他人沟通，进行相互的理解。诗歌是一种诗与运思的对话，深层展现出人类思想的内涵与主体性，如果语言是贴近于人的本质，那么在诗歌中所展现出的就是人的本质，也是人认识世界与认识自我的展现。

因此，透过心理学的相关理论，以心理传记的研究取径来从诗歌文本以及访谈文本中的意涵，解析身处社会文化环境中的个体之主体性展现，是一条可行之路。

（四）文学领域中对张芳慈的相关探究

其实文学领域中不乏张芳慈的相关研究。像是陈宁贵（2007）以"最有才气的女诗人"为标题来书写张芳慈，这是从个人能力与才干的角度来诠释；而向明（1999）则以"非温柔的生命整理"来说明张芳慈的《红色漩涡》一书，他认为诗集其实是作者的生命整理再现，只是相较于一般人对于女性会有的温柔刻版印象，张芳慈在书中打破了这样的女性温柔，展现出其生命的特有性；江文瑜（2000）以"周期性的恐慌"来读张芳慈的《红色漩涡》，认为那是一种生命周期中所呈现的心理状态。至于她所出版的《天光日》诗集，比较多地是被放置在客家诗人的研究中，而从女性观点来进行探究者，会特别着重于该诗集中所描写的客家女性受父权控制的部分，尤其特别重视两个层面，一为客家女性身体情欲的无法自主与女性内心世界的枷锁，二为客家女性主体意识的开展与呼吁。

无论是从生命主体的才能、生命整理的视角，或是从生命周期中的心理状态、女性主义的观点切入，都是从某个角度或是片段来描述与诠释之，本论文意图从整体性、历史性、文化性与社会心理性的角度来进行张芳慈的心理传记学研究，这是与过往文学领域中的研究有所不同之处。

三、研究方法

（一）研究方法的理论基础

心理传记学的理论基础在于：人具有整体性与历史性，以及人是处在社会脉络中。在过往着重实验的心理学研究中，把人的行为"切割"成为部分与片段，忽略了人的整体性与历史性，社会心理学家格根（Gergen）在1973年即提出社会心理学宛若历史学（social psychology as history）的观点，强调心理学的研究要将历史的流动与变动性作为重要的考量因素。而哲学家佩珀（Pepper）更提出了六种世界观（Sabin，1986）[①]，其中脉络主义强调的便是混乱性、变迁性与新奇性，事件是不断流动的，每一次事件的整合会影响到未来事件的脉络，而人总是处在这样不断变迁与流动的处境与脉络中。

[①] 这六种世界观分别为：万灵论、神秘主义、形式主义、机械论、有机论及脉络主义。

而个人的生命镶嵌在历史、社会文化脉络中,因此,心理传记不仅仅是个人的,也是社会的。诚如奥古斯汀诺斯和沃克(Augoustinos & Walker, 1995, pp. 98 – 99)所主张的,"所有的认同,所有的自我建构形式,都是社会的"。"社会的"是一多面向的词汇,包括历史、社会、文化等。关于在进行叙说研究时,需考量历史、社会等因素,克兰迪宁和康纳利(Clandinin & Connelly, 2000)作了很好的说明,他们使用杜威的理论,提出"三度叙说探究空间",强调思考叙说探究(narrative inquiry)须同时兼顾三方面的理解:个人与社会的互动、过去现在未来的时间性以及地点的情境性。

至于在文化向度上,美波(Minami, 2000)在回应布罗克迈耶(Brockmeier)关于"自传性时"(autobiographical time)一文时,认为除了时间因素在自传性认同建构上扮演了极为重要的角色,更重要的是,个人的叙说是镶嵌在社会文化环境中的,因此生活中透过代间传承及与他人共享的态度、价值、信念及行为的文化因素更是不可忽略的。另外,马库斯和片山(Markus & Kitayama, 1991)也提出文化的重要性。而赖诚斌、丁兴祥(2002)更清楚地指出:个人的主体性在历史及社会文化脉络中建构,他们反对心理学的研究立基于"机械论"观点,极力论证从"脉络主义"的观点来研究人,认为自我是置身于历史、社会文化脉络中;他们更主张,对于个人主体性在历史文化脉络下如何复杂多层次地交互建构,心理传记与生命故事方法提供了切实且具发展性的研究取向。

(二) 研究对象——张芳慈简介

本文的研究对象为第一位以女诗人身份公开出版客家诗集的张芳慈。芳慈于1964年出生于台中县东势镇匠寮巷,她的创作很早就开始了,1981年17岁就读于新竹师专时就已经开始创作,先后发表童诗、散文、短篇小说、现代诗。1986年加入笠诗社。1991、1992年两次获得吴浊流新诗奖，1993年由笠诗社自费出版诗集《越轨》，1999年由女书店出版《红色漩涡》，并以"诗"获得象征本土文学最高荣誉的吴浊流新诗正奖。2004年出版客语诗集《天光日》，其在单篇发表时，都以客语形态发表，结集成书时则采客、华对照方式，《天光日》是台湾客家女诗人第一次将诗作集结成书的著作。

张芳慈除了写诗之外，更是一个社会参与的行动实践者，早在1988年"还我母语运动"时，她就已经参加。并曾经担任笠诗社社务委员、编辑委员、慈晖文教基金会咨询委员、康轩文教艺文教材编写委员、康轩文教客语教材编写委员、全国教师会教学部副主任。另外，于1998年与李元贞、陈玉玲等多位台湾女性诗人合创"女鲸诗社"；并曾经组织"台湾客家女性创作联谊会"。另外，她更是一位旅行爱好者，她觉得旅行是女性"不断扩张版图"的方式之一。

（三）研究步骤

根据心理传记学家埃尔姆斯（Elms，1994）的看法，他提出了几项具体的研究步骤，以下即依这些步骤说明本文采用的方法内涵：

1. 选择传主：传主的选择在于研究者感兴趣的人物，但是不可以过于崇拜或是厌恶，以免产生情感的过度投入或是情感转移。而埃尔姆斯（1994）也提到通常传主的出现是需要等待的，时间到了，传主自会出现。在这篇研究中，研究者对于传主的选择也是因为在对客家女诗人的研究案例中有所接触，而有一种生命的直觉与热诚，觉得想要把张芳慈所提到的"不断扩张版图"与"成为一个动词"作更进一步的延伸与讨论。

2. 运用已出版的资料暨收集未出版资料：在这篇研究中使用张芳慈已公开出版的诗集，包括《越轨》、《红色漩涡》、《天光日》、《台湾诗人选集65——张芳慈集》等，以及散于其他书籍与诗刊中的诗作；另外张芳慈非常有心地在经营部落格（博客），很多新的作品都公开于部落格中，这也是本研究重要的资料来源。

3. 亲自访谈或接触相关人士：除了上述资料外，本研究所使用的口述文本包括 2009 年 7 月所进行的访谈以及逐字稿、2012 年 6 月 8 日与传主进行的非正式访谈、2012 年 12 月 1 日所进行的访谈以及逐字稿；另外，媒体的访谈、诗评以及其他学者或诗人对张芳慈的生命书写也是重要的参考资料。

4. 撰写心理传记：在资料搜集完成之后，重要的是进行资料的阅读与诠释，并透过书写方式将之公开化，以让更多人可以阅读并有所参照之。

四、"自家安名"的意义建构

芳慈现在的名字是自己取名的，这让我们想起心理学家埃里克森（Erikson），因为母亲改嫁的缘故，以继父杭伯格（Homburger）的姓氏为自己的姓氏，一直处在心理认同及自己真正名字之间的不确定下成长，直到中年 37 岁移居美国之后，才将自己的名字更改为埃里克·杭伯格·埃里克森（Erik Homburger Erikson）（Schultz, D. & Schultz, S. E., 1997, p. 309）。埃里克森在自己的名字后面加个"son"字，表示了自己是自己的儿子，同时也是自己的父亲，将自身的认同放置在一种主体性的意涵上。芳慈的自我命名虽然在时空脉络与出发点上和埃里克森有所不同，但同时都具有建构自身生命的意义。另外，芳慈也以一首同名诗作《张芳慈》来描述自我的认同。

（一）"安名"

安名

写在阿爸个日记当中

第一个个我

系阿姆腾妇产科转来了后

记得可能会降该日

记紧阿姆病子个辛苦

两侨共下拜伯公求平安

开始逐日个等待

大早四点十五分

阿姆降我落泥时

阿爸费神想好四个名

阿爹安我系第五个名

阿爸个日记

清楚写紧我

学爬　生牙　讲话

第三百五十五日个身长

命卦上讲我系硬壳

性体尽烈个细妹

恁呢样相个我

在寮下出世

大汉了

我决定

为自家安第六个名

在这首诗中,"阿爸的日记"作为一种记忆的承载与情感的连结,父亲透过日记的书写，记载着夫妻两人在产检、害喜以及虔诚地祈求平安中，等待着家族中第一个孩子的降临，而这样的心情，在芳慈"成为母亲之后"也有着同样的等待与祈求。身为历史老师的父亲，费神地想着第一个孩子的"命名"，同时也在忙碌的生活中记下芳慈学爬、长牙、生长以及牙牙学语的成长过程。虽然在芳慈的记忆中爸爸是"不太跟孩子讲很多话，也没时间讲话"的温柔父亲形象，但是透过这保留40年的日记，芳慈深刻地和自身生命有所联系。

长大之后，因为名字和别人一样，

> 阿爸爸就问我，要不你自己起一个名字，我就自家安名，这对我的生命来讲当有意思个事情，就自己命名……①

为自身命名，就是一种主体性的展现。虽然在诗作中以命卦的"硬壳"以及"性体尽烈"作为一种命定的个性，但是在"长大后／我决定／为自己起第六个名字"中，呈现出不被命运所束缚的坚毅性格，并赋予自身生命意涵的高度能动性。

而放在创作上而言，芳慈更认为：

> 命名对一个创作人来讲，是一个蛮重要的课题，就是说那个自主性很强，自己起名字。②

就像《天光日》这本诗集名称，芳慈的安名有其深度意涵：

> 天光日，我用这个安名，就是希望我等有自家个天光日，客家妹有自

---

① 张芳慈2000年7月9日访谈口述稿。
② 同上。

家个天光日,就是说我们永远要有明天,从今天走到明天,你要怎样去计划,仰唇去行这条路,大概有这样一个意象。①

客家话的天光日,即"明日"的意涵,指向了生命与族群的未来与希望,除了期待有明日之外,重要的是如何透过计划与实践来达成未来的目标,这是芳慈对于自身、客家女性、客家族群甚至是人类的盼望。

(二)天真—孩子—创作

芳慈以一首同名诗作《张芳慈》作为自我认同的描述,而这首诗也让我们得以进一步理解芳慈的认同与生命状态:

张芳慈

文字界
天真门
自闭纲
幻想目
辛辣科
孤独属
多情种

对于芳慈而言,生命中最高的认同为"文字界",也就是说"诗人"是芳慈的生命认同,而"天真、自闭、幻想、辛辣、孤独及多情"则是个性与生

---

① 张芳慈 2000 年 7 月 9 日访谈口述稿。

命状态的展现。先从"天真门"来看，这是芳慈连结生命中两种看似冲突的角色——即自由批判的"诗人"与正规教育体制中"小学教师"的重要特质。

> 其实我们出生，每个人都是非常纯真。基本上，好的诗人保留孩子这种纯真。①

虽然芳慈认为很多诗人可能因为生活负担的缘故，而没有太多的时间可以纯真；或是因为生活竞争之故而摒弃了纯真的本性，但是在她的生命世界中，依旧相信每个人都有对纯真的渴望，尤其是她自己。甚至觉得如果生命中没有了天真和纯真，"就不知道为什么活着"，可见芳慈对于生命中的纯真有多么高的渴求。

不只渴求，更是自身性格的贴切描述；而天真也同时呈现在她的教学与诗作中。在自身性格部分，芳慈这么描述着：

> 其实我的笑点和哭点都很低，我会像小孩子一样，所以有的人会觉得，像我女儿就会觉得我挺无聊的，因为我很容易开心，但是很容易一下就很忧郁，很神经就对了。②

孩子的天真是拥有一种生命与情感的真实表达，而诗人也需要有这样真实表达的勇气与智慧，但是在面对生活与关系中的自我，这样过于天真与随兴的生命样态，却会让他人觉得"神经"，或者芳慈面对自身过大的情绪起伏，也必须找到一种可以安放自身的方式，不然身心要如何承受这样强大的情绪张力？

在教学上，作为一个小学的美劳教师，每一年都要教四五百位学生，芳慈

---

① 张芳慈 2000 年 7 月 9 日访谈口述稿。
② 同上。

觉得自己具有重要而且不可忽视的影响力,她希望学生在课堂中都可以很快乐,并且享受创作的乐趣,芳慈把自己定位为一个"快乐的制造者"和"创作的启蒙者"。面对小学生,她觉得自己和孩子们是同一个星球上的人们,可以听懂彼此的语言,并且可以开心地在一起互动;面对教学,芳慈觉得整个过程就是一种创作,包括教案的设计、作品的呈现以及与孩子们的互动,样样都充满了创作的历程。芳慈很享受这样的过程,她觉得在过程中自己已经得到了宇宙中最美好的能量,这让芳慈常常心存感谢。

(三) 在自闭与过动的极端之间

无论是"自闭"、"孤独"、"幻想"、"辛辣"或是"多情"的形容,看似极端而多变,却呈现出一种"真性情"的生命本质。芳慈这么形容目前生活中的自己——

> 我现在是很极端,不是很自闭就是很过动,我可以一个礼拜不出门,可是一出门就蹦蹦跳跳,把精力耗尽。

面对自身这样的极端多变,芳慈可以在无法回乡与父母共度中秋佳节时,在电话中以感性而多情的口吻念诗给爸爸听;也可以在假期的时候带着爸爸妈妈在东台湾海岸线骑脚踏车,到澎湖的风斗柜骑摩托车狂飙,像三个孩子般的疯狂、快乐。

然而回到自身个性的描述,芳慈觉得受到家庭环境与师专教育的影响:

> 我从小都是一个很沉默的人,不太会表现自己,表达自己,可是文学让我找到一个发出声音的(的)地方,有可以不必让人家看到我。

在这段话语中，一方面呈现自身"沉默"的性格，一方面则说明了"文学"此一路径和自身性格的符应。至于"沉默"的自我形容，相呼应于"自闭"和"孤独"，都是放置在人我关系的社交脉络中来看待自身的状态，若摒除与外在世界的连结，无论是沉默、自闭或是孤独，都可以自成一个丰富的内在自我世界。

就"幻想、辛辣与多情"而言，则又指向了诗人的丰富性格，而且非常具有女性特质。因为"幻想"，生命才可以越界，并且无边无际；因为"辛辣"，才得以具有批判的力道；因为"多情"，才能对人世间有深刻的体会与理解。这些性格所呈现出的生活样态，就显得其生活丰富而多变，如果从心理学的角度而言，芳慈也会呈现内在极大的冲突与张力，而这样的冲突与张力会以诗的形式与能量呈现在世人眼前。

五、生命经验的滋养——童年"沃土"

芳慈认为童年经验对于创作者而言影响很大，而"童年是一个宝藏，可是这个宝藏，其实是伤痕累累"，这样的伤痕清楚地指向了小学时代的"耳光事件"，这让芳慈在进入小学教育体制中担任小学教师时，有着谨慎而小心翼翼的态度；同时这些童年的宝藏也让芳慈有着细腻而敏锐的观察，以及一股为弱势发声的正义感与社会批判力道。正如同她在《沃土》① 一诗中所隐喻的，

---

① "紫色是牺牲的彩度，黄色是奉献的明度，作为绿肥的花儿，紫云英和油麻菜籽，在田野任由飞翔的青春，短暂而热烈地奔放。种植过紫色和黄色的土地，蕴藏着茵茵的哀痛，腐黑的泥掩覆着灰绝的灿烂，层层叠着，压缩着。站在田埂的坡道，向远方望去，翻过的土仿佛闪着泪光，垂老的牛只，在泥泞中，或许踏上还沾着花瓣呢。它深沉的静脉，它不忍跨大步履，因为它走在肥沃的哀痛的黑土上。"这首收录在《红色漩涡》中的《沃土》一诗，虽然当时书写的出发点在于"二二八"和平活动的所引发的灵感，她认为台湾这块沃土，是因为这些为民主献身的斗士，把自己当作绿肥般地供养着这块土地，而使得民主力量的运作得以奔放而开展；同时，也从女性意识的观点出发来反观女性的哀痛；然而，若以生命历程与诗人的心境转换来解读这首诗，可以看出作者对于生命阶段转换的描述。

生命中短暂的过往成为生命的沃土，在岁月中层层叠着、压缩着那腐黑与哀痛，且成为一种肥沃的黑土，滋养着且传承着生命的前行，正因为看见这样的腐黑、哀痛与肥沃，才更建构出生命的力量与能动性。

芳慈的生命中传承着汉文读经的家族脉络、父亲的潜移默化、与母亲情感的纠葛，以及在童年环境中所养成的灵动、独处与抽离的能耐，另一个影响至今的则是小学阶段具有教育正义意涵的"耳光事件"。

（一）汉文（客家话）读经的家族脉络

成为一个"小学教师"，芳慈受到家庭成长脉络与当时社会政治经济结构的影响。芳慈的曾曾祖父是在地的重要人物，当时（清朝时期）就在东势以客家话教汉文；后来因为曾祖父吸鸦片之故，而致家道中落。从祖父开始务农，芳慈在《水长流》一诗中记载着祖先在南投与台中县交界之处的开垦足迹，那是透过父亲的口述而碰触到的血脉记忆与生命传承的联系。祖父除了务农之外，在日据时期还曾经被征调军夫，然而读汉文以及在乡下地方的宗教仪式中用客家话念经文，依旧是祖父的专长，在这样书香世家的一脉相传中，父亲从小就被要求能用汉文（客家话）念三字经以及四书五经。

身为家中长子的父亲，虽然要承担家中务农的重担，但是依旧在学校的课业上保持很好的成绩，是当时东势国小第一名毕业的孩子，同时考上师专与台中商专，但是家里没有钱，只能选择完全公费的师专就读，这是当时很多穷困客家的子弟想要继续念书的唯一选择。而很会念书的芳慈，选择就读新竹师专，也是因为家庭经济之故。当时父亲教书一个月才三四百元的月给，并不敷家庭支出，除了妈妈在家中养鸡鸭之外，60至70年代是台湾纺织业兴盛的时期，纺织物件的送货成为父母亲的重要副业，他们每天都要忙到半夜两三点才回家，身为长女的芳慈从小学一、二年级开始就必须分担煮晚餐、帮两个弟弟洗澡等家务事，这样的磨炼也造就了芳慈独立坚毅的性格。

（二）暗夜—父亲—写诗

　　父亲对于芳慈的影响很大。小时候父亲训练芳慈的方式之一就是要求她背范文，但是芳慈很讨厌背书，拥有"小聪明"的她，采取的因应策略就是只背前面，然后透过融会贯通的方式将文章"用自己的话"重新编创，其实父亲都知道这些小伎俩，而父亲的默许也成为芳慈创作力的重要来源之一。让芳慈印象最深刻的一次，就是小六的时候读了杜甫的《国破山河在》一诗，竟让当时的她有种愤慨难过之感，随之仿作了一首短诗，父亲以一种高度的肯定——"嗯，很好"的方式回应，这样的回应给了芳慈很大的鼓舞与能量；同时也让芳慈深刻地感受到写诗不仅可以抒发自己的情感，更可以抓住最深沉的思想和一瞬间的感动。

　　虽然因为家庭经济的缘故，在芳慈的记忆中和忙碌的父亲互动并不多，身为家族长子的父亲，因为家庭的沉重负担，从小学四年级开始大约早上四点多就要起床煮早餐给阿公吃，并且要担很重的农作物，导致营养不良，而且个子不高，但是芳慈觉得自己的父母亲就如同当时台湾很多的父母亲一样有着"坚毅的生命力量"。

　　从小就跟着父亲到山上工作的芳慈，一方面培养了与大自然密切接触的环境与情感，同时与父亲的生命有更深刻的连结，在其诗作《暗夜》中除了记载着父亲辛勤工作的沉重身影之外，更写出了自身与父亲、与诗的密切连结：

暗夜

前脚蹬住石块 后脚跟着移动
在没有灯火的森林维持方向感
一九七四那年的我
从父亲的步伐里得到启蒙

每次经过不平的路
每次看不到前方的转弯
就依着我们的感应
毫无疑惧地面对
那些耳边传来的风声
那些划过肌肤的草叶
十岁的我依稀地感觉到
父亲下垂的肩膀
不只是因为两百多斤的鹦歌桃

只要听到脚步声的夜
就像正在疾速行走于森林里
那样的陡坡和被惊动的夜
被惊动的父亲和我
当时猫头鹰低沉的鸣叫
呼呼地在山壁间形成回音

黑色是丰富的森林
黑色是生命的重量
是父亲背脊瘦削的凹沟

> 回头看走过的迂回
> 已经成为黑色的脚印
> 成为父亲与我之间的对话
> 读诗的暗夜里
> 听着远远传来的脚步声
> 成为黑色之后我的
> 鹰的眼睛不禁亮了起来

在十岁的年纪，芳慈跟随着父亲的步伐中得到生命的启蒙，那是体会到生命总是坎坷不平，总是有很多转弯之处，面对生命的挑战如何可以在惊动中依旧毫无畏惧地前行，生活中的承担与无数的挑战带来生命的韧性与厚度。最后"黑色"成为生命与自我象征，黑色是生命的原初之色，同时也混杂了各种生命的色彩与生命的滋味，黑色可以是负担、重量，同时也是滋养与传承，读诗写诗成为与父亲之间的重要联系。而以"黑色之鹰"作为自我的象征，除了具有生命的承担之外，同时将自身定位为像黑鹰般具有独特、锐利的明亮之眼，看似孤独地在空中展翅高飞，却以批判而犀利的姿态俯瞰世事，进一步透过"诗"的语言来传递并且引发共鸣。

（三）丝瓜布—母亲—纠葛

芳慈在访谈过程中，认为自己的母亲和同时代的台湾母亲并无迥异，他们都具有传统台湾妇女的服从、认命等特质。在芳慈的记忆中，大约五六岁左右就跟着妈妈一起捡螺敲碎给鸭子吃，在国中时代早起帮妈妈一起经营早餐店。在与母亲相处的过程中，以"叛逆"来形容自身的芳慈，虽然对于母亲的价值信念以及处事态度虽有很多不认同之处，并且与母亲之间有一种说不出的纠葛之情，但是依旧有一种疼惜与尊重之情——

丝瓜布

像是母亲的名字
也说不上来
为什么会那么地空空洞洞

有一天洗着碗筷
当水流过 我终于了解
多年以来筛下平安与富足的
是母亲的名字

它有最简单的笔划
以前我知道如何写它
现在 该从哪儿开始写起
教我也说不上来

将一块平淡无奇的"丝瓜布"，比喻成母亲，有一种空空洞洞、摸不着边际的情感连系；然而，有一天才猛然发觉，母亲却在辛苦的劳动与时间流逝中，留给子女最大的平安与生活的富足。虽然只有小学毕业的母亲形象和自身所期待的有所不同，但是在纠葛的情感中却永远有着一种稳定与素朴的付出：

其实我跟我母亲的关系，常常都是在一种纠缠的感情，有时候很好，有时候又是互相抵触抗拒，但是基本上我对于妈妈这一代的女人，我还是尊敬跟疼惜，因为在我的这首诗里面，母亲可能受教育的程度不是很高，或者有很多的理念，我觉得很难去认同，有点像丝瓜布一样好像空空洞洞的，但是她们那种最简单素朴的那些想法里面，其实她却是最稳定的。①

《丝瓜布》一诗真实地描述出不同世代的母女之间，因为社会经济环境与教育程度的差异而在理念上与生活相处上有所冲突的状态，20世纪60年代出生并受高等教育的女儿，对于40年代出生并且辛苦劳动的母亲，以一种"空空洞洞"的样态来形容，是何等地不堪与不认同，就像芳慈的第一首客家诗《阿姆个信》② 一样，当时就读师专的她，收到母亲用歪歪斜斜的笔画写着自己名字的信件，年轻时候第一眼的感觉居然是"很丢脸"，只是在自己成为母亲之后，才对母女情感有不同的体会，如同《让我想起》一诗中写的：

走在红砖道上
你挣离我的手
向前
快乐的跑跳着
让我想起你的外婆

芳慈这么说着这首诗，以及对于母亲与女儿情感的面对：

后来我自己有了女儿，我写了这首诗，就是说我牵着女儿走到红砖道上，那我常常都会想说，我跟我母亲的情结……那同样的我现在跟我女儿之间，我是应该给她适当的尊重跟自由，而不是说像我们母亲那一代，她

---

① 张芳慈2000年7月9日访谈口述稿。
② 即《母亲的信》。信封里的字歪来歪去，用北京话注音写个住所，底肚装满满（里面装满满）。母亲无奈没有墨汁，中文认识字母多，单单只会说。母亲用最大的勇气，和妹妹一起写信，凑一篇爱的语言。我看不懂，甚至，故意装作看不懂。当时，母亲尝试学习查字典，我了解，爱是不需要表达的，过了很久以后，我正读着，这封歪来歪去的信，没有半点残缺，母亲对女儿的爱。"

是比较权威的,她要你全然接受她的想法她的价值观……所以有时候会觉得,到现在为止,我还是觉得我跟我母亲之间要保持那种若即若离的关系会比较好,那我就会想说,我跟我女儿之间,我应该也要给她这样一个空间。①

芳慈透过女儿、自己、母亲说出了代间的相似与相异性,还有母亲永恒的亲情展现:

母亲终究不管女儿如何追寻自己的人生路途,即使再曲折,依旧母女还可能会再牵手。(张芳慈,2010,pp. 102 – 123)

同时也会再次的彼此疼惜。

(四)灵动、独处与抽离

芳慈在小时候就拥有灵动的双眼与心灵,好奇地窥视这世界;并且在爸爸妈妈忙碌于生计时,身为家族中最早出生的孩子,发展出内心自我对话的能耐,以及既抽离又投入的生命姿态,来观看着世界。"对于我小时候的记忆,大概就是学走路的时候,我就觉得说,对这个环境的记忆,很多细节我都会去注意到",虽然说好奇与观察力是孩子的本能,但是在叙说之时还能对过往的环境有这么深刻的观察与记忆,这不是一件简单的事,我想也是因为这样的深刻记忆,让芳慈在中年之后有机会再度探访出生之地——东势时,可以对她所认同的"这个环境"写出这么独特的人文记忆与生命情感——《天光日》。

而芳慈的独处与观看能耐,则和她当时所处的经济社会脉络与家庭处境有

---

① 张芳慈2000年7月9日访谈稿。

所关联。家族中最早出生的孩子本来就比较缺少玩伴，再加上"那时候很少出去跟邻居玩"，爸爸妈妈还有爷爷为了生计打拼一大早就必须出门，因此芳慈通常是跟着奶奶在家中，她有时候会站在二楼的房间眺望。

> 我有时候会站在楼上看那些送葬的队伍，因为后面都是坟墓，所以送葬的队伍经过时，我都在那边，高高的好像一个旁观者，看着一个一个仪式在进行。①

对很多孩子而言，坟墓、送葬队伍是避之唯恐不及的，小小年纪的芳慈却俨然以一个"旁观者"的角度慢慢观看事件的进行。因为旁观，所以清晰；也因为旁观，也才抽离。小时候经常跟着爸爸去山里，当时她的工作就是"不要乱跑"，因此也发展出看看花看看草、自言自语，以及眺望远山的生命经验。

另外一个深刻的抽离经验，来自于芳慈随着父母亲不断地搬迁，记忆中搬了九次家，每一次的搬迁都是一种境遇的迁移，芳慈必须不断地重新面对陌生的环境，在融入新环境之前必须要有观察的能耐。

> 后来搬到丰原，我一年级是念丰村国小，我还记得那个时候就是很羞涩……可是一到丰村国小，我整个人都畏缩起来，所以就会常常注意周遭环境，因为陌生，你会想要先熟悉，所以那时候我就觉得说，我们学校的蝉很多……然后马路上种很多的尤加利树，还有椰子树，比较恐怖的事情，那边的蛇很多。②

---

① 张芳慈 2000 年 7 月 9 日访谈口述稿。
② 同上。

这些都是在独处时，作为生命主体的个人与外在世界互动的方式，在观察之中丰富着自身的内在世界。

除了这样的观看之后，浸淫在丰富童年生活的芳慈，自觉：

> 在这个地方很多的人、事、物，对我以后的思考模式，或者是说在创作的时候，是有很深刻的连结。①

这些人在芳慈的记忆中都是特别的人，并引发她高度的好奇，像是：

> 有一个是哑巴，其实他是一个蛮特殊的人，给我印象很深刻；然后村庄里面还有一个有一颗眼睛是整个白掉的，那我也去问说为什么他会变成这样子，我就觉得说，对这些事情会很好奇；另外还有小庙里的疯女人，因为披头散发像鬼般的模样，让所有的小朋友都会以最快的速度经过，有一次一个小孩跌倒了，没想到我就看到她扶起那个跌倒的小孩，然后那小孩吓得哭得更大声，所以那一幕给我其实她是很善良的感觉。②

这些经历除了深刻记忆在芳慈的脑海中之外，同时也促发了她对弱势、边缘群体的看见与发声。

（五）具教育正义意涵的"耳光事件"

在 20 世纪 70 年代的小学教育，依旧是高压与权威。这是发生在成功国小的阶段，优秀的芳慈当时担任班长，在小学的班级干部往往被老师赋予某种管

---

① 张芳慈 2000 年 7 月 9 日访谈口述稿。
② 同上。

理的权力,甚至在老师出差时被赋予重责大任,事情就发生在班级导师出差时:

> 老师就叫我在讲桌那边看同学做功课,那时候有几个同学前一天功课没写,所以被罚跪在讲台前,教务主任在巡堂的时候,他就看到他儿子是其中之一,就是跪在那里的其中之一,他进来以后什么话都没说,然后就赏了我一个耳光。①

现今看起来这是一种极为粗暴的对待方式,对芳慈的伤害也很大,即便后来机灵地找了隔壁班老师来协助处理,妈妈也到学校来,但是教务主任在未事先询问清楚的状况下,就以某种特权的方式赏了一个耳光,相信当时的芳慈除了伤害、愤慨之外,似乎也不知可以为自己做些什么、辩驳些什么,即便罚跪的处置并不是她做的。只是事后教务主任威权的处理态度与方式——"他觉得说也不需要跟我道歉,可能那个时候就很威权",明显地让弱势者处在不利位置而没有发声的机会。

然而,这对芳慈日后的影响却极大:

> 包括以后可能我在创作上,也有一种站在弱势的部分,或者就是对于自己心里的那把尺,会因为这个事情,对不好不公不义的事情特别有感觉。②

这事件深刻影响芳慈日后在创作上或是看待社会体制时对于权力的社会批判,以及对于公平正义的坚持。

---

① 张芳慈 2000 年 7 月 9 日访谈口述稿。
② 同上。

六、 生命中"越轨"的渴望与冲动

"诗"与"诗人"是分不开的,透过语言来呈现的歌诗,诗往往是诗人生命现况的投射与映现。小说家通常是透过小说来书写自传,画家则透过画来呈现自身,诗人则透过诗的语言来跟自我、跟世界进行对话。沈清松(1990)在诠释德国哲学家海德格(Heidegger)的论述时提到:"人透过说话把自己表达出来,因为'说出'就是一种自我表白,内容就像是一个人不断走出存在的过程,人在说故事的时候,就会把自己的历史性、历史经验与其中种种存在的可能和核心关切点,都带到语言上说出来。"同时芳慈也认为,作为一种"说出"的方式,"诗应该是很真实的自己",在此,将以诗作扣合着诗人生命的社会心理发展历程来进行对话。

《越轨》收录芳慈1985—1992年(23—30岁)的创作,不仅里头的诗是其呕心沥血之作,该诗集之插画也是诗人所画。内容包括:家庭亲情(《手帕》、《镜前》、《红莲蕉》、《结婚照》、《在成为母亲之后》),土地生态之爱(《流刺网纪事》、《第三世界》),年少之情愁(《虱目鱼与玫瑰》、《恋》、《穿透》、《落叶的时候》、《筝与线》、《苦瓜》),社会脉动的关怀(《花市》、《战后》、《广岛之夜》、《那样的死——悼健康幼儿园意外事件》)等。

芳慈在《越轨》自序提到:"站在不同的轨道上,才有不同的点、线、面,于是,我们感觉生命的转动。"换句话说,事物的体验,要学着从不同的角度来观看,尽管是同样的事情,转换心境,也能有新曙光。而生命不是单一轴线的前行,是有着不同的轨道、不同的角色承担与规范、不同的点线面、不同的生活层面,在相互交融与和谐中,才得以感觉到生命的转动。在三十而立的年纪,经历了作为小学老师、加入笠诗社、结婚、迁徙(从台中搬到台北定居)、成为母亲等重要的生命经验,芳慈选择了出版第一本华语诗集,具有怎样的生命意义与社会意义？

20世纪90年代的台湾社会，随着政治的解严以及妇女运动的蓬勃发展，女性自传或是书籍的出版亦随之盛行，芳慈在90年代初期就已发行个人诗集，就性别观点来看，这样的出版具有前卫性与引导性的社会意义，尤其芳慈具有小学老师以及母亲的身份，这两种角色在当时社会依旧具有保守传统的意涵，再加上诗集的内容除了家庭亲情与年少情愁的书写之外，更具有土地生态之爱与社会脉动的关怀，对于外表看似温柔的芳慈而言，生命内在似乎隐藏着刚毅不屈的冒险性格。

这让我们想到她在叙说童年经验时，说着：

> 因为我们家那边都是男生多，所以我小时候几乎真的不觉得，不知道我自己是一个女生，就整天跟着他们飙上飙下，做了很多很有趣的冒险。①

小时候有趣的冒险移转到带着很多世俗规范与性别束缚的二三十岁的生命，想要的则是一种"越轨"的渴望与冲动，首先想要跨越的便是性别的轨道，或许日常生活中受限于妻子、母亲、女儿的角色规范，很难直接跨越，然而在诗的国度里，透过土地生态之爱与社会脉动的关怀，诗人得以创造无限的冒险与跨越空间，这样得以抚慰与弥补现实生活的框限。同时作为一位诗人，芳慈的确跨越了小学教师的保守框架，在小学教育的生态中挣出美劳教师的边缘位置，因为边缘，才有了冒险的自由，也因为边缘，才得以越轨。

---

① 张芳慈2000年7月9日访谈口述稿。

七、"红色漩涡"的生命骚动

芳慈1999年（36岁）出了第二本极受瞩目的诗集《红色漩涡》。步入中年的芳慈，有着更多的生命历练与生命力道，得以将"越轨"的渴望与冲动换化为内在革命的骚动与外在抵抗的力量。这本诗集包括：国事针砭（《我们在》、《边缘人》、《问号》、《世纪末的希望》、《风云变》、《非常态》等），大地生态之爱（《沃土》、《重划区》、《藿香蓟的咏叹调》、《土地有情》、《渔村》等），亲情纠葛之爱（《在你的眼睛里》、《暗夜》、《让我想起》、《瘀》、《默契》等），情欲的书写（《荡漾》、《双鱼座》、《蛹》、《即使再老》、《瀑》），以及社会关怀与批判（《因为》、《打印世纪末》、《悼画家之死》、《城市重现》、《路口》、《明天》）。

芳慈在诗的自序中道出：

> 《红色漩涡》这本书是笔者继1993年《越轨》出版后的第二本诗集，个人将它视为一次生命的整理，作品中含括了人文与土地的关怀，是一本女人心灵的剪贴簿，是现实生活的写真集。

在阅读《红色漩涡》的过程，嗅出善于捕捉亲情与爱情的芳慈，使用细腻笔触，将女性处境及母性光辉反映而出，更将自己的生命历练、生活经验化成诗句，同时也让读者品味诗中自然流露的大量主体意识；事实上，诗人的主体意识，不仅着重在女性随着时代变迁之下的自我成长；除此之外，不乏用现实议题来表达对社会及国家之爱，诗里散发出的批判意味，更是包裹着诗人浓厚的人道关怀。

明显地，这本诗集的语言与力道都比《越轨》来得直接而强悍，甚至她在《玉兰树》诗中强而有力地书写着：

> 一首饱满的诗
> 吸纳着美丽岛的精髓
> 且开出洁白的语言
> 诗作为抵抗的力量

很清楚地，在这生命阶段所写的"诗"已经超越了之前作为观察内省、认清现实并且超越自我设限的工具，此时，"诗"已经成为"抵抗的力量"，芳慈清楚地选择站在弱势与边缘的位置，抵抗着社会体制对人的压迫、抵抗着不公不义的事件，因此在这本诗集中关于国事针砭、大地生态之爱以及社会关怀与批判的诗篇占了极重的分量，清楚地展现出作为知识分子的社会责任。

此外，芳慈在序言中亦谈到：

> 关于红色漩涡，革命的意象是一场生理与心理的挣扎，也是女人难以摆脱的恐慌不适，但却是要面对的内在事实，无论是青春期、中年女人甚至更年期，女人的身心都有一番磨练。

处在社会文化性别体制中的女人，无论在什么时期身心上都需要有一番磨炼，"红色"象征着生命的热情与骚动能量，同时也象征着流血的革命意象；"漩涡"象征着生命的承担与吞噬的可能性。在生命过程中，成为女人、成为母亲的历练，面对身心的巨大改变与内在冲击，女性要有所承担，同时有所释放，承担着生命所赋予的种种角色与责任，释放着因角色与责任而来的压力与压迫；然而在承担与释放的过程中，同时酝酿并生成了抵抗的能力与重生的能量,那是一种蠢蠢欲动的生命能量,这是女人所特有的,也是步入中年的芳慈之生命映现。

因此,芳慈将生理的"经期"与心灵写作的"惊奇"巧妙扣合,在文坛掀起这股前所未有的红色风暴。

红色漩涡 序诗

一场革命
宁静地在体内
撕裂所有不整的意象

免疫系统的攻防
或者不受孕的语言
承受着周期性的恐慌
最后在红色漩涡中
将激素释放

只是谁会理解呢
这样的过程
是一种抵抗能力
还是一场生命的负担

除了"诗作为抵抗的力量"之外,关于"诗"对于社会与个人生命的影响,在这本诗集中芳慈有更清楚的定位与意图:

> 诗在每一个人的心中是一个实体,凝聚着抒情的力量,只是人们在经济价值中看不到诗的意义,但是文学的柔性慰抚,会让我们找到心灵安适

的位置。

诗作为一种心中的实体,具有抒情的力量得以抚慰人心,并让人找到安置心灵的处所,尤其希望"开辟出女性诗书写的宽阔空间"以及"因为诗,因为爱,面对污染的世界,才有能力防疫",这远远超越了第一本诗集《越轨》中"与诗相恋"的个人性,已经清楚地朝向诗的社会连结性、批判性与实践性意涵。

八、 母语书写与客家情感——《天光日》

芳慈在《天光日》的后记提到,对于该诗集的创作背景:

> 2001年初稿完成到2004年出版,这段时间里,一方面进修硕士学位,一方面也是遭逢诸多不顺的日子,最最感谢的是外子的体贴照顾,始能顺利完成论文,并仍有持续创作。文学界的朋友总也给予相当的鼓励,尤其李魁贤先生,敦促诗集的出版,使我没有理由怠惰。另外,徐登志、范文芳、涂春景、冯辉岳老师以及许多客家界的朋友都及时伸出援手,协助解决用字的困扰,更感谢诗集中的主角,父母、亲人以及那些记忆中满身泥味的客家人。仅以这本诗集献给客家,愿日日有天光。

因此,芳慈希望能够"日日有天光",所以将她的第一本客语诗集命名为《天光日》。

天光日

分殖民过了个太阳公
异像尽公平样
大家生活还系尽苦

大风灾扫来时
归年打拚收成个米谷
蓄个头牲鸡鸭
种个果子
做一摆打净净
孤剩一坵坵绵闭个菜叶

无抵无遮个家园
烂沟糜里背鼻到
分人治剥个臭腥味
这敢系吾等个天光日

包芎蕉同铲草
割禾晒谷捡樵
卤咸菜干煮泼朴子
贴紧土地个脚胫
迷迷回像人极乐个样

跍在田崁方远远看去
头累累想吾等个命途
对哪一条路行正好

出生于台中东势匠寮巷、说着一口大埔腔的芳慈，在谈到客家事务时有一种舍我其谁的坚定气魄与行动力。在 2004 年（41 岁）出版的《天光日》中，她用母语深刻地记载着东势匠寮巷这块土地所孕育出的人文情感与生命记忆。在这边要问的是，什么样的生命机缘与动力开启着芳慈的母语书写？而这样的母语书写又具有怎样的社会意涵？

1988 年，当时在台北任教的她，积极参与了客家"还我母语运动"，而这给了她往后从事客家事务很多的坚定与能量：

> 当天我还跟学校请假，我就觉得我不能不去，因为我也认为我要找到自己讲的话，我相信那个时候站出来的客家人都有这种感觉……所以就是那个氛围让我觉得说，往后做客家的事务，我也会觉得说舍我其谁，我不能推辞。①

就是带着这种义不容辞的使命感，张芳慈看见父执辈的客家人已经头发斑白，依旧走出角落，为客家族群发声，身为年轻人的她，怎能退居幕后呢？于是，秉持着这股客家理念，1999 年"9·21"大地震之后，家乡东势受到重创，更让她感到以自己的大埔腔写诗的内在冲动，又适逢政府政策的转变，客家语读本的编纂开始兴起，东势徐登志老师的努力与热诚，为故乡留下许多宝贵的文史资料，于是以大埔客家声音书写的《天光日》就集结成册，率先于 2004 年呈现在世人眼前。

在准备书写并出版《天光日》诗集的同时，她也在编写客语教材，而关于客家母语的书写，对从小受华语教育、只有回到东势的家中才会使用客家话的芳慈来说，其实她是做了很多的努力，像是访问自己的父母、亲友，并搜集

---

① 张芳慈 2000 年 7 月 9 日访谈口述稿。

自己家乡的故事，另一方面则是与客家前辈的请益，像是涂春景老师、罗肇锦老师、徐登志老师、范文芳老师等，在这样边写边学的过程中，芳慈觉得自己像"水银掉到地上"般地聚合了相近的能量，而有了生命的完整性，不再是零碎的。

张芳慈在《天光日》中除了描写乡土情与对母语的冀望，另外的重点即是描述客家女性受父权控制的部分，主要呈现在两个层面，一是客家女性身体情欲的无法自主性与女性内心世界的枷锁，另一个则是客家女性主体意识的开展与呼吁。由于受到客家传统价值观的牵制，使得客家女性不能活出自我，只能用沉默以待，造成长时间以来在历史上的"空缺"，相关的诗作很多，最具代表性的是《月华》。[①] 这些诗作的意义呈现出客家女性无法对身体拥有自主性的悲哀，长期扮演着男性的性对象，无法表达内心最真实的性意识。

至于女性主体意识的开展，从《砧枋》里的后三句就可看出一些端倪："小妹的人啊，请裁人使横使直，不是你的唯一的路"，女人命运如同油麻菜籽般随风降临，宿命论的观点决定女人一生，作品呈现出的客家女性，结婚之后，还要担负大大小小的家务，终日被柴米油盐淹没，仿佛陈年老旧的砧板，岁月刻画的痕迹毫不留情，清清楚楚地显露出来。然而诗人却在最后话锋一转，提出严厉批判，身为女性，千万不能任凭男人摆布，因为沉默绝对不是客家女性的最佳出口。客家女性怀疑的声音不断在心中呐喊，难道女性一定只能屈服于男性之下？当女性自我主体性提升时，显然父权机制开始备受挑战，因为她们认为女性是可以拥有自主权，诚如在《毋盼得》诗中的"好得"。

除此之外，她积极参与公共客家事务的推展，担任台北市客家文化基金会的董事时，举办了"客家细妹写历史"研讨会，让同是创造历史的客家女性有发声的机会；另外，担任行政院客委会的咨询委员时，对于往下扎根的工作——客家母语教材的编纂更是不遗余力。这也就是芳慈所说的，"做客家的

[①] 另外，如《甜饭味》、《门帘》、《镜台》等诗作都是在描写客家女性情欲的被压抑与内心世界的枷锁。

事务，我也会觉得说舍我其谁，我不能推辞"，那是一种坚定的气魄与行动力，也是在创造属于客家族群的"天光日"。

作为一位读者，在阅读《天光日》以及近期的客家诗时，以客家话朗读出来和以华语阅读会有所差异，那个差异在于以华语阅读会有一种柔和的理性美感，母语阅读却有一种直入人心的情感，是这般无法言说与深刻。我一直很喜欢德国教育改革者、语言学家洪堡特（Humboldt）的一段话，他说：

> 语言产生自人类本质的深底，同时，语言与人的民族起源也建立起了真正的、实质的联系。假如不是这样，那么，为什么母语无论对于文明人还是野蛮人都具有一种远胜过异族语言的强大力量和内在价值，为什么母语能够用一种突如其来的魅力愉悦回归家园者的耳朵，而当他身处远离家园的异邦时，会撩动他的恋乡之情？在这种场合，起决定作用的因素并不是语言的精神方面或语言表达的思想、情感，而恰恰是语音最不可解释、最具个性的方面，即其语音。每当我们听到母语的声音时，就好像感觉到了我们自身的部分存在。（洪堡特，2004，p.71）

也就是说，"母语"是个人自身的存有，它具有一种强大的力量与内在价值，而每当我们听到母语的声音时，就好像感觉到自身的存在。而作为一位以母语书写的女诗人，在中年的岁月（约37—38岁）有机会再次回到自己的家乡，以生命中最深刻的语言，走访家族与街坊邻居的生命故事，我们相信这会让一个迁移至外地的"女儿"有一种"回家"的感觉，自身的生命不再只是性别的认同、自我的认同或是社会的认同，更多了一份客家族群的认同，这会让芳慈的生命更圆满。

另外，透过这样女性主体意识与客家情感的深刻连结，透过强大力量与内在价值的渲染，身处在同一个世代的（客家）女性，会在生活的最细微与不经意之处共同感受到那样强烈的冲动,并有着一股蠢蠢欲动的不安,让(客家)女性相互连结,并在生命的直觉处相互疼惜与建立姊妹情谊。

九、"成吉思汗阿,你的名,指挥了所有的动词"

芳慈近期的诗作在书写议题上清楚地承接着上述三本诗集,但却同时呈现出两种生命的意象,一方面是更清楚地展现生命主体性与能动性,一方面却也同时呈现出生命的本质与真实。她的诗作已然跳脱了年轻时候《越轨》的冲动,中年时期《红色漩涡》的骚动不安与直接冲撞,以及《天光日》浓浓的返乡情愁,走向了生命的真实性,有着生命中大风大浪的真实样态,并且渴望回到生命的本真性与存有性。

由刘维瑛(2010)编著的《台湾诗人选集65——张芳慈集》除了收录《越轨》、《红色漩涡》、《天光日》里的大半诗作外,收录部分芳慈到蒙古的诗集。在本论文里,也收录《永恒的哈达——献给蒙古》① 一系列诗集。喜爱旅行与漂泊的芳慈,透过旅行来不断扩张版图。

成吉思汗

在戈壁里
在雪山里
从远方传来信号

在草原里
也在敖包里

---

① 《永恒的哈达——献给蒙古》,笠诗刊249期(2005年)。

> 以风的姿态
> 穿梭在游牧的路线
>
> 在群星里
> 也在文字里
> 成吉思汗阿
> 你的名
> 指挥了所有的动词

透过《成吉思汗》一诗，让芳慈启发"扩张版图"的想法，而且女人"要成为一个动词，不要变成只是形容词"，能量就会更大。

> 这个时候我也是一个成吉思汗，所以有时候我觉得蛮有趣的，因为我在写那个成吉思汗的时候我说他是一个动词，所以一首诗或者是一篇文章，包括你这个人，或者是这个族群，你没有动词你没有行动的话，你永远就只是一个被修饰的形容词，那你就没办法有自主性，所以，你一定要有一个动词，你才有办法去让它变成一个世界，所以我觉得女人要成为一个动词，不要变成只是形容词，那自己所塑造的句型句子，你就会觉得，它的完足、它的能量就会更大。①

在此，成为一个动词，除了具有行动力的生命自主性之外，更重要的是让自身变成一个完足、具有高度能量的世界。这呼应着芳慈谈及的加入与退出本土诗社——笠诗社的历程：加入是因缘际会，而且一直以自己的初衷来写诗，认为自身文学的出发点就在于"发声"与"反抗"，这和笠诗社的批判性格与

---

① 张芳慈 2000 年 7 月 9 日访谈口述稿。

反抗威权不谋而合。至于退出，一方面是因为觉得诗社本身失去了一些纯粹，另一方面则坚信"只有独立，才会有我要的自由；只有独立，才能够好好地走自己的路"，这样的独立状态，正好指向了生命的动能与完足性。

芳慈近期的诗作除了有强烈的呐喊声之外，更有一种朝向生命本真性的找寻，如《遗失》、《找寻》、《我等企在这位》、《阿勃勒宣言》等。而此刻，"诗"成为生命中无法分离的连带感，连带着生命中所有可言说与不可言说的交错情感和记忆，并真切地成为"我心肝肚个该首诗"，在生命的洋流中延荡着……

可比讲你问我心肝肚个该首诗

可比讲你问我心肝肚个该首诗
玄玄风斯会面着
一半下大一半下细个大甲河水
还有盘过大雪山个白云
哦 我所罣吊个你
秋分时节芒冬花排出转屋家个路
你敢知得寒天打霜个竹圃有几坚韧呢

可比讲你问我心肝肚个该首诗
三不二时斯会试着毋知哪位疾
想爱食山林肚人家卤个咸菜
还有摊在禾埕晒个菜头粮
哦 我所罣吊个你
邻舍晡娘侪做月介鸡酒香几饧人
榜米有榜出一庄又一庄细人个笑声

你敢还记得有一个时代系食蕃薯签过日

逐摆你问我心肝肚个该首诗
我斯像爱寻窦个鸟子
飞过一间又一间的屋檐唇
尾下 在拆撇个老屋对面停途
见面着阿爹个镢头
我斯像搭紧归手牛眼树下个泥团
喔 原来泥肚有雷公筋个根脉
揞在石驳孔肚乜硬硬爱钻出嫩笋

毋好过问我心肝肚个该首诗
该系倒覆在我回忆底肚个疾
恁久以来尽想爱保留语言个回甘
毋过实在讲乜毋知哪位所争
细义勾出个逐句话
一只音一只音读分你听该下
已像鼻着有兜生菇臭馊撇个味瑞
该首诗
一半下又想爱你辄辄来问起
因致田圳犁过个泥堀又松又肥
所罜吊个你呵
试面看一头一头个禾呵在风中哂哂嗦嗦
总系有一日会打出饱米个禾串
可比讲你过问我心肝肚个这首诗
你敢知我有几想爱替你再过读一遍

> 一句跟紧一句
> 像鲜鲜河水一浪激过一浪流毋停

十、结语：一种在地女性的生命历程发展样貌

心理传记学研究作为一种本土化的研究取向，透过心理学理论的运用，将个人处在社会文化脉络中的生命，转换成一个连贯且具启发性的故事，在这样的历程中，所呈现出来的正是一种在地取向的生命样貌。而在这篇论文中，张芳慈透过诗集的出版，在诗作以及诗观中呈现出不同生命阶段与社会文化的互动样貌。

在心理学领域中，以生命历程来看心理社会的发展，就以埃里克森的八大阶段为最有名，即信任与不信任（出生至 1 岁）、自主羞怯与怀疑（1—3 岁）、进取与罪恶感（3—5 岁）、勤勉与自卑（6—11 岁）、自我认同与角色混淆（12—18 岁）、亲密与疏离（18—35 岁）、生产与停滞（35—55 岁）以及自我统整与绝望（55 岁以上）（Erikson，1968）。在这篇论文中，并没有试图要依每一阶段的发展来逐一检视传主的生命历程是否有任何的危机或是冲突，反而是清晰地看见在埃里克森所强调的 18—55 岁中年前期与中年期这一发展阶段，张芳慈透过诗集的出版，有着属于 20 世纪 60 年代在中部客家庄成长的客家在地化女诗人样貌，以公开的诗集来表达生命的关注（如下图）。

担任小学教师并进入婚姻生活为人妻、为人母的 23—30 岁的年纪，芳慈带着"与诗相恋"的生命情怀，浪漫地觉得"爱诗、读诗、写诗，我的一生将无大憾"，并写出了年轻女性对于"越轨"的想望与冲动，也就是说在中国传统文化中"三十而立"的年纪，对于框限于性别与角色规范的女性而言，会有想要打破框架的渴望与冲动，而透过诗的书写，透过土地生态之爱与社会脉动的关怀，一方面可以作为反抗威权的发声，一方面则可以在诗的国度里，

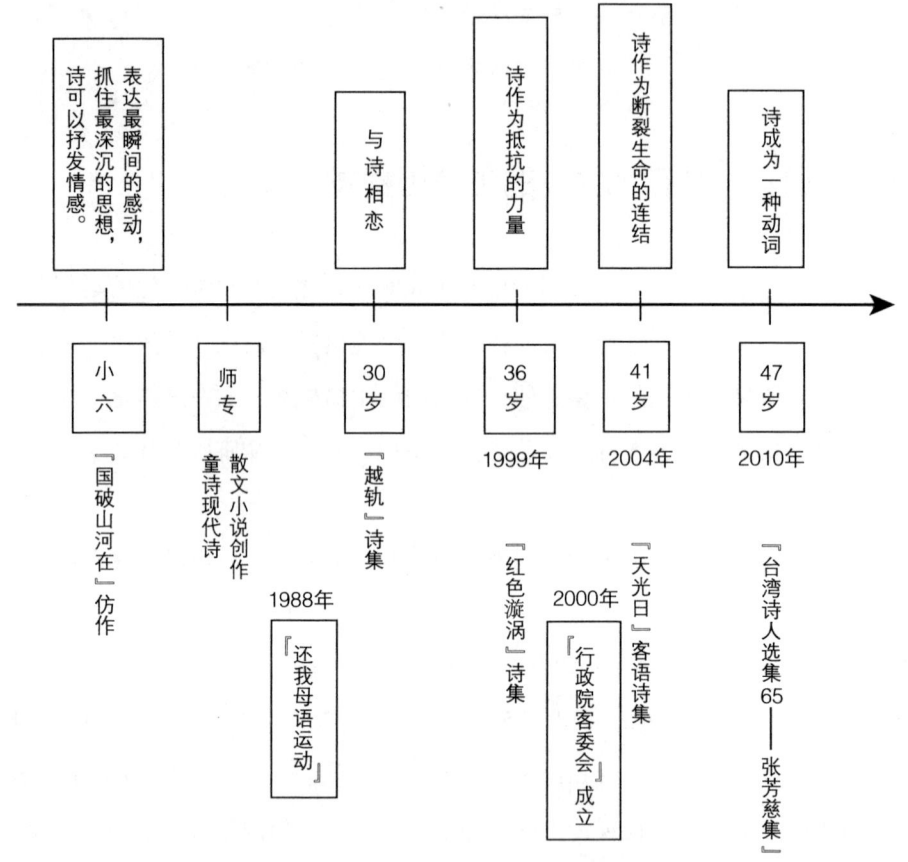

创造无限的冒险与跨越空间。

30—40余岁是芳慈积极参与社会的行动实践阶段，极度活跃于笠诗社，积极参于艺文教材与客语教材的编写，并积极投入客家事务的推展。同时极力组织台湾女性诗人的团体，如女鲸诗社、台湾客家女性创作联谊会等。就生命发展阶段来看，她正要担负母职与教职的社会角色，同时以此双重角色往外拓展生命的能动性与影响力。就《红色漩涡》来看，生命虽然沉重，但是有着一股如月经般地强烈骚动，此阶段，"诗"作为一种抵抗的力量，抵抗着自我，也抵抗着体制；也就是说，处在社会文化性别体制中的女人，在生命过程中，经过成为女人、成为母亲的历练，面对身心的巨大改变与内在冲击，要有所承担，同时有所释放，在这样的过程中，同时酝酿并生成了抵抗的能力与重生的能量，那是一种蠢蠢欲动的生命能量，是女人所特有的，也是步入中年女性的生命映现。

张芳慈38岁完成、41岁出版的客语诗集《天光日》，有着强烈的族群认同的母语书写和女性主体意识的呼唤。此时，"诗"作为断裂生命的连结，如果说前两部诗集连结了自身与性别的认同，而这本诗集则明显地连结了客家的身份认同。本文的作者在访谈另一位客家女诗人罗思容时，她清晰地道出自己的认同历程：先成为一个人，然后成为女人，最后才认同自己的客家人身份。本文的第一作者也经历了类似的认同历程，自我认同的关注起于青少年阶段，然后进入二十几岁的年纪、尤其是恋爱与婚姻阶段时，特别关注性别认同的议题；35岁的中年之后则开始寻根，进入了客家认同的历程。

到了四十几岁之后，"诗"成为一个动词，成就着生命的完足与能量，并试图朝向生命的本真与主体性。这样的发展历程并不是独一的，而是反映了台湾20世纪60年代左右出生的女性，在社会文化与经济发展的历史脉络下所呈现出来的一种在地化样貌。而这样的样貌，显然相当不同于80年代陈运栋等人所勾勒的"美德"样貌，也比60年代美国社会中埃里克森勾勒的发展样貌更贴近在地社会与文化。

参考文献

陈宁贵（2007）. 最具才气的客家女诗人——张芳慈. 笠诗刊，260，207—208.

陈千武（1998）. 让我想起——张芳慈的诗. 笠诗刊，(207)，112—114.

陈谦（1996）. 浮木与玫瑰——张芳慈《越轨》的情感取向. 笠诗刊，191，106—109.

陈运栋（1978）. 客家人. 台北：联亚出版社.

杜潘芳格（1996）. 让我想起——张芳慈的诗. 笠诗刊，(192) 117.

高宗熹（1992）. 东方的犹太人. 台北：武陵出版社.

何素花（2002）. 采茶妇女——客家劳动妇女的一个面向. "国立中央"大学客家研究中心，客家文化学术研讨会论文集，495—537.

洪堡特（2004）. 论人类语言结构的差异及其对人类精神发展的影响（姚小平译）. 北京：商务印书馆.

洪馨兰（2008，12月）. 春蚕到死丝方尽：台湾六堆与美浓地区之外祖敬拜与妇女劳动意识. 第二届台湾客家研究国际研讨会，新竹.

黄恒秋（1991）. 台湾的诗人作家们——从詹冰到张芳慈. 客家，(15)，45—46.

黄恒秋（1993）. 客家台湾文学论. 苗栗：苗栗县立文化中心.

简美玲（2008，12月）. 殖民、山歌与地方社会——客庄阿婆生命史叙述里的日常性（1895—1955）. 第二届台湾客家研究国际研讨会，新竹.

江文瑜（2000）. 周期性的恐慌——读张芳慈《红色漩涡》. 文学台湾，(33)，249—256.

赖诚斌，丁兴祥（2002），历史及社会文化脉络中个人主体性之建构：以沈从文的坚持为例. 应用心理研究，16，173—214.

李文玫（2010）. 客家女性情欲流动之探究：以九十年代客家女诗人的歌诗为例. 行政院客委会奖助客家学术研究结案报告.

李文玫（2011）. 客庄阿婆之生命叙说：以大河底的客家阿婆为例. 行政院客委会奖助客家学术研究结案报告.

李文玫（2011）. 离散、回乡与重新诞生：三位客家女性的相遇与构连. 博士论文，辅仁大学心理学研究所. 新北.

李文玫（2012）．成为一个动词：客家女诗人张芳慈的心理传记学研究．行政院客委会奖助客家学术研究结案报告．

李文玫（2012）．在书写之中：客家女诗人王春秋的认同之路．见李文玫、郑剑虹、丁兴祥主编，生命叙说与心理传记学（第1辑）．桃园：龙华科技大学．

李文玫，丁兴祥（2008）．剪断肚脐带，要做大人样：一位客家女性生命处境中的"困"与"寻"．应用心理研究，(39)，121—164．

李文玫，郑剑虹，丁兴祥（2012）．生命叙说与心理传记学（第1辑）．桃园：龙华科技大学．

李竹君（2001）．客家农村女性的劳动经验与美德．硕士论文，花莲师范学院多元文化教育研究所，花莲．

连瑞枝（2006，10月）．客家妇女口述历史初探：以母女关系与家户劳动力为探讨主轴．第一届台湾客家研究国际研讨会，台北．

林鹤玲，李香洁（1999）．台湾闽、客、外省族群家庭中之性别资源分配．人文及社会科学集刊，11（4），475—528．

陆绯云（2002）．性别与族群——客家妇女社会地位的反思与检讨．见客家文化学术研讨会论文集．桃园："国立中央"大学客家研究中心．

罗香林（1933/1992）．客家研究导论．台北：南天书局．

彭桂枝（2003）．女人与工作：一群客家农村中年女性的工作经验．硕士论文，"中央"大学客家社会文化所，桃园．

沈清松（1990）．现代哲学论衡．台北：黎明文化事业公司．

王雯君（2005）．闽客族群边界的流动：通婚对女性族群记忆与认同的影响．硕士论文，"中央"大学客家社会研究所．

夏晓娟（1994）．商品经济冲击下的客家妇女．见美浓爱乡协进会编，重返美浓．台中：晨星出版公司．

向明（1999）．非温柔的生命整理——读张芳慈的《红色漩涡》．台湾诗学季刊，(29)，162—164．

余亭巧（2004）．客家女性的族群认同经验：五位女性客家文化工作者的生命历程．

硕士论文，"中央"大学客家社会文化所，桃园.

雨青（1985）. 客家人寻根. 台北：武陵出版社.

张典婉（2004）. 台湾客家女性. 台北：玉山社出版公司.

张芳慈（1993）. 越轨. 台湾：诗库出版社.

张芳慈（1999）. 红色漩涡. 台北：女书文化事业有限公司.

张芳慈（2004）. 天光日. 台北县：台北县政府文化局.

张芳慈（2010）. 台湾诗人选集65——张芳慈集.（刘维瑛编）台南：台湾文学馆.

张维安（1994）客家妇女地位：以闽南族群为对照分析. 见客家杂志主办. 客家文化研讨会论文集，台北.

钟秀梅，宋长青（2008）. 台湾客家妇女研究——以美浓地区钟、宋客家伙房妇女为例. 台湾客家族群史专题计划期末报告（初稿，未出版）.

Freedman, J. & Combs, G.（2000）. 叙事治疗：解构并重写生命的故事（易之新译）. 台北：张老师文化出版社.（英文版1996年）

Heidgger, M.（2004）. 在通向语言的途中（孙周兴译）. 北京：商务印书馆.

Runyan, W. M.（2002）. 生命史与心理传记学（丁兴祥等译）. 台北：远流出版社.（英文版1982年）

Schultz, W. T.（2011）. 心理传记学手册（郑剑虹，丁兴祥等译）. 暨南大学出版社.（英文版2005年）

Schultz, D. & Schultz, S. E.（1997）. 人格理论（陈正文等译）. 台北：扬智出版社.（英文版1994年）

Augoustinos, M. & Walker, I.（1995）. *Social Cognition*: *An Intergrated Introduction*. London: Sage Publications Inc.

Clandinin, D. J. & Connelly, F. M.（2000）. *Narrative Inquiry*: *Experience and Story in Qualitative Research*. San Francisco: Jossey‐Bass, Inc.

Elms. A.（1994）. *Uncovering Lives*: *The Uneasy Alliance of Biography and Psychology*. New York: Oxford University Press.

Erikson, E. H.（1968）. *Childhood and Society*. New York: Norton.

Freedman, J. & Combs, G. (1996). *Narrative Therapy: The Social Construction of Preferred Realities*. New York: Norton.

Gergen, K. J. (1973). Social Psychology as History. *Journal of Personality and Social Psychology*, 26 (2), 309 – 320.

Markus, H. R. & Kitayama, S. (1991). Culture and the Self: Implications for Cognition, Emotion, and Motivation. *Psychological Review*, 2 (98), 224 – 253.

McAdams. D. P. & Ochberg, R. L. (Eds.) (1988). *Psychobiography and Life Narratives*. Durham and London: Duke University Press.

Minami, M. (2000). The Relationship between Narrative Identity and Culture. *Narrative Inquiry*, 10 (1), 75 – 80.

Runyan, W. M. (1982). *Life Histories and Psychobiography: Explorations in Theory and Method*. New York: Oxford University Press.

Runyan, W. M. (1988). Progress in Psychobiography. In McAdams, D. P. & Ochberg, R. L. (Eds.), *Psychobiography and Life Narratives*. Durham and London: Duke University Press. 295 – 326

Sarbin, T. R. (Ed.) (1986). *Narratives Psychology: The Storied Nature of Human Conduct*. New York: Praeger.

"Becoming a Verb": A Psychobiographical Research of Hakka Female Poet Fan-ci Chang

Wen-mei Li Chien-kuo Huo

(General Education Center, Lunghwa University of Science and Technology, Taoyuan, 33306)

∕ Abstract ∕

Fan-ci Chang was the first female Hakka Taiwanese poet who published a poetry anthology in Hakka dialect, *Tien Gong Ngid* (*Tomorrow*). The research materials are her publications and dictated biography data collected by various authors. From the psychobiographical approach, this article attempts to interpret how she demonstrates the agency and subjectivity within her social-culture state.

This research not only concerns the social-culture state she was in, but also the importance of childhood experiences. In order to understand the poet's social – psychological status, the analysis is combined by chronological publication of her books and life development process. Studied from her poetry anthology, before age 30 Fan-Ci has the desire and impulse of "Yue Gui" (Derail). Also she composed a life impression of "Yu shi xiang lian" (In love with the poem). At age of 36, she expressed her commotion of life in "Hong se xuan wo" (Red vortex). During this stage, poetry became a force of resistance, fighting against herself and the whole system. When she became 41, she published *Tien gong ngid*, which was written in her mother tongue and her affections for Hakka. It has turned poetry into the link of her shattered life. After age 47, "poetry" has become a "verb" to accomplish the completeness and energy of life. As quoted from her work, "In the name of Genghis Khan, conducted all the verbs". Her development process was general under the social culture and economic development at that time. It reflects the localization of female who was born in 1970s.

／ Keywords ／

Hakka female, the life of subjective, psychobiographical

砥砺风雨路，蟾宫三折桂
——奥运冠军陈艳青心理传记学研究

吴继霞* 王 可 姜 华

（苏州大学教育学院心理学系，苏州，215123）

/ 摘 要 /

文章采用心理传记研究方法，对中国女子举重界的传奇人物陈艳青在举重道路上的经历进行考察。通过收集文本资料及访谈，发现了她经历的每个重要事件背后的影响因素：人际际遇、不服输的性格、家庭支持等因素激励她走上举重道路；青年期的心理危机、职业倦怠等因素使她一再地选择退役；自我实现需要、感恩心理、集体主义文化的熏陶又促使她回归举重赛场；强烈的主动性、高度的自我效能感以及独特的个人经历让她在举重赛场屡创佳绩。通过对陈艳青的成功原因进行分析，可以对其他运动

---

* 吴继霞，E-mail: wujixia@suda.edu.cn

员有所启发：成功离不开个人的努力，也需要培养良好的心理素质和寻求积极的社会支持，其中爱情也会发挥一定的作用。

/ 关键词 /

陈艳青，心理因素，心理传记学

一、前言

陈艳青，女，1979年4月5日出生于苏州市吴县的西山镇（即现在的吴中区金庭镇），原中国女子国家举重队队员，现为江苏省苏州市体育局副局长，奥运历史上首位女子举重蝉联冠军获得者。2004年雅典奥运会，在中国女子举重首个冲金项目48公斤级失利的情况下，陈艳青顶着巨大的压力，以抓举107.5公斤、挺举130公斤，总成绩237.5公斤的成绩赢得了58公斤级女子举重金牌，振奋了中国奥运代表团的士气；2006年多哈亚运会，陈艳青取得了251公斤的总成绩，把自己在2004年雅典夺冠时的成绩，又足足提高了13.5公斤，拿下了被誉为"本次亚运会上中国代表团含金量最高、意义最重、最有价值"的一块金牌。有媒体很形象地评价她，是六把五破三项世界纪录；2008年北京奥运会，年已29岁的陈艳青在精力和体力不占优势的情况下以抓举106公斤、挺举138公斤、总成绩244公斤的成绩，打破了挺举成绩和总成绩两项奥运纪录，在58公斤级卫冕冠军，成为中国女举名副其实的"常青树"。

作为苏州姑娘，陈艳青秉承了"崇文、融合、创新、致远"的苏州精神，坚持不懈，积极向上，在举重领域获得辉煌成就，成为新时期的青年楷模。回首陈艳青的运动生涯，单用"辉煌"似乎还不足以诠释，"传奇"是更为贴切的。在她 14 年的举重生涯中，曾经三次选择退役，离开人们的视线。其中第一次退役还是在 22 岁这一女举运动员最易出成绩的年华，实在是让人匪夷所思。不止于此，三次退役后她又都选择了复出，而且每次复出都将她的举重事业推到新的高峰，分别拿下了她举重生涯中具有里程碑意义的三大冠军。那我们不禁会问，为什么陈艳青会一次次地选择退役，又一次次地勇敢复出，而且为什么每次复出都能那么"幸运"地取得让人心羡的成功呢？在北京奥运会夺冠后她光荣退役，华丽转身，开始过着为人妻、为人母和为人官的生活。与她执手偕老的正是多年来与她风雨同舟的恩师曹新明教练，从师生情、战友情上升到亲情，他在陈艳青的成功路上到底扮演的是怎样重要的角色？下面我们将运用心理传记学的手法对陈艳青成功背后的因素进行分析。

心理传记学（Psychobiography）作为一种特殊的心理学研究方法，有着百年的发展历史。国内学者郑剑虹（2006）认为，心理传记学是采用心理学的理论和方法对单个人物的生活史和人格进行心理学的编排和解释的学问或方法。关于心理传记学的具体研究思路，当前已经形成了两种不同的范式：即纯质化研究和质量结合研究。本文采用的是纯质化研究的范式。确定陈艳青为传主后，首先是收集关于陈艳青的已出版或者未出版的资料，这些资料包括媒体对她的采访资料、新闻报道以及她本人的自述，针对具体问题本研究人员对她本人进行了访谈。此外，笔者还通过造访相关人士获得间接资料。最后撰写心理传记学文本，得出研究结论。

二、邂逅举重，华丽绽放

陈艳青读小学期间，学习刻苦，要求上进，因此学习成绩很不错。但她为什么会在十一岁选择进入体校进行举重训练，从此走上举重道路呢？她又是凭什么能在十几岁的年纪就初露锋芒从此在这条路上大展拳脚的呢？

（一）家庭教育与支持

陈艳青从小在农村长大，家中姐妹三人，她排行最小。陈艳青的爷爷传统观念很重，重男轻女意识非常严重，而陈艳青的三个叔叔家中均有儿子，使作为长子的陈艳青父亲压力很大。她的爷爷将值钱的各种器物都传给了叔叔们，却从未给她父亲什么，爷爷也从来没有关注过陈艳青姐妹三人。幸而陈艳青父母都没有重男轻女的思想，他们尽全力抚养三个女儿。在陈艳青的眼里，她的木匠父亲不仅能干，而且还很慈爱，"冬天我坐在他的自行车后，父亲会把衣服拉开让我把冰冷的手放到他温暖的腰间"（陈艳青，2012）。当宽则宽，该严则严，父亲在对孩子的教育当中也不失威信，以至于陈艳青做错了事，就算父亲不知晓，她也会愧于面对父亲。有一次，陈艳青二姐的数学考了 70 多分，当父亲看到成绩单时没说什么，只是轻轻地哼了一下，她二姐却为此忐忑了一整天，之后一直努力学习，没让这分数再出现过，陈艳青把这一切都看在眼里。她的父母从来不打骂女儿，但同时又威严，对女儿们有很高的期望。这种教养方式属于典型的权威型，有利于孩子形成高水平的自尊和学业成就。

作为运动员的陈艳青，并不是一开始就出类拔萃的，但她能通过刻苦训练来提升自己的训练成绩，这可能和她从小就具有的不服输的性格有关，离不开她的家庭以及她的成长经历。爷爷的态度在一定程度上激发了陈艳青强烈的自尊心，再加上父亲本身给陈艳青灌输了"谁说女子不如男"的思想，让她具有了很强的使命感，同时不因为家里穷而自卑，形成了不服输的性格。童年的陈艳青经常参与村里孩子的打架，打架的对象全是男孩子，她喜欢保护比她弱的小伙伴。平时她也喜欢随着父母到地里干活，在稻田里抓泥鳅，水沟里捉小鱼，野地里找野菜、蘑菇，山上挖竹笋等等。她小小年纪不会游泳，但敢到太湖边去摸螺蛳，还会在大自然中找草药，晒干卖了攒零花钱，或者是爬得很高很高去采树上被大人遗漏的果子。但她从不掏鸟窝，因为她认为小小的鸟蛋也是一条生命。她还喜欢一个人躺在草地上，静静地看天上的云朵，任思绪随着朵朵白云飘荡。就这样，陈艳青从小就表现出了正义感强、胆大等不输于男的精神和气魄，同时又有女孩的细腻、善良。

此外，家庭支持是陈艳青身心健康成长、以致后来在体校学习时能成功排解压力的一个重要影响因素。父亲一直认为他的女儿是最聪明、最好的，这在一定程度上使陈艳青树立了自信。家里的经济条件不好，但父母会努力创造条件来培养女儿，从小就给她买很多童话书和连环画，不仅使她养成了看书的好习惯，而且使她具有了非常丰富的想象力，这将对她在以后的运动生涯中运用愿景、想象等方式来激励自己有帮助，而且读书也让陈艳青找到压力排解方式，让她能够更加开阔眼界，接受外界信息，提升自己。除了父母，陈艳青的两个姐姐也给予了她很重要的支持。两个姐姐的学习成绩非常好，为她树立了奋进的精神榜样。上小学时，大姐做了大队长，二姐做了中队长，而且是升旗手，陈艳青为姐姐们感到骄傲的同时也激励着自己要向姐姐看齐。两个姐姐都很疼爱她，陈艳青（2012）在她的自传式论文中提到了一段清晰的记忆：当时上高中的大姐每周生活费只有五元，但在陈艳青每次回家时都能带她去镇上买好吃的，后来陈艳青才知道大姐曾经因营养不良、低血糖而晕倒过。而二姐在咸菜拌饭的艰苦条件下也依然不忘鼓励陈艳青好好训练。两个姐姐的这种情感支持也成为她努力拼搏的动力。

（二）人际际遇

人际际遇是陈艳青获得成功的一个很重要的因素。在一次县里的小学生田径运动会上，时任苏州市业余体校教练的曹新明发现 11 岁的陈艳青具有很好的运动天分,就选拔她到苏州市业余体校进行举重训练。从此陈艳青的生活出现转折,开始了她追寻梦想的运动生涯。陈祥美(1998)认为,"人际际遇会改变一个人生命的发展途径,也会使一个人的梦想逐渐成形以及发展、变迁"。他讲的"人际际遇",就是指在人的生命中,一些能够让个体的生命发生极大转折的人对个体所产生的影响。对陈艳青来说,这个人应该就是她的启蒙教练曹新明了。曹教练不仅是发现陈艳青的伯乐,而且对她以后的发展与成就都起到了举足轻重的作用。刚入校时,陈艳青的训练成绩并不理想,但曹教练能对她悉心教导,对陈艳青的每次进步都能给予积极反馈,即在其他人面前赞扬她做得好,这样就使得到夸奖的陈艳青更加努力。在 1994 年,曹新明教练用最后一个编外名额把陈艳青带到国家队,这使她有了更好的发展平台,从此陈艳青的训练成绩突飞猛进,17 岁便获得全国冠军,跻身高水平运动员行列。

(三) 寻求优越、力求完美

寻求优越、力求完美是陈艳青在举重道路上自我实现的动力。陈艳青在进入体校前,其实学习成绩也不错。但是,她从来没有得到过老师的表扬,没得到过"三好学生"的荣誉。她的两位姐姐一位做过大队长,一位曾当过升旗手,她也渴望能站上升旗台,当上升旗手,她认为这是至高无上的荣誉。可是她一直没能如愿,这使她心里出现了不平衡。于是她以自己在其他方面的长处——即学习成绩好来找到自信和心理平衡点。在后来的举重生涯中,她的这种心理补偿方式也得以体现。因为她发现了举重这一特长,她就会在这方面做到更好更强。这可以用阿德勒(Adler,1927/1986)的个体心理学理论作出解释:寻求优越、寻求控制感、力求完美和克服自卑是人类的本能。当不上升旗手让陈艳青的心里产生了不如意,因此她会对自己内心作出补偿,促使自己不断超越，寻求优越，发展自己的"社会兴趣"——成为举重运动员。这使她不仅因为体验到了社会价值而产生自尊和被重视感，另一方面也正向补偿了原有的自卑感。"虽然很遗憾我没有成为升旗手，但谁又能想到若干年后五星红旗因为我而不断地在异国他乡升起"，陈艳青自传式论文中的这句话正好说明了这点（陈艳青，2012）。

三、皆非终点的"三退"

提到陈艳青的传奇之处，就不得不提她"三退三出"的独特经历。尤其是她的三次退役经历，使她的运动生涯别树一帜，同时又让人产生疑问：每次退役究竟是出于何种缘故？

（一）第一次退役

17岁的陈艳青第一次获得全国冠军后，举重成绩便节节攀升，在此后短短的三四年间，她就把全运会、亚青赛、亚锦赛、亚运会、世青赛、世锦赛的冠军统统收入囊中，并改写了纪录。当时她的实力与精力并存，完全可以继续施展抱负，寻求更优越的成绩，但她在2001年作出退役的决定。告别十几年的举重训练场，20出头就宣布退役，对大家来说都是觉得很可惜的，那她为什么会选择退役呢？2000年在女子举重58公斤级项目中，陈艳青已占据绝对优势。然而由于某些原因，在中国举重队传言的一则假情报使她的58公斤级失去悉尼奥运会参赛资格，她便因此萌发了退役的念头。奥运资格的落选以及那一情报后来证实为假，对陈艳青来说无疑是一次人生的重大打击。对陈艳青来说，参加奥运会是她努力的终极目标，更何况她完全有实力获得冠军。这样的结果使原本斗志昂扬的陈艳青一时失去了方向，产生了严重的挫折心理。她选择逃避,愤然回到老家西山镇,不见任何亲友,拒绝听见和看见任何和奥运有关的信息和报道。当时的她戴着一顶硕大的、可以挡住脸的帽笠到山上帮家里干农活,以避免与别人的接触。在那段时间里,陈艳青觉得整个生活的颜色都是灰暗的,没有目标,没有激情。面对第二年的全国运动会,就算那是除奥运会之外最重要的比赛,她也无心参加,在申请退役但队里不允许的情况下,消极备战。那段时期的训练对陈艳青来说是最痛苦的,"那么的恨这个项目,没有一丁点热情却还要把沉重的杠铃举起,训练时常常是摸着杠铃就哭了出来,从来没有比赛能像2001年那样盼着比赛日子的快点到来。我是倒数比赛日子捱过来的,因为决赛的日子就是我解放的时候"(陈艳青,2012),怀着如此情绪,抱着对比赛的结果无所谓的态度,陈艳青在这次比赛中最终只取得了第三名。

美国心理学家韦纳(1986/1989)对人们失败的归因进行了研究,认为一般情况下,失败由客观因素和主观因素造成,也有可控和不可控因素。人们把失败归于何种原因,对以后的活动和积极性产生很大的影响:把失败归于不可控的外界客观原因,会使人感到消极和无助,缺乏动力。陈艳青把这次失意归因于不可控的客观原因,觉得社会不公平,对她没有足够重视,辜负了她曾经付出的努力,这让她不光对体育,而且对整个社会都产生了不公平感和憎恨情绪,以至于这个原本豪气干云的女孩开始变得消沉。

后来对陈艳青的访谈中,她有提到其实当年她的人生观和价值观还不成熟,她以为训练就是教练的事,比赛的名次也是为团体而拿,那并不是对自我的要求。因此当年她参与举重训练的内驱力比较单一,较多的是附属内驱力,少了些认知内驱力,尤其遭遇悉尼奥运会事件后,体验到收获和付出的不对等,使她坚持练下去的内驱力更是下降。之后她对挥洒了10年青春汗水的举重事业都有了倦意,便有了退役的念头。在2001年的第九届全国运动会上,由于消极应战,她只拿到铜牌。赛后,正式退役。

(二) 第二次退役和第三次退役

在第一次复出后，陈艳青就取得了 2004 年雅典奥运会的冠军和 2005 年第十届全运会的冠军，2005 年底她决然选择了二次退役。2006 年第二次复出后，经过一年的训练，她又在多哈亚运会上夺冠，之后再次和举重说再见。为什么陈艳青会在每次取得成功之后就萌生退意？这两次退役时间间隔才一年，它们之间的原因一样吗？

1. 基本的爱美和亲密需求得不到满足。复出后的陈艳青虽然创造了辉煌，但她每天的训练生活是很枯燥无味的。"我已经 27 岁了，每天的日子和十几年前差不多"，对陈艳青来说，日复一日的重复生活以她当时的年龄和经历来说是"莫大的折磨"。她多次提到她想像平常女生一样穿裙子、逛街，生活能更丰富，但现实是她只能把好看的衣服压在箱底，无暇逛街。她当时生活的核心成分就是举重，周围的人也不过是教练与队友，在一定程度上来讲她是孤独的，与外界缺乏充分的接触与体验，因此她渴望训练以外的生活，获得与他人的亲密。这种亲密不仅是建立与爱人的关系，也有与朋友或其他人的关系。埃里克森（Erikson，1950/1992）提出的个体心理社会发展第六阶段危机为"亲密对孤独"，约发生在 20—24 岁的成年早期。个体在健全，稳定的自我同一性的基础上，积极地把自己的同一性与他人的同一性融为一体，与人建立深厚、持久的亲密关系，如同学关系，伙伴关系和恋爱关系，并能辛勤、有效地工作。若缺乏社交能力，离群索居，则会形成孤独感。陈艳青的第二、第三次退役时分别是 26 岁与 27 岁，但她也处于这一阶段。在媒体对陈艳青的访谈中，都可以看出陈艳青当时的想法："如果练到 2008 年，我就快 30 岁了，看着渐逝的青春，我决然选择了再次退役"，"我不希望自己到了 30 岁的时候还没有完全享受过生活"（陈艳青，2012）。这两次退役，是因为危机的出现使陈艳青不得不重新考虑自己的生活模式。陈艳青不想像钟摆一样继续日复一日地在这条轨道上走,而是应该抓住青春最后的尾巴,重新拾回已逝的激情,寻求别样精彩。但离开自己朝夕相处的训练基地,终究舍不得,退役以后又能干什么,陈艳青每天都在进行思想斗争。"是否终止原有生活结构,形成新的生活结构"一直是陈艳青当时的矛盾心理状态的写照。

2. 高强度训练和压力下的职业倦怠。陈艳青每次复出,都是因为要应战较大的比赛,所以每一次的复出就意味着要全力以赴。高密度高强度的训练任务、长久的单调重复的生活模式,很容易让一个运动员产生职业倦怠。这两次退役的时间间隔是一年多,对外人来说时间不长,但对陈艳青来说是很长的。为什么要反复退役?对于这种疑问,陈艳青也给出了关于职业倦怠的回答。这种训练在体力上一般人是吃不消的,何况还要经常面对比赛带来的精神压力。长期处于高压环境下,她的心理资源一点点在耗尽,以及与外界的隔离的训练生活,使她的情绪和态度受到影响,产生了疲劳感和对举重事业的感情疏远。

3. 任务完成后的释然。第二次和第三次的退役都是陈艳青在大赛获得冠军后,在鲜花和掌声中作出的决定。这在一定程度上也体现了中国传统文化中功成身退的传统思想。在访谈中陈艳青也不止一次地提到:"我当时感觉我已经拿到金牌了,已经算是达到对社会的回报了,也尽到自己的责任了。"因此,她才会有了之后的两次"功成身退",但这并不是她运动生涯的终结。

四、沉寂过后的"三出"

(一)第一次复出

自我实现的需求。陈艳青从11岁开始就在举重路上努力拼搏,这是她热爱的事业，而且她是很有这方面的天资的，10年的训练与比赛之路就是她自我实现的过程。马斯洛（1954/1987）的人本主义心理学的自我实现理论认为，自我实现是人格发展成熟的标志。自我实现的实质是指人的天资、能力、潜能得到充分的开发和利用，使人趋向完美，这是一个动态的过程。陈艳青个性要强，从小就不服输，追求完美。没能参与2000年的悉尼奥运会对她来说终是一件憾事，因为参加奥运会是她最大的梦想，何况她相信自己是有实力可以拿到冠军的。但陈艳青在21岁时就选择了退役，还没有站在人生的巅峰就选择退出，对陈艳青来说就是还没有真正地实现自我。她在两年后复出，虽然这其中有教练和其他人的劝导，但和她个人的自我实现需要是分不开的。自我实现理论强调自我实现者有很强的成功的个性特点，自我实现就是自我发挥和自我完善，它是人性中必然的东西，不是外在的力量，体现了人的尊严和价值。陈艳青能对自己当时的现实环境有理性的洞察力，即发现自己在当教练助理时看到师妹训练，她也会忍不住去举举杠铃，这说明她对举重事业还是怀抱热情的。第一次复出，陈艳青可以重新回归举重赛场，重拾信心，弥补2000年与奥运会冠军失之交臂的遗憾，在一定程度上证明自己的努力与能力。后来在媒体的采访中，陈艳青也提到，第一次复出是实现对自己的承诺。

当时陈艳青不想复出的理由有很多，其中有条看似平常但却是女孩子最大的障碍：她基本恢复了原本的苗条身材，再过一年就可以穿十来年没机会穿的裙子了。还有就是她觉得没几年青春了，这样的日子虽然很平淡，但没负担，虽然忙，但充实。再加上她很享受每天都学习到新知识的大学生活，让她觉得舍弃这些，再去碰给她带来伤害的杠铃，代价太大了。后来随着教练的反复动员，以及自己在带教过程中受年轻队员的感染，她开始重新思考自己到底要不要回归举重赛场。

回想这十几年的历程，从懵懵懂懂的十一二岁到现在，一步一步脚踏实地，在举重这条道上吞下了多少酸楚，留下了多少汗水，只有自己最清楚。可这些艰辛是为了什么？最初的梦想是否还在？当初已经痛失了一个机会，那次退役多少带着愤然的情绪，是心有不甘、抱有遗憾的，但当时的自己又是不成熟的。当时的选择并不是无可奈何的决定，而是自己懦弱、不堪一击的表现。和自己一样当运动员的那么多，可冠军只有一个，难道当不了冠军的就都要放弃以后的比赛吗？既然已错过了一次机会，当机会再次来临，就应该好好把握，从哪儿跌倒就从哪儿爬起来。陈艳青就这样鼓励着自己勇敢地回到训练基地。不断完善自我，追求高峰体验，正体现了自我实现需要是她第一次复出的内在动力。这次复出让陈艳青收获颇丰。最后一次比赛完后，陈艳青忍不住哭了出来，她曾经那么的厌恶举重，但举重又让她站到了人生的巅峰，当时的她对着镜头说："我热爱举重，我真的舍不得离开。"

（二）第二次复出和第三次复出

1. 集体主义文化的影响

在第一次退役后，陈艳青沉寂了两年，在苏州大学学习和担任女举教练助理。因为第十届全国运动会即将在江苏举行，为了江苏省举重代表队取得好成绩，为了家乡的集体荣誉，陈艳青在教练的劝说下，决定出山。此后，她分别在 2004 年雅典奥运会为中国赢得一枚金牌和 2005 年第十届全运会打破世界纪录夺得冠军，为集体赢得荣誉。2005 年陈艳青第二次退役后，2006 年的多哈亚运会又让陈艳青再次回到国家的训练场上，拿到了被誉为"本次亚运会上中国代表团含金量最高、意义最重、最有价值"的一块金牌。她的第三次复出，也是为了备战意义非凡的 2008 年北京奥运会。可见，陈艳青不管为何退役，但最后都是为了承担集体责任、获得集体荣誉而复出。对陈艳青来说，当年喜欢看升旗，渴望当一名升旗手，都说明自己对那面红旗是有着深深的情感。尤其是当自己的角色上升到可以有机会为祖国争取荣誉时，那种情感更加深沉、强烈。"纵使自己有很多理由来开脱,但那些理由都是关于个人的,摆在集体荣誉面前,那些理由都显得小家子气,我不想变得那么矫情,"陈艳青在访谈中如是说。

从社会心理学角度讲,个体的利益、个体的选择与行为不可避免地与集体或他人交织在一起。尤其在中国,古代儒家思想就推崇"兼善天下"的理念,东方文化一直奉行集体主义,中国传统伦理学也侧重讲到集体责任。集体主义文化下,个体的动机多是社会、集体取向性质,自我由一个人的角色、社会地位决定。适当的社会行为,为个人角色提供的价值与思想比表达内心隐私、自主选择显得更为重要,即使个体有独立发展的愿望,但为了被他人所接受、实现群体(如家庭)的目标、建立和谐的人际关系等,也只能适应他人的要求并限制自我的需要和欲望。因此,在东方文化背景下,动机不能完全决定个人行为。陈艳青是举重58公斤级别的佼佼者,因此任何大型比赛,她的参与对集体荣誉的获得都是至关重要的。陈艳青每次退役都是自己的决定,但她的每次复出都是为了实现集体成就。

由于个体自我意识的发展也是个体社会化的过程,而文化又是促使个体社会化不可忽视的因素。那么,在个体不断社会化的过程中,文化也悄悄地影响着自我的形成与发展。这正体现了在集体主义文化熏陶下,陈艳青有着强烈的集体荣誉感,在关键时刻,她懂得放弃个人利益与需要,选择服从社会利益,履行集体责任。

2. 感恩心理

陈艳青之所以能在关键时刻复出,还源于她有着强烈的感恩心理。至于陈艳青的感恩对象,第一要提的就是辅导她一二十年的曹新明教练。根据亚历山大(Alexander,1990)的"心理学意义的传主凸显性指标"中的"重复（Frequency）"指标，陈艳青无论在访谈中还是自传中经常提到曹教练给她送酸奶的情节。有媒体在对她的采访资料中这样写道："两瓶酸奶换两块金牌"。陈艳青回忆起曹教练劝说她第一次复出时的情景，描述到她的心理活动：

> 我老记着他当时的表情。我到学校看到他无助的表情，抽支烟，颤抖着手，眼含泪水。我跟他十几年，从来没有看到他这么脆弱和无助的感觉，从来没感觉他这么需要我。他带我十几年，把我培养成世界冠军，以前全是他把我领出来的。我感觉该我自己努力了，我一定要做个领头羊，把我该做的事情做了。

她还说道，教练经常把自家的酸奶带给她，她以为退役后自己已没有了"利用价值"，可教练一如既往地给她带来酸奶。最后，就是两瓶酸奶攻破了她的心理防线，使她毅然决然地同意回归到举重的训练队伍。

彼得森和塞里格曼（Peterson & Seligman, 2004）把感恩定义为感知到接受礼物的感谢和愉悦，不管这种礼物是从他人给予的实际利益，还是在自然美景中感受片刻的安静祥和。尤其强调，感恩是人们意识到了他人行为给自己带来的恩惠。当然不仅仅是酸奶，还有曹教练的启蒙之恩，多年的悉心教导、无私关怀都使陈艳青感受到了温暖和愉悦，意识到这都是教练给予的恩惠，因此她产生了强烈的感恩心理。曹教练也曾这么评价过她："什么事都能换位考虑，做什么事她都多想到对方怎么想的，她要怎么做。"

对陈艳青的采访中，她提到有一件事让她记忆犹新。在1997年的全运会中，陈艳青与最大的竞争对手之间展开较量，先前的抓举她比人家少了2.5公斤，最后为了夺冠，她不得不在挺举上加大重量。但前两次试举，她都没有成功，而且第二次试举情况比第一次还差，体力的消耗以及心理压力让她第三次挺举也是最后一次试举变得更加艰难。就在第三次试举准备上场之时，她无意间看了看曹教练，她诧异于当时曹教练的脸居然是苍白的。由于教练平常对她们要求严苛，面容冷酷，在她们训练成绩不佳时常常是疾言厉色，所以在这之前，她认为教练就是教练，自己对教练只有敬畏之感。就在那一刹那，她意识到平日里硬朗的教练也有脆弱和无助的一面，而且这正关乎自己。由此她的内心体验到了一种强烈的情感，即对教练知遇之恩的感激之情和长久以来惺惺相惜的战友情。这种情感驱使的动力使陈艳青一鼓作气，成功地挺举起杠铃，并且一举夺冠。对曹教练的感恩情感，不仅是陈艳青获得成就动力中的一部分，也是她几次作出复出决定的动力来源。

除了曹新明教练，体育局的领导乃至广大群众都成为陈艳青的感恩对象。陈艳青在多哈亚运会作出杰出的表现之后，江苏省掀起了"共产党员学习陈艳青永不放弃的精神"运动；苏州市委市政府把陈艳青提任为苏州市体育局副局长，她还光荣地当选为中国共产党十七大代表。而且，在采访中陈艳青还特别提到：

> 原江苏省委常委、苏州市委王荣书记曾对我说："陈艳青，苏州是一个古老的城市，在改革开放中焕发出了新的生机和活力；你是一个老运动员，你参与奥运会对年轻运动员就是一个鼓舞，你身上体现的也是苏州市的精神。"他还打消我的顾虑："只要你坚持，你能不能参加奥运会，能不能获得好成绩都不重要，你现在是苏州人民的骄傲，是新苏州精神的体现。"

陈艳青深感到群众和领导对她的期望，意识到自己的决定将远远超越一块金牌的意义。面对媒体和群众给予的掌声和荣誉，她开始意识到自己的懦弱，觉得很惭愧。这种愧疚感正是"个体在对特定的感恩事件、行为及其结果的道德或法律层面的自我评估基础上所产生的情感体验"（徐怡亭，刘利才，李学龙，2012）。于是，陈艳青做出了感恩决策——积极备战北京奥运会，即她的第三次复出。

五、三次回归，传奇依旧

在中国的体坛，世界冠军退役又复出的例子也不在少数，但像陈艳青这样每次复出都能取得冠军，并且将自己的事业推向新的高峰的人，真的是屈指可数。那陈艳青究竟是靠着什么取得这样的成绩呢，下面我们将从多个角度对此问题进行剖析。

（一）独特的个人特质

1. 强烈的主动性

从陈艳青的事迹中我们发现，她做事情具有很强的主动性，从来不会默默地被动等待机会。其中最具有代表性的就是在中国共产党第十七次全国代表大会上，艳青主动请胡锦涛总书记为2008年奥运会加油题字，总书记欣然同意，并为她题了"为你加油"四个字。事后，陈艳青兴奋地说道，"其实很多代表都有让总书记签名的想法，但是都没有这么去做，我是充分发挥了运动员敢打敢拼的风格"。这种果敢主动的性格在她举重事业上也发挥了关键的作用。在陈艳青第一次退役后在苏州大学就读期间，教练因为她萎靡的情绪而没让她管任何事情。没过多久，陈艳青就因为忍受不了无事可做太过无聊而主动请缨，做他的助手。而从艳青后来的经历我们知道，就是因为艳青这份主动请缨，使她获得了做别人教练的经历，从而让她在以后的训练中更加严格地要求自己，更加能够理解教练的苦心，更好地与教练合作创造出了更辉煌的成就。因此，具有强烈的主动性这一点在陈艳青举重事业的成功中是具有重要意义的。不仅如此，从陈艳青2008年退役后主动要求出国留学的一些经历，我们发现，她的这种主动性已经深深地融入了她的骨髓，激励着她不断向上，超越自我。

2. 高度的自我效能感

在2008年7月，面对胡总书记"你觉得今年和去年有什么不同"的询问，陈艳青说："我比上一届心理更成熟，总书记，您就看我北京奥运会的表现吧。"试问大赛在即，有几个运动员敢对我们的总书记夸下如此海口？陈艳青敢！这鲜明地体现了艳青高度的自我效能感。自我效能感是由班杜拉（Albert Bandura）1977年提出的概念，是指个体对自己是否有能力完成某一行为所进行的推测与判断。班杜拉指出个人自身行为的成败经验会影响自我效能感，一般而言成功的经验会提高效能期望（班杜拉，1997/2003）。因为之前所经历的成功事件，使艳青积累了很高的自我效能感。这种自我效能感又在一定程度上帮助艳青以更加自信放松的状态去面对接下来的大赛，获得更好地成绩，如此良性循环。

3. 卓越的逆商（AQ）

在对陈艳青进行分析时我们发现，她的事业历程并不是一帆风顺的，尤其是2000年错失悉尼奥运会的参赛资格，对于任何运动员来说这都几乎是一个致命的打击，更何况是当时正春风得意、心智还没有完全成熟的21岁的陈艳青。但陈艳青没有被打倒，在经过适度的缓冲后，又坚强地回到举重训练场，并一举拿下2004年雅典奥运会冠军，成就了自己的奥运会冠军梦。从中我们不难发现在陈艳青的成功中卓越的逆商发挥了重要的作用。逆商即挫折商，指人面对挫折、摆脱困境和超越困难的能力与智慧。20 世纪 90 年代中期，美国著名学者保罗·史托兹（Paul G. Stoltz）教授在综合当今世界数十位著名科学家的最终研究成果的基础上，最早提出"逆商"这一概念。它是指人们面对逆境时的反应方式，即面对挫折、摆脱困境和超越困难的能力（陈大为，2005）。逆商是继智商、情商之后心理学家提出的又一个决定人能否成功的重要商数。陈艳青在她的自传式论文中清楚地表明，没有拿到悉尼奥运会的参赛资格，不是自己的过错或是能力不够，而是外界因素导致的后果。而保罗·史托兹教授指出的逆商的四个关键因素的第二个就是"起因和责任归属"，他认为将陷入挫折的原因归为自身原因的人将会陷入过度自责、意志消沉、自怨自艾，是一种低逆商的表现（陈大为，2005）。而适度的归于外因并有计划地完善自己，相信自己能取得下一次的成功，则是高逆商的表现。对这种人来说，逆境不是坏事，相反，它是磨炼，是考验，是宝贵的财富。在我们的访谈中，陈艳青由衷地说："如果要说我和其他运动员的不同，那就是我的经历，我经历过的挫折要比他们多，而我也感谢这些挫折和经历，让我不得不使自己变得更强大，才有了今天的成功。"

（二）多次的退役与复出给予的回馈

曾经有网友说，陈艳青每次取得巨大成功之前都要经历一个"退役—复出—成功"的循环。虽然这是一句戏言，但我们仔细揣摩也不难发现，其实这一次次的退役、复出肯定不是在单纯的浪费时间而已。那它们到底又带给艳青什么了呢。

首先，两年的教练身份使陈艳青更能够换位思考，懂得教练的苦心，进而能够更好地与教练合作。不仅如此，通过做教练，陈艳青对自己的要求也不一样了,她不会再像原来那样发脾气了,自制力也得到了提高。当然通过当教练带队员,好观察、爱学习的陈艳青在技术上也得到了很大的提高。在她的自述中提到,当时她带的一个小队员上挺动作做得十分好,尽管她后来因为成绩不好被退回去了,但陈艳青还是通过向她学习使自己的上挺技术得到了很大提高。

其次,退役使陈艳青有机会休整自己,不管是在身体上还是在情绪上。众所周知,身体的损伤是运动员的劲敌,因为病痛折磨,很多运动员都不能全身心地投入训练、比赛,影响成绩。有很多人曾产生这样的疑问,作为最容易受伤的举重运动员,而且又是练过这么多年的老运动员,为什么陈艳青几乎从来没有受伤病的困扰?在访谈中陈艳青对这个问题是这样阐述的,正是由于几次退役间歇,使得她有充分的机会让自己的疲劳和小的伤痛得到彻底的修复和痊愈,没有过劳运动,没有旧疾,从而能让她以更好的身体和精力来面对每一次的训练和比赛,也更容易避免损伤和获得好成绩。关于陈艳青伤痛少的这个案例,最近也引起了体育界的关注,是不是适度的放松会更有利于运动员的发展呢,这一点有待进一步的考察。另一方面,在情绪调节上,每一次的退役实际上都是变相地给了艳青一个发泄、放风的机会。第一次退役,她通过将自己隐藏起来,进行自我保护和表达对社会不公的无声的反抗。第二次和第三次退役,她发泄了自己对于失去自由和青春的不满。她通过这种方式将自己的不满情绪都释放出来,而不是压抑。因而,这在一定程度上更有利于陈艳青的身心健康,更为以后高强度的练习奠定基础。这其实也是弗洛伊德宣泄的心理防御机制的变相运用。

最后,多次退役与复出的挣扎,使陈艳青更加重视每一次备战,每一次比赛。一般而言,越是经历过挣扎的决定,越能激发个人为之付出努力。陈艳青一而再、再而三地选择退役绝对不是在耍小任性。我们在电视上看到的都是她成功的一面、辉煌的一面,但她付出的代价也是巨大的,她的青春、她的自由、她的学习机会、正常女孩子的苗条身材,这一样样是任何一个女孩子都绝对不愿意失去的。所以陈艳青选择退役,这是十分可以理解的。但是为了集体、为了国家她又毅然地选择了复出,以牺牲这些为代价。所以,她有多珍视这些条件,她就会付出多大的努力去奋斗。就像陈艳青(2012)自己说的:

> 在决定复出之后,我对自己说:复出是自己选的,是自己决定这样走的,所以自那天下午开始,目的就只有一个:你放弃了轻松的生活,放弃了学习的机会,放弃了正常女孩的身材,只有好好训练才对得起这些放弃。

(三)爱情事业互相促进

爱情究竟是事业的催化剂还是绊脚石,这个问题曾困扰过无数人。陈艳青用她的经历为我们证明,只要控制和运用得当,爱情对事业是有促进作用的。有人说过:"一个人最大的动力来源于爱情!"荡漾在爱情中,彼此间温心的鼓励,能够让对方在爱情的基础上更好地奋斗于事业、成就于事业,因为爱情的力量绝对可以让一个放在手心的石头变成一颗钻石。

了解陈艳青的人都知道,2010年她已经顺利与她的恩师曹新明教练完婚,受到了大家的祝福。从陈艳青的陈述中了解到她和曹教练的感情从最初的师生情、战友情,在共同经历了那么多的风风雨雨后终于酝酿出了甜蜜的爱情之花。而这份爱情对她在举重上获得成绩也是有帮助的,在采访中陈艳青提到,"尤其是到最后(备战2008年奥运会)是十分艰难的,如果是一个不关心你生活的教练,没有心灵上的沟通的话,是坚持不了的"。她在总结为什么2008年奥运会上她能够比其他运动员获得更好的成绩时,也承认是与教练员的感情和配合的默契程度有很大的关系。因为这在一定程度上有利于减少陈艳青的孤独感和压力，从而使她能够更好地投入到举重事业中。艳青在自传式论文中说过，因为备战的压力，她一周至少要对曹教练发两次无名之火，而曹教练从来都是默默承受，然后在陈艳青发泄完了之后再来开导她，帮助她一起找解决问题的方法。在陈艳青的事业中，能有曹教练这样一个理解她、支持她，同时又能帮助她的人实在是一种财富啊。

（四）备战中强大的社会取向成就动机

通过对陈艳青运动生涯的梳理发现，她的第一次复出是为了帮助家乡在第十届全运会上取得好成绩，第二次是为了帮国家队在多哈亚运会上取得好成绩，第三次更是为了国家在北京举行的奥运会上夺得金牌，所以每次复出陈艳青都是背负着集体、国家的利益在战斗，这无疑激发了陈艳青强大的社会取向成就动机，从而使陈艳青能够在训练中持续努力。台湾学者余安邦、杨国枢（1991）提出了"个我——社会取向成就动机理论"，他们通过实证研究发现，中国人与西方人的成就动机在本质上是不同的。中国人追求成就主要是为达到他人或团体的期望，是一种社会取向的成就动机。这种成就动机更符合中国人自古以来集体主义的观念，因而能够激发个体更大的主观能动性。正是因为陈艳青被激发起了强大的更适合中国文化中个体的社会成就动机，所以才使得她付出更大的努力，获得更大的成功。有数据表明，艳青每天都要举起3万公斤的杠铃，这在国家队中是最多的。陈艳青的教练曹新明曾经透露了一组数据：19年来陈艳青一共举起了将近21万吨的杠铃重量，等于1155架波音747飞机重量的总和。所以在2008年北京奥运会结束后的采访中，陈艳青说道："四年前，我是兑现对自己的承诺。现在，我兑现的是对大家的承诺。"

(五) 比赛中良好的心理状态

1. 良好的心理素质

在对陈艳青的采访中我们不难看出,艳青常常谈到复出后取得的巨大成功与其日益成熟的心理素质之间的联系。"我以前就有这个举重水平了,只不过因为现在我可以控制好自己的情绪、心理状态,能够完全地投入比赛,重点是怎么把它比好。"美国学者格鲁波曾经说过,对初、中级运动员来讲,80%靠生物力学因素,20%靠心理因素;而对高级运动员则相反,80%靠心理因素,20%靠生物力学因素(陈红花,2005)。因而心理素质水平在高水平运动员之间的竞争中发挥巨大的作用。在访谈中曹教练也提到:

> 因为随着年龄的增大,或者随着心理的成熟以后,她把所有的事都能控制住,包括情绪的紧张,包括一些赛前遇到不良的压力,怎么化解,化解以后就能在现在的比赛当中完全表现出自己的水平。

陈艳青为什么能有这么好的心理素质呢,这在一定程度上要归功于她强大的自我效能感。陈艳青通过几次成功事件,获得了较高的自我效能感。班杜拉指出,个人自身行为的成败经验会影响自我效能感,一般而言成功的经验会提高效能期望。自我效能感比较高,对待比赛的态度就会更加自信,少了不必要的担忧和紧张。

2. 适度的成就动机

陈艳青曾在采访中提到:

我不怕失败，我年龄比较大，我自己做得很好，我现在不怕失败，可以卸下包袱，我完全表现出来了，对得起自己就行，我失败都不怕，还怕什么；我现在做事情就想到最坏的，大不了怎么样，我现在训练作为以前奥运冠军只是一个参与，我已经突破，我不追求什么，我把最坏的已经考虑到了。

从这可以看出，陈艳青在比赛场上成功地调控了自己的认知，将自己的动机控制在了较低的水平。

而1908年心理学家耶克斯和多德森（R. M. Yerkes & J. D. Dodson）提出了著名的耶克斯——多德森定律，又称"倒U曲线"（彭聃龄，2012）。两位学者通过研究证明，各种活动都存在一个最佳的动机水平，动机不足或过分强烈都会使工作效率下降。在比较容易的任务中，工作效率随动机的提高而上升；而随着任务难度的增加，动机最佳水平有逐渐下降的趋势。也就是说在难度较大的任务中，较低动机水平有利于任务完成。而在奥运会上夺取金牌无疑是难度巨大的任务，必定是较低的成就动机更有利于任务的完成，很多运动员都无法很好地做到这一点。但陈艳青做到了，所以她降低了不必要的紧张和慌乱，进而导致了她更加顺利地获得成功。

（六）强大的社会支持

陈艳青曾说过这样一句话："其实我感觉我现在的成绩，就是因为大家的支持，每个人的支持。"我们相信陈艳青的这句话是肺腑之言。有研究表明，良好的社会支持有利于个体身心健康，并为今后的发展奠定良好的基础。从艳青的体育生涯中我们不难看出，虽然陈艳青是举重天才，而且又十分努力肯干，但如果没有这么多人一路的伴随、支持、引导，陈艳青要取得现在这么巨大的成就也是不可能的。

在别人都关心陈艳青飞得多高多远的时候，只有家人才关心陈艳青到底飞得累不累。陈艳青的父母和姐姐无疑是充当了陈艳青的避风港的角色，无论是从小爸妈对陈艳青举重的支持、姐姐们对妹妹的爱护，还是在此后陈艳青的三次退役三次复出中，陈艳青的家人都给予了她无条件的接纳。陈艳青（2012）提到，在因为假消息失去悉尼奥运会参赛资格的最灰暗、最消沉的时期，"父母对我的落选没有一句责怪，以包容的情怀抚慰我受伤的心灵"。正是父母的包容让陈艳青那受伤的心灵有了很好的依靠，让她得以有机会疗伤、治愈，然后以更加完美的姿态重新站上领奖台。

在陈艳青的成就中，有一个人的功劳是不能磨灭的，那就是她的教练——曹新明。陈艳青和曹教练之间有着超强的实战默契和深厚的师徒感情，这种深厚的感情也给予了她很大的动力。在陈艳青的三次复出中，曹教练都发挥了巨大的作用，更是为后世留下了"两盒酸奶换两块金牌"的佳话。从陈艳青的自传式论文中我们可以发现，曹教练在陈艳青的举重生涯中具有支柱式的作用，不管是在技术训练中还是在情感支撑上。"我和曹教练因为困难心往一处想，劲往一处使，团结协作，勇往直前，战无不胜。"可以看出在艳青的心里，曹教练就是自己作战的同伴，这在一定程度上可以减少在备战中的孤独感和无力感，从而取得更好的成绩。而且，艳青也说过，在她因为压力而发脾气的时候，曹教练从来都是默默地承担受气包的角色，这也在一定程度上让艳青得以发泄情绪，有利于艳青的身心健康。所以，艳青的成功，曹教练的确是功不可没的。

在陈艳青成功的路上，有些人的身影是无法忽视的，那就是社会各界的领导们以及全国各地支持陈艳青的人民群众。在参加党的十七大时，胡锦涛总书记亲自为她题写了"为你加油"；在陈艳青第三次复出前，现任江苏省体育局局长殷宝林三次到她的苏州西山老家开导她的父母,更是在有病在身的情况下去看望在国家队集训的陈艳青;时任苏州市副市长、陈艳青的导师朱永新每次都在她因为要不要复出的矛盾痛苦落泪的时候给予安慰和极大耐心的聆听、接纳;在国家队集训时期,江苏省体育局专门派了一位领导到北京,帮助陈艳青解决训练之外的事情……这一幕幕不仅是陈艳青,作为旁观者的我们,听了也是动容的。而且在大小比赛中,不管在全国什么地方,都会冒出一大群人为艳青加油呐喊,为陈艳青的胜利喝彩!难怪陈艳青(2012)在传记里这样写,"可以说,正是有了这么多人的支持,做我坚强的后盾,才让我坚持到了现在"。

六、结论和启示

我们采访的地点选在了陈艳青的办公室,现在的陈艳青很有气质,身材也保持得很好,看起来她已经完全适应了现在的行政职位,这也归功于她一直好学、不断地提升自己。她在2008年退役后本来是可以直接赴任苏州市体育局副局长工作的,但她觉得当时自己的历练还是不够的,而且心也静不下来,于是她毅然决定出国进修。到了国外她为了能更好地锻炼自己,学到东西,自己主动要求搬出领导安排好的吃住免费的住处,自己花钱搬到了当地的民宅里。就这样陈艳青逼着自己快速地融入到一个纯英语的环境中,而结果也证明她是对的,回国后她各方面成熟的表现都令人欣喜不已。陈艳青在一定程度上演绎了一个成功的人生,从她的身上看到很多值得人们学习的闪光点。

(一) 结论

一个人的成功从来都不是单方面因素影响的结果,单纯的自身努力和外界推动都不足以成就陈艳青这辉煌的战果。通过对陈艳青传记式论文的梳理和对陈艳青在各种场合下采访的分析以及我们专门进行的单独访谈，我们可以得出：家庭教育与支持，良好的人际际遇，寻求优越、力求完美的性格使艳青能够在年轻时挤入优秀运动员的行列。

陈艳青三次退役的原因，第一次是具有特殊性的，错失悉尼奥运会参赛资格给了当时毫无防备的陈艳青巨大的打击，使得她匆匆选择退役。而第二次和第三次退役都是在大赛成功后，一方面她觉得自己已经尽到回报社会的职责；另一方面长期高强度的训练和面对大赛的重压使她产生了强烈的职业倦怠，不能满足自己爱美和与他人建立亲密关系的需求也促使她两次作出退役的决定。

如果说退役是顺从了人类本性的需求，那陈艳青的复出就完全展示了她对社会的责任感。在她三次复出中，如果说第一次是更偏向于完成自己未竟的愿望，拿奥运会冠军，达到自我实现，那么第二次和第三次就完全是因为受集体主义文化的影响，为回报社会、贡献国家而复出。

陈艳青之所以能在年龄和体力都不占优势的后期创造自己新的事业高峰，则要归功于她本人独特的人格特质，如强烈的主动性、高度的自我效能感和卓越的逆商；多次的退役和复出所给予艳青的一些人生"财富"；爱情事业完美结合的推动；年龄和历练所赋予的良好心理素质；备战时强大的社会取向成就动机以及比赛中控制适度的成就动机，当然也少不了社会各界给予的强大支持。

（二）启发

在通往成功的路上，个体持续的努力是必要的，不管她已经取得过怎样的成就，在面临新的挑战时一定要像新人那样地去拼搏、去奋斗。挫折是不可避免的，但它是好是坏，就看你怎么去应对。就像陈艳青说的，现在的挫折，只要你能跨过去，它就会成为你人生的财富。

个体单纯的努力和坚持是不够的，良好的心理素质，激发起较高的社会取向成就动机，比赛时适度地调整成就动机，都是必要的。而且，一定要积极地发挥自己的主观能动性，自己有争取的意识，成功不会主动找上门。

运动员的家人、教练员和有关领导，要对运动员无条件地关注和支持。在运动员需要发泄的时候，也要给以适当的包容。当然，在运动员想要逃避退缩的时候，一定要给予必要的监督和引导，以保证运动员的健康发展。

关于运动员的伤痛修复，陈艳青没有伤病和旧疾，是否正是由于她的几次退役间歇，使她有充分的机会让自己的疲劳和小的伤痛得到彻底的修复和痊愈？没有过劳运动，没有旧疾，从而能让她以更好的状态来迎接每一次训练和比赛。因此，是否适度的放松会更有利于运动员的发展，这是一个有待进一步关注的课题。

最后，运动员恋爱并不一定会影响其训练和比赛，只要运动员不过度沉迷，在事业和爱情之间找到一个平衡点，甚至如果能像陈艳青这样让事业和爱情相辅相成，恋爱是有利于运动员取得更好的成绩的。因为爱情是人的正常的情感需要，拥有爱情的完满感能让个体更好地投入到学习工作中去。因此，运动员不必对爱情讳莫如深。

参考文献

陈艳青(2012). 女子举重运动员应对压力的自我叙事研究. 硕士学位论文, 苏州大学心理系, 苏州.

郑剑虹(2006). 作为心理学学科的历史心理学. 湛江师范学院学报, 4, 85—90.

陈祥美, 丁兴祥(1998). 人际际遇与生命梦想的形成与发展: 以梁启超的心理传记学研究为例. 本土心理学研究, 12(10), 235—285.

阿德勒, A. (1986). 自卑与超越(黄国光译). 北京: 作家出版社. (英文版1927年)

韦纳, B. (1989). 动机和情绪的归因理论(林钟敏译). 福州: 福建教育出版社. (英文版1986年)

埃里克森, E. H. (1992). 童年与社会(罗一静等译). 上海: 学林出版社. (英文版1950年)

马斯洛, A. H. (1987). 动机与人格(许金声, 程朝翔译). 北京: 华夏出版社. (英文版1954年)

班杜拉, A. (2003). 自我效能: 控制的实施(缪小春译). 上海: 华东师范大学出版社. (英文版1997年)

陈大为(2005). 逆商. 北京: 机械工业出版社.

陈红花(2005). 金牌背后的运动心理学. 心理与健康, 7, 4—6.

余安邦, 杨国枢(1991). 社会取向成就动机与个我取向成就动机: 概念分析与实证研究. "中央"研究院民族与研究所集刊, 64, 51-98.

彭聃龄(2012). 普通心理学. 北京: 北京师范大学出版社.

徐怡亭, 刘利才, 李学龙(2012). 感恩心理的三要素研究. 科教导刊(上旬刊), 06, 249—251.

Alexander, I. (1990). *Personology*: *Method and Content in Personality Assessment and Psychobiograph*. Durham, N. C. : Duke University Press.

Peterson, C. & Seligman, M. E. P. (2004). *Character Strengths and Virtues*: *A Handbook and Classification*. Washington, D. C. : American Psychological Association.

Schultz, W. T. (2011). 心理传记学手册（郑剑虹等译）. 广州：暨南大学出版社. （英文版 2005 年）

A Psychobiographical Study on the Olympic Champion Yanqing Chen

Jixia Wu   Ke Wang   Hua Jiang

(Department of Psychology, Soochow University, Suzhou, 215123)

/ Abstract /

With the psychobiographical methodology, this contribution conducts a qualitative investigation about legendary career of Yanqing Chen, the famous athlete of Chinese sports world of women weightlifting. Based on information collection and interview, we found a good deal of impact factors have contributed for her great achievements. Interpersonal chance, unyielding personality and family support inspired her to go into the weightlifting field. Psychological crisis during her young adult time and professional burnout made her chose to retire again and again. The impetus of self-realization, gratitude and cultivation within the collectivism culture motivate her to come back. Strong initiative, high self-efficacy and unique personal experience push her to fulfill dreams of world champion. The implications from the story of Yanqing Chen are that success cannot do without personal endeavor, better psychological quality as well as affection.

/ Keywords /

Yanqing Chen, mental factor, Psychobiography

林语堂的生命脚本初探

陈祥美*

（圣约翰科技大学通识教育中心，台湾新北，25135）

/ 摘 要 /

本文针对林语堂童年显露的伊底帕斯情结、二姐嫁衣的四角钱（作为一种心理的原型情景）、暗地里的角色楷模梁启超等加以描述与诠释，以补充对林语堂生命史的探讨与理解。

首先，从林语堂在最后一笔自传性数据《八十自叙》中所显露的伊底帕斯情结，尝试以心理分析的观点加以说明，并揭示林语堂面对真实人生的基本信念。其次，描绘林语堂与二姐美宫之间的生活互动，取"二姐嫁衣的四角钱"作为生命中的原型情景（prototypical scene），说明其"读书成名"的奋斗历程；此同时也是其生命的核心情景，文中进一步说明该原型情景如何再现于其他生命时

---

* 陈祥美，E-mail: hmchen@mail.sju.edu.tw。本文写作期间，承蒙中国文化大学心理辅导学系洪雅琴副教授对于传记数据的分析与诠释提供极具价值的协助，特此感谢。

刻。第三,"暗地里的角色楷模"主要是描述林语堂与梁启超文字之间的心领神会,从林语堂的文思中看见梁启超的身影,推测梁启超似乎早已成为林语堂的精神导师、文学情人。

综观林语堂的一生,本文尝试寻找林语堂生活脉络中具有心理传记性质的部分切片,进行分析,以作为对其生命脚本的初探。

／关键词／

生命脚本,原型情景,核心情景,心理传记

一、绪言

甲午战败,签订《马关条约》,台湾被割让给日本,1895 那一年林语堂出生在福建漳州。① 马关之辱让中国知识分子觉醒并奋力图强,1898 年光绪皇帝实行戊戌变法②,可惜在以慈禧为首的守旧派反对下,终告失败。林语堂的

---

① 福建南部平和县坂仔乡,即漳州龙溪。林语堂幼时乳名为"和乐",考入上海圣约翰大学时学名为"玉堂",留学归国后,1922—1923 年《雨丝》时期,玉堂发表文章署名"语堂",后来便不用"玉堂"这个名字。见林太乙(1989, p. 57)。日后创办《论语》、《宇宙风》等杂志都使用"语堂",时日一久,便自动将"玉堂"改为"语堂"。而"语"字除了说明林语堂的语言学背景,也有"说话"的意思,其崇尚自由言论,"语"字亦即作为其一种身份的认同。林语堂说:"笔名非'字',而字却与近代所谓笔名相似。……何以一人既有了名,又必有字,我(想)还是发源于几个风雅名士,对本有之名的不满,以为不足代表其个性,或因生平经历有所感慨,或因思想转变,看重某一字,为表示爱好,以为能深抉其性癖嗜好,遂改名以寄意。这才是士人取字、取号之心理上的原因。……梁启超之取'任'字,周作人之取'知'字,都在一字中寄寓他生平的人生哲学。这种名字,要到四五十岁取来,才能见志,而有真实的内容。"见《笔名之滥用》(林语堂,1977)。

② 林语堂回忆幼时家里客厅贴了两张壁画,其中之一即为光绪皇帝的照片。见林语堂(1980a, p. 17)。

父亲林至诚，为一牧师。他支持光绪皇帝的维新变法，同情维新派人士，也支持维新派在日本的中国领导人（林语堂，1980a，p.17），其中自然包括梁启超。

在林语堂眼中，父亲林至诚是一个"进步的"基督教的牧师，并且是"无可救药的乐天派，感觉灵敏，想象力很强，而且十分幽默"，这无疑描绘出了林语堂自己的主要肖像。他回忆父亲曾因穷人被税务官欺负时义愤填膺地打抱不平，而与税务官吵架，其父亲一生不断地为社会底层的劳工说话，为劳动者的自力更生持续地给予协助。（林语堂，1980a，p.11）

在"亲深似海"的基督教家庭长大，林家兄弟姊妹相处和睦，未曾吵架（林语堂，1980a，p.13）。孩子们透过上海"基督教广学会"发行的"通问报"接触到西方知识，衬衫扣、奶油罐头、码头轮船的蒸汽引擎等一些看似微不足道的小事物，却对幼年的林语堂产生了重要的影响。父亲林至诚从"通问报"中得知圣约翰大学（林语堂，1980a，p.18—19）①，依序送了三个儿子到当时全国学费最贵、英文训练最好的上海圣约翰念书。②

福建平和县的坂仔（即漳州龙溪），其位于一肥沃的山谷，四面环山。林家孩子童年以后前往鼓浪屿求学，顺着小溪坐船前往漳州，船只蜿蜒穿过起伏的秀丽山水。林语堂借其自传体小说《赖柏英》说明，"我家附近是真正的高山"，"真正令人敬畏，给人灵感，诱惑人的高山，一峰连着一峰，神秘、幽远、壮大"；并且认为"山间培养的是'高地'人生观，与平地所培养的'低地'人生观相抗衡"，林语堂不只珍惜这些高山的回忆，更深切地指出这样的

---

① "有一个在我生命中影响绝大决定命运的人物……他的中国名字叫林乐知（Young J. Allen）……林乐知先生的'通问报'"，见林语堂（1980b，p.176）。
② 见秦贤次（2006），《林语堂与圣约翰大学》一文。林语堂的二哥林玉霖系圣约翰大学1911年文理科学士，成绩优异，后留在圣约翰中学任英文教员；林语堂1911年2月进入圣约翰大学时，学名为玉堂。先入"神学科"（道学科），一年半后于1912年9月转入"文科"，主修语言学，1916年6月得文科学士；1915年林语堂弟林玉苑（后改名幽）插考圣约翰中学，1918年9月升入大学部，1920年未毕业即留学美国。

影响已经"进入血液中",说明自己"曾经是山里的孩子,便永远是山里的孩子"(林语堂,1989a,p.86—87)。① 他说"我能成就今天的我,就是这个原因。我把一切归功于山景。这是我性格的主调,想追求自由,不要别人打扰"(林语堂,1980a,p.10)。林语堂晚年选择落脚居住并在死后归葬台湾的阳明山,与此有着莫大的关联。

林语堂认为父亲的性格、教会家庭的成长环境、坂仔的山景等对其童年有重要的影响。此外,他特别提到二姐对他一生有着重要的影响。

综观林语堂的一生,本文尝试寻找林语堂生活脉络中具有心理传记性质的部分切片,进行分析,以作为对其生命脚本的初探。底下将针对林语堂童年显露的伊底帕斯情结、二姐嫁衣的四角钱、暗地里的角色楷模梁启超等加以描述与诠释,以补充对林语堂生命史的探讨与理解。

二、 童年显露的伊底帕斯情结

本段尝试以心理分析的观点说明并描述林语堂在人生最后一笔自传性数据《八十自叙》中所显露的伊底帕斯情结,此亦反映出林语堂面对真实人生的基本信念。

林语堂说母亲杨顺命,受到妇女解放及新学的影响,她"自小是一个异教女孩,曾放了她的脚改穿一双袜子(皈依基督教的妇人首先要放脚)"(林

---

① 首先,故乡的山景建构其人生观,林语堂认为自己是"山里的孩子"(林语堂,1980a,p.9);"觉得自己生来是山里的孩子,便永远是山里的孩子"(林语堂,1989a,p.17);第87页"曾经是山里的孩子,便永远是山里的孩子"亦作此描述。这样的认同持续地促其成为"永远"是山里的孩子。以"山"的标准作为人生的价值与性格的养成,他说"人若在高山里长大,山会改变他的观点,进入他的血液中"(林语堂,1989a,p.87);"我能成为今天的我,就是这个原因。我把一切归功于山景。这是我性格的主调,想追求自由,不要别人打搅"(林语堂,1980a,p.10)。林语堂说:"如果我有一些健全的观念和简朴的思想,那完全是得之于闽南坂仔的秀美的山陵"(林语堂,1989b,p.168)。

语堂，1999，p. 34）。"她是一个生性纯朴的人。她能看'白话字'（意指厦门方言）的圣经"（林语堂，1980a，p. 12），也"可藉罗马拼音法把全部《圣经》读通，此外也曾藉此自习汉字的《诗经》，而且她曾用完全清楚的罗马拼音字写信给我"（林语堂，1999，p. 35）。作为牧师娘，除了协助先生的教牧工作外，不乏照料子女与家庭劳务，她"为了养育孩子，曾忍受许多苦"（林语堂，1999，p. 22），同时"身为人家的儿媳妇，又有八个孩子，我记得她常常精疲力尽，到晚上几乎连门坎都跨不过来"（林语堂，1980a，p. 12），"虽是牧师的妻子，在村里有很高的地位，可是绝不晓得摆架子是什么一回事的"（林语堂，1989b，p. 175）。至于作为孙女的林太乙对她的描述则是"出身寒微之家。她是个老实忠厚的女人，长得并不好看"（林太乙，1989，p. 5），而且"她的牙齿不好看，笑的时候总是用手捂着嘴"（林太乙，1989，p. 9）。

对于母亲的影响，林语堂说："说她影响我什么，指不出来，说她没影响我，又瞻之在前，忽焉在后。大概就像春风化雨。我是在这春风化雨的母爱庇护下长成的。我长成，我成人，她衰老，她见背，留下我在世。说没有什么，是没有什么，但是我之所以为我，是她培养出来的。你想天下无限量的爱，是没有的，只有母爱是无限量的。这无限量的爱，一人只有一个，怎么能够遗忘。"（王兆胜，2002a，p. 14）对于母亲的恩情念想正是此种"瞻之在前，忽焉在后，说没有什么却有什么"的一语道说不尽、刻骨铭心的情怀。

《八十自叙》是林语堂对于自身所作的生命发展史的最后一次记录与整理，特别在第五章《我的婚姻》，林语堂回顾了他的一生爱恋。这些内容有着启人疑窦的橄榄、珍藏在心的C君（陈锦端）、生命伴侣廖翠凤等。特别令人注意的是林语堂说："我要谈谈婚前的最后一夜，我请母亲和我同床。我们一向很亲密，此生我再也不能和她同床了。小时候我习惯玩她的乳房，十岁才改掉这个毛病。我真想陪在他身边。当时我还是个童男哩。"（林语堂，1980a，p.31）① 基于这笔资料，"林语堂研究"的相关说法毋庸置疑地断定这是恋母情结。每个人在生命发展中皆有恋母情结，只是在林语堂的自述数据中隔外地显眼，令人印象深刻。特别是句末"当时我还是个童男哩"② 显露在这个脉络下，确实也是林语堂研究中令人好奇却又不得其解的一段数据。然而，在林太乙、施建伟等人的林语堂传记中并未加以描绘或诠释。王兆胜（2002b）则考察了林语堂此笔自述资料及其与妻子廖翠凤、女儿们的生活互动，说明林语堂的自恋与恋母情结③，并依此推论其内在情感，有着"自恋—恋母—恋家—恋家乡山水—恋祖国"的发展脉络。

母亲是每个孩子的初始恋人，弗洛伊德说明依恋关系的来源即为伊底帕斯情结。一个人的爱恋可能根据：一、自恋类型：他自己现在的样子、过去的样子、他想成为的样子、曾经像自己某部分的样子的人；二、依附型态：养育他的女性或保护他的男性，以及后续取代他们位置的人。故而，爱恋的依附关系追寻同时也说明着自恋本身（Sandler, Person & Fonagy, 1991/2009）。不难理解林语堂在书写爱恋的脉络中回忆起这样近似于初始的依附关系情景。然而，林语堂婚前一夜要求与母亲同房这件事是对于心理上原始依附关系的告别，还是一种割断恋母情结的仪式宣告？或者看似作为一种心理上的成年礼？

终将告别最初的情人——母亲。25 岁的林语堂在结婚前夕，依然任性、恣意地妄自请求与母亲同床，渴望重回感受母亲的乳房、母亲的温馨。"那是

---

① 林语堂在清华学校教书三年，与廖翠凤在 1919 年结婚后出国前往哈佛大学比较文学研究所进修，时约 25 岁。
② 胡适说"林语堂是清教徒"，当时一些教员去八大胡同嫖妓，林语堂则在学校带领圣经读经班（施建伟，1994，p.30）。
③ 王兆胜认为林语堂常不自觉地跟着孩子称廖翠凤为"妈"，依此认为对廖有相当的"恋母情结"。林太乙说："父亲常跟着我们小孩子叫母亲'妈'；'妈在哪里？'"。廖翠凤也会跟林语堂说："顽皮的孩子，想来愚弄我吗？"林太乙认为，"母亲也把父亲当做大儿子看待"，在林语堂与廖翠凤的互动之间有着"母与子"般的叙事生活。见王兆胜（2002，p.319—320）。

我能与母亲同睡的最后一夜"；"此生我再也不能和她同床了"。正"因为有那种无法言明的愿望"的强大心理渴望，迫切地使需求能够实现，以满足心理上与实际上的"回返"。若没有回返，将无法真正地告别，并宣告自己将是成熟的男人林玉（语）堂，而不是年幼的小和乐。他了解这一生不可能"娶母为妻"，正因为娶母为妻的人是伊底帕斯（Oedipus）而不是林玉（语）堂。依照弗洛伊德的说法，由于孩子为了争夺父母亲之一，而与另一位父母互相竞争，使得伊底帕斯情境持续不断。直到孩子接受父母亲之间性关系的现实，而放弃对于父亲或母亲的性欲望时，才能解开情结（Britton, Feldman & O'Shaughnessy, 1989/2003）。

我们从上述情节可以充分体会到林语堂的母亲是如何温柔而顺从地宠溺着林语堂，弗洛伊德说过："一个母亲所特别钟爱的孩子，一生都有身为征服者的感觉，由于这种成功的自信，往往就引致真的成功"（Ernst, Ilse Grubrich-Simitis & Lucie, 1978/1985）。值得一提的是，弗洛伊德是他母亲的嫡长子，母亲对长子的爱是极易明白的，林语堂又是怎样的情形呢？竟能独得母亲的厚爱和宠溺？上有四个哥哥、两个姐姐，下有一个弟弟，排行老七的林语堂，在这么不利的家庭星座位置中，有何天赋异禀，独独可以虏获母亲的专注目光和宠爱呢？

弗洛伊德是当代心理治疗之父，其历史地位与哥白尼、达尔文并列。林语堂则在近代中国的白话文学占有重要的位置。我们知道青年时期的林语堂早已是上海圣约翰大学的风云人物，文武全才的林语堂参加多项社团活动，以及球类、田径等体育活动，并担任《约翰声》的英文编辑，修完大二之际，在学校的毕业典礼上四度上台领奖，有着相当风光与杰出的表现（秦贤次，2006）。那么，童年期的林语堂是否早已在各方面崭露其头角呢？

和乐八岁时能写小教本"人自高，终必败；持战甲，靠弓矢；而不知，他人强；他人力，千百倍"，一页正文一页图解，展现其写作欲；并且满心童稚地发明"四灵散"的中药丸；或是响应私塾老师"有若大蛇过田陌"的下句"恰似小蚓度沙漠"的得意对联；以及利用虹吸原理，想自动引水灌溉农地等，说的都是林语堂在童稚时的创意与快乐。林语堂在《信仰之旅》中说，"我是一个头角峥嵘但有点不守规矩且喜欢恶作剧的孩子"（林语堂，1999，p. 26），他是这样的形容着自己的才华洋溢、能力出众。幼年的和乐更曾天真地对父亲说："我要写一本书，在全世界都闻名"（施建伟，1994，p. 308），可以看出林语堂在幼年时期的自我概念及自我效能都是良好健康的。

10岁的林语堂和三哥、四哥前往鼓浪屿求学。由于旅程要很多天而且要花钱，寒假没能回家，等于离开母亲一整年。待在学校里，男孩子们耽溺在学校里面的种种活动，林语堂即便忙于学习并适应了不想家，但心里头仍然觉得"没有任何事像回到母亲身边那么快乐"（林语堂，1999，p. 25）。在《四十自叙》诗中更说"十岁离乡入新学，别母时哭返狂呼"，当船回程行到坂仔河谷后，离家不远，甚至无法等待，和乐跟着哥哥们徒步回家而不等小船的漫行，为着就是要能快些见到母亲。并且"计划怎样对母亲宣告我们的到达，是否在门外大声喊叫'我们回来了！'抑或再来一次对母亲的善意的戏弄，用一个老乞丐的声音，求取一点水；或潜行入家中，找到她在那里，然后对她喊叫"（林语堂，1999，p. 25）。

鼓浪屿吕家医师家中的曼娘，即林语堂（和乐）在鼓浪屿读书时的教母，她因未婚夫死了而成了未嫁的寡妇，以处女身守"望门寡"，而不愿嫁人。林语堂认为她是"中国旧式妇女中的理想人物"[1]，在《京华烟云》的书写中"曼娘"一角有着她的身影。林语堂回忆着说：

> 我们三兄弟到鼓浪屿念书，分别成为吕家姑嫂的义子。我被曼娘认

---

[1] 林语堂描述："我到她屋里去时，她常为我梳头发，她的化妆品极为精美，香味高雅不俗。"（林语堂，1980a，p. 42）

养,"京华烟云"里的曼妮就是她的化身。……在我眼中,她是古代妇德的理想典范,我到她家,她常替我梳头发,她的化妆品都很精致,清香淡雅。……小说中的女性,就属她和我关系最深。(林语堂,1980a,p. 42)

在曼娘为童年的林语堂梳头之际,从她身上闻到了精美化妆品散发出的芳香,这给林语堂留下极其深刻的印象,对于母亲的依附爱恋,曼娘此际已成了重要的过渡性客体(transitional object)(Winnicott,1953)。至于陈锦端(或是更早的对于橄榄的情愫)则是林语堂确实亲密交往的依附爱恋,他们彼此在上海、厦门之间发展现代人爱恋的亲密关系,有着相处、交心爱恋,可谓"相亲相爱"。①可惜的是"当年婚姻都由父母作主",锦端的父亲借着向林家介绍邻居的女儿(即廖翠凤),委婉地拒绝了当时对于基督信仰不笃、动摇疑惑的林语堂,更可能的原因是林语堂只是个"贫穷牧师家庭的儿子",而有意将锦端许配给"一个名门富户的少爷"(林语堂,1980a,p. 30)。迟迟不愿接受事实的玉堂,一方面借着在北平教书,补救对于古籍国学的苦读;另一方面压抑也潜抑着对于锦端的爱恋②,不顾廖翠凤抱怨"林语堂什么时候才要娶我"③,更对"没有听从父亲出嫁给商人的陈锦端"心存希望,存在着种种

---

① "我们相亲相爱……但是环境把我们拆开了。结果我到北平,她则嫁给坂仔乡的一个商人。"(林语堂,1980a,p. 29)林语堂虽说是描述与赖柏英(橄榄)的互动关系,细读林语堂的生命发展,这段文字更像是描述与陈锦端的爱恋情感。"锦端对这位热情英俊的青年所献的殷勤,无法抗拒。……这位十七八岁的少女也为他倾倒。"(林太乙,1989,p. 22)"没有人能夺走他对锦端的爱。他的脑中无时不环绕着她的情影……他爱她,将永远爱她,即使不能娶她也会一辈子爱她。锦端夺去了一部分他的自己。"(林太乙,1989,p. 24)
② "父亲一直没有忘记陈锦端。有时他以作画自娱,画的女人总是留着长发,用一个宽长的夹子夹在背后。我问他,为什么老是画这样的发型。他说,锦端的头发是这样梳的。他不瞒我们他对锦端的爱情。"(林太乙,1989,p. 220)"父亲对于陈锦端的爱情始终没有熄灭,我们在上海住的时候,有时候锦端姨来我们家里玩。她要来,好像是一件大事。……父亲是爱过锦端姨的。但是嫁给他……是说了那句历史性的话:'没有钱不要紧'的廖翠凤。母亲说着就哈哈大笑。父亲则不自在地微笑,脸色有点涨红。"(林太乙,1989,p. 27)
③ "这位林语堂先生和我订婚四年了,为什么还不娶我呀?"(施建伟,1994,p. 26)廖家更担心婚事生变,要求两人先结婚,后夫妻偕同出国。

"好事多磨"的幻想,并计划着出国留学。① 玉堂最终与廖翠凤于婚后前往哈佛留学。他曾在书中不讳言地说:"我们是结了婚之后才开始相爱的。"(施建伟,1994,p. 284)

关于"林语堂研究"断定的伊底帕斯情结,确实让许多人印象深刻。我们不禁要问,在80年漫长的生命岁月中,许多的影像或记忆犹如浮光掠影,林语堂在《八十自叙》中为何特地留下了这么一段记载?为何要写?近身观察林语堂的林太乙、毕生研究林语堂的施建伟将它略过不写,固然也有为贤者讳的考虑,再来实在不好解释。作者尝试以心理分析概念,希望能够让它获得一种可能性的理解,姑且不论林语堂留下这段文字的用意,这个记忆本身就是意义。林语堂早在上海圣约翰时期便已学习了心理学课程,必然也熟知希腊神话中伊底帕斯的典故,只是虽"他仰慕西方",却也表达了对于它的不屑——"看不起西方的教育心理学家"。(林语堂,1980a,p. 1)或许正如林语堂所说的:"一切弗洛伊德派的说法,都给我滚!"或许像是林语堂在其自传"弁言"中所说"写自传的意义只是作者为对于自己的诚实计"(林语堂,1989b,p. 176)那样的坦然自若吧!而如其所言"诚实的描写是好的"②。

三、二姐嫁衣的四角钱

本段书写林语堂与二姐美宫之间互动的原型情景(prototypical scene),这同时也是生命脚本的核心情景,是林语堂读书成名的原动力。同时,此原型情

---

① 陈天恩要替锦端找金龟婿,没有成功。当锦端知晓林语堂与廖翠凤定亲之后,锦端便到美国密歇根的霍柏大学攻读美术,回国后在中西女中教美术,32岁时才结婚。(林太乙,1989,p. 24)笔者认为锦端到美国念书,林语堂不会不知道的,猜测在他还未对廖翠凤发生感情之前,尚且未曾削弱对于锦端之爱情,仍难以放弃任何可能的希望。1916年林语堂大学毕业后忙于筹备出国留学,于是婚事一拖再拖。(施建伟,1994,p. 26)
② "问她生产的痛苦,养儿的快乐,尤其有诚实的描写。'有那一个母亲曾经告诉人,婴儿咬她的奶头,奶涌出时,是怎样的感觉?'这种文字太好了。"(林语堂,1977,p. 54)

景在其后续的生命发展进程中不断地再现。

在《信仰之旅》中，林语堂说到二姐的影响：

> 我之所以必须写到二姐，不只因为她占了我童年生活的大部分，同时可以显示在我们家里，大学教育是什么。我记得二姐很疼我（一切弗洛伊德派的说法，都给我滚！），因为我是一个头角峥嵘但有点不守规矩且喜欢恶作剧的孩子。"①

林语堂特别括号标示不愿用西方精神分析式的理论或观点来串联其与二姐之间的关系。"都给我滚！"语气用得强烈，更显其厌烦之情。姑且先不用心理分析式的语言来描述或诠释林语堂与二姐美宫之间的关系互动，且看林语堂历次在不同的脉络之下描述他与二姐之间的互动情谊。

林语堂认为二姐美宫"美艳如桃，快乐似雀"（林语堂，1980b），"她很有趣，很活泼，而且很美丽。我不曾看见像她那么漂亮的眼睛，也不曾看见像她那么整齐的牙齿"（林语堂，1947，p. 260），"她头脑很好，应该上大学"，"她和我常好联合串编故事——其实是合作一部小说"，"二姐比我大四岁，是我的师长兼玩伴"（林语堂，1980a，p. 15）。她与林语堂年龄相近，玩得投机，一起长大，并肩负着对林语堂的教导与训诫。

父亲林至诚当时月薪仅有20元，却梦想着让儿子能进入当时英文程度最好、学费最高的上海圣约翰大学（秦贤次，2006），在林语堂之前，林至诚甚至变卖了祖产让其二子林玉霖先行就读圣约翰大学（林太乙，1989；林语堂，1980）。为了让林语堂也能就读圣约翰大学，林至诚跟其早年的学生借支100

---

① "孩童时的我，相当顽皮，而且常发脾气，有一次和她争吵过后，我钻入后花园里的一个泥洞，像猪一样在里面打滚，爬起来时对她说：'好啦，现在你要替我洗干净了！'"（林语堂，1999，p. 25）林语堂在圣约翰大学时即"喜爱法文和心理学"，说着"仰慕西方，但看不起西方的教育心理学家"（林语堂，1980a）。

银元（林太乙，1989），这 100 银元，林语堂称作是悬在头上的达摩克利斯的剑（The Sword of Damocles）①，为其人生转折点并作为责任的警惕。而对即将展开上海圣约翰的大学生活，林语堂说"我是开心的"。"达摩克利斯之剑"为希腊传奇故事，"头上的一把悬剑"也喻作其人生发展的急弯之处，并警惕责任与代价的重大。此种情景涉及个人的发展性危机以及特定冲突的"关键性遭遇"（Schultz，2005/2011）。

> 姐姐在厦门高中毕业以后，想去福州女子大学升学。我听到她在家庭祷告后提出要求，可是一切徒劳。她不想马上结婚，她想去读大学。……姐姐恳求，美言劝诱，而且作种种承诺，可是父亲说"不行"。……我并不怪父亲，事实上，他不是不希望有一个又能干又受过高等教育的女儿。我还记得他读完一篇上海某杂志的一位女作家的文章后说："真希望有一个这样的女孩当我的媳妇！"但是像他这样的梦想者，他看不清有什么方法可以办到。女子受大学教育是种浪费，而我们的家庭委实也无法供给。……这就是一个牧师能力的极限。儿子，可以；女儿，不可以；在这个时代，不可以。这不是学费的问题，因为我深信二姐可以在一所基督教大学获得一个名额。这是旅费及零用钱的问题，它可能每年要花费五十至六十银圆。这样，我二姐只好彷徨又彷徨，在厦门教书，等待结婚。（林语堂，1999，p. 27）

外地读书所需的川资旅费，排斥了当时身为女性的美宫，想要栽培第二个儿子去上海圣约翰读书的林至诚，也只好牺牲了女儿念大学的梦想。虽说林至诚接受了维新的思想，再加上教会所给予的影响，也送女儿到教会学校念书

---

① "那一百银圆的借款问题，像一把达摩克利斯的剑悬在我头上，但我是开心的。"（林语堂，1999，p. 28）

（在鼓浪屿念完中学），但毕竟财务的负担是现实的，尤其是他仍然受着男尊女卑的影响，把家庭资源给予儿子们。这正符合了舒尔茨（Schultz，2005/2011）在原型情景中所说的牵涉到家庭内部（资源）的冲突。美宫虽仅想到福州念大学，但了解到身为女子读书无望之后，人家来提亲，她实在没有办法。最后，只好嫁人。这对林语堂而言，虽因家庭经济冲突而成获益者，纵然"开心"，却也成了一生的内疚。

林语堂念上海圣约翰大学前，往厦门途中顺道探视出嫁的二姐，面对二姐的读书叮咛。她从嫁衣袋里拿出四角钱①，对语堂说："和乐，你要去读大学。别荒废良机。做一个好人，有用的人，有名的人。这是姐姐对你的心愿。"（林语堂，1980a，p. 15）② 眼看双眼含泪的二姐，这几句话，好像有千钧之重。就在第二年语堂返乡途中知晓疼他的二姐带着身孕死于瘟（鼠）疫，不免感伤与遗憾，每每想起二姐的四角钱"他都不免掉泪"（林太乙，1989，p. 15）。这些叮咛的话语，"一直常在我耳际回响"（林语堂，1999，p. 29）③。"二姐为读书而奋斗的情景，至今萦绕我心头"（林语堂，1980a，p. 8），回忆着与二姐的这番离别叮咛，林语堂更加地感到难过、悲伤，好像自己是要替二姐上大学似的。林语堂说："我总觉得我是'取代'她才上大学的"（林语堂，1980a，p. 16）④，这个"取代"正是林语堂一生无法逃避的内疚。也因如此，实践二姐的期待成为其重要的生命脚本内涵，甚至有着过度补偿，除了为自己外，也把二姐没念的那一份一起念着。林语堂更进一步的指出："这就是我家庭模式的全部。"（林语堂，1999，p. 29）林语堂多次提到二姐，并说明二姐

---

① "在早晨离别的时候，我的二姊带我到一个房间，由袋里掏出两个二角钱的银币来，热泪盈眶的交给我。"（林语堂，1947，p. 262）
② "和乐，你有机会去读大学。姊姊因为是女孩不能去。不要辜负自己的机会，下决心做个好人，一个有用的人，一个著名的人。"（林语堂，1999，p. 29）
③ 林语堂说："我所以谈这些事，因为它们对于形成我个人的德性有很大的影响力"。
④ "她口口声声问我上大学的事情。看那样子好像是我替代她到上海去似的。"（林语堂，1947）在《回忆童年》中，更直接地说："我进大学，是替她去的。"

对他的影响及重要性，他说："我觉得四角钱和她这几句话，是我生命上最有意义的东西。"（林语堂，1947，p. 262）

汤姆金斯（Tomkins，1979）认为作为心理传记性质的描绘要能关注到传主的核心情景（nuclear scenes），此核心情景将典型地出现在生命故事的童年时期，从积极的情绪开始，当童年的传主在与其所信赖的人进行交往，并拥有"模仿的榜样、指导、亲密关系、支持、安慰、安全感"的时候，经常会出现这种核心情景。而核心情景能够导致更大的核心脚本，再次使不好的情景转变为好的情景，这些较大的核心脚本是为扭转核心情景而形成的更宽泛的生命故事模式。对林语堂而言，"二姊嫁衣的四角钱"正可谓是林语堂"读书成名"的核心情景。① 在贫穷牧师家庭中不断地期许向上奋进的动机，同时也造就了林语堂读书、写作"两脚踏东西文化，一心评宇宙文章"的生命基调。

1943年林语堂回国在西安孤儿院看见表演舞蹈、琴艺的12岁女童金玉华，觉得"可爱极了"，凭着两次的见面，决定领养她。但是玉华还有兄、母，林语堂见了玉华和她妈妈，表明想要领养金玉华为女儿，并且带她到美国，玉华母女又惊又喜地同意了。可是孤儿院的规定是林语堂可以认玉华为女儿，但玉华不能离开孤儿院。于是，林语堂认了玉华为女儿，并且提供她教育费。林语堂认为自己的女儿渐渐长大，已经不再像小时候一般天真、烂漫，而他认为家里一定要有小孩子。他说他没有领个男孩子，是因为家里有女孩子已经习惯了，并且他从来就没想要有儿子。抗战胜利之后，林语堂费了九牛二虎之力，终于让玉华到了美国。当时，玉华已经14岁，眉清目秀，并且弹得一手好钢琴。然而，有三个因素使得玉华未能继续待在林语堂美国家中，一则玉华的哥哥反对，认为玉华被收养让金家没面子；其次，经医生诊断，玉华罹患风湿性心脏病，无法治愈，医疗费恐怕所费不赀，更何况林语堂还要在经济上

---

① "读书成名四字，是我们家里的家常话。"见《林语堂自传》、《我的生活一、回忆童年》，http://www.my285.com/xdmj/lyt/zz/51.htm。

资助林、廖两家庞大的亲戚们；最重要的是，林语堂的太座廖翠凤的反对。这件收养女儿的事情，林语堂事前并未与之商量。家里原就有三个女儿，多要一个做什么？更何况，不是自己生的，断然不要，廖翠凤甚至后悔行了绝育手术①，不然可为林语堂再生！最后，金玉华只好回国，回到她自己的家庭（林太乙，1989）。

没能提供金玉华良好的教育及未来，收养金玉华事件看来引起了家庭之中的轩然大波，也让语堂心中增添"幽幽之心"，语堂再次感受到"未能帮助二姐的无力感"，也未能显露出"超越父亲"的那种为难，因此重现了"二姐嫁衣的四角钱"。至于尊重与敬爱妻子的林语堂为何在作此重大决定之前，未能先与综理家务的廖翠凤达成共识？这即是一耐人寻味的地方。舒尔茨（Schultz，2005）认为原型情景中有一种特性，即"拒绝接受现状"，此情景使得当事人位于某种违反现状的境况之中。事情出现异常情况或令人难以预料，情感出现失调。当事人一再重复说着相同的故事使其能从特定事件中找寻意义，以降低对事件的陌生感及由该事件所引发的焦虑。

林语堂可以了解父亲当年的处境，他说，"我并不怪父亲。事实上，他不是不希望有一个又能干又受过高等教育的女儿"。② 当年二姐的身影映照着金玉华的命运，林语堂自身也浮现出当年的父亲模样，深刻地同理到像他"这样的梦想者，他看不清有什么方法可以办到。……这就是一个牧师能力的极限"③。感受与经验到当年父亲的能力极限，而这番出自浑朴之心的发想，原

---

① 林太乙说："母亲生了三个女儿之后，父亲说没有关系，他不想要儿子，他不在乎什么传宗接代。他们同意请医生为她施输卵管结扎手术，在当时，那是很极端的避孕法。"（林太乙，1989，p. 153）

② "我的父亲不该那么热烈的说到'新知识'和英语的研读，而同时却把她撇在一边。他硬下心肠来，在她二十岁时，未得她完全同意，便把她嫁出去。在那种环境之下真没有别的法子可想；父亲的感想如何不得而知。"（林语堂，1947，p. 259）

③ "我相信我的父亲是一个'英雄'……因为甚至这个'英雄'也不能做办不到的事情。"（林语堂，1947，p. 259）

以为"觉得有趣的想法"（林语堂，1980a，p.43）①，此刻也就化作林语堂的万般无奈了。

这桩收养风波，就像是林太乙的脚注："父亲毕生追求理想，但把握理想却不容易。身为一个经阅世事人情颇深，近五十岁的人，是不是仍然能够做一件浑朴的事，而不付出代价？"（林太乙，1989，p.220）玉华的回国，对林语堂是重大的打击，他无法与人诉说其伤心之情，"在他心灵深处，藏着几个伤痕，他毕生不能忘怀"（林太乙，1989，p.221）。

回映前面"童年显露的伊底帕斯情结"的段落，对于收养金玉华的未成功，又与伊底帕斯情结之间有何关联？林语堂在此终究未能超越父亲的困难。心想如果能够成功地收养金玉华，提供给她较好的教育机会，就能改变她的人生（王兆胜，2002a）。在象征性的意义上，也就是拯救了当年的二姐的命运，进一步地说，这更象征着林语堂成功地"取代"了父亲当年的"所不能够"（无法给予女儿在教育上的发展），并让伊底帕斯情结的"弑父"得到了成功。

1963年林语堂在浓郁的乡情下出版了《赖柏英》（刘炎生，1994），林语堂说"那是一部自传体小说"，"赖柏英是我的初恋情人。她坚持要留下来伺候她失明的祖父，我却想出国留学，我们只好分开"（林语堂，1980a，p.10）。

一般关于林语堂的传记也就自然而然地将赖柏英（或橄榄）定义为林语堂生命中的"初恋情人"，依此描述林语堂的"三段爱恋"（王兆胜，2002b；施建伟，1994；刘炎生，1994）。在《八十自叙》中关于"赖柏英"的描述内

---

① 在《八十自叙》第七章"法国乐魁索城"中，林语堂曾抱着一线希望，盼能在那些"一战"后前往欧洲战场协助清尸的华工中找到失踪多年的祖父。对于这样的期待，林语堂自认是一种有趣的想法。

容"出国留学，只好分开"与林语堂实际的生命发展有所不符。① 在语堂进入圣约翰大学大二之际，认识同学陈希佐的妹妹陈锦端之后，早已坠入"少年维特"的烦恼，对于"大美人C君（陈锦端）"有着无法释怀的悬念了，而后于1915年与廖翠凤的定亲也在大学毕业（1916年）之前，并在出国前1919年7月19日成亲。而"赖柏英是我的初恋情人"这句话的真伪虚实，林语堂在《八十自叙》第五章"我的婚姻"中写着：

> 我曾提到我在坂仔乡和赖柏英的恋情。我们一起玩耍，一起抓鳅鱼和小龙虾。我记得她蹲在小溪里，等蝴蝶停在发梢，然后缓步徐行，蝴蝶居然没走。成年后，她眼见我由圣约翰大学毕业返乡。我们自觉是理想的一对。他母亲是家母的义女，她叫我"五舅"。……我们相亲相爱，她能献出无私的爱心，不要求回报，但是环境把我们拆开了。结果我到北平，她则嫁给坂仔乡的一个商人。（林语堂，1980a，p.29）

前面的描述基本上是小说《赖柏英》部分情节的摘要，但一些内容与"自传体小说"显然有了落差。根据《赖柏英》书中，杏乐的母亲和柏英的母亲尚且是堂姊妹，杏乐说"她妈和我妈是同一个祖父生的"（林语堂，1989a，p.79）。这么说起来杏乐和柏英还是表兄妹（cousin）的关系。

在《八十自叙》中"我的初恋情人"所使用的"我"，看来是《赖柏英》小说中男主角"杏乐"的第一人称代词。林语堂在进圣约翰大学启用学名"玉堂"，在此之前他是以乳名"和乐"为名的。"和"与"杏"字在其笔画和字形上有其接近之处，倘若真有此"初恋之情"断然应在进大学之前。但，

---

① 林语堂与廖翠凤定亲之后，锦端驳父亲嫁富少的意见而出国念书，这句话"出国留学，只好分开"，看来写的并非是玉堂与橄榄的关系，比较像是玉堂和锦端的真实状况。虽说锦端父亲反对，但林语堂并未在一开始就接受与廖家的亲事，真正阻隔并造成"只好分开"的事实，应当是锦端的"出国留学"。

林语堂在童少之时是否真已"启蒙"爱情的幼苗？其实，在《赖柏英》小说中，主要的地理背景描述反映出林语堂的家乡——坂仔的山景。当然也强调坂仔"山景"对林语堂一生影响的"高地"人生观，整个小说的基调凸显了浓郁的思乡之情。① 至于，"初恋情人"的描绘则更像小说中一种必要的情节。整个说来，较能让人信服且理解的是林太乙（1989）的观点："这部小说全属虚构，但赖柏英倒真像他小时喜欢过的一个名叫橄榄的女孩"（林太乙，1989，p. 28），这是一种童稚时期"初恋"式的情愫。

一些传记作家对于"林语堂的初恋情人——赖柏英"，主要也就是依照林语堂自己在《八十自叙》中的资料，而予以承认。林太乙认为，"《八十自叙》中有许多事实上的错误"，甚至于不讳言地说"这篇文章是用英文写的，文法拼法也有许多错误"（林语堂，1980a，p. 345）。作为林语堂女儿、也是作家的林太乙近身观察父亲，深刻了解林语堂，她所写的《林语堂传》自然有举足轻重的位置，也是研究林语堂要研究的作品（林明昌，2005）。整体说来，一些关于赖柏英（橄榄）的信息并不明朗②，若依着林语堂生命史的发展脉络来看，甚至可以大胆地假设，橄榄其实就是 C 君——陈锦端的替身，而那"失明"的祖父可就象征着那"没有远见"、未能看出语堂是"颇有前途的穷小子"（林语堂，1980a，p. 30）而依循传统婚姻、讲究"门当户对"的锦端的父亲了。事实上，1915 年林语堂与廖翠凤定亲，更早之前（约 1913—1914 年间）爱恋着陈锦端，没有理由在"大学毕业返乡"（1916 年），和赖柏英（橄榄）继续纠缠"自觉是理想的一对"而"相亲相爱"的。除非，这个赖柏英其实就是陈锦端。由于、也必须这样，我们才能对于《赖柏英》（林语堂认

---

① 1962 年，林语堂一人自美国飞到香港探望林太乙及其夫婿，林太乙说："他好像在寻找什么。我们带他到处玩，我说香港有山有水，风景像瑞士一般美。他说，不够好，这些山不如我坂仔的山，那才是秀美的山。我此生没有机会再看到那些山陵了。……原来他在寻找那些环绕着他的快乐的童年的山景。"（林太乙，1989，p. 294—295）

② 笔者认为有可能林太乙也混淆了对于橄榄的认识，施建伟对于林语堂的初恋也有不同的见解，但在时序上与林语堂生命史相关发展时间都交代不清。

定的自传体小说）有更精确与深刻的理解。因着《八十自叙》关于初恋赖柏英（橄榄）所搅起的一池春水，也才能够渐渐让迷雾散去。倒是关于"林语堂初恋—赖柏英"的叙说早已在传记本的不断演化下，成就了一个极为美丽、梦幻的诗篇。因此，1963年《赖柏英》的出现，自然就不只是对于坂仔山景的乡愁，更添心灵深处对于陈锦端的爱恋情愁了。林太乙说："在父亲心灵最深处，没有人能碰到的地方，锦端姨永远占一个地位"（施建伟，1994，p. 28），甚至老迈体弱在香港女儿家时，遇见锦端的嫂嫂，林语堂关心地问起锦端的近况，竟不顾困难于行的身子，想着要去厦门看锦端（林太乙，1989）。

林语堂在《回忆童年》中提到母亲、二姐、故乡的山水对其童年有着重大的影响，这也构成了《赖柏英》中的重要元素。讨论小说《赖柏英》，更重要的是"二姐美宫的再现"，也就是"原型情景"如何在此重现？林语堂直接引用二姐之名"美宫"。杏乐/和乐对二姐的认知是：

> 他们一向如此。他以她为荣，她也以他为荣。除了母亲，他总觉得她最好。她总是教他，鼓励他、指责她的错误，原谅他，对他从来没有失去希望过。她大他四岁，可以教他不少道理，却又不至于失去玩伴的感觉。美宫知道他的优点和缺点，在他成长的岁月中曾经以姐姐的爱心和教导塑造他，指引他，半师半友，担当着老师父母都没法扮演的角色。那就是家庭生活的好处，世上绝对找不到代替品。
>
> 美宫比杏乐矮，她的皮肤很坚韧，眼睛又亮又活泼，有一排平整的牙齿和一个突出的下巴。她常常愤恨自己身为女孩子，因为那时候女孩子的限制极多。她也像弟弟一样，很想受大学教育。（林语堂，1989，p. 149）

二姐美宫的名字直接地重现在此（《赖柏英》），除了描述坂仔的山景环境外，与二姐的关系互动亦增添了"自传"的性质。带着身孕死去的美宫在《赖柏英》中得能以"带着三岁的宝宝"补偿性地出现在这"自传体"小说里，特别再去回味与感受"美宫曾经给过他最完美的姐弟之爱"（林语堂，1989，p. 129）。林语堂深刻地回忆起对于二姐的罪恶感，他说："当我约十二岁的时候，家里发生了一桩事情，使我破题儿第一遭感到良心的谴责。"（林语堂，1947，p. 260）

有一天，我和她吵嘴。我大约做了什么事，给她骂了一顿。我很不高兴，就异想天开，找出一种责罚她的方法，以为报复。我故意跑到污泥中去滚了一滚。"好啦！"我说，"你明天洗衣得更辛苦一些了。"可是我的姊姊只是静悄悄的站在那里，泪水盈眶，束手无策，露着慈爱的样子望着我。我只有这一次看见她流泪。我一生真不曾感到那么难过，甚至到了现在，我还不能排除这种难过的心情。

她一定是忘掉这件事情了。过了几天，我们吃红皮橘子。依我们家庭的规矩，孩子不许私买糖果，我们没有违犯过这个规矩。每个季节里出什么水果，我的父亲便会买了一些来，到下午的时分召集家人，大家均分。小孩每人可以分得半只，或四分之一的橘子。我分得三四瓣；因为数量有限，所以觉得很宝贵。当我把最后一瓣吞进喉咙之后，我的二姊知道我心中的感想。她把她最后的一瓣送给我。这种事情是会永远留在一个人的记忆里，塑造我们的生命的。（林语堂，1947，p. 260）

《赖柏英》中的乡愁持续地酝酿着。1966年1月28日，林语堂夫妇第二次访台。① 虽仅四天，却作出了在台湾定居的重要决定。他觉得"还乡年纪应

---

① 林语堂夫妇1958年10月14日初次到台湾参观，约半个月，在台期间，受到台湾文人、亲友、社会名流及国民党的热烈欢迎（刘炎生，1994）。

还乡"①，台湾能够满足他日夜所思念的乡情。无论走到哪里，都能听见闽南话，仿佛回到故乡。就在接受记者访问时，往事涌上心头，禁不住谈起当年寻源书院毕业后，父亲的学生送来100银元去上海念书的事，以及二姐美宫嫁衣的四角钱并要他"读书成名"的往事，谈得老泪纵横（刘炎生，1994）。1966年6月，林语堂夫妇从香港搬来台湾。林语堂说："这些事情太深刻，我永远忘不了。"（林语堂，1980a，p.16）对于二姐，林语堂结论性地说："我觉得我今日的知识，有一部分是由于纪念她而得来的。她的名字叫做美宫。"（林语堂，1947，p.262）

舒尔茨（Schultz，2005/2011）认为通过原型情景可以发现具有启发意义的生命轮廓和模式。他指出五个辨识原型情景的关键指标。一、清晰、具体、情感强度。如此种情景有着非常深刻的情感体验。二、贯通（渗透）。此种情景弥漫或渗透在不同的语境。三、发展性危机。此种情景涉及个人与特定冲突的"关键性遭遇"。四、家庭冲突。此种情景牵涉家庭内部的冲突。五、拒绝接受现状。此情景使当事人位于某种违反现状的境况之中。事情出现异常情况或令人难以预料，情感出现失调。当事人一再重复说着相同的故事，使其能从特定事件中找寻意义，以降低对事件的陌生感及由该事件所引发的焦虑。从林语堂生命中的"二姐嫁衣的四角钱"作为一个心理的原型情景，我们可以清楚地印证舒尔茨所提及的原型情景相关的基本特性。

四、暗地里的角色楷模——梁启超

林语堂自认受到庄子、陶渊明、苏东坡、袁中郎等人的影响，他特别透过

---

① 王镇华以为若林语堂对故乡福建坂仔没有近乎着迷的眷恋，难以想象那一代留学生的还乡心情（王镇华，2005）。

撰写《苏东坡传》来加以推崇他所认同的崇拜者。维新派梁启超等人的事迹在林语堂幼年之时透过父亲的传述即耳熟能详，虽然他并未像胡适、蒋梦麟、郭沫若、毛泽东等人那样直接表明受到梁启超深刻的影响。在许多时候，他赞誉、肯定梁启超，偶尔稍作批评，然而，阅读林语堂，却依稀地看见梁启超的身影。

林语堂说其父亲是"维新派的同情者"，在《林语堂自传》中更直说"我父亲是维新派"①，"当然我听我爹（保皇派）说过许多康有为和梁启超的事"②。可想而知1898年戊戌变法后，维新派的思维以及维新主要人物的思想影响借由其父之口影响年幼的林语堂。梁启超是中国从传统跨越现代、转型时期的重要思想人物，启迪了诸多的当代知识分子，如胡适说："我个人受了梁先生无穷的恩惠"（胡适，1987，p.55）；郭沫若认为梁启超的功绩"不在章太炎辈下"，并极力推崇梁启超文章的"新兴气锐"，使得当时的青年"无论是赞成还是反对，可以说没有一个没有受过他的思想或文字的洗礼的"（王兆胜，2003），其他如蒋梦麟、毛泽东等都曾自述青年时期受到梁启超深深的影响（陈祥美，丁兴祥，1998）。然而，青年时期的林语堂在圣约翰大学念书，虽然圣约翰大学以英文、西书为主，但梁启超的文章构成了林语堂在此时期为数不多的中文阅读。林语堂曾经在读完梁启超的文章后，倚在窗前深思："我在想梁启超为什么成为今天的梁启超？"③ 在《京华烟云》（*Moment in Peking*）

---

① 林语堂的父亲林至诚，为基督教长老教会牧师，是理想主义者，一个向往西方文明的乡下牧师，也是维新派的同情者。见秦贤次（2006）。
② 在《朱门》（*The Vermillion Gate*）正谱出恋情的柔安问李飞："当然我听我爹（保皇派）说过许多康有为和梁启超的事。你喜欢梁启超的文章吗？"李飞回答"还不错。"林语堂寄情于小说人物李飞，显露对梁启超文章的肯定。
③ "一九一四年，林氏就读于上海圣约翰大学，某年假期返里省亲，开学时又从厦门赴上海，开课前暂住在鸿发旅社，闲来无事，倚靠在楼上栏杆，凝神沉思。他的一位同学以为他害了'怀乡病'，很想安慰他一番，岂料他的回答却不是那么一回事。他说：'我在想梁启超为什么能成为今日的梁启超？'"见《林语堂博士小传》（林语堂，1980b, p.1—2）。

书中，他借着姚木兰与孔立夫的互动①，传递梁启超的《饮冰室文集》并认为"这是影响当时思想的书"。耐人寻味的是，林语堂未曾在公开文字当中，说明梁启超对他可能的影响，倒是在他的书页里编纂者陈述："林语堂私下最佩服梁启超，思想多少受着他的影响。"②

王兆胜（2003）认为梁启超和林语堂对于自我的矛盾性，求新求变的思想观念，重视自由、平等与民主的信念，热爱常识、幽默和趣味的生活价值，甚至文体表现出的气势磅礴、富含情感及文白交杂等均有其相似之处。细读林语堂的文章，亦能感觉到梁启超的文韵和气息，甚至可能林语堂受到梁启超潜在的影响。举例而言，首先，他们都是极嗜读书之人，林语堂的《读书的艺术》与梁启超的《学问之趣味》精神上可说是如出一辙，强调着"趣味"作为学习的核心基础。梁启超说："我是主张趣味主义的人……人必常常生活于趣味之中，生活才有价值。……学问的本质，能够以趣味始，趣味终，最合于我的趣味主义的条件。"林语堂说："读书或书籍的享受素来被视为有修养的生活上的一种雅事……我认为风味或嗜好是阅读一切书籍的关键。这种嗜好跟对食物的嗜好一样，必然是有选择性的，属于个人的。"梁启超认为，阅读的态度"有所为虽然有时也可以引起趣味的一种方便，但到了趣味真发生时，必定要和'所为者'脱离关系"；林语堂则以为"一个人并不是为了要使心智得进步而读书，因为读书之时如怀着这个念头，则读书的一切乐趣则完全丧失了……抱着求知目标的读书……不得谓之读书"。对于读书的种种，最后将如何落实？梁启超认为"无所为、养成习惯、渐渐深入的研究、寻觅同侪朋友"可作为具体实践的方法，并以为"学问的趣味……总要自己领略……旁人没法子告诉你"；林语堂则呼吁"透过书来沉思、找出自己喜欢的作家、随心所欲来读书"，"不同的时候，同读一部书，可以得到不同的滋味。……以闲适

---

① 《京华烟云》序文中，林如斯（林语堂之大女儿）回忆林语堂所言："若为女子，必木兰也。"
② 见《林语堂博士小传》（林语堂，1980b，p. 27）。

的态度随手拿过一本来翻阅"。在《补梁任公论读书的兴趣》中，赞赏"梁任公是前代第一聪明人"；"梁任公一篇在东南大学暑假学校演讲'学问之趣味'，也极力主张'兴趣'二字，短短一篇，寓意无穷，都是任公先生自己吃过甘苦的话，好得不得了。凡想走上读书之路的人，必须仔细领略详细体会"。除了为文大加赞赏之外，"趣味"也是林语堂书写文章的品味以及生活价值，如他所书写的《论趣》、《本色之美》、《哈佛味》、《文章五味》、《读书与风趣》和《秋天的况味》等文章，也都是强调"趣味"性质的文章（王兆胜，2003）。

其次，在文体的部分林语堂与梁启超都对于"气势"非常重视。梁启超认为"人之能有自信力者，必其气象阔大"①；林语堂亦重视自然与人品中的气势，说"故凡天下生物动者皆有其势，皆有其美，皆有其气，皆有其文"②；林语堂赞美梁启超的《中国魂》之气势，他说："中国魂一股冲天奇气，今已不大容易望见。"③ 在文体上，"五四"新文化运动前期的梁启超，催化古文向白话转向的转型与过渡，亦是梁启超"文白相参"文字风格的基础。"五四"后，白话语言过于直白浅显，林语堂则有不满，他提出文白相间的"语录体"，他说："向来我国有白话与文言之分……而白话与文言之间，立了一条鸿沟，不能相通。我想我们的目标是要做到'语文一致'，并非专讲'引车卖浆者流'的口语，也非要专学三代以上的文章。要写得出来，也念得出来。这样才可以算是理想的白话文学。"④ 林语堂的"语录体"接近于"文言之白话"，梁启超"新民丛报体"的文字则近于"白话之文言"，这都显示着文字使用的过渡与转变，而重要的是林语堂与梁启超对于文体"文白相参"的一致性。

---

① 见梁启超《自信与虚心》，《饮冰室合集》（转引自王兆胜，2003）。
② 见《写作的艺术》（林语堂，1980b）。
③ 见《狂论》（林语堂，2008, p. 38）。
④ 见《论文言一致》（林语堂，2012, p. 253）。

林语堂指出"梁启超自评'笔锋常带感情',是其本人富情感,由笔锋自然流露出来,非有何笔法教他'带感情'也"(林语堂,1935)。林语堂也是性情中人,富具深情地对待亲情、爱情、友情、乡情、山水之情等,所以他说"'情'字是中文最好的最重要的一个字面"①。可以看出他们在文笔的表现上同是注重"情感"层面的,某种程度上,梁启超甚至可以算是林语堂的"文学情人"。林语堂自己就这么说:"一人之笔调始终受其'文学情人'之渲染。他的思想方法及表现方法越久越像其'文学情人'。此为初学者创造笔调的唯一方法。日后一人发见自己之时,即发见自己的笔调。"②

王兆胜(2003)指出,林语堂与梁启超之间文体的相似与接近,除了来自共同热爱孔孟的文化思想外,还因为他们均是自在表达自己思想的文人,当然也有可能是林语堂受了梁启超的影响。

此外,林语堂在诸多时候给予梁启超崇高的评价,认为梁启超的《饮冰室文集》"是当时介绍新思想新知识的名著"(林语堂,2010,p. 241)。林语堂说:"梁任公于《中国魂》末篇《论进取精神》已指出中国无进取精神之病源。……中国男子皆有好妇德,是梁任公之名言,记之记之。"③ 甚至从林语堂对一些生活事件的反应态度中我们更可以看见林语堂与梁启超在人生态度上共通的幽默风趣与潇洒自若。如林语堂说:"梁任公之腰(即肾),无端被前北平协和医院×××拿出一个。事后有人问梁何不抗议,梁幽然答曰:中国人学西医,能开刀将腰拿出而人不死,已了不得。吾何为抗议哉!"④ 林语堂藉本文《从梁任公的腰说起》说明常识的重要性,举此例说明,二者面对困顿与强调幽默的人生态度有其精神相通之地方。

然而,基于其教会家庭的成长经验(以及念西方神学的经历),林语堂比

---

① 见《论情》,(林语堂,p. 44)。
② 见《写作的艺术》,(林语堂,2008,p. 109)。
③ 见《狂论》(林语堂,2008,p. 38)。
④ 见《从梁任公的腰说起》,(林语堂,1977,p. 93)。

梁启超更注重宗教情怀。留洋欧美的林语堂，融汇在东西生活世界中的多元文化经验以及文学性是他们之间明显的差异（王兆胜，2003）。

林语堂在《文学革命》中说："文学革命之后，出现了两大变化。……变化之二是'汉语的欧化'，兼有句法和词汇两者，前者看上去是愚蠢的，而后者则是不可避免的。西方术语的引进是很自然的，因为旧的术语已不足以表现现代的概念。这一变化始于19世纪90年代的梁启超。但在1917年之后却愈演愈烈。人们对西方事物已有深刻的癖好，而汉语的欧化可以说是进一步加剧了这种癖好。不过这种引进的文风离汉语太远，因而无法长久。这种情形在翻译国外著作中尤为恶劣，它使得所著的东西不仅荒谬，而且使中国的一般读者无法读懂。"（林语堂，1983，p. 211）从语气看来林语堂认为梁启超的文章虽无欧化之疾，且对引进西方术语有开山之功，但对于后来的汉语欧化之弊病的形成却脱不了干系（王兆胜，2003）。至于直接批评梁启超的地方，便是不满梁启超的"疑古"。林语堂说：

> 我之所以觉得必须提及这一点，因为曾有一大堆空泛的言论讨论古书本文的真实性。这些言论不能达到真正批评的标准，但可能把西方的汉学家导入迷途。……这些努力在康有为无意义的举动中达到了最高潮。……他的门徒——卓越的学者梁启超——把这种传统的观念带到民国，提出老子生于孔子之后很久，而因此也后于庄子。他令人们感到震惊，成为一时的话柄。……梁启超忘记了在孔子自己的时代中，这个世界也是够乱的了。（林语堂，1999，p. 117—119）

在这边除了林语堂为了自己研究"老子的智慧"做辩护外，对于此段予以梁启超的批评，仍然是"重重提起，轻轻放下"的诸多客气，如先启声明"我之所以觉得必须提及这一点"，说明其"不得不"的立场，"卓越的学者梁启超"所给予的称誉,"梁启超忘记了"那种并非"存心故意"的字眼及描述,由此可以见证林语堂在"吾爱吾师,吾更爱真理"的立场下①,保留情面地给于梁启超这样一个先辈偶像的敬意。

在《京华烟云》第三十二章,林语堂节录了陈独秀在《新青年》杂志中的进步理论的论述,他说:

> 时间的前进是无法挽回的。每十年,每一代,都是稳定的向前进展。在光绪二十四年,哪些人才是思想上的先驱呢?不是康有为梁启超吗?康有为在他那时代是维新派,可是现在却是个名声狼藉的保皇党,他的名字和民国六年的张勋复辟,是密结而不可分的。在民国七年,谁是伟大的翻译家和西洋思想文学的输入者呢?不是林琴南和严复吗?可是严复现在是个吸食鸦片的人,而林琴南只是一个引人兴趣的老古董了。下一代,一定在上一代的维新派与那一代的先驱仆倒的身上,踏过前进。康梁林严,虽然对他们的时代确有贡献,可是他们的时代过去了。总结一句,他写出:"同样,我们今天这批时代先驱,也会过时的,同样也会被十年后前进的那一代抛弃于道旁的。但是我们很乐于为后来者让路。"(林语堂,1982,p.688)

陈独秀确实继承梁启超的"新民"思想,将目标具体锁定在《新青年》身上,《新青年》获得广大青年学子的回响,青年学生获得启蒙,民族觉醒和爱国思潮顿时高涨。我们先不管陈独秀用如何的文句来评论梁启超,且看文句中所出现的四个思想先驱(康有为、梁启超、林琴南、严复),在林语堂笔下,独独地缺了对梁启超的批判,这不正是在写作中"刻意地""放下"吗?

---

① 林语堂对于好友胡适对《红楼梦》的考据,也反映了这种立场,如胡适认为后四十回系由高鹗所写,林语堂采认了与胡适不同的观点来"平心静气"地论高鹗。见《平心静气论高鹗》(林语堂,1980b, p.16)。

除了肯定梁启超文字的影响力之外①，对于梁启超，林语堂确实是敬重的。② 在20世纪30年代末，林语堂在上海寓居写作，住家起了个书房叫"有不为斋"③，据闻墙壁上挂着梁启超亲笔书赠的一副对联"两脚踏东西文化，一心评宇宙文章"。这是林语堂自己所做的对联，也是作为人生自我期许的目标。梁启超的书法让林语堂的书房风雅倍增。④ 当年林语堂亦特地将"李香君"的画挂在书房中，这正是林语堂所崇拜的人。晚年，林语堂仍启用"有不为斋"作为阳明山麓居家的书斋名称。

林语堂在《生活的艺术·自序》中这样写着，"两个时代不同的人有着同样的思想，具有同样的感觉"，彼此之间有着"精神上的相通"。他更指出，"世间确有一些人的心灵是类似的"；"也许甚至你自己也不知道。这跟一见倾心一样"；"有许多学者似乎生活于不同的时代里，相距多年，然而他们思想的方法和他们的情感却那么相似，使人在一本书里读到他们的文字时，好像看见自己的肖像一样"；"以中国人的语法说来，我们说这些相似的心灵是同一条灵魂的化身，例如有人说苏东坡是庄子或陶渊明转世的⑤，袁中郎是苏东坡转世的。苏东坡说，当他第一次读庄子的文章时，他觉得他自从幼年时代起似

---

① "试思梁任公新民丛报之势力，在其文采乎，抑在其所代表之议论乎？"见《辜鸿铭》（林语堂，1977，p.8）
② 从资料上并未看见林语堂与梁启超的实质交往，但相信梁启超也是知晓林语堂的。林语堂1923—1926年间教学于北京大学及北京女子师范，又活跃于《雨丝》创作，此阶段梁启超在学界及清华国学院中，他们中间有着共同熟识的友人——胡适、蔡元培，据闻有可能是透过蔡元培的引介，梁启超按着林语堂自喻名句"两脚踏东西文化，一心评宇宙文章"赠送此一对联，也可借此理解梁启超对于林语堂的看法。（王兆胜，2003）
③ 林语堂按"中国文人的习惯，为他的书斋题名叫'有不为斋'"（林语堂，1980a, p.5）。"有不为"发想自维新派康有为之名，"有为"的反面即"有不为"，实则殊途同归。孟子云："唯有不为者始有所为。"见《走访林语堂故居（下）》。"有不为"其字义上接近道家的"无为"，或"凡事有所为有所不为"的处世观。
④ "梁启超的书法，笔墨肥浓，挺拔峥嵘，令人观玩难释。"（施建伟，1994, p.113—114）
⑤ 林语堂自己附注说："苏东坡曾经做过一件卓绝的事情：他步陶渊明诗集的韵，写出整篇的诗来。在这些《和陶诗》后，他说他自己是陶渊明转世的；这个作家是他一生最崇拜的人物。"见《读书的艺术》（林语堂，1980b, p.78）

乎就一直在想着同样的事情，抱着同样的观念"①。依此推论，崇拜庄子、陶渊明、苏东坡、袁中郎的林语堂在自我肖像上，甚至在心理上，更以为自己就是下一个转世的附体！即使林语堂的《苏东坡传》存在着其主观偏好及考证上的错误（许明全，2005），他却是以其深富说服力、趣味十足的笔法，塑造了一位诙谐幽默、才华洋溢、多情、旷达的苏东坡，而这也投射了他对于苏东坡的理想化。笔者猜想会不会基于"转世说"，与梁启超相差22岁的林语堂在公开以及字面上并不那么愿意表示"自己崇拜梁启超"或是"公开"认定梁启超对其个人产生了重要的影响？

这些文字影响可以说是林语堂青年时期在上海圣约翰大学时所奠定的重要发展基础。当年倚窗深思"我在想梁启超为什么成为今天的梁启超"的林语堂心里头似乎早已经烙印了一个"成为作家"的典范身影，"作家"已成为林语堂心生向往的生命脚本②，他要成就的未来图像是"要做作家，就必能整个人对时代起反应"。③ 而梁启超是影响时代的风云人物，正是林语堂所说"能整个人对时代起反应"的典范人物，为其效法的角色楷模，在诸多林语堂人生的角色楷模（social modeling）当中，我们相信林语堂不只是赞许肯定梁启超的文采而已，林语堂的作家风貌确实有着梁启超的身影，并展现出青年时期的角色认同性质。此外，"替代二姊念大学"的青年林玉堂在上海圣约翰大学受了良好的英语训练，为其后来在世界舞台上奠定了重要发展的基础，不只在国内，在美国、世界各地独领风骚，成为影响西方英语世界重要的中国人之一。"我在想梁启超为什么成为今天的梁启超？"此意象（image）早已化作具体的生命实践。这让林语堂最终能"两脚踏东西文化"，成为西方了解中国的重要先驱，并曾三度获得诺贝尔文学奖的提名。

---

① 见《读书的艺术》（林语堂，1980b，p.79）。
② 见秦贤次《林语堂与圣约翰大学》一文，说明林语堂在大三（过去都是大四生）担任圣约翰大学的《约翰声》的英文编辑，对于写作早已显露头角。
③ 见《五四以来的中国文学》（林语堂，1977，p.181）。

五、结语

莱文森（Levinson）等人（1978）认为成年初期的四个重要发展任务包括：一、寻求人生的意义与价值；二、追寻良师益友；三、追寻终身志业；四、追寻亲密关系的发展。在本文的探讨中，可以窥见林语堂在青年时期亲密关系的发展与作家生涯的奠基均在上海圣约翰的大学生活里。在大学之际，林语堂一度对于原生家庭的基督教信仰产生疑惑，并且游离；至于其人际互动的发展则因着后续生命的成长而变动。上海圣约翰时期的人际际遇，虽未显示对其产生特殊的影响，但其后的成年初期在北平所认识的人脉资源，则为林语堂在文坛的发展奠定了重要的基础。

本文主要借以林语堂的自述数据，辅以相关传记，以对于林语堂的生命脚本进行心理传记性质的初探。在书写构思上，更有意识地选取具有心理传记意义的切片，来说明林语堂的"生命脚本初探"，三个段落分别采心理分析的恋母情结、舒尔茨（Schultz, 2005/2011）的原型情景以及角色楷模的认同作为心理传记式的书写框架。首先，恋母情结的分析，指出了弗洛伊德式的描述："一个母亲所特别钟爱的孩子，一生都有身为征服者的感觉，由于这种成功的自信，往往就引致真的成功。"由于母亲对于林语堂的钟爱，可能是林语堂"读书成名"的基本动机之一。其次，通过五个可供辨识的关键指标说明原型情景的雏型，并引述"二姐的四角钱"（姐弟互动）说明此原型情景将会弥漫或渗透在不同的语境之中。最末，推测林语堂的青年认同可能潜在地受到梁启超的影响。整体而言，本文目的企图聚焦并说明青年林语堂以"文人作家"而"读书成名"的成就动机。

参考文献

陈祥美,丁兴祥(1998). 人际际遇与生命梦想的形成与发展:以梁启超的心理传记学研究为例. 本土心理学研究. 10,235—285.

胡适(1987). 四十自述. 台北:远流出版社.

林太乙(1989). 林语堂传. 台北:联经出版社.

林语堂(1935). 烟屑(五). 宇宙风. 7.

林语堂(1947). 我的二姊(黄嘉德译). 西风,93(4),259—262.(原载美国 *The Rotarian* 杂志)

林语堂(1977). 有不为斋随笔. 台南:德华出版社.

林语堂(1980a). 八十自叙. 台北:远景出版社.

林语堂(1980b). 无所不谈集. 台南:西北出版社.

林语堂(1982). 京华烟云. 台北:大汉出版社.

林语堂(1983). 吾国与吾民. 台北:远景出版社.

林语堂(1988). 生活的艺术. 台北:远景出版社.

林语堂(1989a). 赖柏英. 台北:风云时代出版社.

林语堂(1989b). 啼笑皆非. 台北:风云时代出版社.

林语堂(1999). 信仰之旅——林语堂先生论东西方的哲学与宗教. 台北:道声出版社.

林语堂(2008). 林语堂散文. 北京:人民文学出版社。

林语堂(2010). 京华烟云(上、下). 台北市:风云时代。

林语堂(2012). 无所不谈合集. 香港:天地图书。

刘炎生(1994). 林语堂评传. 南昌:百花洲文艺出版社.

施建伟(1994). 幽默大师林语堂传. 台北:叶强出版社.

王兆胜(2002a). 生活的艺术家:林语堂. 台北:文史哲出版社.

王兆胜(2002b). 闲话林语堂. 北京:中国国际广播出版社.

王兆胜(2003). 林语堂与梁启超. 人文杂志,5,78–85.

王镇华（2005）. 回顾林语堂. 见林明昌主编. 闲情悠悠——林语堂的心灵世界. 台北：远景出版社.

秦贤次（2006，10月）. 林语堂与圣约翰大学."从林语堂研究看文化的相融/相涵". 国际学术研讨会论文集，台北.

许明全（2005）. 谈《苏东坡传》. 见林明昌主编. 闲情悠悠——林语堂的心灵世界. 台北：远景出版社.

Ernst L. Freud, Ilse Grubrich-Simitis & Lucie Freud（1985）. 大师的脚印：佛洛伊德一生行谊（王溢嘉译）. 台北：野鹅出版社.（英文版1978年）

J. Sandler, E. S. Person & P. Fonagy（2009）. 佛洛伊德的"论自恋：一篇导论"（李俊毅译）. 台北：五南出版社.（英文版1991年）

R. Britton, M. Feldman & E. O'Shaughnessy（2003）. 伊底帕斯情结新解——临床实例（林玉华译）. 台北：五南出版社.（英文版1989年）

Schultz, W. T.（2011）. 心理传记学手册（郑剑虹等译）. 广州：暨南大学出版社.（英文版2005年）.

Levinson, D. J., Darrow, C., Klein, E., et al.（1978）. *The Seasons of a Man's Life*. New York: Knopf.

Tomkins, S. S.（1979）. Script Theory. In H. E. Howe, Jr., R. A. Dienstbier（Eds.）. *Nebraska Symposium on Motivation*（Vol. 26, pp. 201 – 236）. Lincoln, Nebr: University of Nebraska Press.

Winnicott, D. W.（1953）. Transitional Objects and Transitional Phenomena—A Study of the First Not-me Possession. *International Journal of Psycho-Analysis*, 34, 89 – 97.

An Initial Research of Lin Yutang's Life Script

Hsiang-mei Chen

（General Education Center, St. John's University, Xinbei, 25135）

/ Abstract /

This artical will describe and give some interpretations to the followings, the Lin Yutang childhood revealed the Oedipus complex, and four dimes mo-ney from the second elder sister's wedding dress as a psychological prototypical scene, and to describe the secret role model Liang Qichao, to supplement the discussion and understanding of the life history of Lin Yutang.

First of all, from Lin Yutang revealed Oedipus complex in the last autobiographical information "80 Autobiography", I would try to describe in a psychoanalytic point of view, and reveal the real beliefs of Lin Yutang. Secondly, I would describe the life interaction between Lin Yutang and his second elder sister Meigung, and take " the four dimes money from the second elder sister's wedding dress" as the prototypical scene of life, and explain his struggle process of " reading for fame ". This is also the nuclear scene of life, in further to describe how the prototypical scene reproduced in other moments of life. Thirdly, the "secret role model" describe Lin Yutang and Liang Qichao that they had same written way in many topics. Lin Yutang's thought looks like Liang Qichao, and I speculate that Liang Qichao seems to have become Lin Yutang's spiritual mentor, literature lover.

Looking at the life of Lin Yutang, this artical try to look for the slice of psychobiographical nature part of Lin Yutang's life, then give analysis, as for the exploration of his life script.

/ Keywords /

prototypical scene, nuclear scene, psychobiography, life script

理论即生命经验：
以太虚大师的人生佛教为例

薛荣祥[*1]　丁兴祥[2]

（[1]龙华科技大学通识教育中心，台湾桃园，33306）

（[2]辅仁大学心理系，台湾新北，24025）

/ 摘　要 /

活跃于民国初年的太虚大师不但开启了中国佛教的现代化，同时也深刻地影响了整个人间佛教的发展。然而关于太虚的研究一向偏重于理论以及他的佛教事业的讨论，对于他理论与个人经验之间的关系，仍然缺少系统性的讨论。

本文以心理传记的研究方式，透过早年经验、宗教经验以及情境经验这三个交叠的因素，探讨太虚宗教理论形成背后的动力。

首先透过对他早期的论述与行动的了解，分析早年经验对于他优越情结的形成的影响，以及它如何影响太虚对

---

* 薛荣祥，E-mail：jshsueh@mail.lhu.edu.tw

佛教真理式的信仰。其次透过太虚三次宗教体验，讨论他从佛教经典与宗教体悟交互辩证发展出来的宗教观点。最后探讨太虚面对不同对话对象而发展不同诠释方式，来说明他理论多变的原因。

在正面讨论太虚理论的内容之后，本文认为太虚的佛教观点基本上是建立在自身学习与宗教经验的基础上，但是他在面对印度佛教史的新发现中，似乎还有一些等待厘清和统整的空间。

/关键词/

太虚大师，早年经验，宗教体验，设位理论

一、前言

> 我的失败，固然也由于反对方面障碍力的深广，而本身的弱点，大抵因为我理论有余而实行不足，启导虽巧而统率无能，故遇到实行便统率不住了……然我终自信我的理论和启导确有特长，如得实行和统率力充足的人，必可建立适应现代中国之佛教的学理和制度。（太虚, 1950, p. 64）

这是1937年抗日战争正式开始那一年，太虚总结他过去20多年来在佛教运动上的努力，没有获得自己想要的成果，而发表在《宇宙风》的一篇文章。虽然随着时局的变化，他再度踏上佛教改革的舞台，但是在这一篇文章中他对于自己的优点以及缺憾所作的评述，仍可以作为后人研究他生命发展的重要依据。

本文仅针对他所说"理论有余而实行不足，启导虽巧而统率无能"，进一步推敲探讨太虚的理论内涵，以及为何他对于自己的理论有这样的自信心，用以讨论他的生命经验与他所提倡的佛教理论两者之间的关联性。

太虚早年的经历以及他在佛教改革的过程中，都显现出一个独特的心理特质：他对于自己始终保有一种强烈的自尊心，即使是在最困难的情况下，他仍然试图去突破环境的限制，为自己的人生找出路，也为佛教的未来找出路。

从阿德勒（Adler）超越自卑感的观点来看，有两种不同的动力构成太虚佛教革命的基础：他早年的困难环境正是他自卑感的根源，然而他在没有放弃勇气的状况之下，不断以改善环境来脱离这种感觉（Adler, 1958/2003），而促他持续从事佛教改革的动力，则是他在佛教的修行以及从佛教经论中经教道理体验到的真理感受、对于在中国从事改革活动的想法与逐渐成形的宗教见解。正是这种真理式的优越感，支持他整个佛教革命活动的开展。

除了探讨早年生活经验以及青年阶段的宗教经验对于太虚理论的影响之外，本文更进一步地引进设位理论（Positioning Theory）的观点，来讨论太虚后期理论的内涵。

二、早年的困境经验与优越情结

太虚对于自己出生的困难处境并不避讳，在他晚年书写自传的时候，反而更强调正是这一点早年的忧患，以及他从困难的环境和多病的身体中走出的一条道路，成为他从事人生佛教改革的动力与基础。

> 释迦出身于印度刹帝利族的国王家，初生与幼年的时候，复多有神异的事迹著闻；因此历代的僧家，每好叙及其出于世家贵胄，生时有何等的灵兆瑞征之类。
>
> 我生为乡镇贫子，幼时孤苦羞怯，身弱多病，毫无一点异禀可称述。

（太虚，1905a，p. 164）

1889年出生于浙江海宁的太虚，童年经历了父亲亡故，五岁时母亲改嫁他处，因此依靠着到大隐庵修行的外祖母生活，同时与在庵内设蒙馆教书的小舅舅一起学习。

太虚在这样的艰苦环境之下，又蒙受着疟疾的纠缠，他仍然不忘回顾自己的天赋，我想就是这一点聪明支持着他的进取之心，让他自己觉得与众不同。他在自传中回想：

> 我上学时，听觉与记忆力便非常发达，每日听外婆念玄门日诵等，渐已背诵得出。这时若百家姓、神童诗、千家诗、三字经之类，或听先生教读两三遍，或听先生教别个同学，甚至只听同学们读着，便能强记了背诵出来。（太虚，1950a，p. 175）

在他早年的经历中，我们还可以看到一些来自于他自己或是他外祖母想要为他的困境找到突破的努力，以及他强调自己的优越之处。他提到八岁时随着小娘舅的应聘到钱塘江旁的教馆去读书，以及自己学习的景况，想来他对自己的禀赋有很大的信心吧。

> 饮食的营养亦佳，身心变化，疟疾也很少发了。所以，这一年读完四书，读到诗经。最有趣的，晚间蹲在小娘舅鸦片榻前，一灯荧然，听讲三字经等，越听越要听，有时也听讲些论语、孟子，有懂有不懂。小娘舅高了兴，另外添讲些今古奇观或聊斋志异之类，理解思想亦渐渐萌发，有时也对得上二三个字四五个字的对子。乡间人的口中，竟流出了神童的不虞之誉。（太虚，1950a，p. 176）

钱塘江旁的生活对他来说是一段美好的生活经验，但是这样的好日子却不长久。由于他舅舅吸食鸦片所造成的不良影响，来年就被辞退了工作，他们只好又回到大隐庵过生活。然而要强调的是，太虚的自传中屡次谈起他自己记忆力很好的问题，这似乎成了他人生中优越感最重要的来源。他在谈到出家受戒这一段时又说：

> 因为我在戒堂中，对于课诵唱念早经听熟，要背诵的毗尼日用及沙弥、四分、梵网戒本，以及各种问答，我以强记力特别高，都背诵应答如流。有一次演习问答，答得完全的，只有我一人，所以戒和尚及教授、开堂与道阶尊证，都深切注意我为非常的法器。
>
> 将出堂前去拜辞的时候，了余教授极加夸奖，而八指头陀尤以唐玄奘的资质许我，嘱奘老加意维护，并作书介绍我到水月法师处读经学习文字。（太虚，1950a，p. 187）

他最初对于出家生活的想象，主要是认为那是一个悠闲自在的世界，这个世界可以让他排除掉对百货行繁琐工作的不耐烦，所以逃避世界的心理是很明显的。然而除了自己想象的悠闲之外，他在僧院的环境和遭遇同时对他产生了不同的影响，接下来他想要追求神通和参禅开悟这两件事，都可以表明太虚想要建立超越自己限制的优越感，而体现在宗教的范畴中。

他提到离开百货行时因为中途的因缘牵扯，又加上搭错船，因此没有按照自己的期待到普陀山出家，反而在平望出家了。在平望的寺庙中他开始想要学习宗教书籍里面的神通，结果这样的想要超越日常生活能力的努力，最终只闹了一些笑话。

> 在平望散步到了莺豆湖边的小九华寺……入寺中把来意告知监院士达

师，师当即允许收留剃度，乃在师房中暂为寄住。见有济公传、醉菩提、西游记、封神榜、三国志等书可看，并见有万宝全书一部，尤奉为可以学习神通的秘宝，遂益加安心一意的守着做小沙弥。

　　我往来灵岩山和浒墅乡下，极优游自适，常以练习万宝全书中若隐身法等为事。练得没有效验，闹出了不少笑话。（太虚，1950a，p. 183）

然而这样的挫折经验并没有让太虚放弃对神通现象的信心，他从自己在修持中的体验再度确认了神通的可行性，只是他已经不再以追求神通为目标了，他的宗教视野已经让他转移了突破人间困境的目标。在印度朝圣期间，于舍卫国中他说到出家原因时，讲了自己三次定境体会，其中提到对于神通可行性的观点。只是他已经将追求神通来取得优越感的想法，转换到他对于佛教理论与实践的信仰。

　　我初出家，虽然有很多复杂的因缘，而最主要的还是仙佛不分，想得神通而出家。所以受戒、读经、参禅，都是想得神通。当出家的最初一年，是在这样莫明其妙的追求中。第一年已经读熟了法华经，每日可背诵五六部。第二年夏天听讲法华经，始知佛与仙及天神不同……

　　经过这三次的定境，每一次心理生理都有改变，并曾偶然有过天眼、天耳、他心通的征兆；六通可能，则建基天眼、宿命通上的业果流转相续亦决可信。（太虚，1950b，p. 346）

三、般若经验与超越性信念的建立

　　如同本文一开始就提到的，即使他认为自己在过去的佛教运动是一个失败的经历，太虚对于自己的理论和启导方式仍然具有充分的信心，认为只要后继有人能具有统率和充分实行的能力，将可以建立适应中国佛教的学理和制度。除了它具有一种对于自己良好记忆所引发的优越感之外，重要的是他透过对于天台宗的经典研究和自己的禅宗般若体验，建立起自己对于佛教真理式的判断基准，认为自己已经与真理同在了。

> 在光绪三十四年以前，我那时专门在佛学及古书上用功夫：或作禅宗的参究，或于天台教义及大藏经论的研讨。后来受了中西新思想的熏习，把从前得于禅宗般若的领悟，和天台宗等教义的理解，适应这个时代思潮，而建立了我改进佛教的思想。（太虚，1950c，p. 68）

上文是太虚谈论他佛教思想的第一阶段见解，在 1914 年之前，他已经投入了佛法的救世活动，并且在广东和一些革命党人有所往来。在这一个阶段中，他并没有提出很明确的佛教主张，仅有《教观诠要》和《佛教史略》这两本讨论天台宗和佛教历史的演讲资料，然而这里面却有很明显的自由精神，在太虚一生的著作中，或许这是尺度最为开放的时刻。

在《教观诠要》中，他提出了关于佛教的开放性主张，不拘泥于经典的内容有无，唯有取其菩萨道的精神。

> 以故善学佛者，依心不依古，依义不依语，随时变通，巧逗人意，从天然界、进化界、种种学问、种种艺术发明真理，裨益有情，是谓行菩萨道，布施佛法。终不以佛所未说而自画，佛所已说而自泥，埋没己灵，人云亦云。（太虚，1950d，p. 2779）

而在《佛教史略》中他则提出人能弘道、非道弘人的看法。认为在当时变革的环境中，既有的佛教出家人无法适应新的潮流，因此甚至于提出在家菩萨要跳脱僧界的障碍这种挑战性的做法。

> 已矣中国之僧侣，于前途唯有任天演之淘汰而已，尚何足以冀其光大佛教于世界负救世之大使命乎……维摩诘、李通玄，皆在家之菩萨也；今世之学士，苟有抱伟大之思想、沉重之志愿、深远之智慧、宏毅之魄力者，荷担此救世之大使命，是则尤喁喁深望者也！（太虚，1950c，p. 915）

为什么太虚当时会有这么挑战传统的说法呢？与其把这种说法视为哗众取宠，不如说他是忠于自己所学的天台判教以及自己的宗教体验。他所体验到的禅悟经验可以从两部分来说，第一个部分是一种一切法不可得的不执著感受，正是这样的不执著观点，让他对于佛教的经典以及出家人主导的形式，能够生起破斥的信心，这是他阅藏其间的重大收获，也是他人生境界的一大突破。

> 四百卷的大般若尚未看完，有一日、看到"一切法不可得，乃至有一法过于涅槃者，亦不可得！"身心世界忽然的顿空，但并没有失去知觉。在这一刹那空觉中，没有我和万物的世界对待。一转瞬间明见世界万物都在无边的大空觉中，而都是没有实体的影子一般。这种境界，经过一两点钟。起座后仍觉到身心非常的轻快、恬适。在二三十天的中间，都是如此。（太虚，1950a，p. 189）

另外一个随之而来的宗教体验，则对于太虚如何判别佛教产生了重大的影响，他因此认定了天台宗的五时八教的说法是真实的，他认为：

> 古代判教诸大师，其受禀不同，其识见不同，其悟理不同，其所际之

时代、所化之人根、种种不同，故其判之也，亦各有所出入而莫或尽同者。然求其精当而纯全者，宜无如五时、八教。（太虚，1950d，p. 2766）

他在《佛教史略》中提到的最初佛陀宣讲华严大经的五时说法，乃是他紧跟着阅读了华严经之后的另一种禅悟，这也让我们更能够理解太虚的佛教理论是他的宗教学习和体悟的体现。而他对于中国佛教判教观点的信心以及他从事佛教改革的勇气，正是认为自己已经掌握了佛教的真理，同时他也认为这项真理是凌驾于所有世间的学说之上，因此才会在后来发展出以建立中国佛教为本位的佛学思想，而对当时以考古方式取得的佛教史观点抱持不同的看法，并且不断地与当时的新学作交错的讨论而回归佛法。

大般若阅后改看华严经，觉到华藏刹海，宛然是自心境界，莫不空灵活泼……我现在想起来，当时如从这种定慧心继续下去，三乘的圣果是可以成就的。可惜当时就改了途径。（太虚，1950b，p. 348）

经历了阅藏禅悟之后的太虚，对于自己的宗教体悟有很大的信心，并且有一些超越性的狂喜感受。但他本来是趋于内向性的宗教发展倾向，却受到当时中国改革思潮的影响而转向外在环境，由于他最初突破个人身心限制的宗教体验，造就了他在这个阶段趋向于自由不受约束的行事风格。

最初在1909年夏天，他到宁波七塔寺听天台宗大德谛闲法师（1858—1932）讲经时，即开始和这位长老对于八识的问题有一些公开的教理争论；1911年太虚跟随革命党人栖云到广州，参加了各种集会，广州之役后并且作了《吊黄花岗诗》，因此被清兵围捕，逃至上海；民国成立，他在南京开始组织佛教协进会，并且发生了大闹金山寺的占领风波，使用金刚怒目霹雳轰顶的精神来面对当时佛教的萎靡顽漏（释印顺，1950）。

四、佛性经验与中国佛教主体观点的建立

但是也因为世间的活动无法如同宗教体验一般如他所愿，上述的活动最后都是不了了之地收场了，这一个阶段就好像太虚的狂飙期一般，这位 20 岁就开悟的青年僧，在这六年期间经历了中国从帝制进入民国的阶段，他也做了一些佛教的挑战性工作，但是佛教革命就如民国政体一样，很快地又陷入一片迷雾之中。

他想象中的社会变革并没有快速实现，因此他又走回老路子，回到内在的修持，想要在三年的闭关里面寻求新的契机。

1914 年，太虚在普陀山闭关期间，在宗教上的努力仍然是建立在中国佛教的基础上，特别是关系到中国佛教的根本经典《楞严经》以及《大乘起信论》是他努力想要参就验证的目标。他在自传中提到两段关于当时的禅修体验，这两段体验开启了新的佛教论述观点以及对于过去行为的修正。

第一段是关于他对于《楞严经》观点的印证：

> 是冬、每夜坐禅，专提昔在西方寺阅藏时悟境作体空观，渐能成片。一夜，在闻前寺开大静的一声钟下，忽然心断。心再觉，则音光明圆无际，从泯无内外能所中，渐现能所、内外、远近、久暂，回复根身座舍的原状，则心断后已坐过一长夜，心再觉系再闻前寺之晨钟矣。心空际断，心再觉而渐现身器，符起信、楞严所说。乃从楞严提唐以后的中国佛学纲要，而楞严摄论即成于此时。从兹有一净裸明觉的重心为本，迥不同以前但是空明幻影矣。（太虚，1950a，p. 214）

虽然太虚大师全集的主编印顺法师在《太虚大师年谱》中对于这一段经

历有所质疑，认为原稿最初只有"会合台、贤、禅的起信、楞严著述，加以融通决择"的说法，并没有这段体悟的记载，这项内容是太虚后来加上去的，为的是要对楞严经的伪经之说做辩驳。但是这项说法也只是一项推测而已，回忆录中增加什么内容，也不能因此就认为是虚构而成的。

太虚至为重视楞严经，这和当时的佛教史研究潮流深有抵触，然而在这里正可以看到他的自信心与优越感在起作用，他认为这本经典就是中国佛教各宗派共所推崇的圣典，因此在闭关期间特别做了楞严摄论来弘扬，也正是这样的坚持，让他回避了印度佛教史发展的现实。而他所说的"从兹有一净裸明觉的重心为本，迥不同以前但是空明幻影矣"，应该也就是他认为这样的体验合于楞严经、起信论这些真常系经典的观点，所以特别慎重地提出来吧！

> 本经于震旦佛法，得大通量（吾别有论，尝谓震旦佛法，纯一佛乘，历代宏建，不出八宗……约其行相别之，则禅、净、律、密、教是也。然一部中兼该禅、净、律、密、教五，而又各各专重，各各圆极，观之诸流通部既未概见，寻之一大藏教盖亦稀有；故唯本经最得通量。虽谓震旦所宏宗教，皆信解本经、证入本经者可也），未尝有一宗取为主经，未尝有一宗贬为权教，应量发明平等普入，观之不妨互异。（太虚，1950f，p. 1537）

这一个重视楞严、起信的议题，在近 30 年后，成为太虚和他的后进印顺导师在学理争论上的焦点（侯坤宏，2004），在这场争辩中，我们可以看到太虚的理论建构具有这样的特色：他把自己学习和体验到的宗教内涵当作是判教的基准，同时也兼顾到他所要提倡的人间佛教应当要采取什么样的经典来支持，已经不是单纯的佛教史考证所能解释论断的了。

第二段闭关的体验则是来自于他对唯识思想的领悟，对于唯识思想的研究本来不在太虚进入佛教时的学习范围中，但自从经历民国初年壮志未酬的失望后，他应该是觉得需要进行"闭关自修，做深层的理性思考，使佛教改革的思想体系能够比较完善"（邓子美，2002）。

所以1915年以后他在关房中所阅读的经典就涉及更多关于中观与唯识这一些以论证与理论见长的典籍。

> 民四春，致力于嘉祥关于三论的各种玄疏，尤于《百论疏契》其妙辩的神用，故遇破斥，竟有无不可纵横如意之势。拟作"一切可破论"，曾创端绪。民四夏间起，则聚精会神于楞伽、深密、瑜伽、摄大乘、成唯识，尤以慈恩的《法苑义林章》与《唯识述记》用功最多，于此将及二年之久。
>
> 民五，曾于阅述记至释"假智诠不得自相"一章，朗然玄悟，宴会诸法虽言自相，真觉无量情器、一一尘根识法，皆别别彻见，始终条理，精微严密，森然秩秩，有万非昔悟的空灵幻化，及从不觉而觉心渐现身器堪及者。从此后，真不离俗，俗皆彻真，就我所表现于理论的风格，为之一变，亦可按察。（太虚，1950a，p. 215）

他在阅读中观与唯识经典中得到的启发正如上面引文所提到的，《百论疏契》提升了他的论辩能力，甚至于有了一切皆可破的感受，这让太虚在民国初年思想杂沓的环境中，能够将他的想法发挥到极致，与不同的学说作论辩与会通。

而唯识智慧的领悟，不仅有助于他对整体佛教理论的融会、归纳与整理，他的处事态度与方法，也有别于初期的狂放自由，而朝向更为踏实的方向前进。

五、理论即是宗教经验

太虚自从最初的禅悟体验，引发了挥洒思想的特别样貌，普陀闭关以后，又确立了他圆觉思想的根本以及唯识的理论框架，再加上他对于新学的兴趣和理解，造成他洋洋洒洒的演说和著述。同时因为他是一位佛教的理论家与改革者，所以也造成论述的内容十分庞杂，因此有学者认为他的思想缺乏一贯性而博杂支离（麻天祥，1992）。

然而以心理传记为出发点的考察，却可以看到另一种不一样的风貌。太虚的佛教革命行动，虽然因为环境的变迁而有所调整，但他的理论观点却是一贯地依照自己所学，以禅悟经验为基础，糅合佛教现有的理论而成的，理论的脉络仍然十分清晰可见。

1908年太虚第一次打破自己身心限制的禅修体悟，让他得到了充分的自由感受，在这样的经验之下，他认为佛教的传统不一定值得继承，最重要的是要能够发展出对于众生有帮助的观点。这一观点可以从他的《教观诠要》中看到，在本书中他除了延续过去所学的天台思想外，主要提出了学佛必须要善于变通，所重者在于发明真理，不必拘泥于佛陀之已说未说，才能裨益有情，行菩萨道。

另一本著作《佛教史略》，除了讨论佛教在印度、中国的发展史之外，对于谁来复兴佛法并不寄于僧众，反倒觉得需要有思想、愿力及慈悲兼具者来荷担重任，特别提到由出家人来领导佛教乃是缺乏变通的做法。但是这样自由住持佛法的主张，随着经验的改变，在后来可以看到有很大的改变，这是研究太虚佛教思想中一个需要被关注的地方。

太虚早期的自由与浪漫精神，同样可以从1913年他在延庆观堂宏誓研究会的演讲中看到。他认为要改善这个五浊恶世的做法，必须要有两种决心和见解才能获得实践。所以他提出"名誉不足惜……道德无可崇"的主张，认为以真心做事才是最重要的，无须受名誉的牵绊。同时他认为道德乃是自心之寂然不动而感通天下者，所以不应当外求。他的道德主张也隐含了一种体用论的思想，这种思想正是中国佛教的佛性主张与儒家道德主张可以会通之处。

1914年之后他在普陀山的闭关经验，依据其自传所说，包括两个不同阶段的体悟，第一个阶段是圆觉性的体悟，他认为这一段体悟与《楞严经》和《大乘起信论》所描述的内容是一致的，因而在后来面对佛教考证学者对这两部经论的攻击，站在了反驳的位置。同时他提到自己的宗教生活"从兹有一净裸明觉的重心为本，迥不同以前但是空明幻影矣"，如此以明觉心作为他修行的成果，自然地也影响了他的判教观点。

另一阶段的体验是对于唯识经典的智慧理解。他说自己阅读唯识述记：

> 至释"假智诠不得自相"一章，朗然玄悟，冥会诸法离言自相，真觉无量情器，一一尘根识法，皆别别彻见，始终条理，精微严密，森然秩然，有万非昔悟的空灵幻化堪及者。从此，真不离俗，俗皆彻真，表现于理论之风格一变。（太虚，1950a，p. 214）

姑不论太虚的宗教体悟究竟如何，但是有一点可以理解的是，此后他对于真俗二谛的论述更趋圆融，这对于他诠释佛教与人生的关系有很大的帮助。

但是由于这两项体验都发生在同一段闭关时间中，出关之后的著作，就很难区辨究竟哪一种主张是合乎佛性的观点，而何者是一种唯识观点。虽然自传中主张《楞严摄论》是在证入圆觉性后的著作，但是印顺法师却提出疑点，认为这本论著其实也参杂了唯识思想，所以更能够看出这一次闭关活动中两种禅悟的交互影响，并不是那么容易被分辨清楚的。

1917年春天，太虚出关之后的著作，代表的就是他比较成熟的看法。他将《法华经》唯一佛乘的主张灵活运用，但是基本上是以弘扬大乘佛教的精神为主。

这一年，他应邀替代圆瑛法师到台湾参加了水陆法会的佛学演讲，主要观点还是依照二元性的真俗二谛来论说，但却不离于一切众生佛性本具的思想，这与他自传中所言"从兹有一净裸明觉的重心为本"的佛性体会有关，也和他对于真俗二谛交彻的认识属于同一个脉络：

> 佛法大旨，要唯真俗二谛：以真谛故，超出世间；以俗谛故，普度众生。二义同时而无前后，二法一体而非对待。在佛菩萨之行，祇是一事，故又曰：惟一实谛。……心、佛、众生，三无差别。众生即佛，佛即众生，胎卵湿化之四生，天人鬼畜之趣，无不皆具如来智慧功德之相。（太虚，1950g，p.10）

由于太虚的宗教见解一方面来源于在他从讲经堂里面得到的知识，另一方面又得之于他在阅藏以及闭关修行期间对于经文的体悟和自身的经验，因此在这一个阶段中他对于佛教知识体系的看法，除了认定大乘佛法相对于小乘佛法的殊胜之外，也就局限于对汉传佛教宗派的理解与修正了。

> 佛法有大乘和小乘，而小乘是大乘的阶梯、大乘的方便，所以小乘可附属于大乘，所谓"附小于大"。故我认为佛法的根本宗旨，唯在大乘，法华经中说："唯有一乘法，无二亦无三"，就是阐明这个宗旨。……我则认为诸宗的根本原理及究竟的极果，都是平等无有高下的，只是行上所施设的不同罢了。八宗既是平等，亦各有其殊胜点，不能偏废，更不能说

此优彼劣，彼高此下（太虚，1950h, p.513）。

六、情境经验与宗教理论的阐扬

要理解太虚大师的成年期之后的宗教理论，除了了解他个人的宗教经验外，如果不把他放在情境经验中讨论，将会失去应有的焦点。因此这里的讨论比较接近于设位理论（positioning theory）（Rom Harre, 1999）的观点，也就必须要厘清他当时站在什么位置上？与谁对话？目的是什么？

虽然如前所述，太虚在前面的几个阶段已经走完了他的宗教体验，对于佛教传统的理论以及实修已经有了自己的确认，而且这些宗教经验正如早期生活经验一样，依然在他的后期经验中持续地发酵着。

但是随着他宗教位置的变动以及对话目标的差异，他的宗教论述慢慢有一些创造性的诠释出现，在这里将他之后的理论发展分为两个阶段来讨论。

（一）成立地方组织及与国内团体的对话

除了早年在广州双溪寺短暂地担任住持外，1917年之后，太虚陆续地领导了一些寺庙、佛学院以及佛教组织。

这一个阶段可以从1918年他开始主编"觉社丛书"（即后来的"海潮音"）开始，其间经历了宁波归元庵、西湖弥勒院及大佛寺等，但最重要的是担任西湖净慈寺住持，提倡禅净双修，其后担任武昌佛学院院长，开启了中国僧教育的历史，武院卸职后他又到福建接任了南普陀佛学院（释印顺，1950）。

这一段前后大约10年的时间，由于研究唯识经典的体悟与启发，或是部分受到密宗信仰积极传扬的威胁，他开始在教理修行之外，对于自己的徒众有了信仰和实践的主张,在 1924 年他编辑了《慈宗三要》,具体地弘传弥勒法门。在慈宗三要叙里他说明了以"慈宗"为名的原因,以及如何学习此三要的做法。首先透过"瑜伽师地论"真实义品①了解菩萨道教理的内涵,其次透过菩萨戒品启发菩萨道的实践,同时认为唯有往生兜率天弥勒内院,才能延续菩萨道的精神,他在佛学院的讲学和作息规范围绕着这样的主张来做,同时他自己也成为弥勒信仰的实践者(释续明,1997)。

> 三要者:谓瑜伽之真实义品,及菩萨戒本,与观弥勒上生兜率经也。义品、戒本,慈氏之说,经则释尊谈慈氏者,故皆宗在慈氏,如次为慈宗境行果之三要也……今易以解此真实义,持此菩萨戒,祈此内院生,既简且要,洵为人人之所易能。(太虚,1950j,p.766)

同一年他又发表了《志行自述》,表明自己的菩萨道志向在于整理佛教组织的出家僧制和在家正信会,而实践则以"瑜伽师地论"中的菩萨戒本为基准,表明自己入世的决心。

对于弥勒信仰的确认,成为太虚之后一直没有改变的方向,在这之后他又有《慈宗要藏》的编撰,并为之作序以表达当时的心境。

相对于他建立了对于自己以及徒众宗教信仰式的主张,这个时期的太虚与国内的宗教团体和居士有一些教义上的论辩,这些论辩的内容具体地呈现了他的佛教观点。相对于早期的自由开放观点,这个阶段的主张更为缜密严谨一些。

最早的论辩出现在对于欧阳竟无"支那内学院院训"的批判,起因在于欧阳竟无在院训中提到"非养成出家自利为宗旨",似乎从这里开始有了僧俗

---

① 真实义品的内容讨论四种真实:世间极成真实、道理极成真实、烦恼障净智所行真实、所知障净智所行真实。

之争的问题,太虚撰文提出出家在家不可偏废之主张,这个问题最终成为太虚最后提倡菩萨学处时所必须要解决的焦点之所在。

他的论述采用一个较为平衡的观点来看待僧俗问题,但也不忘提出出家人为三宝中的僧宝,绝对是不可以任意忽略的。他的平衡看法如下:

> 出家之士,以无家人之累而减少谋生之计,弥可专志阐扬佛教弘法利世;亦因与群俗形制隔离,于弘法利世间或有难以通假便宜之处,然在家之士,虽有和光同尘以弘通佛法普利人世之益,而未免有家计缘务以纷其心志,使不能专事阐扬佛教,弘法利世。较厥短长,亦适堪相覆(太虚,1950k,p. 88)。

同时在这一篇争论中,太虚也针对欧阳竟无独尊法相、而在法相大学中成立法相大学本科(慈恩宗、贤首宗、俱舍宗)的主张提出看法,认为这样的主张太过于独断偏废,因为他认为大乘各宗都有相互融通的地方,而且仅是佛法诠释方式的差别而已,不应该任意分割,这样的做法仍然可以见到他对《楞严经》和唯识的禅悟与教理融通的经验。

> 然予意大乘一切法门,任举何种法门,一一皆此性此相此用而已,无不具相用之性,乃至亦无不具性相之用。……于诠门则或用表诠,如成唯识、起信等论;或用遮诠,如中、百等论。于论法则或近归纳,如唯识等;或近演绎,如起信等;归纳近于琐碎,演绎近于浑括,故唐之法藏等乃以起信论为法性,中、百等则属于破相。然此仅施设名言上之差别耳(太虚,1950k,p. 92)。

有关唯识问题的讨论一直延续数年,成为这一阶段太虚论述的一个重心。

加上这一段由日本传来的佛教考证观点对于楞严经起信论的质疑,太虚也作了一些响应,其后太虚将这一阶段主张八宗平等的相关论述集结成一个系统的图标,这就是他的《大乘宗地引论》以及《大乘宗地图示》里面主要的内容。

(二) 领导中国佛教与跨国对话的阶段

太虚的佛教事业,随着他退出武昌佛学院的管理而有了短暂的沉寂,他寄望于建立僧材的主张也随之付诸流水,这对他来说是很沉重的打击,其至于让他对于自己的出家佛教路线有了犹豫。在《告徒众书》中他提到:

> 余则徘徊瞻顾于积极救僧运动之第二(献身利群)第三项(博学深究),或转身从事于十善菩萨行,犹待观机再为选定焉。(太虚,19501,p. 592)

这里所言转身从事于十善菩萨行,从他自己的论述中可以了解,就是还俗以在家佛教徒的身份做利益社会的事业。然而他的生命随着情境的变化却有了转机,一则他接任了福建闽南佛学院长一职,延续了他培养僧材的愿望;二来因为国民革命的关系,他和蒋介石建立了联系,因而有了出游欧美弘扬佛教以及抗日期间南游印度、缅甸等佛教国家的机会,这让他的佛教视野和主张变得更为宽阔;三则因为国民政府和他的合作,他自己组成了中国佛学会并且介入了中国佛教会的领导工作,成为当时中国佛教的领袖人物。

人生佛教是太虚对于现代佛教的重要主张,虽然已经酝酿了多年,但是在这一个阶段中,开始有一些比较聚焦的演讲和著作,在人生佛教开题中,他提到佛教的传统目的有四种,涵盖了人生改善、后世增胜、生死解脱和法界圆明,而人生佛教则从人生改善朝向大乘佛果,并且融摄中间两样,这是他对于佛法与生活融会贯通后的主张。

> 今之人生佛教。侧重于人生之改善，特出者即能依之发菩提心而趣于大乘之佛果，即于此上，消极的则对治佛法向来之流弊；积极的则依人生之改善而发菩提心。行菩萨道。此中自亦含摄后世胜进与生死解脱，故第二第三，亦即融摄其中。故人生佛教云者，即为综合全部佛法而适应时机之佛教也（太虚，1950i，p. 222）。

太虚同时延续了上一个阶段他对于僧俗关系在佛教中的争论，晚年也在菩萨学处中提出僧主俗从的具体做法，同以发菩提心、行菩萨道为目标，但是其接受的训练与行动的方式略有不同，这已经是太虚大师住世的最后一次演讲了。

> 从正信皈依分在家与出家修习菩萨的两条路向。但是初自发菩提心，终达修四摄行，其形而上之精神是一贯，其形而下之处境稍有不同耳……出家菩萨，从沙弥二年学历，更经比丘十年学历，便成功为菩萨僧位。
> 即可住持佛法为一方丛林之主或辅助住持的职务，或担任各级学院的讲师教授，且于弘扬佛教文化事业外，亦可以主持或参加其他文化、教育、慈善各团体。
> 在家菩萨……如是经十年二十年以上，其资历阶位亦等于出家的菩萨僧位。故在家菩萨，一方自己亲沾佛法的法味，护持住持佛法的菩萨僧；一方以六度、四摄法，向大众活动吸收新的佛教信徒。（太虚，1950m，p. 326）

由于太虚后期与其他国家佛教团体的交流增加，他的佛教观点也随之开展,如何将所有的佛教形式放进来一起讨论,成为他判教的一个新方向。除了世界佛教图书馆是全球布局的佛教组织之外,他也提出对于判教的具体主张,体系变得较为庞大,以讨论佛教发展历史的部分如下:

> 甲教之佛本及三期三系……第一,小行大隐时期……第二,大主小从时期……第三,大行小隐密主显从时期……上面所说的三个时期,是佛灭后印度佛教流传的全部情形,即以印度三期所流行的佛教,而成为今日世界上所流行的三大系的佛教。(太虚,1950h,p.516)

又有针对佛学教义的内涵分类的如下,并特别针对大乘佛教的三种类别作讨论:

> 乙理之实际及三级三宗……第一级五乘共法:最普遍的佛法要义,就是因缘所生法的原理,也即是因果法的原理。……第二级三乘共法:三乘就是声闻、缘觉、菩萨,这三种出世的圣人,他们认识了世间纯粹的是苦,知道了世间无一可爱乐,于是深深的厌离世间,积极的求出世的涅槃之乐……第三级大乘特法:这是菩萨所特有的,不共于人天二乘的。此大乘佛法,以大悲菩提心,法空般若智,遍学一切法门,普渡一切众生,严净无量国土,求成无上佛果……然大乘法广,应分摄三宗以除偏执……一、法性空慧宗……二、法相唯识宗……三、法界圆觉宗。(太虚,1950h,p.524)

最后他又针对时代的不同需求,讨论了过去在印度、西藏佛教的传扬以及现代佛教的不同需求阶段,而提出了以人生佛教为依归的看法。

一、依声闻行果趣发起大乘心的正法时期……二、依天乘行果趣获得大乘果的像法时期……三、依人乘行果趣进修大乘行的末法时期。（太虚，1950h，p. 528—530）

七、结语

在心理传记的研究中，原本就存在着多重诠释的议题（Runyan, W. M., 1982/2002），而这个问题的产生，有可能来自于不同研究者对于同一个生命体的不同角度和观点。同样的，对于太虚大师传记的研究也会因为角度和观点的差异而产生多样的成果。

本文之所以采用了三重视野来观看传主，其中一个因素在于无论从太虚的传记或是他的理论，都可以看到他有清楚的发展阶段，因此必须要对不同阶段的关键事件提出讨论，尝试去厘清生命经验对于他理论产生的影响。

如果以早期经验中想要超越自卑的优越感作为贯穿一生的基础，可以看到太虚终其一生为佛教改革的奋斗似乎没有终止，甚至于到了最后的时刻，仍然还为佛教徒是否应该组织政党参与政治的议题持续努力着。

如果以太虚两度闭关、三次开悟的宗教经验来看，太虚的开悟依序带给他打破限制、体悟佛性以及分辨性相的能力，这些来自宗教修炼的特殊体会，不仅成为他在佛教论述上的基础，应该也对于他领导团体产生了重要的影响。所以我们可以看到他在佛教事业中有着打破传统、突破创新而且不愿妥协的做法。

最后讨论到太虚的理论除了创新以及固守修炼中所证所学的原则外，由于他所提倡的是人间的佛教，因此并不是在建构一套形而上的佛教系统，而是在提供一套可行的行动指标，因此可以看到他在面对不同阶段的社会情境以及不同的对话对象时，会有阶段性的谈话重心，有时候也会看到他的理论会出现调整的策略，这是为什么要在早期经验、宗教经验后面加上情境经验的缘故。

　　太虚的佛教论述，为后来的人间佛教打开了一条新出路，这应该是他忠于自己的经验和学习带来的影响。然而并不是说他的理论是纯然无缺的，由于忠于中国大乘佛教的论述方式，他对于佛教历史的演进有一些值得进一步讨论之处（释印顺，1976），这或许是探讨人间佛教者必须面对的另一个议题吧。

参考文献

邓子美 (2002). 太虚大师全传. 台北：慧明文化事业公司.

丁兴祥，倪鸣香编 (2008). 生命史及心理传记：接续与开展. 应用心理研究，(39)，13-17.

侯坤宏 (2004). 从太虚大师到印顺法师——一个思想史角度的观察. 第五届印顺长老与人间佛教海峡两岸学术研讨会论文集，台北.

麻天祥 (1992). 晚清佛学与近代社会思潮（下册）. 台北：文津图书出版公司.

释续明 (1997). 续明法师遗著. 台北：续明法师遗着编辑委员会.

释印顺 (1976). 无诤之辩. 台北：正闻出版社.

释印顺 (1982). 太虚大师年谱. 台北：正闻出版社.

释印顺编 (1950). 太虚大师全集. 台北：善导寺.

太虚 (1950a). 太虚自传. 见释印顺编. 太虚大师全集（第19篇）. 台北：善导寺.

太虚 (1950b). 我的宗教经验. 见释印顺编. 太虚大师全集（第13篇）. 台北：善导寺.

太虚 (1950c). 我的佛教改革运动略史. 见释印顺编. 太虚大师全集（第19篇）. 台北：善导寺.

太虚 (1950d). 教观诠要. 见释印顺编. 太虚大师全集（第7篇）. 台北：善导寺.

太虚 (1950e). 佛教史略. 见释印顺编. 太虚大师全集（第1篇）. 台北：善导寺.

太虚 (1950f). 大佛顶首楞严经摄论. 见释印顺编. 太虚大师全集（第7篇）. 台北：善导寺.

太虚 (1950g). 佛教两大要素. 见释印顺编. 太虚大师全集（第10篇）. 台北：善导寺.

太虚 (1950h). 我怎样判摄一切佛法. 见释印顺编. 太虚大师全集（第1篇）. 台北：善导寺.

太虚 (1950i). 人生佛教开题. 见释印顺编. 太虚大师全集（第2篇）. 台北：善导寺.

太虚（1950j）. 慈宗三要叙. 见释印顺编. 太虚大师全集（第19篇）. 台北：善导寺.

太虚（1950k）. 关于支那内学院档之摘疑. 见释印顺编. 太虚大师全集（第16篇）. 台北：善导寺.

太虚（1950l）. 告徒众书. 见释印顺编. 太虚大师全集（第9篇）. 台北：善导寺.

太虚（1950m）. 菩萨学处讲要. 我的佛教革命失败史. 见释印顺编. 太虚大师全集（第9篇）. 台北：善导寺.

太虚（1950n）. 我的佛教革命失败史. 见释印顺编. 太虚大师全集（第19篇）. 台北：善导寺.

Adler, A.（1958/2003）. 生命对你意味着什么（颜文君译）. 台北：华成图书公司.

Runyan, W. M（1982/2002）. 生命史与心理传记（丁兴祥等译）. 台北：远流出版公司.

Rom Harre & Luk van Langenhove（1999）. *Positioning Theory : Moral Contexts Of Intentional Action*. U. K. : Blackwell.

Theories as Life Experiences: A Study of Engaged Buddhism of Master Tai-Xu

Jung-hsiang Hsueh[1]　Shing-shiang Ting[2]

([1] General Education Center, Lunghwa University of Science and Technology, Taoyuan, 33306)

([2] Department of Psychology, Fu Jen Catholic University, Xinbei, 24025)

／ Abstract ／

Master Tai-Xu, the active Buddhist monk in the earlier 20th century, not only inspired the modernization of Chinese Buddhism, but also provoked the development of Engaged Buddhism. Nevertheless, most study of this great master stayed focus on exploring his religious beliefs or achievements. There was less attention on the relationship between his religious beliefs and personal life experiences.

This article tries to adopt a psychological-autobiography approach to explore the motivation of Master Tai-Xu to form his religious beliefs from three intertwined dimensions: early-year life experiences, religious insights, and contextual influences.

In the first part, this article analyzes the relation between early-year experiences of this great master and the formation of superiority motivation which found solid beliefs about Buddhism to him. Next, it discusses the religious perspectives of Master Tai-Xu, which were derived from the dialect between Buddhist Scripture and his religious insights. Last, this article tries to explain the variety of his religious beliefs from an adjusting viewpoint which he interpreted them differently to match the needs of audience.

/ Keywords /

Master Tai-Xu, early-year life experiences, religious experiences, Positioning Theory

"清廉卓绝"堪比海瑞
——闽浙总督陈瑸的心理传记学探索

陈发钊　郑剑虹[*]

(岭南师范学院心理学系暨心理传记学与生命叙事研究所,湛江,524048)

/ 摘　要 /

陈瑸是岭南文化中的一位传奇人物,素以廉能著称,史称其"清廉卓绝",百姓誉其为"陈青天",然而300年来人们一直都不理解为什么他会如此清廉。为此,本研究运用心理传记学的方法对其"清廉"进行心理动力源分析。研究发现,陈瑸"清廉卓绝"是内外驱力共同作用下追求"圣人"之境的结果。其内驱力主要来源于童年的自卑感和为克服自卑而不断寻求补偿、追求卓越的过程;而外驱力主要来源于儒家思想文化、教育引导感化和传统道德规范。

---

* 陈发钊,E-mail: chenfazhao2008@163.com;郑剑虹,E-mail: zjhong@sina.com

/关键词/
陈瑸，清廉，心理传记，悬念性问题

一、引言

心理传记学作为一门学科来研究，应该是在上世纪七八十年代之后，但它却有 100 多年的历史。目前普遍认为，心理传记学开始于 1910 年弗洛伊德（Freud）出版的《列奥纳多·达·芬奇与他童年的一个记忆》，此后，不断有学者采用心理学的理论来研究非凡人物的生命故事。鲁尼恩（Runyan，1988）曾对 1980 年前心理传记学英文出版物进行统计，其中学位论文 43 篇，论文 431 篇，书 143 本，总计 617 件；据舒尔茨（Schultz，2005）统计，从 1999 年至 2003 年的五年间，平均每年出版论著 60 多篇（本），这还是一种不完全统计（华人学者的大部分文章未统计在内）（郑剑虹，黄希庭，2013）。这些论文、著作广泛涉及历史、政治、教育、文学、艺术等诸多领域的人物。

中国内地的历史学和心理学工作者是 20 世纪 80 年代才开始关注到这个领域，而真正意义上的心理传记学研究始于 1997 年郑剑虹的《梁漱溟人格的心理传记学研究》一文（郑剑虹，1997），之后，大陆的研究者大都保持了这种定量分析和定性分析相结合的模式。质量结合的研究模式一般包括对传主人格的分析和对其悬念性问题或典型行为事件的诠释两个部分的内容。其研究步骤如下：在第一部分的研究中，首先，采用定量研究方法［（包括特尔菲法 Delphi method）、人格形容词评定法、人格问卷测量法、内容分析法、因素分析法等］得出传主的人格，然后运用心理学理论对其人格的形成与发展或人格的成因进行质性分析，有时，可在质性分析的过程中补充定量研究中未能发现的人格特征或提出新的假设。在第二部分的研究中，首先，要寻找传主的悬念性问题或典型行为事件，然后根据心理学理论和传主的人格特征来对这些行为或悬念性问题进行诠释分析。在对传主人格的成因以及悬念性问题的诠释分析中将其生命编排成一个连贯的故事。在某种程度上，也可将心理传记学研究看作对传主悬念性问题进行诠释分析的过程（郑剑虹，2012）。本研究将以清初名臣陈璸为研究对象，通过确定和分析其悬念性问题，来了解传主的生命故事。

陈璸（1656—1718），字文焕，号眉川。顺治十三年（1656）生于雷州市附城镇南田村，康熙三十三年（1694）中进士，康熙三十九年始任福建省古田县知县。尔后历任台湾知县、刑部主事、刑部员外郎、兵部郎中、四川提督学政、台厦兵备道、偏沅（湖南省）巡抚、福建巡抚以及闽浙总督等职。卒于康熙五十七年（1718），享年63岁，追授礼部尚书，赐谥"清端"。

童年时期，陈璸家乡自然灾害频繁，他目睹了乡亲们饱受台风、水患之苦，从小就立志读书为官，将来为民除害、为民造福。儿时的他就历经苦难，在其出生不久父亲便到外地谋生，只靠母亲一人含辛茹苦地把他养育成人，送他从师习文。他10岁时生母谢世，20岁丧父，所幸继母德行很好，视之如己出，与其相依为命（丁宗洛，1921）。虽然他天赋聪颖，能举一反三，七岁精通四书五经；八九岁通读《尚书》、《左传》和唐诗宋词，但由于生活艰难，有时甚至三餐难继，他14岁被迫退学，后幸遇良师，免其学费，并提供午饭，才让他得以继续上学（吴茂信，2005）。这些童年经历对其以后人格和行为的形成产生了重大影响。

陈璸一生因孝、廉而广为传颂，他三渡台海任职，对台湾贡献极大，福建、台湾人民尊其为"万家活佛"、"陈青天"，史书评其为"盖知谋国而不知营家，知恤民而不知爱身"。陈璸认为，"官吏妄取一钱，即与百千万金无异"，而且身体力行，终生以此约束自己。《清稗类钞》记载："（璸）每谓贪不在多，一二非分钱便如千百万。后尝举此人对，圣祖嘉之。"康熙皇帝说：

"朕见瑸,察其举止言论,实为清官。瑸生长海滨,非世家大族,无门生故旧,而天下皆称其清。非有实行,岂能如此。国家得此等人,实为祥瑞。宜加优异,以励清操。"褒其为"苦行老僧"(陈昌齐,1811/2003)。《清史稿》载:"瑸性清介,私居常御布素,食无兼味。"其廉可媲美于包拯,其清不下于海瑞,他的事迹对后世产生了极大的影响。

在中国五千多年的历史长河中,陈瑸并不太出名,但在岭南一带他却是个传奇人物,在民间也流传着很多佳话,而作者之一对陈瑸的第一印象是在童年时期听母亲讲"陈瑸放犯"的故事时留下的。童年时对其仅仅是敬佩与仰慕,后来随着了解的不断深入,对其人格和行为产生了浓厚的兴趣和强烈的研究欲望。而目前研究陈瑸的学者,主要集中在历史学、政治学和社会学领域,他们用各自学科的研究方法对陈瑸的品德、操守和志向等方面进行了研究,但对于陈瑸为何清廉的问题,有学者认为是经济原因(封建土地制度)、政治原因(阶级矛盾)和思想原因(儒家民本思想)(陈小玲,2007),也有学者认为是秉性(性格)、操守(道德)、志向等原因所致。本研究拟从心理学的视角寻找陈瑸"清廉卓绝"的心理动力源。

二、传主资料的筛选

(一) 筛选原则

按照科学、客观、准确、真实的原则,本研究收集的资料均为传主的第一手资料或正史记载,包括:家书、诗文等作品,《海康县志》、《海康县续志》、《雷州府志》、《广东通志》、《古田县志》、《台湾县志》、《台湾通史》、《长沙府志》、《湖广通志》、《四川通志》、《福建通志》、《清史稿》、《清稗类钞》、《陈清端公年谱》等。

(二) 筛选方法

舒尔茨（Schultz, 2005/2011）认为，所有具有重要意义的生活都是由事件组成的，这些事件中绝大多数是不太重要的，至少不会对我们的生活产生影响，或让人感觉不到它的影响。但有一些事件是被我们视为关键的、重要的、具有解释意义和核心意义的，我们认为这些事件塑造了个人，并影响其人格的核心部分。面对传主（陈瑸）繁多的资料，为能有效地选出对分析具有重要意义的内容，本研究主要根据欧文·亚历山大（Alexander）提出的"出现频率"、"强调"等凸显性指标和舒尔茨提出的"清晰、具体、情感强度"、"贯通（渗透）"等原型场景的关键指标来对相关资料进行筛选分析。

三、悬念性问题的确定

悬念性问题（suspenseful problems）是郑剑虹在 2011 年于台北举行的第七届华人心理学家学术研讨会心理传记学专题报告中首次提出的一个概念，他后来在 2012 年向海峡两岸"生命叙说与心理传记学"学术研讨会提交的一篇论文中进一步阐述了这个概念。他认为悬念性问题的确定与分析是心理传记学研究的重要内容（郑剑虹，2012）。舒尔茨（Schultz, 2005/2011）也认为对悬谜（mystery）问题进行阐释是心理传记有益的目标。那么，陈瑸的悬念性问题是什么呢？

看过陈瑸传记的读者，首先会被其"清苦"的生活所震撼，虽官至巡抚、闽浙总督，但为官 20 年来他一直过着超乎常人的"清苦"生活，下面先看看他"清苦"到什么程度（见表1）：

表1 陈璸任职期间生活"清苦"事例（列举部分）

任职期间	"清苦"事例	资料来源
台湾知县	在县衙院落里开辟菜园，种瓜种菜，三餐以瓜蔬为食，最好的菜便是咸鸭蛋，而且一餐只吃半边。	《清官陈璸》（吴茂信，2005）《陈璸诗文集》（邓碧泉，2004）
台厦兵备道	为多节省些钱办公益事业，他越来越俭朴，平时吃的是粗粮瓜菜，穿的是粗布衣，天冷时就口含姜片，靠辛辣刺激体温。衙堂有房，但他只占一间，办公兼卧室使用。史载："衣御布素，食无兼味"、"革具蔬粝，日啖老姜少许"。	《续修台湾府志》（余文仪，清）《陈璸传》（吴兰修，1987）《清官陈璸》（吴茂信，2005）《陈璸诗文集》（邓碧泉，2004）
福建巡抚	巡抚厨房，只进粗粮瓜菜，史载："抚闽官厨，惟进瓜菜，清风苦节，视前弥励。"	《陈璸诗文集》（邓碧泉，2004）
闽浙总督	兼任闽浙总督时，奉命巡海，自带行粮，摒绝沿途供顿。主仆共居一室，既是办公室之所，又是起居之室。	《廉吏传》（周怀宇）《陈璸诗文集》（邓碧泉，2004）《清官陈璸》（吴茂信，2005）
临终时	没有任何家产，只"一绨袍，覆以布衾而已"。并嘱咐后人对其后事薄殓俭办。	《陈清端公年谱》（丁宗洛，1922）《清代七百名人传》（蔡冠洛，2008）

从表1可以看出，陈璸与一个穷苦百姓的生活无异，堂堂巡抚，却过着如此清苦的生活，甚至连临终之际，也只是"一绨袍，覆以布衾而已"，这对于一个封建官僚来说，实属不易。而当我们了解到他的经济状况时，将会感到更加惊讶（见表2）。

表2 陈璸任职期间应得的收入

任职期间	应得俸银（收入、节省）	收入使用情况
台厦兵备道期间	"俸银三万两" "官庄岁入三万两" （官庄之后便被陈璸革除了）	"悉屏不取，全部捐于修理炮台等公事"。 "悉以归公，秋毫不染"，把所有官庄银交付台湾府库。
抚闽三年期间	节约公费一万五千多两	请旨将节省银两充兵饷，皇帝不允，后捐银修筑东洋海堤。
福建巡抚期间	一万三千余两	死后遗书：全部解送京师，供西北边防之用。皇帝不忍，返还其子三千余两。
合计	八万八千多两	

注：表中加粗的表示强调，下同。

从表2可以看出,陈璸仅在台厦兵备道、抚闽三年(节约的)和福建巡抚期间就可获得"应得收入"近九万两之多,九万两有多大的购买力?史载明末清初时一两银子大约可买大米二石,按照一石约为120斤算,即一两银子就可以买240斤大米,结合目前我国大米价格(平均约2元/斤)折算,一两银子大约等于480元的购买力,九万两银子折算成人民币约为4320万元的购买力。然而,拥有如此庞大的财富,他几乎悉数捐于国家或用于百姓,自己却固守清贫。

陈璸平日省食俭用,并非为自家聚财。每当离任,或是将积蓄全部交公,或赈济百姓,或资助地方建设。就说从台厦道调任偏沅巡抚,任上应得的三万两银子他全都用到修炮台等公务上去,自己分文不取。(吴茂信,2005)

陈璸到底有多清廉?当我们了解了历史及后世对其评价后(见表3),将毫无疑问。

表3 历史对陈璸的评价

历史评价	评价者、史料
"天下清官"	《陈璸传》(吴兰修,1987)
"万家活佛"、"陈青天"	福建(包括台湾)人民誉,载于《陈璸诗文集》(邓碧泉,2004)
"性廉洁,甘淡泊" "盖知谋国而不知营家,知恤民而不知爱身。"	《去思碑》,载于《海康县续志》(梁成久,1938/2003)
"官吏妄取一钱,即与百千万金无异。人之所以贪取,皆为用不足。臣初任知县,**不取一钱,亦自足用**。"	陈璸自述,载于《清史稿》列传六十四
"陈璸居官甚优,**操守极清**。朕亦见有清官,然如伊者,朕实未见,即从古清臣,亦未必有如伊者!" "此苦行老僧也!"	康熙赞,载于《清史列传·陈璸传》

续表

历史评价	评价者、史料
"旋令古田，调台湾，督川学，巡台、厦，开府湖南、福建，子身在外，几二十年，未尝挈眷属，延幕宾。公子旷隔数千里，力不能具舟车一往省视。仆从一二人，官厨以瓜蔬为恒膳，**其清苦有为人情所万不能堪者，陈晏然安之**，终其身不少更变。圣祖目为苦行老僧，又曰：'从古清官，无逾瑸者'。"	《清稗类钞·陈清端廉俭》
"朕见瑸，察其举止言论，实为清官。瑸生长海滨，非世家大族，无门生故旧，而**天下皆称其清**。非有实行，岂能如此。国家得此等人，实为祥瑞。宜加优异，以励清操。"	康熙誉，载于《雷州府志》（陈昌齐，1811/2003）
"尔陈瑸秉志清廉，褆躬廉介……树楷模于百僚……卓然一代之完人……千秋之茂典"。	雍正赐文，《赐入京师贤良祠致祭文》，载于《海康县续志》（梁成久，1938/2003）
"朕亦见有清官，然如伊者，朕实未见，即从古清臣，亦未必有如伊者……（陈瑸）来京陛见时曾奏称贪取一钱即与百千万金无异……今观其居官实能践此奏之言，诚清廉中之卓绝者。似此不加表扬赐卹何以示勤。"	康熙忆录，载于《海康县续志》（梁成久，1938/2003）

从表2、表3中可以看出，陈瑸虽然有高官厚禄，却表现出超乎常人的清苦、节省，并持守一生，究其原因，只为"秉志清廉"。史学家评其廉可媲美于包拯，其清不下于海瑞；百姓尊其为"万家活佛"、"陈青天"；康熙皇帝誉其为"清廉中之卓绝者"。然而，为何他能"清廉卓绝"？是什么样的心理动力让他能有如此操守？又是什么样的成长经历使其产生这样的心理动力？对于这些问题，历史没有给我们明确的答案，我们只能根据他留下来的资料和史料记载展开探索。

四、陈瑸"清廉卓绝"的心理动力源分析

（一）陈瑸的心理生命目标：追求"圣人"之境

阿德勒（Adler，2007）认为，人性的本质与心理生命是相关的，它支配

人的行动朝向一个目标，人类从小到大的游戏、兴趣爱好、梦的内容及其才能等重要的心理现象，其实都是朝着这一既定的目标而准备的。换句话说，所有的心理现象和行为都可以看作是针对这一既定目标而做准备的。我们可以把人类灵魂看作是诸种活动力量的合成，但是，这些力量却只是一个原因的结果——它们一直奋力要求既定目标的完成，这个奔赴目标的目的论，是"适应"的观念中固有的。我们只能想象心理生命有一个目标，而存在于这个心理生命中的行动，都一一指向它。每个人都有自己的心理生命目标，而不同的心理生命目标导致的行为也不同。那陈璸的心理生命目标是什么呢？

陈璸的一生当中，当数"清廉"最为突出，也正因为如此，"清廉"最能吸引史学家、学者和群众的兴趣，甚至可以成为陈璸的代号。在这种情况下，不管是史学家、学者还是群众，都容易犯一个错误——过于放大和关注"清廉"这个特点，而忽略其他重要的特点。这似乎并不符合阿德勒提出的"心理生命目标"的标准，阿德勒指的心理生命目标是指个体一生中所有的行动都指向这个目标的达成，因此我们不得不把探索的焦点转移到陈璸其他重要的人格特点和行为事件上。

1. 陈璸的"勤"。从懂事开始到临终前，陈璸一直都是勤勤恳恳，不管是学业还是政事，从来不敢怠慢。邓碧泉先生用"勤奋好学，勤政善政"来形容他，吴茂信先生说他"一生勤苦"。他在离家赴任前曾作诗8首（关于辞别亲人朋友的），其中有4首出现了"勤"字（《陈清端诗集·卷一》），占总数的一半之多；而在现存的41封家书中，有22封与"勤"字有关，超过总数的一半（见表4），如"汝父一生勤劳幸博一官"（《古田县署中寄回家信》）、"字示大儿，汝父在官，日夜勤劳求供厥职"（《辛巳古田县署中寄回家书》），在家书中，他告诫儿子"勤俭治家之本"，"读书要勤、要细"，"不知汝兄弟在家近日勤苦读书否"（《甲申家信》），要"勤学立志"，"多读书、勤作文"（《甲午台湾寄》），还时时牵挂着"汝父族伯叔兄弟皆能勤苦度日否"(《癸未台湾县署中寄回家信》)等等,可见"勤"在陈瑸心目中的分量。

表4 "勤"字出现次数与内容分析统计

	出现次数(篇/首)	总数(篇/首)	占总数百分比
"勤"字(赴任前致亲友的辞别诗)	4	8	50%
与"勤"相关的内容(家书)	22	41	53.7%
劝子学习、励志、修心(家书)	38	41	92.7%

陈瑸在职期间,对于政事,更是严守本职,毫不懈怠,"其劳于事也,鸡鸣而起,夜分不寐,连餐旰食"(丁宗洛,清/1921);台湾任职期间,"起居一厅事,昧爽治政,夜分乃罢"(余文仪,清/2005)。他重调查,勤思考,亲力亲为,"一切奏章、檄移,尽出己手","未尝延致幕客"(余文仪,清/2005)。由此可见,在陈瑸的生命中、观念里,处处都充满着"勤"的氛围,时时都弥漫着"勤"的气息,这是他生命中的一个重大特点,也是他人格的重要一面,因此我们不得不提高对它的重视。

2. 陈瑸的"俭"。陈瑸一生,克勤克俭,虽官至巡抚,按时例薪俸不薄,但他在生活上跟贫民一样简朴,"衣御布素,食无兼味"(吴兰修,1987),"革具蔬粝,日啖老姜少许"(丁宗洛,清/1921)。陈瑸曾多次在他的诗文中强调节俭,他认为这是一种美德。为了践行这种美德,他穿的是粗布素衣,吃的是粗粮淡饭,史书有载:"抚闽官厨,惟进瓜菜,清风苦节,视前弥励"(余文仪,清/2005)。虽为官20余载,却孑然一身在外,"仆从一二人,官厨以瓜蔬为恒膳,其清苦有为人情所万不能堪者,陈晏然安之,终其身不少更变"(徐珂,清/2009)。在任职福建巡抚的第二年,因闽浙总督入京,陈瑸兼摄总督事。在此期间,奉命巡海,他自带行粮,屏绝沿途供顿。陈瑸生活上节俭,对公款也是精打细算,能省即省,不讲排场,不摆阔气，仅抚闽三年就节约公费一万五千多两。陈璸死后，没有任何家产，只"一绨袍，覆以布衾而已"。他的临终遗言之一是：对其后事要薄殓俭办（蔡冠洛，2008）。如果用一句话概括他的一生的话，那就是"生时俭，死亦俭"，"俭"之境界，其堪当史上百官之楷模。

3. 陈璸生命中的"重要行为事件"。陈璸一生当中有很多值得我们去了解、去研究的行为和事件，现在我们姑且只从历史资料和专家的研究结果来简述一下陈璸在为官20余年间的重要行为事件。第一是陈璸放"犯"。这件事主要发生在陈璸上任台湾知县的时候，发现监狱中的300名"犯人"被冤入狱，经过明察暗访、了解原委之后，顶着知府反对的压力，冒着丢官降罪的危险毅然开监放"犯"，最后差点丢官降职。第二是革除"官庄"。官庄就是文武官员用来收租的庄田，在陈璸任职台厦兵备道时，台湾的官庄危害极大，民不聊生，怨声四起。按照惯例，陈璸可得两所官庄，年收入约三万两，但陈璸为革除官庄之弊，以身作则，把自己两所官庄所得的收入全部交公，《台湾通史》载："官庄岁入三万两，悉以归公，秋毫不染，其廉介如此。"第三是偏沅肃贪。陈璸上任偏沅（隶属湖南）巡抚之前，湖南境内腐败成风，贪官猖狂，百姓苦不堪言，他上任后微服出巡，明察暗访，弄清事情的来龙去脉后怒斥知府，惩治知县，铁面无私，全面整肃湖南吏治。

以上详细介绍了陈璸的"清"、"廉"、"勤"、"俭"等突出的人格特点和三个重要的行为事件，从中可以发现，这些要求与儒家"圣人"的要求极为相近，因此我们可以初步设定：陈璸的心理生命目标是追求"圣人"之境（见图1）。

我们再来看看陈璸在一生当中的不同阶段所崇尚的对象：从12岁开始，陈璸便以先儒曾子固为崇拜对象，37岁左右极度推崇孔孟、50岁后更加钦佩范文正和朱熹等儒家圣贤（下文将详细讨论）。陈璸幼时就"矢志不在温饱"，而要"志于道"，"志于仁"，且"学儒者之学，行浮屠之行"（丁宗洛，清/

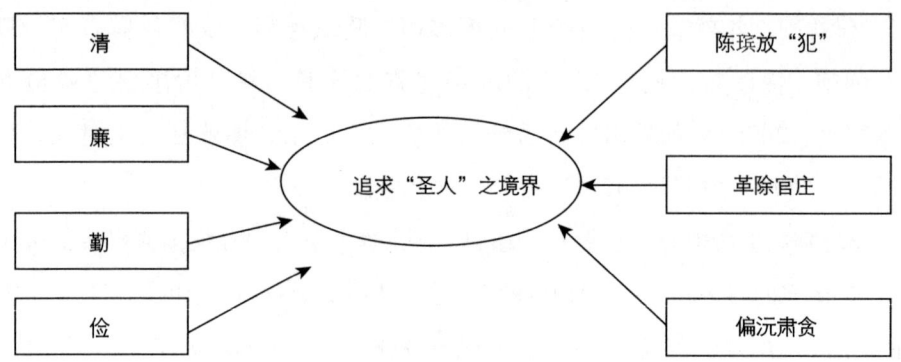

图1　陈瑸所有的行动都指向一个目标——追求"圣人"之境

1921);为官后,更是躬身践行儒家"修身、齐家、治国、平天下"的处世之道,克勤克俭,节欲爱"仁",普济天下。从以"思想行为几近'圣人'之境的非凡儒士"为崇拜对象,到一生持守践行"克己"、"爱仁"的品行,我们有理由相信我们的假设是合理的。

既然陈瑸的心理生命目标是追求"圣人"之境,那他为什么会有这样的心理生命目标?是何种力量使他为达到此目标而奋斗不懈?

(二) 内驱力——自卑、补偿与追求卓越

1. 童年的自卑:动力产生的根源

如果我们单从史书记载、行为记录或作品分析来寻找,则很难直接发现陈瑸有强烈的自卑感。阿德勒(1932/2005)认为自卑感的表现方式有很多种,有强烈自卑感的人不一定表现为柔顺、安静、拘束或与世无争,例如,有三个孩子第一次被带到动物园,当他们站在狮子笼前面的时候,第一个孩子躲在他母亲的背后,全身发抖地说:"我要回家。"第二个孩子站在原地,脸色苍白地用抖动的声音说道:"我一点儿都不怕。"第三个孩子目不转睛地盯着狮子,

并问他妈妈:"我能不能向他吐口水?"而事实上,这三个孩子都已经感到自己所处的劣势,只不过每个人都依照自己的生活方式,用自己的方法来表现出他的感觉而已。

阿德勒认为人生而具有自卑感,可分为"面对宇宙的自卑"、"面对其他生物的自卑"和"面对他人的自卑"。为摆脱自卑感而追求优越的方式决定着个体人格的发展。阿德勒把个人追求优越的方式称为"生活风格",他认为,儿童在四五岁时就已形成了他的生活风格,至于儿童形成什么样的生活风格,则取决于其早期的生活条件及家庭、社会环境(丹明子,2011)。

现在我们来分析陈瑸的童年经历:

(1)贫寒破碎的家庭。童年时期,其父亲常年在外,母亲带着他颠沛流离,居无定所。从小缺少父爱,迁徙不断,10岁时生母离世,直到13岁其父才续继母。世族单寒,家境贫苦。出身卑微,家庭破碎,缺少关爱,这给他幼小的心灵埋下自卑的种子。这种自卑使其产生"齐家"的动力,在其后来的生活中克勤克俭,注重对孩子的关心和教育,劳心劳力,这从他寄回的家书嘱咐中可以看出。

(2)动荡混乱的社会。陈瑸童年时期社会动荡不安(雷州半岛一带),又因地处南蛮,匪患多,民不聊生。《雷州府志》记载:

> 壬辰、癸巳间,土寇充斥,民断耕种。岁饥瘴发,死者阗室……雷境三面环海,一望旷莽荒凉之状,臣不能悉也。每夜宿,即与贼邻,时闻炮火之声;又与虎为伍,时闻喊号之声。又飓风暴雨,揭瓦翻屋。臣夜坐不寐,各兵枕戈披甲。幸于七月十五日始到雷州郡城,城中茂草侵天、瓦砾满地;城外新招残黎皆编草为窝,苟延残喘;触目伤心,非复人境。

幼年陈瑸饱受颠沛流离之苦,目睹乡亲百姓因"有田而不能种、有病却没钱医"以致饥寒病死的惨状,痛苦万分,对社会的无奈使其产生了强烈的自卑感,也正是这种自卑感激发了他"治国平天下"的动力,其后来立志、读书、从仕、肃贪、爱民、平反冤案、重视军务等行为都源于此。

(3) 无情的自然灾害。陈瑸的家乡自然灾害频繁:一为干旱,影响农作物收成;二为台风,房屋、农作物皆受其害;三为海潮,农作物被淹,土地盐碱化。陈瑸自小便深受其害,14岁那年曾有一次台风把其母子赖以栖身的破屋摧毁了,以至于"上无片瓦、无家可归"之困境(吴茂信,2005)。面对强大的自然力量,陈瑸感到自己个人力量实在渺小,自卑感油然而生。为效仿西门豹(西门豹治邺)和李冰父子(李冰父子修筑都江堰),避免"纵有为民之心,亦无治水之力"(吴茂信,2005),他决心勤奋读书,将来为民造福。

阿德勒认为,自卑感并不是变态的象征,而是个人在追求优越地位时正常的发展过程。人类的行为都是出于自卑感及对自卑感的克服与超越,自卑是成就的原因,是使人奋发向上的动力。陈瑸童年的自卑激发了其追求卓越的潜能和勇气,为其追求"圣人"境界的心理生命目标提供了最原始的动力。

2. 亦师亦父的关系:补偿的作用

陈瑸的父亲常年在外谋生,10岁生母辞世,13岁父续继母,20岁丧父。从小就缺少父爱,而在他生命当中,却是他的老师吴马期扮演着父亲的角色。吴马期非常器重陈瑸,更是关爱有加,因为陈瑸家穷,无法供其上学,吴先生不但免其学费,还给他提供午饭。在相当长的一段时间里,陈瑸侍奉吴先生左右。陈瑸考取秀才后,吴先生打算安排其到广州大书院跟名师继续深造,后因家庭情况没有去成,吴先生又推荐其到邻村书塾当老师,以维持生计(吴茂信,2005)。吴先生对陈瑸是"教而兼养",只有父亲才会这样对待儿子,而陈瑸对吴先生更是如师如父般敬重。《陈清端公年谱》载:

《志传》中"教而兼养"等语，恐非济之之父不能当也……眉川已成进士、为令尹，犹谆谆不忘其学之所自出，思有以颂其师；而济之又谆谆念其先人，思以人之颂己者颂其亲……公凡过吴先生之庐，必下舆步行里许；虽成进士后犹然……据此，则公之尊敬其师，没齿不忘也。

陈瑸从家里得不到父爱，却从吴先生那里获得替代性满足。更重要的是，他不仅从吴先生那里得到爱的补偿，并且大量接触了儒家圣贤的思想，使他生命中从此有了新的追求，有了动力，补偿了他童年时的自卑。

阿德勒认为："我们每个人都有不同程度的自卑感，因为我们都发现我们自己所处的地位是希望加以改进的。"自卑感表现为心理上的一种紧张状态，人们无法长期地忍受这种状态，他一定会采取某种行动，来解除自己的紧张状态，作出补偿。补偿是一种心理上的积极向上的力量，正如墨非（G. Murphy）指出的："补偿作用也就是个人渴求力量的奋斗。"陈瑸为了补偿童年的自卑而产生的积极向上的力量、奋斗的力量和追求卓越的力量，为其追求"圣人"境界的心理生命目标提供了动力支持。

3."圣人"崇拜：追求卓越

从陈瑸读书识字开始，到其临终之前，可以发现他有一个特点——始终崇拜先儒圣贤。

12岁时，以曾子固（唐宋八大家之一，儒学大师）为追求对象，"其才气纵横，而于宋文独好曾子固"（丁宗洛，清/1921）。

37岁时，以孔孟为追求对象。期间义馆授徒，当时的举人陈元起等评价他：

> 攻苦芸窗，矢志不在温饱；蜚声庠序，历试悉列前茅。孝亲悌长，允矣孝悌兼全；言物行恒，洵哉言行相顾！其好学也，群书靡不淹贯；其诲人也，督课必加精严。乐善好施，罕与伦比；恤灾救患，极其笃诚。（丁宗洛，清/1921）

县尊张元彪说他：

> 笃念亲朋，室虽空而犹好施予；熏陶后学，材各殊而妙于裁成"；府尊庄松说他："扶危拯困，处青毡而折券施仁；好学深思，设绛帐而持经造士。（丁宗洛，清/1921）

还有一点不得不提，孔子有喜欢吃"姜"的习惯，几乎每顿必吃，他"不撤姜食，不多食"。无独有偶，陈瑸也有喜欢吃"姜"的习惯，《福建通志·本传》载："起居止一厅事，吻昧治政，夜分乃罢。蓳具蔬粝，日啖老姜少许"，在家书中也强调"姜"的必要，"进场带物……姜亦不可少"（家书《丙子初秋大、次儿往省观场在家致嘱出路各条》）。

55岁时，以范仲淹（"先天下之忧而忧，后天下之乐而乐"等思想对后世影响极大，大行儒士）为追求对象，"史称范文正公，官至参政，以贫终其生，是何等人物，岂不可钦可仰！"（家书《辛卯台湾寄》）。

58岁后，以朱熹为追求对象，"朱子出，始旷然如日中天……余愿读其书者，信之深、思之至，精察力行，勿稍游移、致堕流俗，自与朱子有神明之契矣"，"内圣外王，道理无一不备；是儒者有体有用之学，非但有皆作文而已"（丁宗洛，清/1921）。临终前几个月还做《朱子小学》，认为"圣人之教，则所谓'三纲、九目'可以一贯之……敬者，圣学之所以成始而成终也"。

陈瑸年少时就"矢志不在温饱"，而要"志于道"，"志于仁"，且"学儒者之学，行浮屠之行"（丁宗洛，清/1921）；为官任职期间，躬身践行儒家

"修身、齐家、治国、平天下"的处世之道,严格要求自己,"克己复礼"、"清心寡欲",并在家书中多次教育孩子效仿古时先儒,读书从仕,勿放纵自己。在目前仅存的41封家书中,有38封包含劝子学习、励志修心的内容,约占92.7%,见表4。

不管是曾子固、孔孟、范文正,还是朱熹,他们都是非凡的儒士,他们的行为都几近"圣人"之境。从陈璸在不同时间段分别以不同"圣人"的化身作为仰慕、追求的对象,可见其对"圣人"的崇拜,对"圣人"的追求。这个追求,为他一生的奋斗和心理生命目标的达成提供了强大的动力。

陈璸以"圣人"的境界为追求目标,克己修心,为民请命,先天下之忧而后天下之乐,他当官为民,目的是对"圣人"的追求,而非为官的乐趣。其实他在当官的过程中并不快乐,不但贫苦,而且凶险万分,一不小心就会赔上身家性命,从他的家书中可以体现(见表5)。

表5 陈璸对仕途的担忧——《家书》

时间	家书内容
上任古田县令之前	得知古田乃"交通闭塞、民俗薄恶之地,且积欠巨额税款","明年考成,必至代为受累,固无如之何者"。信中感慨:"汝父一生勤劳幸博一官,而与此魔障,岂非命耶?但士君子既以身许国,有土有民,皆当尽心竭力以供厥职,未可以地之难易生烦恼心、生退诿心!"(《古田县署中寄回家信》)
从古田调任台湾时	"汝父此行,不但不知有身家,并躯命付造物矣。"(《辛巳古田县署中寄回家信》)
任兵部车驾司郎中时	"汝父到兵部车驾司郎中任时,人莫不以居此官可不苦矣。自汝父处之,其况味不甚相远也。大凡做官,苦乐存乎其人之胸次,非官能苦之乐之也。"(《丁亥都中寄回家信》)
四川赴任时	"闻得四川山高水险,路最难行,汝父君命在身,固所不避。"(《康熙四十八年己丑都中寄》)"汝父此去川中,尚有三年劳苦,依旧守穷砥砺,不但路僻无信可寄,亦官穷无银可寄。"(《己丑都中寄》)
任台厦兵备道时	"官到海外,生还不易,父已以死自处,即死男勿苦痛。为男子出仕卒于官,亦属常事。""父任一方重寄,百凡关心,兼食用甚贵,吃苦倍甚,又乏家仆侍奉,老境至此,做官何趣?亦且得耐去。"(《康熙五十年七月十五寄》)

续表

时间	家书内容
湖南赴任时	"父做官实无好处,今亦得邀皇恩不次擢用,不知当如何报答。"因十年未得见儿,信中渴望儿子能够到湖南相见,"十余年父子得一相见,此岂易事?"(《己未台湾寄》)

陈璸多次到偏远、恶劣之地任职,路途艰险,朝不保夕,虽身居高官,但依然勤俭朴素,为官清廉,甚至忍受十余年的思亲之苦,只为"上报皇恩,下为黎民"。就是这种信念支持着他,源源不断地给他力量,使其能够持守"清廉"。

阿德勒认为,人生总是在不断地克服缺陷,追求完美,是"进化的冲动,完美的理想,在不断推动着我们向前"。不断推动着陈璸向前奋斗的正是这种追求"圣人"之境、"追求卓越"的力量,这种力量甚至对其一生所有的行为都产生重大影响,而最明显的就是"清廉"。

综上,陈璸一生中的所有行动都可以追溯到童年时期那刻骨铭心的经历和感受,是童年的自卑感促使他不断寻找补偿、追求卓越,是不断寻求克服自卑、超越自卑的过程给他提供源源不断的动力支持。他把追求"圣人"这种境界当成自己的心理生命目标,并把一生的所有行动都指向这个目标的达成,也是源于童年的自卑感。

(三) 外驱力——儒家道德(超我)的作用与"成圣"目标

1. 崇儒重学的社会文化背景和教育引导的作用

陈璸主要生活在清康熙年间,此时社会思想文化昌盛,崇尚儒家,注重实学。清统治者以满族入主中原,为了实现统治的稳定,从顺治到康熙,都十分重视推崇儒家。圣祖(康熙)自幼即接受儒家教育,尊崇儒学,康熙八年

(1669)四月即举行了隆重的释奠孔子大礼,康熙二十三年(1684 年)南巡途中又举行了隆重的拜谒孔子大礼,在孔子塑像前三跪九叩,并赐书"万世师表"(李治亭,2001)。《清圣祖实录》记载康熙五岁就开始学习儒家经典,并贯穿其一生,晚年后更推崇程朱理学,他认为"理学之书,为立身根本,不可不学,不可不行",因而重用一大批理学官僚,推崇程朱,注重实学,躬身实践。清初的统治者尊崇儒学超乎前代,其目的是通过"阐扬文教,振起儒风"来统一士子的思想和行为,以达到兴礼乐、明教化、巩固清朝统治的目的(李治亭,2001)。

清朝初年,全国的很多地方都有抗清力量,清统治者为防范汉民族的反清斗争,同时笼络广大汉族知识分子为己所用,所以十分重视教育,特别是对明末思想比较活跃的书院讲学活动更是敏感。顺治九年(1652 年)下令:"各提学官督率教官、生儒,务将平日所习经书义理,着实讲求,躬行实践,不许别创书院,群聚徒党及号召地方游食无行之徒,空谈废业,因而起奔竞之门,开请托之路"(《大清会典事例》卷三九五)。康熙期间大量修建书院,据统计,在康熙朝,全国新建书院 537 所,修复和重建前代书院 248 所,加上顺治时期的书院,总共近千所(白新良,1995)。清初统治者大量修建书院,兴办教育,宣传儒家思想,一为培育人才,二为明教化,虽然最终是为了巩固其统治,但也极大地促进了思想文化的发展。

在崇儒成风的社会中,陈瑸七岁便精读四书五经,后拜儒士吴马期先生为师,在仕途中又知遇理学大师张伯行,这些经历使其人格品质、言语行为无一不受儒家文化的影响。他的勤奋、俭朴、清廉等人格特征及其行为特点,既是因为他从小就受到正统儒学的教育和引导,也与当时社会的主流思想文化——儒学、理学有密不可分的关系。

2. 儒家文化统治下的社会伦理道德规范

儒家伦理文化是中国最重要的一种传统文化。孔子伦理道德是以"仁"

为核心,以"礼"为尺度,以"天地君亲师"为动力。孔子认为,"仁"是一种高尚的精神道德境界和宝贵的思想情操,也是一种个人对于他人及群体的价值取向,所以,"仁政"成为孔子心目中最理想的政治模式,为政以德,取信于民,勤政爱民,节用恤民,与民共忧等等,都可以说是施行仁政的最基本的要求(庞柏生,2009)。而后发展的儒家思想基本都围绕着这个核心,尽管宋明后的程朱理学把儒家思想推到极端,但正统的儒家伦理依然没变,如以"公忠体国"、"仁民爱物"、"秉公执法"、"尊贤惜才"、"廉洁自守"等为职业道德;以"尊老爱幼"、"敬业乐业"、"尊师重道"、"以德交友"、"严己宽人"、"谦恭礼让"等为社会公德;以"勤俭持家"、"父慈子孝"、"夫义妇顺"、"兄友弟恭"等为家庭美德(康宇,2007)。

"为了维护现实的社会制度,儒家伦理道德强调以德服人,用道德至上性证明社会皇权或政权的合法性和合理性。它以'圣人'作为精神权威的载体,使人们对成圣形成偶像般的信仰。让人们自觉不自觉地将自己与偶像对照,通过自身的道德修养缩短与偶像间的德性距离。"(康宇,2007)儒家认为"人人皆可为尧舜",每个人都有实现理想人格的可能。它为道德主体树立了一个"价值人"的目标,即人既是个体存在,也是社会存在,人从自我出发的价值活动内在地蕴涵着自我价值与社会价值的统一,也就是儒家所说的"内圣外王"。

弗洛伊德认为,自我在满足本我欲求时,不仅要考虑现实条件的可能性,而且要受到超我的制约。超我是人格中最文明、最有道德的部分,是社会道德的化身,按照"道德原则"行事,它总是与享乐主义的本我直接对立和冲突,力图限制本我的私欲,使它得不到满足(郑雪,2009)。陈瑸人格中的超我,主要是儒家的伦理道德规范,其生长的环境、教育背景、自我实现的过程,都受到儒家思想文化和伦理道德的熏陶和约束。儒家思想文化和伦理道德作为一种外力,对陈瑸人格的形成与发展起着重要作用,具体表现为对意识和行为的引导、规范和约束,起引导作用时是一种拉力,起规范作用时是一种压力。

五、结论

任何事物的产生和发展都是内外力共同作用的结果,陈瑸的"清廉"也不例外。古往今来,与陈瑸类似经历的人何其之多,而能有此清廉者,唯有陈瑸;与陈瑸同时代的人,虽身处相同的社会环境,而能有如此操守,亦只有陈瑸。陈瑸"清廉卓绝"是内外力共同作用下"追求圣人"、"渴望成圣"的结果,其内驱力主要来源于童年的自卑感和为克服自卑而不断寻求补偿、追求卓越的过程;而外驱力主要来源于儒家思想文化、教育引导的感化和道德伦理规范。内外驱力的共同作用使其产生"成圣"目标,而"清廉卓绝"是实现其"成圣"目标的一条重要途径。我们可以用如下一张图表对其"清廉"的心理动力源进行直观的示意(图2)。

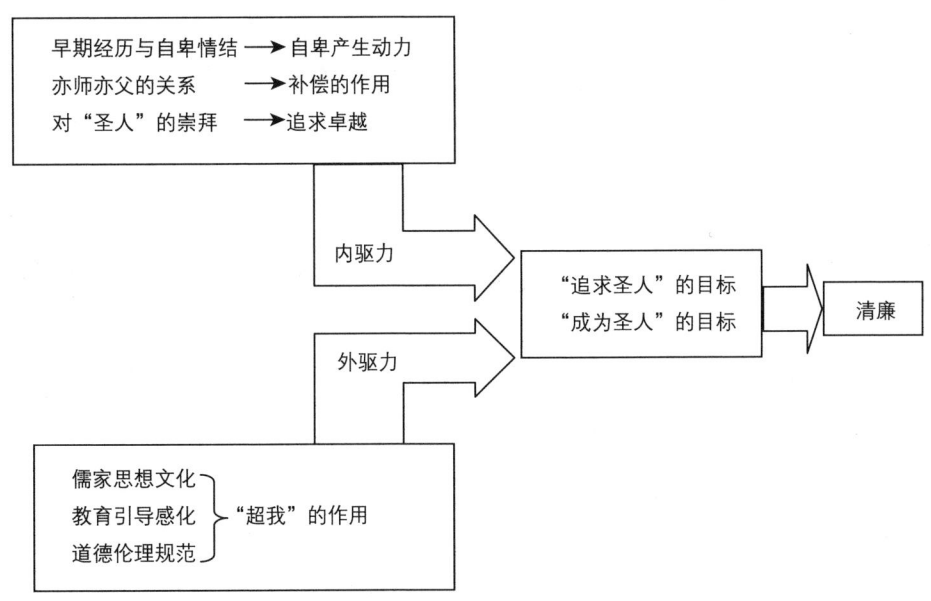

图 2 陈瑸"清廉"的心理动力源

参考文献

阿德勒（2005）. 超越自卑（黄国光译）. 北京：国际文化出版公司.（英文版 1932 年）

阿德勒（2007）. 阿德勒的智慧——阿德勒人格哲学解读（刘烨，曾纪军编译）. 北京：中国电影出版社.

白新良（1995）. 中国古代书院发展史. 天津：天津大学出版社.

蔡冠洛（2008）. 清代七百名人传（上册）. 北京：北京图书馆出版社.

陈昌齐（1811/2003）. 雷州府志. 嘉庆十六年刻本. 见中国地方志集成. 上海：上海书店出版社.

陈小玲（2007）. 试论"清官"产生的根源. 职业时空，(24)，84.

丁宗洛（清/1921）. 陈清端公年谱. 民国十年铅印本.

丹明子主编（2011）. 阿德勒谈人格. 北京：中国工业出版社.

邓碧泉校注（2004）. 陈瑸诗文集. 北京：人民日报出版社.

康宇（2007）. 儒家美德与当代社会. 博士学位论文，黑龙江大学哲学系，哈尔滨.

李治亭（2001）. 清史. 上海：上海人民出版社.

梁成久纂修（1938/2003）. 海康县续志. 民国二十七年铅印本. 见中国地方志集成. 上海：上海书店出版社.

庞柏生（2009）. 从《论语》中看孔子儒家伦理道德思想. 广东省社会主义学院学报，(1)，104—106.

吴兰修（1987）. 碑传送集·陈瑸传. 见周宪文等编撰. 台湾文献史料丛刊（第四辑）. 台北：大通书局，391—390.

吴茂信（2005）. 清官陈瑸. 广州：广东人民出版社.

徐珂（清/2009）. 清稗类钞·廉俭类·陈清端. 北京：中华书局.

余文仪（清/2005）.《续修台湾府志》上册. 台北：远流出版公司.

郑剑虹（2012，5月）. 国际心理传记学的发展与中国大陆的研究. 首届海峡两岸"生命叙说与心理传记学"学术研讨会论文，台湾桃园.

郑剑虹 (2012/2014). 中国大陆的心理传记学研究及其质量结合模式, 生命叙事与心理传记学 (第 1 辑). 台北: 龙华科技大学, 27—39. 北京: 中央编译出版社, 41—61.

郑剑虹, 黄希庭 (2013). 国际心理传记学研究述评. 心理科学, 36 (6), 1491—1497.

郑剑虹 (1997). 梁漱溟人格的心理传记学研究. 硕士学位论文, 西南师范大学心理学系, 重庆.

郑雪 (2009). 人格心理学. 广州: 广东高等教育出版社.

Schultz, W. T. (2011). 心理传记学手册 (郑剑虹等译). 广州: 暨南大学出版社. (英文版 2005 年)

The Psychobiography Explorations of Chen Bin's "Great Integrity"

Chen Fazhao   Zheng Jianhong

(Department of Psychology, Lingnan Normal University, Zhanjiang, 524048)

/ Abstract /

Chen Bin was a legend in the Lingnan culture, known for integrity and efficiency. He was commended as "Chen qing tian" by people, and was praised as "a man of great integrity" by history. However, people haven't understood for three hundred years why he would be so incorruptible. To this end, we used the method of psychobiography to analysis the source of psychological motivation for his "integrity". The study found that Chen Bin's "great integrity" was the result of pursuing "Sageness" by the force both inside and outside. The internal driving force mainly came from the sense of inferiority of childhood and the process that sought compensation and pursued excellence for overcoming the low self-esteem, and the external drive mainly came from the Confucian culture, educational guidance and traditional moral standards.

/ Keywords /

Chen Bin, integrity, psychobiography, suspenseful problems

千古一相
——诸葛亮生命历程的心理传记分析*

舒跃育**

(西北师范大学心理学院心理传记学研究所 兰州，730070)

/ 摘 要 /

本研究以诸葛亮的个案分析为例，充分结合史实，运用定量分析和定性研究相结合的方法，分析出诸葛亮人格特征的基本成分。研究结果表明，诸葛亮的人格特征包括"忠义"、"智慧"、"刚毅"和"审慎"四个方面。通过对诸葛亮的心理传记分析发现，影响诸葛亮人格特征的成因主要有以下几个方面：（1）家世与遗传为其个性发展提供了前提；（2）战乱中的流徙生活为其勾勒了人生的发展方向；（3）同一性危机为其人生提供了奋斗的动力基础；（4）人际际遇使得其人生梦想得以形成和发展；

---

* 本文得到西北师范大学引进高层次人才科研扶持项目的资助。
** 舒跃育，E-mail: shuyueyu@nwnu.edu.cn

（5）个人的奋进与历练是其成材的重要因素。

/ 关键词 /

心理传记学，诸葛亮，人格特征

一、问题的提出

诸葛亮（公元 181—234）是三国时期著名的政治家、军事家和外交家。字孔明，人称卧龙，东汉末年徐州琅琊郡阳都县（今山东沂南县）人。由于传说故事、论赞诗文、话本戏曲、雕塑绘画等多种艺术形式的表现和传播，他在历史人物中最为家喻户晓。他青年时就被刘备隆重聘出茅庐；赤壁之战时便大显身手，使江东，激孙权，调鲁肃，建立孙刘联盟；接下来借荆州，占益州，白帝受托，危难受命，独支大局，力挽狂澜；五月渡泸，深入不毛，七擒孟获，攻心和抚，南中平定，结好孙吴，消除后顾之忧；内修政理，施仁政，行法治，抚人心，军屯民屯并用，发展蜀中经济；外讲武修战，务军屯，南征北战，励精图治，以弱挫强，以攻为守，支大厦之将倾；五出祁山，斩将破阵，智胜司马，忠于职守，直至以身殉国。这一系列的活动不仅充分表现了诸葛亮卓越的智慧与才能、超群的胆识与谋略，更表现了他作为一个封建人臣的本分与忠义。他的名字不仅是智慧的代名词，更是忠义的化身。作为封建时代的政治家、军事家，诸葛亮通晓政治、军事、天文、地理、阴阳八卦，足智多谋，料事如神，无论就学识胆略或个人的智慧品质来说，他都算得上出类拔萃的人物。"诸葛大名垂宇宙"，诸葛亮出色的才能和独特的人格魅力，使得他成为了一位妇孺皆知的人物。千余年来，他的事迹在民间广为流传，全国各地纪念他的庙宇、祠堂比比皆是。他不仅受历代文人的盛赞，更受到后世君王们的高度评价。既然诸葛亮在人们心目中有这么高的地位，那人们不禁会问，历史上的诸葛亮究竟是一个怎样的人？或者从心理学的角度来讲，作为历史人物的诸葛亮有哪些人格特征？他是如何由一个普通的山野之民一步步走向历史的神坛的？我们是否能够从他的成长轨迹中找到解释他成功的必然因素？前人关于诸葛亮的研究颇多，但主要局限在历史学和文学的角度（舒跃育，2012），本研究拟从心理传记研究取向尝试探究诸葛亮的人格特征及其成因。

二、研究方法与程序

（一）材料选编

根据相关的史实材料，从诸葛亮的传记资料中选编出约5000字的文献，组成一本《诸葛亮传》，作为诸葛亮的传记材料（舒跃育，2009）。传记材料脉络清晰，结构完整，较系统地反映了诸葛亮一生的经历、事迹及性格演变。选编的原则是，侧重于那些能够反映其生命轨迹的材料，不涉及评论性的语句。编写完之后，请历史系魏晋史专业的研究生六名对传记的真实性进行评估，保证其内容符合史料记载。对于文字的表达，请五名汉语言文学的研究生对其进行把关，保证了语言的通顺、流畅和无歧义。

（二）研究工具

诸葛亮的人格特征采用的测量工具是郑剑虹（郑剑虹，1997）在黄希庭等（黄希庭等，1992）编制的人格形容词检测表基础上按一定标准缩减而成的新的人格形容词检测表，该表共248个人格形容词，采取七级评定，分别为"完全不符合"、"比较不符合"、"稍不符合"、"不能确定"、"稍符合"、"比较符合"和"完全符合"。在问卷结尾，附加关于诸葛亮印象来源的调查。

（三）人格测评及问卷评定的有效性

1. 被试的选取

所选取的被试要求对关于诸葛亮艺术形象的相关作品不熟悉，即规定为对小说《三国演义》和有关《三国演义》的影视作品不熟悉，具体来讲，即对承载诸葛亮艺术形象的二十四个传说故事的了解程度低于一定的统计指标（得分15分以下），则视其为对诸葛亮的艺术形象不了解，以保证其对诸葛亮的评定完全是依据所阅读的传记（舒跃育，2009）。

2. 被试对传记熟悉程度的测查

请120名大学高年级学生和20名心理学硕士研究生阅读完研究者自编的《诸葛亮传》后，发给其人格形容词检测表，在进行人格评定之前，先对被试进行阅读材料的熟悉度测查。采用的方法是根据传记内容，编出15道反映传记内容的判断题，然后将这些问题由历史学魏晋史的研究生进行评定，保证其有效性。然后先进行试测，在保证其有效性的基础上（即其难度保持在中等水平），再进行正式施测。正式施测的结果中，发现120名大学生被试对15道判断题作答的平均分、众数和中数都是12，并且12分以上的被试占67.5%，因此，就以12分作为被试是否熟练掌握传记内容的分界点。依据这个标准，从120名被试的评定结果中，选出了80份问卷参与了最后的统计。

3. 人格测评

在人格评定中，要求被试依据所阅读的内容，对每个人格形容词作与诸葛亮人格相符合程度的判断并打分。

(四) 统计分析及结果

在对史料进行质性分析及探索性因素分析的基础上，提出诸葛亮的人格特征包括"忠义"、"智慧"、"刚毅"、"审慎"四个因素的构想。对248个人格形容词，按照平均得分6分以上（含6分，即评为"比较符合"和"完全符合"）进行抽取，选出符合诸葛亮人格特征的形容词19个。通过LISREL8.7统计软件包对这19个形容词的评定数据进行验证性因素分析，结果见表1和图1。从表1中可以看出，诸葛亮的人格特征包含上述四个方面，在验证性因素分析的各个指标中，近似误差均方根RMSEA = 0.046，同时，各项拟合指数也达到或超过0.9，模型拟合达到理想水平。

表1 诸葛亮人格特征的验证性因素分析结果

卡方 (x^2)	自由度 (df)	RMSEA	NNFI	CFI	IFI
192.31	146.000	0.046	0.900	0.910	0.920

(五) 诸葛亮人格特征分析

通过前面的实证研究表明，诸葛亮的人格包含了"忠义"、"智慧"、"刚毅"和"审慎"四个方面的因素。现在通过史实对诸葛亮的四大人格特征进行具体地说明。在以下的分析中，关于诸葛亮的历史事件主要来源于陈寿的《三国志》，还有得到史学家们认可的裴松之所添加的注释。

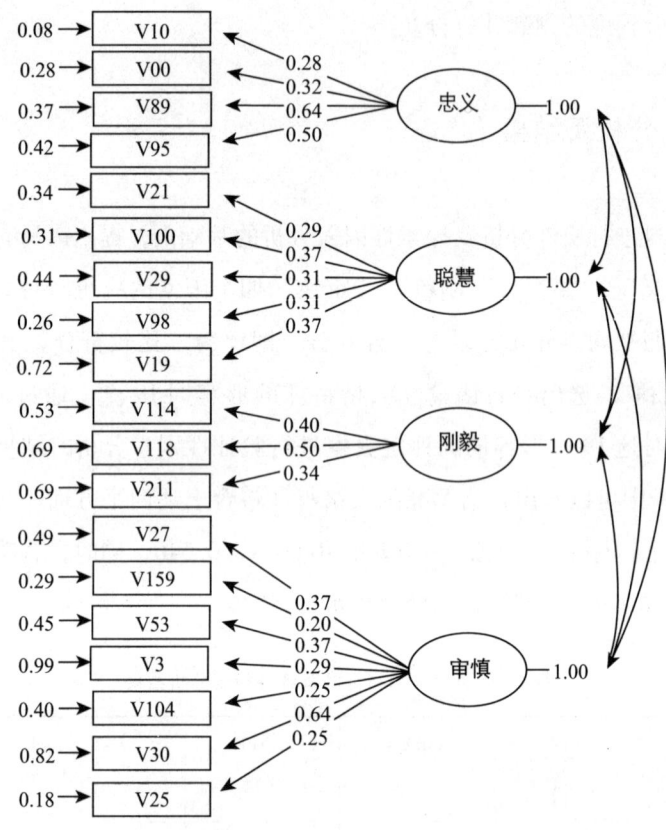

图1 诸葛亮人格特征的验证性因素分析模型

1. 诸葛亮的"智慧"

对于历史上诸葛亮才能的评价,陈寿的点评较为准确,"然亮才,于治戎为长,奇谋为短,理民之干,优于将略"(陈寿,晋/2002)。通过考察诸葛亮的生平事迹,我们可以发现,历史上的诸葛亮在刘备去世之前,主要体现了自己的政治才能,在这期间,他主要从事的是政治、外交、民族和军事后勤方面的工作,而不是亲临前线带兵打仗的前线指挥官,也不是制订作战计划或者为打仗出谋划策的军事顾问。历史上的诸葛亮出山之后所做的第一件事情就是出使江东，缔结孙刘联盟。然而，在赤壁之战中，诸葛亮并未直接参与任何军事行动。赤壁之战后，"先主遂收江南，以亮为军师中郎将，使督零陵、贵阳、长沙三郡，调其赋税，以充军实"（陈寿，晋/2002）。可见，当时诸葛亮主要担任的是后勤部长，负责统筹军费和物资，以支援前方军队。陈翔华先生认为，在刘备逝世之前，诸葛亮在蜀国统治集团主要从事的是一个政治家的政务工作以及领导后方建设，而不是一个行兵布阵的军事家（陈翔华，1990）。尽管诸葛亮也曾担任过六年的军师中郎将和七年的军师将军，但他所从事的工作和业绩并不等同于后世小说和戏剧中所描绘的那个足智多谋的"军师"。对于诸葛亮的军事才能，就史实而言，平定南中是他军事才能的最大的体现。然而，历史上虽然也有关于"七擒孟获"的记载，但远远不及后世的小说、戏剧中的内容那么精彩。至于他后来的五出祁山，基本上都没有取得多大的成功。因此诸葛亮人格特征中的"智慧"，应该主要体现在他治理蜀汉的过程中。这包括他未出茅庐时为蜀国所擘画的以《隆中对》为基本思想的战略部署，包括他后来为了调整蜀国人才结构所完成的一系列人事上的安排，也包括他为孙刘联盟所做出的一次次不懈的努力。

2. 诸葛亮的"忠义"

对于人格特征中的"忠义"，陈寿的评价依然受到历代史学家的认可。

> 诸葛亮之为相国也，抚百姓，示仪轨，约官职，从权制，开诚心，布公道；尽忠益时者虽雠必赏，犯法怠慢者虽亲必罚，服罪输情者虽重必释，游辞巧饰者虽轻必戮；善无微而不赏，恶无纤而不贬；庶事精练，物理其本，循名责实，虚伪不齿；终于邦域之内，咸畏而爱之，刑政虽峻而

无怨者,以其用心平而劝戒明也。可谓识治之良才,管、萧之亚匹矣。然连年动众,未能成功,盖应变将略,非其所长欤!(陈寿,晋/2002,p. 478)

因此,历史上诸葛亮的"忠义"主要体现在他为官清廉、赏罚严明、任人唯贤、言之必信几个方面。同时,在行为上,他严格要求自己,把战争中的功劳都留给部属,而部属的咎责则留给自己。公元 228 年,诸葛亮进攻祁山,马谡街亭失守,诸葛亮上书请求自贬,他在《街亭自贬疏》中这样说:

臣以弱才,叨窃非据,亲秉旄钺以厉三军,不能训章明法,临事而惧,至有街亭违命之阙,箕谷不戒之失,咎皆在臣,授任无方。臣明不知人,料事多暗,《春秋》责帅,臣职是当。请自贬三等,以督厥咎。(张连科,管淑珍,2008,p. 65)

可见,对于军事上的失误,他能够勇于承担自己的责任,能够作出适当的处理,在那个年代,是非常难得的。

此外,对刘氏父子的忠贞,也是他"忠"的具体体现,正如诸葛亮在刘备白帝托孤时所说,"臣敢竭股肱之力,效忠贞之节,继之以死"(陈寿,晋/2002)。但在人格特征中,诸葛亮的"忠"不仅是对自己的要求,也是对群下和子侄的要求。他对群下说,"人臣二心,不可以事君"(《诸葛亮集·文集·兵要》,张澍,清/1960)。他是把"忠君"作为了人臣的最高道德准则。而蜀国正是在他"竭力尽忠"、"共奖王室"的精神的鼓舞下,出现了一大批丹心报国之士。他的儿子诸葛瞻就是其中的一个。公元 263 年,邓艾攻蜀,诸葛瞻战死绵竹,瞻之长子诸葛尚也同时殉国。在这场战役中,英勇殉国的还有张飞之孙张遵、黄权之子黄崇以及李恢之侄李球。

3. 诸葛亮的"刚毅"

诸葛亮人格特征中的"刚毅"主要体现在，他生活的东汉末年及三国时期，蜀汉一直处于弱势。他是"受任于败军之际，奉命于危难之间"。虽然这种状况在赤壁之战后有所好转，但平定益州之后，紧接着的却是荆州之失、猇亭之败，使得刚刚有点生命力的蜀汉又处于水深火热之中。然而诸葛亮作为蜀汉的实际军政大权的掌握者，并没有灰心丧气，而是一直惨淡经营，演兵讲武，亲自率军五出祁山，虽然最后没能取得成功，但他一直都在不懈的奋斗之中。用他自己的话说，"臣鞠躬尽力，死而后已，至于成败利钝，非臣之明所能逆睹也。"（《诸葛亮集·后出师表》，张澍，清/1960）因此，诸葛亮的"刚毅"正是体现在这种"抗天命，尽人事"的不懈斗争之中。不仅如此，诸葛亮的"刚毅"也体现在他"人定胜天"的思想观念中。在《隆中对》中，他就采用了荀子的唯物主义自然观，分析了曹操和袁绍势力强弱的转换，他说，"曹操比于袁绍，则名微而众寡，然操遂能克绍，以弱为强者，非惟天时，抑亦人谋也"。可见，他通过官渡之战前后曹操和袁绍势力强弱的变化，发现了成败的关键在于人的主观努力，这为兵微将寡、几无立身之地的刘备获得三分天下提供了理论依据。而正是在这种"人谋"可胜"天时"精神的鼓舞下，刘备终得三分天下。后来在刘备猇亭兵败前后，蜀汉连连受创。当时，魏国司徒华钦和司空王朗等人，"各有书与亮，陈天命人事，欲使举国称藩"。诸葛亮通过一篇流传千古的《正议》，通过对项羽和刘邦之争以及王莽篡权的例子的分析，论证了"天命"的虚伪性，驳斥了魏国君臣的谬论。诸葛亮通过刘秀仅以少数兵马在昆阳之战中击败王莽强旅四十万的例子，论证了决定胜负的关键在于"人谋"，彻底粉碎了华钦、王朗之流诱降的阴谋。

4. 诸葛亮的"审慎"

关于诸葛亮人格特征中的"审慎"，首先体现在他择主而事。他早在隆中时，谨待时机，三思而行，慎择明主。诸葛亮长期隐居隆中，并非像他所说仅仅"苟全性命于乱世，不求闻达于诸侯"，而是一边从理论上、思想上、人际关系上为入仕作准备，一边坐待时机，以择明主。在诸侯纷争的局势下，诸葛亮并没有被一些表面现象所迷惑，他给"明主"下了一个操作性定义，并用这个标准来衡量天下英雄。在他看来，曹操"固衰乘乱，得逞其奸"；刘表"外貌儒雅，而心多疑忌"，非"拔乱之主"；孙权虽不失为明公圣主，但"不能尽亮之才"；唯有刘备"有雄才而甚得公心"，故愿"解带写诚，厚相结纳"。即使在选定了合适人选之后，他也并没有急于投奔（其实他认识刘备的时间很早），一直等到27岁时，他才认为时机成熟。后来即使在刘备亲自下聘的时候，他仍两次有意回避，以考查刘备的诚意，一直到刘备"三顾"之时才与之相见。亮之审慎，由此可见一斑。

诸葛亮虚心纳谏也是他人格特征中"审慎"的重要体现。诸葛亮一生总能虚心听取别人的意见，严格要求自己，勇于承认错误，《街亭自贬疏》和《劝将士勤攻己阙》就是最好的例证。他不仅虚心听取别人的意见，同时还主动地让别人指出自己的错误，虽然贵为丞相，但在部属面前，依然是一副虔诚的学生相。

其实，通过诸葛亮与周围人的不同结局也可以折射出他的审慎。关羽、张飞自恃其勇，命丧黄泉；庞统急躁冒进，魂留沟谷；刘备不听劝阻，落荒而逃……而与刘备性情不同的诸葛亮一方面要与自己的主子求同存异，还要在蜀汉复杂的人际关系中夹缝求生；他不仅要应对战场上的敌人，还要应对那些躲在暗处的政敌。特别是刘备死后，他统掌蜀汉的军政大权，在这种情况下，他要是在哪一个小的方面有所疏忽，其代价都可能是惨重的。三国时代的谋士中因自恃才高而不得善终者大有人在，而正由于诸葛亮的沉稳与审慎，一直摸着石头过河，才能够在狼烟滚滚的战场和没有硝烟的战场中得以保全。

三、分析与讨论

人格心理学研究表明，遗传与环境因素的交互作用造就了个体的人格。那么，诸葛亮有着怎样的先天遗传因素和生长环境呢？是什么因素养成了诸葛亮上述四大人格特征的呢？这些人格特征又是怎样引导他一步步走向成功的呢？本部分采用定性分析，通过对诸葛亮的诏、表、疏、议、书、教、戒、令、论、记、碑、笺等第一手资料以及相关史料的分析，试图从遗传和环境两个大的方面来解释他"忠义"、"智慧"、"审慎"和"刚毅"四大人格特征的形成与发展，探究影响其成才的社会心理因素。

（一）家世与遗传

1. 奉儒守官之家

中华民族是一个重视家族的民族，因此一个家族的"世德"与"家风"对个人的成长有着重要的影响。据史料记载，诸葛亮的先祖诸葛丰，于西汉元帝时任司隶校尉[①]。诸葛丰为官清廉，执法如山，但后来因得罪权贵，被革去官职。关于诸葛丰的事迹被记录在诸葛氏族的家谱中。从后来诸葛亮为官的情况来看，诸葛丰的事迹对诸葛亮的影响是非常大的。而关于诸葛亮祖父以上几代的情况，史书均无记载。诸葛亮的父亲诸葛珪，曾任泰山郡丞。叔父诸葛玄，曾任豫章太守。从诸葛亮的父辈来看，他们家也至少算得上是奉儒守官之家了。

关于奉儒，虽然没有具体的史实，但可以通过诸葛亮的哥哥诸葛瑾来推

---

① 司隶校尉负责纠察京师百官以及附近各郡，其职务相当于州刺史。

断。诸葛瑾，字子瑜，自幼对儒家的忠君孝亲的思想恪守不渝。据裴松之在《三国志·诸葛瑾传》的注引中记载，他"事继母恭谨，甚得人子之道"。他自幼刻苦学习，曾研读《毛诗》、《古文尚书》和《左氏春秋》等其他儒家经典，知识十分渊博，后任吴国大将军。由此可见，诸葛氏族不仅仅是一般的官宦之家，他们对子女有着严格的教育，因而保持了良好的家风。当然，这一点，后来在诸葛亮的身上也有很好的体现，他的《诫子书》和《诫外甥书》就是对诸葛世家的这种良好家风的传承。

2. 良好的基因遗传

当前对诸葛家族的生物特征没有太多的考证，但通过他们家族的历任官职，完全可以推断出，诸葛亮出生在一个具有良好基因遗传的家庭。从图2中可以看出，历史上记载的诸葛亮的兄弟和子侄之中，大多能在完全依靠自身才能的境况下担任重要的职务。诸葛亮之兄诸葛瑾仕吴，深得吴主信任，曾任左将军，封宛陵侯，后又升任大将军、左都护等职。诸葛亮仕蜀，官至丞相兼司隶校尉，可谓位极人臣。诸葛瑾之子诸葛恪，少年英发，机敏善辩，曾任吴国大将军，兼太子太傅。此外，诸葛亮还有一个族弟叫诸葛诞，曾任魏国镇东大将军，深得人心，显名于魏。由此可见，通过自己的才学和能力，不仅诸葛亮兄弟三人分仕三国而各有建树，就连他们的子侄也都取得了巨大的成就，名垂青史。因此，可以认为，诸葛家族的成员们具有较高的智力水平。

诸葛氏族能取得这么大的成就，良好的遗传是其必要条件，因此，无可否认，诸葛亮出生在一个具有良好家庭教育风气和良好遗传因素的家庭。

人格心理学研究证明，个体人格的形成受先天遗传因素和后天环境的共同影响。对诸葛亮而言，良好的智力水平是他"智慧"这一人格因素形成的必要条件，同时，良好的家风与世德、奉儒守官之家庭氛围的熏陶，对他后来的

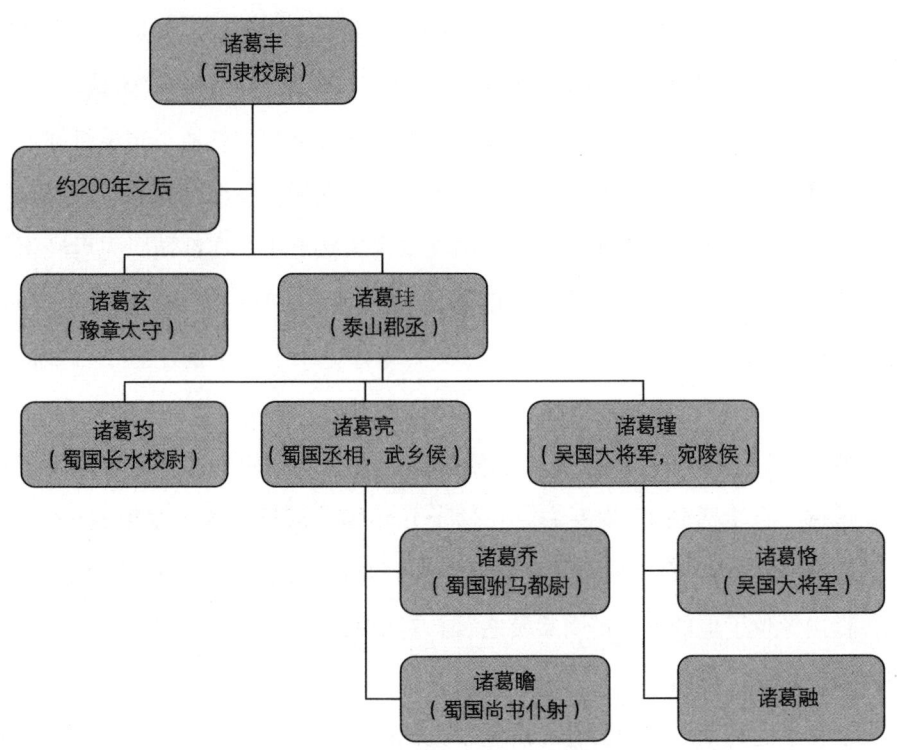

图 2　诸葛亮家族世系及官职略图

忠君思想有着重要的影响,进而塑造了他的"忠义"。

(二) 战乱中的流徙生活

1. 东汉末年,军阀混战

东汉末年,桓帝昏庸无能,灵帝有过之而无不及。灵帝在位时,丝毫不顾百姓疾苦,居然公开卖官鬻爵,以图敛财发家。混乱的统治导致朝纲紊乱,政治极端腐败,因此,人民生活困苦不堪。随着阶级矛盾的进一步激化,农民起义频频发生。在桓帝在位的21年中,爆发农民起义14次。灵帝在位的12年中，爆发了6次。由于社会矛盾得不到缓解，公元184年，也就是诸葛亮四岁的时候，爆发了规模浩大的黄巾起义。诸葛亮八岁时，青州、徐州黄巾复起，战火直接烧到他的家乡。在东汉王朝镇压黄巾起义期间，各地军阀乘机攫取权力，占据地盘，封建割据势力也就逐渐形成了。此后，各个军阀势力之间为了各自的利益，屡屡发起战争，人民生活在水深火热之中。在都城，先后经历了十常侍之乱，后来又有董卓作乱。诸葛亮13岁时，在他的家乡徐州（东汉时，徐州辖琅琊郡），曹操因为父报仇，却又久攻郯城不下，于是迁怒于百姓，大肆屠杀无辜平民，"凡杀男女数十万人，鸡犬无遗，泗水为之不流……"，"所过多残戮"（《后汉书·陶谦传》），使得徐州直接受到战争的严重破坏。诸葛亮在琅琊一直生活到12岁左右。在这十几年中，从最初的小规模农民起义，再到后面的黄巾起义，到后来的董卓作乱，曹操屠杀百姓，特别是曹操的事件，直接导致了他的家乡遭受兵燹之苦，对他的幼小心灵产生了巨大影响。当他四岁的时候，母亲去世，八岁的时候，父亲又去世，此后，他不得不寄居于叔父诸葛玄的篱下。是社会存在决定了人们的意识，同时，也是社会存在塑造了人们的人格。社会的变迁、家庭的变故，以及其他各种让他触目惊心的社会现实，都在少年时期的诸葛亮的思想上打下了深深的烙印，也在一定程度上影响了他的人格和政治决策。很显然，人民在统治阶级蹂躏下的困苦生活，不能说和诸葛亮后来的以"民本"为核心的忠君思想没有联系。诸葛亮在后来的《出师表》中就提到，"叹息痛恨于桓、灵也"。战乱中的种种社会不平等，让他寄希望于能够通过自己的努力，为人民创造一个和平而又富庶的生活环境。而这些，从他后来治理蜀汉的那些举措中就可以得到证明。

2. 迫于战乱，辗转流徙

公元195年，诸葛亮随叔父诸葛玄南迁豫章，一路上，诸葛亮看到的尽是

"白骨露于野，千里无鸡鸣，生民百遗一"的悲惨景象。不久，又流徙荆州，投奔刘表。由于诸葛亮父母早亡，后又屡屡迁徙，他不得不一次又一次地适应新的生活环境，也不得不去小心应对自己周围的每一个人，去建立一个利于自己生长生活的人际关系。在某种程度上，正是这样不稳定的幼年生活，造就了诸葛亮人格之中"审慎"这一特点。当然，这些具体的事件只是外因，要形成这样的性格主要还是同诸葛亮自己的读书与思考有关。诸葛亮通过自己的阅历作了哪些思考，这从他的一个历来很受人们关注的行为中可以得到启发。那就是诸葛亮"好为《梁父吟》"。据传，《梁父吟》是一首当地民歌，其内容是这样的：

> 步出齐城门，遥望荡阴里。里中有三坟，累累正相似。问是谁家冢，田疆古冶子。力能排南山，文能绝地纪。一朝被谗言，二桃杀三士。谁能为此谋，相国齐晏子。（张连科，管淑珍，2008，p.186）

整首歌讲述的是齐国相国晏婴"二桃杀三士"的故事。可以认为，诸葛亮反复吟唱这首歌，他是在提醒自己，为人处世一定要"审慎"，否则，虽然有"力能排南山，文能绝地纪"的能力，也会难以自保的，更别说为国出力了。而这种推断从后来诸葛亮"审慎"的人格中又刚好可以得到验证。因此，可以说，正是诸葛亮幼年的漂泊生活和寄人篱下的经历，造就了他"审慎"的人格特点。

综上所述，自幼经历战乱的诸葛亮，深深地体察到民间的疾苦，这就从侧面引发了他立志做一位能够给老百姓带来和平与富裕生活的原始愿望，引发了他成为一名"贤相"的原始动机。而他的流徙生活和幼年的经历，又在一定程度上造就了他人格中的"审慎"的特征。

（三）抱膝长啸：同一性危机

1. "好为《梁父吟》"与"抱膝长啸"是其同一性危机的体现

史载，诸葛亮躬耕于隆中时，有两个经常性的行为，其一是"好为《梁父吟》"，其二是常"抱膝长啸"。那么，按照心理传记学家亚历山大（Alexander I.）的资料筛选标准，这个情景算得上凸显了，因为它具有了独特和重复的性质（Schultz, 2005/2011）。再结合美国心理传记学家舒尔茨（Schultz. W. T）提出的"原型场景"理论，由于这两个场景是诸葛亮的经常性的行为，因而势必对诸葛亮引发了极其深刻的情绪体验，至于是什么体验，为什么引发，则有待进一步探讨，但我们至少可以确定，这两个事件对诸葛亮而言就是"原型场景"（Schultz, 2005/2011）。舒尔茨认为，原型场景往往发源于个体发展中的危机——这里的"危机"特指由埃里克森（Wrikson）提出的非病理学意义上的危机（即，在人生发展的每一个心理阶段，总会涉及个人与特定冲突的"必然遭遇"，例如，同一性与角色冲突间的危机）（舒跃育，2008）。依据埃里克森的观点，青少年在人生的第五个阶段（约12—18岁之间），将面临自我同一性危机，因此，在人生的这个阶段，个人发展的主要任务就是解决同一性危机。据历史记载，诸葛亮于建安二年（公元197）迁至南阳邓县隆中，当时诸葛亮正好17岁。而诸葛亮的那两个典型的行为，就是发生在这个时期之后的。因此，从年龄上看，诸葛亮的"好为《梁父吟》"和"抱膝长啸"这两个行为可能是由同一性危机所引发的。

埃里克森认为，空虚、孤独以及迫切感是同一性危机的典型症状（转引自叶浩生，2004）。问题在于，诸葛亮作为一个青春少年，正是"少年不识愁滋味"的时候，他又何来的空虚和迫切感呢？再看看诸葛亮此前的经历。他四岁时，生母去世，大约八岁时，父亲去世。此后随叔父诸葛玄到处奔波，他不仅没有固定读书的地方，就连安稳的生活都得不到。现在，来到了隆中，有了一片可供耕种的土地。然而，出生于奉儒守官之家的他，作为堂堂司隶校尉的后代，在诸葛氏"家风"和"世德"的影响下，他是不会安于一辈子"躬耕"下去的。但他又很难为自己形成一个合适的对未来的规划。本来，他应该像父亲一样，从小认真读书，将来获得一官半职以造福一方百姓，报效朝廷。然而，时局的变化让他很快认识到这种想法是不合实际的。他现在的处境，不用说有什么远大的追求，回想曹操在徐州的所做所为，他感到连自己的安全都完全没有保障。他也清楚，在当今的世界上，几乎人人都是朝不保夕。在这种情况下，由于通过过去的诸葛亮，在他的心中无法产生一个让他可以接受的未来自己的形象，于是，自我同一性危机爆发了。而"好为《梁父吟》"意味着他对人人自危的时局有着清醒的认识，同时也表达了他对嫉贤妒能的当权者的痛恨和对国家以及自己未来前途的担忧。然而，如何解决自身的困惑，不得而知，于是，带着对未来一片渺茫的苦闷，他常常坐在山崖上，"抱膝长啸"。因此，"抱膝长啸"正体现了诸葛亮对自己的未来没有清晰的思路，通过"啸"来抒发他的这种苦闷。因而他的这一行为，正是他同一性危机的最好见证。那么，这个危机应该如何解决呢？

弗洛伊德认为，男孩在性心理发展的第三个阶段，大约四至六岁时，产生恋母情结，并且在这期间，他会以父亲自居（又作"认同"）。正是通过这种自居，儿童的恋母情结才得以解决。然而，诸葛亮在四岁之前，母亲就去世了，他的这种恋母情结从此无以得到缓解，对父亲的认同也显得没有太大的意义，于是，就出现了心理发展的固着。但是，潜意识的冲突依然存在。而此后，诸葛亮一再遭受因诸侯纷争带来的兵燹之苦，因此，对死亡的恐惧时时伴随着他。如何降低这种恐惧感？如何解决上一个阶段没有完成的发展任务？那就是必须给自己确立一个让自己有安全感的认同对象，一方面，通过对对象的认同，被认同者的力量和特征将会以某种方式被添加到自己的身上，这样就可以减少自我的脆弱和恐惧感；另外，通过对被认同对象的模仿，诸葛亮就可以借此形成一条自己未来的发展路径。

2. 以管仲、乐毅自居，解决同一性危机

很快，诸葛亮就找到了自己的认同对象，那就是管仲和乐毅。史载，诸葛亮常"自比管仲、乐毅"。通过上面的分析，很显然，这就是他通过对管仲和乐毅的认同来解决自己的同一性危机。那么，诸葛亮自比管、乐，他究竟认同了管、乐的哪些方面呢？这对他后来的人格和行为又产生了哪些影响呢？

管仲（？—公元前645），名夷吾，字仲，谥敬，亦称敬仲，安徽颍上人，是春秋初期齐国著名的政治家。他曾辅佐齐桓公，对政治、军事和外交政策进行全面的改革，制定了一系列富国强兵的方针策略。他通过合理征收赋税，减轻农民负担，以达到"民富"、"民安"；改进国家管理体制，发展民间武装力量，并统一军政的领导；运用国家力量发展盐铁事业，增加财政收入；采取"尊王攘夷"的外交策略，采取外交的主动权。他秉政三年，齐国大治，齐桓公成为"春秋五霸"之首。可以看出，管仲除了有一颗对齐国的忠心外，还有着卓越的政治才能和出色的外交才能。管仲正是通过自己在政治和外交方面的努力使得齐国富强起来，也让齐国百姓在战火纷争的春秋时代过上了相对太平而又富足的生活。诸葛亮对管仲的认同，表达了他也希望在将来通过自己的政治和外交才能换得人民的太平与幸福的愿望，而这一点，在上文对诸葛亮的"智慧"人格的分析中，已经有了清楚的说明。诸葛亮的杰出才能主要表现在他治理国家的能力上。而他的外交能力，就表现在缔结与修复孙刘联盟的多次外交活动中：赤壁之战前夕，他首次出使江东，缔结孙刘联盟；后来，这个联盟因关羽遇害和刘备的猇亭之败而遭到破坏。刘备去世后，诸葛亮又多次派人修复孙刘联盟。还有一点就是，管仲后来被齐桓公尊为"仲父"——这在知识分子眼中，是"帝王师"的象征。其实在中国，"帝王师"可以说是历代知识分子的一种"情结"。而诸葛亮后来成为刘禅的"相父"，这正是对管仲认同的具体表现。

乐毅，生卒年不详，中山灵寿（今河北灵寿西北）人，战国后期杰出的军事家，拜燕上将军，受封昌国君，辅佐燕昭王振兴燕国，报了强齐伐燕之仇。他曾指挥燕赵联军，连克齐国70余座城池，充分体现了他的杰出军事才能。他的《报燕惠王书》一文被后人广为流传。在该文中，他提到了国君用人的思想，对帝王在用人问题上提出了建设性意见。此外，他与燕昭王在兴燕破齐的事业中建立的君臣情谊，为封建社会的贤人志士所向往。诸葛亮以乐毅为自我发展中的认同对象，表明他也希望能通过自己的军事才能为天下苍生谋取幸福，同时，也希望像乐毅一样，找到一个能尽己之才的君王，能有一份像燕昭王和乐毅之间那般融洽的君臣情谊。当然，他最主要的目的还是想通过自己的才能，来一展自己兴微继绝、再造汉室的远大抱负，而要想做到这一点，除了要加强自己的修养外，建立和谐的君臣关系则非常重要。这又从另一个侧面造就了诸葛亮人格中的"忠义"特征，演绎了他后来择主而事的故事。至于表陈心迹，诸葛亮的《出师表》则与乐毅的《报燕惠王书》有着异曲同工之妙，两篇文章，相隔数百年，却都反映了臣子对幼主的一片忠心。此外，乐毅曾通过自己非凡的外交才能，为燕国联络盟友，这和后来诸葛亮出使东吴、建立孙刘联盟如出一辙。很显然，乐毅在完成自己的使命时，将军事和外交有效地结合，对诸葛亮产生了极大的影响。

表2 诸葛亮与管仲、乐毅的比较

	诸葛亮	管仲	乐毅
具体事件	为相之干	卓越的政治才能	
	外交才能（辅佐刘备建立"三分天下有其一"的蜀国）	出色的外交才能（辅佐齐桓公成为"春秋五霸"之首）	
	被刘禅尊为"相父"	被齐桓公尊为"仲父"	
	治军的才能		卓越的军事才能
	《出师表》体现的君臣情谊		《报燕惠王书》体现的君臣情谊

综上所述，诸葛亮由于出身官宦之家，自幼受到良好诗书礼教的熏陶，造就了不甘于平凡的个性。而后来家庭与社会的变故，让他的最初梦想破灭，使得他难以对未来形成一个清晰的构想，从而诱发了严重的自我同一性危机。由于危机在现实中寻求不到有效的解决途径，他经常"抱膝长啸"，来抒发内心的苦闷。而后，通过以管仲、乐毅自居，他寻找到了一条既可以解决自己的同一性危机、又可以拯救天下苍生于水火之中的方法。他试图循着管仲、乐毅的足迹，去开拓属于自己的未来。事实上，以管、乐自居，不仅表明诸葛亮对管、乐在政治、军事、外交等方面才能的追求，寄望自己通过努力也具有那样的才能。同时，管仲和乐毅都是在极其艰难的环境中一步步走向成功的，这启发了诸葛亮，要成就像管仲、乐毅一般的伟业，必须要有超人的耐挫能力，能够在逆境中克服重重困难，这对后来诸葛亮人格中的"刚毅"特征以及每当蜀汉遇到重创时表现出的独特的冷静和"审慎"有着重要的影响。

埃里克森认为，自我同一的个体具有如下特征：（1）对个人未来的方向和个人独特性的意识；（2）对个人以往的各种身份、各种自我形象的综合感；（3）一种对异性伴侣和爱的对象能作出明智选择的意识；（4）一种对未来理想职业的向往和作为社会成员的意识（转引自叶浩生，2004）。而此时的诸葛亮，已经具有了对自己的未来发展方向和理想职业有了清晰的认识。在裴松之对《三国志·诸葛亮传》的注释里面，引用了《魏略》中的这么一段：

> 魏略曰：亮在荆州，以建安初与颍川石广元、徐元直、汝南孟公威等俱游学，三人务于精熟，而亮独观其大略。每晨夜从容，常抱膝长啸，而谓三人曰："卿三人仕进可至刺史郡守也。"三人问其所至，亮但笑而不言。（陈寿，晋/2002，p. 466）

由此可见，诸葛亮对自己未来的发展已经了然于心。至于怎么发展，那就是像管仲、乐毅一样，匡扶季汉，荡平海内。此外，诸葛亮也具有了对异性伴侣和爱的对象作出明智选择的意识，这从他重才不重貌、甘愿选择黄承彦的丑女为妻这件事上就可以看出。因此，完全可以认为，诸葛亮通过以管、乐自居，有效地解决了他的同一性危机。

3. 独特的"多维认同"

关于诸葛亮的认同，需要补充的是，他的认同是一种比较特别的认同。依据弗洛伊德理论，认同是一种内化型的防御机制。个体以他人为榜样或以他人人格自居而改变自身的某些方面。因此，认同作用是人格得以形成、自我和超我借以发展的重要手段，也是童年期的一个不可避免的、重要的发展过程。在恋母情结被解除期间，个体认同的对象是父母，之后便转向生活环境中的其他重要人物，而这些人物通常是个体所爱和崇拜的人物。在行为主义者班杜拉（Bandura，A.）那里，认同则是贯穿人的一生的。由此可见，无论是精神分析还是行为主义，个体在某个具体的阶段，认同的对象常常是唯一而确定的。而诸葛亮则不一样，他同时认同的是两个人，而且对这两个人的认同是同等程度的，因此我将其称为"多维认同"，即是指，他在同一时间里，对两个对象产生了同等程度的认同，但对这两个对象的具体认同内容却不完全一样，也就是说存在认同上的维度差异。对管仲而言，他认同的是他的政治才能和外交能力，以及他与齐桓公之间的特殊君臣关系；而对乐毅而言，他更关注的是他的军事才能。

但是，为什么诸葛亮会产生"多维认同"呢？因为，对诸葛亮而言，这几乎是有效解决他同一性危机的唯一途径。首先，在当时，要让老百姓过上安稳的日子，实现自己成就一番事业的梦想，就必须先有一个和平的环境。而要改变诸侯纷争的时局，唯一的方法就是通过武力和外交来平定四海。然而，走马得天下却不能走马治天下。因此,当有了和平的环境,则需要政治来实现自己的梦想了。就这样,任何一个单一的伟人都担当不起被诸葛亮认同的重任,只有管仲和乐毅共同当选了。

(四) 人际际遇与人生梦想的形成与发展

陈祥美认为,人际际遇(chance encounter)会改变一个人生命的发展途径,也会使一个人的梦想逐渐成形以及发展、变迁(陈祥美,丁兴祥,1998)。但陈先生在提出这个概念时,并未对其给予清晰的界定。他对梁启超人际际遇的研究表明,他讲的"人际际遇",就是指在人的生命中,一些能够让个体的生命发生极大转折的人对个体所产生的影响。由于这种对个体产生极大影响的人的到来具有极大的偶然性,因此冠以"际遇",带有一种"缘"的意味。

如前所述,诸葛亮通过自比管、乐,形成了自己对未来的规划。但要实现他的这个规划,有一点十分关键,那就是如何才能练就一身管仲、乐毅般的本事。而当时荆州的人文环境,对诸葛亮十分有利,也正是这样的环境,才造就了当今人们心目中的"千古一相"。荆襄本来名士众多,而当时正逢乱世,许多有才能的人都到处避乱,荆州成为他们一个较好的选择。而避乱荆州的人,大都是非常厉害的角色,怪不得王粲说,"士之避乱荆州者,皆海内之俊杰也"。那么荆州的士人都有哪些呢?通过查阅历史资料,荆州对诸葛亮产生重大影响的士人,总体而言可分如下三类:

1. 德高望重的尊长

在荆州,有很多著名的在野知识分子,他们拥有渊博的知识,同时又与统治阶级有着密切的联系。他们熟悉政治情况，善于分析形势，并操控着社会的舆论。这些人包括诸葛亮的岳父黄承彦、诸葛亮二姐夫之父庞德公以及人称"水镜先生"的司马徽。

据《三国志》裴松之注引《襄阳记》记载，黄承彦为沔南名士。诸葛亮择妇时，以丑女"才堪相配"而嫁之。虽然史料中并没有关于黄老先生的更多记载，但有一点是很清楚的，那就是黄老先生不仅很有才学，和当时的庞德公、司马徽都有很好的交情，同时，他也有较高的社会政治地位。一方面，黄承彦和刘表是连襟：二者皆是蔡讽之婿；另一方面，在当时荆州的阀阅冠冕之族中，黄家也位列其中。因此，诸葛亮和黄家联姻，一方面给自己带来了和更多名士交往的机会，使得他拥有了更多求学的途径；另一方面，从某种程度上也提高了他的社会地位，怪不得《三国演义》中有"座上往来无白丁"这样的描述，这是有一定道理的。而诸葛亮正是通过和那些熟悉政治的人交往，为后来清楚地分析天下形势、为刘备擘画三分天下，创造了可能性。

庞德公为沔南名士，隐居于岘山，刘表数次延请，都被谢绝。于是，刘表问他，您辛苦地耕种在田间而不肯享官食俸禄，那么，在您百年之后，用什么留给子孙呢？庞德公回答说，当官的人都把危险留给子孙，我却把勤劳耕读、安居乐业留给他们，只是所留下的东西不同罢了，不能说我没有留下什么东西。刘表见劝说不动他，只好叹息而去。诸葛亮由于和庞家的亲戚关系，经常去拜访并求教于庞德公。庞德公十分器重诸葛亮，给他了很高的评价，称之为"卧龙"。由于东汉末年，臧否人物成为一种习惯，特别是那些德高望重的人的评价，会直接影响到一个人在社会上的地位，因此，庞德公不仅是诸葛亮学业上的老师，同时也是促使他后来走上仕途的关键人物。显然，庞德公的卓识远见和对当时形势的分析，特别是他对"入仕"的看法，势必会对诸葛亮产生重要的影响。清人阮函在《答鹿门与隆中孰优说》中说："庞公却辟刘表，知其不足与为；而智辩昭烈，隐然出武侯以自代。在国可扶炎鼎之衰，而在己无改岩林之乐。"很显然,阮函认为,庞德公对诸葛亮的成才起了关键的作用。不仅如此,庞德公对自己的侄子庞统的培养也是非常重视的。《襄阳记》中说:"统少未有识者,惟德公重之,年十八,使往见德操。德操与语,既而叹曰:'德公诚知人,此实盛德也。'"(陈寿,晋/2002)众所周知,庞统就是后来和诸葛亮齐名的"凤雏",也为蜀汉立下了汗马功劳。而庞德公对子侄的这种教育,又从另一个方面影响了诸葛亮后来对子侄的教育。综上所述,庞德公对诸葛亮的成材、成名都起了决定性的作用。

司马徽,字德操,阳翟人。他是从颍川来荆州避难的著名学者,擅长古文经学。此外,他为人宽厚,在当地具有较高的威望。历史上对他最突出的记载是,一生清雅,善知人,时人称之为"水镜先生"。司马徽对诸葛亮的影响主要表现在向刘备的举荐。由于司马徽在当时名声远大,不得志的刘备向他寻访人才,他答道:"儒生俗士,岂识时务?识时务者在乎俊杰。此间自有伏龙、凤雏。"刘备问是谁?他说:"诸葛孔明、庞士元也。"因此才有后来的"三顾茅庐"。司马徽之所以能对诸葛亮产生如此巨大的影响,有两方面的原因:首先,司马徽本身就是像黄承彦和庞德公一样的贤人,对于好学而又追求上进的诸葛亮来讲,他肯定不会"放过"眼前这位老师。其次,由于他本人的崇高威望,他对诸葛亮的举荐就非常重要,否则,年近半百的刘备也不会三番五次地来请一个二十出头的毛小伙出山了。

由此可见,那些德高望重的尊长们,他们不仅通过传道、授业来影响诸葛亮,更重要的是,通过他们在社会上的影响,给予了诸葛亮很高的评价,这些评价对诸葛亮来讲既是增进自身学业的动力,同时又成了他后来择主而事的资本。另外,尊长们的主动推荐则对诸葛亮后来走上仕途起着重要促进作用。

2. 追求上进的朋辈

除了德高望重的尊长外,对诸葛亮产生重大影响的,还有当时和他一起学习的朋辈。据裴松之在《三国志·诸葛亮传》中注引《魏略》记载,"亮在荆州,于建安初与颍川石广元、徐元直、汝南孟公威等俱游学",当诸葛亮自比管仲、乐毅时,"时人莫之许也,唯博陵崔州平、颍川徐元直(即徐庶)与亮友善,信以为然"。(陈寿,晋/2002)由此可见,当时同诸葛亮一起学习的人至少有以上四个。此外,马谡之兄马良、庞德公之侄子庞统也和诸葛亮的年纪相仿,并且有着不错的交情。

历史上对崔州平的记载不多,我们只是知道当诸葛亮自比管、乐时,崔州平非常赞同。后来,诸葛亮身为蜀汉丞相时,还对群下说,"昔初交州平,屡闻得失"(《诸葛亮集·又与群下教》,张澍,清/1960),可见他们在青年时期对彼此的影响很大。徐庶,字元直,颍川人。他曾向刘备力荐诸葛亮,说:"诸葛孔明者,卧龙也,将军岂愿见之乎?"当刘备让他们一起来时,他这样说,"将军宜枉驾顾之"。于是,就有了后来"三顾茅庐"的故事。徐庶后来仕魏,官至右中郎将、御史中丞。除了对诸葛亮才能的认可之外,徐庶对诸葛亮的主要影响还表现在在刘备面前力荐诸葛亮。当然,他们在学习中,相互切磋、互相勖勉也是必然的事情。后来,诸葛亮在与下属交谈时说,"昔初交州平,屡闻得失;后交元直,勤见启诲"(《诸葛亮集·又与群下教》,张澍,清/1960)。这就充分表现了,在朋辈交往中,相互勉励、相互学习对他的影响是重大的。石韬,字广元,颍川人。曹操下荆州时,石韬归附于他。后来在魏历任郡守、典农校尉。诸葛亮伐魏时,兵出陇右,听说徐庶与石广元尚未显达,感慨道:"魏殊多士也,彼二人何不见用乎?"(陈寿,晋/2002)。孟建,字公威,汝南人,后来仕魏,曾任凉州刺史、征东将军。诸葛亮兵出祁山时,还让司马懿转达对孟公威的问候。庞统(公元179—214),字士元,襄阳(今湖北襄樊)人。庞统年轻时,为人朴钝,没有人赏识。只有他的叔父庞德公十分看重他,认为他不同寻常。当时,司马徽素有识人之名,庞统前往拜访。交谈后,司马徽对庞统十分欣赏,称他是南州首屈一指的人才。从此,庞统的名声渐渐显赫。庞德公将他与诸葛亮、司马徽并提，说诸葛亮是"卧龙"，庞统是"凤雏"，司马徽是"水镜"。后来，庞统在本郡作了一名功曹。庞统有知人之明，他喜欢评判人品高下，乐于培养别人的声望，但是他称赞别人时，往往超过那人的实际才能，多有溢美之词。他自己解释说，当今乱世，善人少而恶人多，宣扬好的榜样可以改善世风。诸葛亮与庞统既有亲戚之雅，又是志趣相投的挚友，他们互相切磋问难，互有进益。后来二人都对蜀汉做出了积极的贡献。马良（公元187—222），字季常，襄樊宜城人，蜀汉名臣，历官从事、左将军掾、侍中。他与诸葛亮的关系很好，被诸葛亮尊为"尊兄"。他兄弟五人，俱有才名。马良眉中有白毛，因此，人们常说："马氏五常，白眉最良。"

由于当时这些人都是二十多岁的青年，他们风华正茂，英气勃勃，在一起互相切磋学问，相互勉励，对彼此的成长都是有所增益的。一方面，他们在学业方面各有所长，可以互相取长补短；另一方面，朋辈之间相互激励，对彼此学业的长进是非常有帮助的。特别是当大家觉得诸葛亮自比管仲、乐毅是说大话的时候，唯有崔州平和徐庶力排众议，肯定了诸葛亮的能力，这势必对诸葛亮产生了极大的鼓舞作用。

3. 声名赫赫的豪族

其实，上面这两类人中的大多数都可以包含到现在要讨论的豪族中。这些豪族通过他们的社会影响，对诸葛亮的成材和走向仕途产生着重要推动作用。据历史记载，当时荆州的豪族主要包括庞家、黄家、蔡家、蒯家、习家、马家和杨家。

在这些豪族中，蔡家的影响最大，其次为蒯家。史载，蔡讽的姐姐嫁给了当时的太尉张温。蔡讽有两个女儿，大女儿嫁给了黄承彦，小女儿嫁给了刘表，后来在刘表帐下统领水军的蔡瑁就是蔡讽的小儿子。因此，刘表的后妻和次子刘琮都算身出蔡家,而蔡氏的蔡瑁又在刘表集团掌握着军事实权。蒯家的蒯越,乃深智魁杰之士,曾经辅佐刘表平定境内,刘表因而得以强大。蒯祺以诸葛亮的大姐为妻,官至房龄太守。庞家的庞德公、庞统、庞林、庞山民等,和诸葛亮关系都非常密切。庞山民为诸葛亮的二姐夫,庞统又是诸葛亮的挚友,庞德公是诸葛亮的老师,庞统之弟庞林后来任荆州治中、参镇北将军事。襄阳习氏,"宗族富盛,世为乡豪"(房玄龄,唐/1974)。其中习祯为庞林的大舅子,与诸葛亮有间接的亲戚关系,他很有才能,仕蜀,曾官至广汉太守。马家的马良兄弟五人都很有才能,马良的弟弟马谡,在三国中也是比较有影响的。

  诸葛亮正是由于同这些豪族的交往,才使得自己与本地及客籍的人士建立了广泛的师友关系。作为一个从北方战乱之地迁徙而来的人,在当时复杂的政治形势和人际关系中,要站住脚跟,并寄希望于有所发展,他不得不谨小慎微,这就进一步培养了诸葛亮"审慎"的作风。正是通过这种复杂形势对他的历练,他在后来的种种复杂人际关系中,能够得心应手、游刃有余。同时,通过对当时形势的全面分析与观察,他对当时的社会矛盾也有了深刻的认识,这对后来治理蜀汉有着重要的意义。此外,他与众多的游学者建立了良好的关系,而这些人中的许多后来都成为了蜀汉政权的中坚力量,也成了他事业的有力支持者。

  人际际遇是人生中难以直接把握的一部分,可以说是影响一个人事业追求的一些偶然因素,但又不全是偶然的,因为人际交往毕竟是一个交互过程。比如对诸葛亮而言,人生中可能遇到哪些人,他自己难以预料。但是在身边所有的人中,他却可以选择重点的交往对象。可以想象,当时诸葛亮身边绝对不可能只存在上述的那些优秀分子,也会存在许多泛泛之辈,甚至市井无赖之徒,然而,诸葛亮却选择了上面的这些人,并和他们建立了特殊的社会关系。比如他主动向先贤们请教,和石广元、孟公威一起切磋学问,等等。这些都和他的人生追求是有关的。正如前面的分析，诸葛亮自比管仲、乐毅，从而解决了自我同一性危机，但是，如何才能成就管仲、乐毅般的伟业，那就需要加强自身修养和能力。正是有了成就伟业的人生追求，才有加强自身能力的需要，所以后来他才会在人群中主动寻找有利于实现自己人生梦想的交往对象。于是，上面所述的那几类人就对诸葛亮的事业规划的实现产生了积极的作用。因此，当诸葛亮具有了很好的人生规划之后，人际际遇就成为他人生梦想得以实现的决定性因素，而正是这些际遇，成就了一代伟人、千古贤相。

（五）卓越才能：个人的奋进与历练

韩愈认为，"人非生而知之"，就连诸葛亮自己都说，"才需学也，非学无以广才"（《诸葛亮集·诫子书》，张澍，清/1960）。现代心理学研究表明，个人的才能是在先天遗传的基础上，后天习得的结果。因此，良好的基因遗传和家庭氛围，以及后来的人际际遇，只是为诸葛亮卓越才能的形成提供了发展的动力基础，而只有将这种动力注入真实的生命历程，才可能演绎出辉煌的人生。

1. 见贤思齐，观察学习

美国心理学家班杜拉认为，儿童通过观察他们生活中重要人物的行为而学得社会行为，这些观察以心理表象或其他符号表征的形式储存在大脑中，来帮助他们模仿行为。也就是说，在班杜拉看来，学习是对榜样模仿的结果。模仿受强化（包括"直接强化"和"间接强化"）的影响。在观察学习发生的时候，学习者不需要马上作出模仿榜样的反应，也不需要亲自体验强化，而只是通过观察他人在一定环境中的行为，并观察他人的强化历程就可以了。诸葛亮从小成长在一个官宦之家，虽然后来没落，但"乍贫不离原气象，骤富难改旧家风"，那种身为读书人家的"世德"与"家风"，那些官宦之家的行为方式、礼节礼仪、价值观念并没有发生变化。所以，诸葛亮从小，家中的父母、哥哥和姐姐们就是他行为和能力习得的榜样。而在行为习得的过程中，父母又通过强化来塑造他的行为，使得他的行为最终符合一个传统"守官奉儒"之家的行为规范。现在关于诸葛珪怎样塑造诸葛亮的行为，已无从考证。但是，诸葛亮有一个比他大八岁的哥哥诸葛瑾，诸葛瑾16岁时，父亲诸葛珪才去世。心理学研究表明，十六岁属于个体成长的青年中期，此时，个体的生理和心理水平趋于成熟，各种个性心理品质也逐渐趋于稳定。因此，可以认为，诸葛瑾的行为是依照父亲意愿塑造的结果。因为，在中国的传统中，自古以来是"父严母慈"。在一个家庭中，父亲从来就是扮演着抚养者、教育者和惩戒者的角色，他们往往重礼教而轻感情。正如《三字经》所说，"养不教，父之过"。那么同样，养而有教，教而有得，想必自然是父亲的作为了。而诸葛瑾是一个典型的符合儒家礼仪的"君子"型人物，如前所述，"少游京师，治《毛诗》、《尚书》、《左氏春秋》。遭母忧，居丧至孝，事继母恭谨，甚得人子之道"（陈寿，晋/2002）。而诸葛瑾的这些行为，肯定来源于他父亲诸葛珪塑造的结果，长兄如父，故而诸葛珪也势必用同样的方法塑造了诸葛亮的行为。

行为主义心理学家斯金纳（Skinnner, B. F.）认为，行为是塑造的结果。儿童在成长的过程中，他会模仿各种各样的行为，但不是所有的行为都符合父母的规范。只有当他们表现出符合规范的行为时，才会受到强化；反之，他们就不会受到强化甚至可能受到惩罚。因此，符合父母意愿的行为就通过一次又一次的强化被保留了下来，反之，不符合要求的行为，就通过惩罚予以消除。比如，遵守儒家礼仪是官宦家庭的行为规范，那么诸葛亮在最初的时候，对这一规范的重要性并不了解，他可能有时会表现出"非礼"的行为，但有时候又会表现得很遵守礼仪，但通过一次又一次地被呵斥和被强化之后，最终，符合儒家礼教的行为被保留（即后来诸葛亮人格特征的"忠义"特征），不符合的行为被消除了。

同样，当诸葛亮后来躬耕于隆中时，周围有很多德高望重的尊长，也有追求上进的朋辈，在和这些人的交往中，观察学习和强化塑造肯定对他起了十分重要的作用。正是他追求上进、学习刻苦得到了庞德公的认可，因而被冠以"卧龙"的称号，这个称号对诸葛亮来说是一个很重要的强化。因为庞德公在当时是受到社会上层包括刘表在内的人们广泛敬仰的人，他自己治学严谨，不会轻易给一个人较高评价的。一下子就称诸葛亮为"卧龙"，那说明诸葛亮的很多方面都得到了他的认可。于是，诸葛亮就会在后面的行为中进一步迎合他的评判标准，进一步将自己塑造得更加完美。

此外，心理学家班杜拉坚持交互决定观。他认为，个体、环境和行为是相互影响、彼此联系的。三者影响力的大小取决于当时的环境和行为的性质。这一点对诸葛亮来说，个体和环境共同影响了他的行为和人格。由于他自己具有追求上进的需要，而当时荆州的人文环境又对他这一需要十分有利，于是，内在动力和环境最终共同造就了一个德才兼备的少年英杰。

2. 困苦中发奋读书

在中国古代，特别是在孔子以前，"学在官府"，只有贵族子弟才有权受教育，因而，也只有贵族子弟才有当官的资格。但到了孔子的时代，社会的政治经济和文化教育都在下移，这就为私人办学提供了机会。孔子正是抓住了这一机会，开始了其创办私学的职业生涯，希望通过兴办教育来培养"贤才"和官吏，以实现其政治理想。在教育的对象问题上，孔子明确提出了"有教无类"的思想。"有教无类"的本义是无分贵族与平民，不分国界与华夷，只要有心向学，都可以入学受教。而一个人只要有机会接受教育，那么就有机会走上仕途。这在古代，是下层百姓通往上层为数不多的途径之一。此外，在中国的传统中，光宗耀祖是孝道的重要组成部分，什么行业可以光宗耀祖？"万般皆下品，唯有读书高"，所以，中国人在传统中是崇尚读书和功名的，因此，"劝学"也就成为了传统家训的重要内容之一。那么，出生在一个"奉儒守官"之家、成长在一个崇尚读书和功名的社会里的诸葛亮是如何度过他的青年生活的呢？对此，《三国志》只用了七个字，"玄卒，亮躬耕陇亩"。然而，就这寥寥的七个字，对诸葛亮而言，却意味着几多艰辛，几多困苦。此处的"躬耕"则应理解为"耕读"。一方面，史书记载他"躬耕陇亩"，而另又有记载他曾"游学"襄阳。再通过他后来在《隆中对》中的精彩论述，完全看得出，在隆中十多年间，他曾博览群书。诸葛亮在隆中究竟读过哪些书，现已无可稽考。但可作以下几点分析：

首先，从他的《论诸子》和《论夺让》中，可见他熟悉道家、法家、纵横家、兵家等多家的思想，因此，可以认为，他所读之书并不局限于某一家某一学派，而是博采众长，广泛涉猎。当代史学家认为，诸葛亮的思想并不局限于某一个学派，而是儒、法、道、墨兼而有之（余明侠，1996）。因此，完全可以推断的是，诸葛亮从17岁隐居隆中，到27岁离开，以致后来运筹帷幄、大展经纶，成就蜀汉三分基业，都与隆中十年的发奋苦读有着非常紧密的关系。其次，从刘备白帝托孤时的遗诏中也可以看出，诸葛亮为刘禅抄写过《申子》、《韩非子》、《管子》和《六韬》，可见，他对兵家是非常熟悉的。再次，从诸葛亮在《诫子书》中所说，"非淡泊无以明志，非宁静无以致远"，这是明显的道家观点。此外，他的老师庞德公隐而不仕，其言行多同道家相符，这也势必对他有所影响。因此可以断定，他对道家的思想是非常通透的。最后，诸葛亮的《隆中对》和在东吴智激孙权时的言论，同战国纵横家们随机应变的犀利词锋颇有相似之处，这表明，他也受到先秦纵横家的影响。

综上所述，可以认为，诸葛亮的德行和才能是家庭环境和荆州人文环境的塑造结果。他通过对周围榜样的学习，通过自身、环境的交互作用，通过周围各种因素的直接与间接强化，通过隆中十年的刻苦攻读和广泛涉猎，从而具有了经天纬地的才能。

四、研究结论

诸葛亮人格特征包括"忠义"、"智慧"、"刚毅"和"审慎"四个方面。影响诸葛亮人格特征形成的因素主要包括：家世与遗传为其成才提供了前提，其中，良好的遗传因素是其"智能"人格的保证，而"奉儒守官"的家庭环境则对其"忠义"人格有着重要的影响；战乱中的流徙生活极大地影响了他的人生奋斗的方向，同时也练就了他的"刚毅"和"审慎"；自我同一性危机为其人生提供了奋斗的动力基础，对管仲和乐毅的认同影响了他对军事和政治的双重追求，同时也强化了他"刚毅"和"审慎"的人格特征；人际际遇使得具体的人生梦想得以形成并提供了实现的可能；个人的奋进与历练使得他在成才成名之中实现了自身的价值。

参考文献

陈寿（晋/2002）. 三国志.（宋·裴松之注）. 喀什：喀什维吾尔文出版社.

陈翔华（1990）. 诸葛亮形象史研究. 杭州：浙江古籍出版社.

陈祥美，丁兴祥（1998）. 人际际遇与生命梦想的形成与发展：以梁启超的心理传记学研究为例. 本土心理学研究，12（10），235.

房玄龄（唐/1974）. 晋书. 北京：中华书局.

黄希庭，张蜀林（1992）. 562个人格特质形容词的好恶度、意义度和熟悉度的测定. 心理科学，(5)，19—24.

舒跃育，杨玲（2008）. 原型情景在心理传记资料分析中的应用. 北京教育学院学报（自然科学版），(3)，15.

舒跃育（2011）. 诸葛亮人格特征成因的心理传记学研究. 阴山学刊，24（6），22.

舒跃育（2009）. 历史人物之二重形象研究：以诸葛亮的心理传记分析为例. 硕士学位论文，西北师范大学，兰州.

舒跃育（2012）. 诸葛亮研究的回顾与展望. 成都大学学报（社会科学版），(1)，55—57.

余明侠（1996）. 诸葛亮评传. 南京：南京大学出版社.

叶浩生（2004）. 西方心理学的理论与流派. 广州：广东高等教育出版社.

张澍（清/1960）. 诸葛亮集. 北京：中华书局.

张连科，管淑珍（2008）. 诸葛亮集校注. 天津：天津古籍出版社.

郑剑虹（1997）. 梁漱溟人格的心理传记学研究. 硕士学位论文，西南师范大学心理系，重庆.

Schultz, W. T.（2011）. 心理传记学手册（郑剑虹等译）. 广州：暨南大学出版社.（英文版 2005 年）

A Rare Prime Minister: A Psychobiographical Study of Zhuge Liang's Life Course

Yue-yu Shu

(Psychobiography Institute of Psychology School, Northwest Normal University, Lanzhou, 730070)

/ Abstract /

Based on historical facts and taking Zhuge Liang as case, through combined Method of Historical Documents, Experimental Method and Statistical Method, the combinations of quantitative and qualitative analysis, this case study fully analyzed the basic content of Zhuge Liang's personality. The results show that there are four factors of "loyalty", "wisdom", "resolution" and "prudent" in Zhuge Liang's personality. Through psychobiographical analyzing to Zhuge Liang, we found some of the main aspects which affected the formation of Zhuge Liang's personality factors: (1) genetic factor and family background; (2) vagrant life in wartime; (3) Long shouting with crossed hands around his knees: identity crisis; (4) chance encounter and the formation and development of his life dream; (5) brilliant abilities: personal experience and endeavor.

/ Keywords /

Psychobiography, Zhuge Liang, personality

附　录

附录1　对诸葛亮艺术形象了解情况调查

您好，现在请您协助完成一个有关诸葛亮艺术形象的调查。您对每个关于诸葛亮的事件的了解程度分三种情况，分别为"没听说过"、"知道"和"熟悉"。请您根据您的实际情况，在相应的数字上画"√"。本调查仅作研究之用。谢谢您的合作！

序号	事件名称		对事件掌握程度		
			没听说过（0）	知道（1）	熟悉（2）
1	火烧博望		0	1	2
2	火烧新野		0	1	2
3	舌战群儒		0	1	2
4	草船借箭		0	1	2
5	借东风		0	1	2
6	智算华容道		0	1	2
7	三气周瑜	占南郡	0	1	2
		甘露寺	0	1	2
		借途灭虢	0	1	2
8	卧龙吊丧		0	1	2
9	计捉张任		0	1	2
10	平定益州		0	1	2

续表

序号	事件名称	对事件掌握程度		
		没听说过（0）	知道（1）	熟悉（2）
11	智取汉中	0	1	2
12	石伏陆逊	0	1	2
13	安居退五路	0	1	2
14	祭泸水	0	1	2
15	骂死王朗	0	1	2
16	空城计	0	1	2
17	陇上妆神	0	1	2
18	巾帼素衣	0	1	2
19	火烧上方谷	0	1	2
20	五丈原禳星	0	1	2
21	计杀魏延	0	1	2
22	死诸葛走生仲达	0	1	2

附录2 对诸葛亮熟悉程度检测表

▲请您依据所阅读的内容，判断下列叙述的正误，正确的打"√"，错误的打"×"：

1. 诸葛亮自幼父母双亡，他跟随叔父一起生活。　　　　（　　）
2. 诸葛亮之妻美若天仙，但缺乏才能和德行。　　　　　（　　）
3. 诸葛亮于27岁时，出山辅佐刘备。　　　　　　　　（　　）
4. 刘表的大儿子刘琮曾求教于诸葛亮。　　　　　　　　（　　）
5. 赤壁之战前，刘备曾派诸葛亮向东吴孙权求救。　　　（　　）
6. 建安十六年，刘备任命诸葛亮为军师将军。　　　　　（　　）
7. 建安二十六年，刘备称王，封诸葛亮为丞相。　　　　（　　）
8. 建兴元年，后主刘禅封诸葛亮为汉寿亭侯。　　　　　（　　）

9. 建兴四年,诸葛亮率军南征,第二年秋叛乱被平定。( )
10. 建兴六年春,诸葛亮因马谡失街亭而上表自贬三等。( )
11. 建兴六年冬,诸葛亮攻打陈仓,斩杀魏将王双。( )
12. 建兴七年,后主下诏恢复诸葛亮的军师职位。( )
13. 建兴九年,诸葛亮用流马运送军粮,粮尽班师。( )
14. 诸葛亮死后,他的儿子诸葛乔继承爵位。( )
15. 从诸葛亮去世前的上表中,可以看出他为官清廉。( )

苏轼仕隐矛盾的心理传记学研究

王世明* 陈顺森

(闽南师范大学教育科学学院,福建漳州,363000)

/摘 要/

苏轼是北宋著名政治家、文坛宗师,政治生涯跌宕起伏,而他的仕隐矛盾尤其引人瞩目,本文以此为切入点,运用心理传记学的方法来对苏轼的生命故事进行解读。研究发现苏轼一直努力保持着仕与隐的平衡,并且随时间发展,仕隐平衡的内涵也有较大差异:在乌台诗案以前,先仕后隐的理想维持着仕隐平衡;乌台诗案之后到被贬惠儋之前,仕与隐冲突激烈,呈现出僵持状的平衡;被贬惠儋之后直至去世,仕隐交融,超越了矛盾。究其原因,传统的文化和历史背景是产生仕隐矛盾的沃土,而苏轼复杂的家庭因素是其独特的仕隐关系得以产生的根源,从政后所经历的事情则进一步推动了仕隐矛盾的变化和发展。

---

* 王世明,E-mail: psychologylove@126.com

/ 关键词 /

苏轼，仕隐矛盾，心理传记学

一、引言

苏轼，字子瞻，初字仲和，号东坡，眉州眉山（今四川眉山县）人，北宋著名政治家、文坛宗师。1037年生，1101年卒，享年66岁。

苏轼一生历经仁宗、英宗、神宗、哲宗、徽宗五朝，宦海沉浮几十载。于弱冠之龄便已是文名动天下，又被皇帝当作后备宰相之才。然而，他的政治生涯却是跌宕起伏，有过三入翰林的辉煌，也屡遭重挫——先是中年遭遇文字狱，到晚年又被远贬岭海，每次都是九死一生。

曲折而复杂的人生过程中，苏轼创作出了极为丰富的文学作品：2700多首诗、300余首词、4800多篇文章。无论是质量还是数量都为北宋之首。作为光耀千古的文学大家，他文与欧阳修并称"欧苏"、诗与黄庭坚并称"苏黄"、词与辛弃疾并称"苏辛"。他在政治思想、人生修养等方面也有独到见解，自成一家，是北宋蜀学领袖。

心理传记学对于这类拥有独特生命故事的个案情有独钟，并力图通过系统地运用心理学的理论将个人生命转换成一个连贯且具有启发性的故事（Schultz，2005/2011），以此为人们理解人物的生命提供新的视角。过去，对苏轼的研究主要集中于文学和哲学的角度，笔者运用心理传记学来研究苏轼，或可提供新的视角。

从对象某种独特而难以理解、又引人好奇的悬念问题切入，以对悬念问题的分析、解释来引导整个研究是心理传记学研究的一大特点。而苏轼最让人好奇的是纠缠了他40多年的仕隐矛盾：他从步入仕途开始便表达出强烈的归隐愿望，但却终生都没有实现真正的归隐，从而将"中晚唐开其端的进取与退隐的矛盾双重心理发展到一个新的质变点"（李泽厚，2001，p. 262）。何以如此？个中缘由究竟是什么？

二、苏轼仕隐矛盾

在仔细研究之后，我们发现苏轼的仕隐关系有着独特的特点：仕与隐不是简单的此消彼长，而是仕与隐既有矛盾冲突又处于微妙的平衡之中。这种矛盾的平衡是苏轼刻意努力的结果，在人生的不同阶段其平衡的情形也有着较大的差异，以两次重大政治挫折为转折点，他先后建构出了三种仕隐矛盾平衡：先仕后隐的平衡、仕隐双趋的僵持、仕隐相融的超越。

（一）先仕后隐的平衡

嘉祐元年（1056）三月，苏轼兄弟与父亲一道入京考试。八月，苏轼兄弟同时考中进士，苏轼赐进士及第，苏辙赐同进士及第。同时，苏轼因文章受到了主考官兼文坛宗师欧阳修的推崇而名噪京师。而仁宗对兄弟二人的才识非常欣赏，认为两人都有宰相之才。

无奈天有不测风云，就在苏轼刚要迈入仕途、风生水起之际，却传来了母亲程氏病故的噩耗，父子三人匆忙回蜀奔丧。此后，苏轼兄弟便丁忧家居。嘉祐四年（1059），苏轼与父亲和弟弟一起再次入京。嘉祐五年（1060），苏轼被授予河南府福昌县主簿，他却并不赴任，而是耐心苦读，然后参加了选拔高等人才的制科考试，并大获成功。他以"贤良方正能言极谏科"入第三等（一、二等为虚设），被授予大理评事、签书凤翔府，正式步入仕途。

治平二年（1065），苏轼被调回朝中，以殿中丞差判登闻院。原本英宗对苏轼非常欣赏，想破格提拔他入翰林院并委以重任——知制诰或修起居注，这类职位与皇帝接触非常密切，能够参与国家的最高决策，是通往宰相道路的捷径。不过由于当时宰相韩琦的反对，英宗的这一想法没有实施，而是按正常的人才培养程序，让苏轼参加了考试。经学士院考试，授官直史馆，这一职位虽不如知制诰或修起居注，却也是实实在在的清要之职，可以说按此情形发展下去跻身宰相之列只是时间问题。

但就在此时，他的家庭却是屡遭不幸，苏轼的妻子王弗、父亲苏洵先后去世。于是，他同弟弟苏辙一起护送父亲的灵柩回蜀，并依礼守制家居，这一守又是两年多。而在这两年多里，英宗去世，其长子赵顼即位，即宋神宗。神宗锐意改革，政局因此发生了翻天覆地的变化。王安石为首的新党开始变法，与以司马光为首的旧党争斗不断，回朝后的苏轼也被卷入其中。

随旧党在政治斗争中落败，与之站在同一战线的苏轼不得不自请外任。但选择外任并未能使他真正脱离政治漩涡，元丰二年（1079），苏轼被以作诗讥讽新法、讪谤之罪，逮捕入狱，从堂堂太守顷刻间沦为阶下之囚，在狱中历经百日折磨，史称"乌台诗案"。

在"乌台诗案"爆发之前，苏轼没有遭受大的挫折，虽有不顺之处，但并未对他的思想和心态产生重大的影响。当是时，年轻的苏轼斗志昂扬，毫不掩饰自己建功立业的渴望。在刚离家远上京城考取功名时，他高唱：

故巢不足恋，鹰隼岂能容。（苏轼，宋/2009，p. 17）

制科考试取得成功后，苏轼在《谢制科启》中明确地表达出强烈的报国欲望：

轼才不逮人，少而自信。治经独传于家学，为文不愿于世知。特以饥寒之忧，出求斗升之禄。不谓诸公之过听，使与群豪而并游。始不自量，欲行其志。遂窃俊良之举，不知才力之微。论事迂阔，而不能动人；读书疏略，而无以应敌。取之甚愧，得而益惭。此盖伏遇某官，德为世之望人，位为时之显处。声称所被，四方莫不奔趋；议论一加，多士以为进退。致兹庸末，亦与甄收。然而志卑处高，德薄宠厚。历观前辈，由此为致君之资；敢以微躯，自今为许国之始。（苏轼，宋/1986，p.1323）

在凤翔为官时，他作诗道：

近买貂裘堪出塞，忽思乘传问西琛。（苏轼，宋/2009，p.154）

在归朝之后，他又写道：

丈夫重出处，不退要当前。（苏轼，宋/2009，p.215）

外任密州时，苏轼再次表达出建功立业的渴望：

圣明若用西凉簿，白羽犹能效一挥。（苏轼，宋/2009，p.647）

此时期内，苏轼强烈地希望建功立业，实现致君尧舜的政治理想。但思乡与退隐的表达也毫不逊色：

吾家蜀江上，江水清如蓝。尔来走尘土，意思殊不堪。（苏轼，宋/2009，p.111）
三年无日不思归，梦里还家旋觉非。（苏轼，宋/2009，p.224）
退居吾久念，长恐此心违。（苏轼，宋/2009，p.165）

这一时期内，苏轼心中建功立业的抱负与归隐的念头交替出现，却又能相安无事，没有发生剧烈的冲突。这主要是因为苏轼计划先从政，致君尧舜，待政治理想实现之后，再功成身退，回归故乡。抱着先仕而后隐这一设想，苏轼成功地调和了仕与隐的矛盾。

（二）仕隐双趋的僵持

"乌台诗案"使苏轼由一名有前途的官员猛然间变成了狱中的待罪之人，不仅政治理想无法实现，更是有性命之忧，这对他最初所设想的功成身退的人生规划而言，可谓致命一击，仕隐冲突被一下子激发出来。

这种冲突在他被贬黄州后表现得淋漓尽致。他害怕政治迫害再次无端降临，因而变得小心谨慎起来，并开始自我反省，用佛老哲学思想来平定心灵。

他不再像以前一样随意创作，正常的朋友间的通信也会让对方在看完之后烧掉，至少是不能公开，生怕"好事者巧以酝酿，便生出无穷事也"（苏轼，宋/1986，p. 1709）。与此同时，他更是深居简出，在寺庙之中对自己的过往进行反省和总结：

> 谪居无事，默自观省，回视三十年以来所为，多其病者。（苏轼，宋/1986，p. 1432）

年少的轻狂也从此不复存在，试图把自己融入普通人之中：

> 得罪以来，深自闭塞。扁舟草屦，放浪山水间，与樵渔杂处，往往为醉人所推骂，辄自喜渐不为人识。（苏轼，宋/1986，p. 1432）

并打算买田终老:

> 买田吾已决,乳水况宜酒。所须修竹林,深处安井臼。(苏轼,宋/1986,p. 1565)

这种避世的做法在其躬耕于东坡、并自号东坡居士后达到了临界点。"苏轼自号东坡居士意味着他对白居易晚年'知足保和'思想作风的仰慕,意味着苏轼思想上的一个重大变化:佛老思想成为他在政治逆境中的主要处世哲学。"(王水照,1981,p. 57)

然而,对于佛老思想,苏轼是有选择地吸收与应用的,他认为:

> 学佛老者,本期于静而达。静似懒,达似放。学者或未至其所期,而先得其所似,不为无害。(苏轼,宋/1986,p. 1671)

"静"而"达"才是他钻研佛老思想的目的,更多是起疗伤的作用,对"懒"与"放"他是很排斥的,因为苏轼内心中强烈的为国为民的政治理想并没有熄灭。初到黄州他便感叹:

> 只渐无补丝毫事,尚费官家压酒囊。(苏轼,宋/2009,p. 1031)

同时,苏轼在黄州虽不再像以往那样毫无顾忌地进行"美刺",但仍无法彻底改掉,讽刺时政现象依然存在,如《陈季常所蓄朱陈村嫁娶图二首》,笔锋依旧犀利。

如此,苏轼便在仕隐之中挣扎,既手抄《金刚经》来静心养性,又作《论语说》五卷来阐发孔子的政治思想,希望"粗有益于世,瞑目无憾"。

此时期内，苏轼的仕与隐呈现出僵持状态，不复有之前先仕后隐的和谐。苏轼的政治思想波动较大，从政的动力也由建功立业渐渐转变为报恩和济时的责任意识。在"乌台诗案"后，他写道：

世事饱谙思缩手，主恩未报耻归田。（苏轼，宋/2009，p. 1180）

新的心态又不是很稳定，早期的鸿鹄之志并未在挫折中完全消失，时有复现的迹象：

愿为穿云鹤，莫作将雏鸭。（苏轼，宋/2009，p. 1203）

被贬黄州之后，苏轼虽因旧党重新掌权而被一路提升，却已初显疲惫之感，如他在入京之前，在与米蒂的信中写道：

某自登赴都，已达青社，衰病之余，乃始入闹，忧畏而已。复思东坡相从之适，何可复得？（苏轼，宋/1986，p. 1777）

元丰八年（1085），宋神宗驾崩，其子赵煦继位，即哲宗，不过哲宗只有10岁，便由其祖母高太后垂帘听政。高太后本身不喜新党，因此启用旧党，将旧党旗帜司马光召回朝。新党下野，而旧党重新掌权。

由于司马光极力举荐苏轼，苏轼由汝州团练副使常州居住，起知登州，随后便任以礼部郎中之职，还朝后即迁任起居舍人，后再升中书舍人，又几月后擢升为翰林学士。在此不到一年的时间内，苏轼由七品升为正三品官员，以异乎寻常的升迁速度完成了由待罪之臣向朝廷核心要员的过渡。

在他官至翰林，官职达到了人生的顶峰时，他写道：

白发未成归隐计，青衫傥有济时心。（苏轼，宋/2009，p. 1438）

元祐四年，苏轼自请外任，意图远离政治斗争的漩涡，得以调任杭州知州。在此期间，他写道：

美君欲归去，奈此未报恩。（苏轼，宋/2009，p. 1718）

在元祐六年，苏轼以龙图阁学士，知颖州时，诗作中又有：

报国何时毕，我心久已降。（苏轼，宋/2009，p. 1775）

从苏轼在不同时期的内心的表达中，我们可以看到其仕之动机在剧烈摇摆，报恩和济时逐渐代替建功立业，成为他从政的目标和动力。有意思的是与此同时，其隐的内涵也悄然发生了改变：归乡的念头已然在不知不觉中转变为归隐田园（木斋，2000；王秀珊，2002）。这种改变从苏轼思归不得转而形成他乡认同开始：

我本无家更安往，故乡无此好湖山。（苏轼，宋/2009，p. 339）
居杭积五岁，自意本杭人。（苏轼，宋/2009，p. 1960）

慢慢地思乡变成了对归隐田园的渴望，于是苏轼计划着看地、买田，勾画着自己归隐田园的美好景象：

欲买柯氏林，兹谋待君必。（苏轼，宋/2009，p. 1052）
君归赴我鸡黍约，买田筑室从今始。（苏轼，宋/2009，p. 1296）

在隐的表达很强烈的同时，其内涵却发生了重大转变，归隐田园代替了归乡，这使得苏轼在执著于政事的同时能够有效地缓解其内心的仕隐冲突，将他乡当作己乡、买田筑室等都能起到很好的心理慰藉作用。这一时期内，仕与隐的冲突非常明显，尽管苏轼在极力地调整，仕与隐的内涵也都发生了非常大的变化，但依然无法解决仕隐矛盾，只能让二者保持僵持状态的平衡。

（三）仕隐相融的超脱

元祐八年时，高太后病重，苏轼被调任定州，却连按惯例入宫辞行都未被批准。这是一个极为明显的信号，预示着权力的更替和新的掌权者宋哲宗鲜明的个人态度。尽管如此，苏轼依然坚持上书哲宗，劝他不要轻易更改国家政策，不要重用急功近利之人等，以尽到自己的责任。

高太后去世之后，哲宗开始真正掌权，由于过去长期被架空，他对高太后及其支持的旧党非常不满，执政之初便打出子绍父志的旗号，推翻了高太后与旧党的政策方针，起用新党人士，旧党成员纷纷遭难。苏轼虽不是旧党之人，但受到的迫害却比真正的旧党有过之而无不及，追官夺职，五改谪命，远贬岭海，迫害手段异常狠毒。

随着这又一轮的政治迫害，以及身体的日渐衰老，苏轼对仕的执著虽仍在，但是心中的疲惫感却是越发沉重：

> 笑指西南是归路，倦飞弱羽久知还。（苏轼，宋/2009，p. 1710）
> 倦客愁闻归路遥，眼明飞阁俯长桥。（苏轼，宋/2009，p. 2364）

最终他回顾自身的心路历程道：

> 少年出仕，本有志于救人；晚节倦游，了无心于交物。蹇冥多罪，忧患再罹。飘然流行，靡所归宿。（苏轼，宋/2007，p.1902）

而其隐的内涵在惠儋期间再一次发生转变，由外在的归与隐转为对内心安宁的寻求：

> 试问岭南应不好？却道，此心安处是吾乡。（苏轼，宋/2007，p.579）

最终回归时，表现出对艰难困苦的乐观和心灵的超脱：

> 九死南荒吾不恨，兹游奇绝冠平生。（苏轼，宋/2009，p.2366）

回归中原之后，苏轼面对各种关于他要重掌大权的传言却是心中未起波澜：

> 孤云倦鸟空来往，自要闲飞不作霖。（苏轼，宋/2009，p.2404）

随着苏轼仕的动机降至最低谷，生出沉重的怠倦感，其隐的内涵历经变幻，最终超脱了时空的限制，走向了寻求内心安宁之路，于是仕与隐的矛盾也不复存在。

三、仕隐谜题根源探析

（一）历史文化和环境的影响

仕出与隐处之间的抉择是中国封建社会中的文人所面临的主要矛盾之一，

中国文人士大夫阶层"作为中国文学的创作主体，面临封建专制的现实钳制，经常徘徊于中的一个人生问题就是'出'与'处'的矛盾选择。仕出还是隐处，这不仅是政治态度、哲学观念、审美取向及行为方式，实际上还是精英文化层每个社会生命终其一生的价值选择"（王立，2003，p. 151）。

从意识形态来说，在中国古代的文化中，儒家长期占据思想主导地位，而其经典著作的特点是知识面狭窄，而意蕴深厚，《诗》、《书》、《礼》、《乐》等六经便构成了儒士的主要学习内容。而像法家之类的书籍与知识，更多的只是作为一种个人知识的补充，即便是断案时往往孔孟之言的效用更甚于具体的律令。

儒家之学倡导修身齐家、治国平天下，鼓励学者以道自重，积极入世，儒者构成了社会文化的脊梁。儒者力图通过从政来实现自身为国为民的理想，形成政治与文化不分家的格局，精英知识分子兼具官员和文化旗手的双重身份，力求超越自身狭隘的个体存在，以天下为己任。

再者，从士的生存角度而言，从政既是实现自身理想与抱负的最佳途径，同时也是生存的需要。在封建社会结构中，士位于四民之首，其生存之道不外乎挤入统治阶级或退以农耕为生。

只要经过重重考试选拔，其中的佼佼者就有机会成为国家统治阶级的一员，从而具有了实现自身的种种理想的可能，同时其个人及家庭地位也会随之发生巨大的变化。这就导致读书人视'学而优而仕'为正统出路，读书也成为改变自身及家庭境遇、实现自身理想的最佳途径。

为生存问题所困是士人求宦的重要原因之一，苏轼也不例外，他也常产生此类忧虑：

山林饥饿古亦有，无田不退宁非贪。（苏轼，宋/2009，p. 308）
君不见壮士憔悴时，饥谋食，渴谋饮，功名有时无罢休。（苏轼，

宋/2009，p. 339）

士人担负着治国安民的责任，为了自身的理想而努力，但是在残酷的政治斗争中能站在峰顶的永远只是那稀少的一小簇人，而起起落落更是寻常。舍身报国固然崇高，但无可避免地要去压抑人性中种种自然的需要、情感，尤其在严酷的封建秩序和伦理束缚之下。

当士人受到现实的种种阻碍不太可能得到自我实现之时，需要考虑的便是基本的生存问题，于是便自然走上个人生命主体的回归道路。儒家强调兼济天下的责任意识，但也并非完全不近人情，也会在道之不行的情况下，允许退隐，保全自身。释、道两家以出世、避世思想为主，每每总是成为古代文人士大夫在失意、受挫时的精神安顿之所。

在传统文化的基础上，北宋特殊的政治环境催化了仕与隐的矛盾冲突，使其进一步发展。

封建社会制度历经千百年的发展，至宋而达到顶峰，其政治制度完善，经济高度发达，文化空前繁盛，但在最鼎盛之际，其内在的各种矛盾冲突也是异常强烈，这一切使得宋代的社会环境异常复杂。

宋太祖赵匡胤本身由军阀起家，建朝之后，吸取前朝的教训，前两任皇帝赵匡胤和赵光义先后采取了一系列政策，加强中央集权：

（1）强干弱枝，独掌军权：首先是剿灭割据政权，待统一天下，便用"杯酒释兵权"之计，解去了开国武将的军权；同时将社会上有作乱危险的无业游民编入禁军之中，建成由中央统率的庞大禁军队伍，充实中央的军事力量，实行强干弱枝的政策。

（2）军政分离，削弱地方：派遣大量文臣带京官衔外出，掌控地方行政工作，使军政分离；同时又增设通判，以达到分化和牵制地方官的权力的目的。另外又设发运使、转运使掌握各路的财政，使得地方财政权力归于中央。

（3）分散相权，增强皇权：在中央政府设参知政事为副相，又设枢密使，掌管军事；设三司使管理财政。这些都大大分散了宰相的权力，从而加强了皇权。

（4）合理取士，鼓励参政：完善科举制度，大量增加进士录取名额，用来培养文官体系。结果大批寒门之士得以进入国家管理层，打破了世家把持政府的局面。同时又定下"不杀士大夫与上书言事者"的祖训，以鼓励士人来参与政治活动，还使文臣纂修《太平御览》等书，加强"尚文"的风气。

这些政策和措施使得军事大权、地方财政、政治权力都向中央汇聚，将中央集权体制推向了一个新的高峰。

宋代国家的权力被相对分散，进而形成君主权力提高，而管理层相对民主的局面，同时对皇权又存在着一定的牵制。尚文的文化氛围、较为民主的晋升渠道与成熟的政治制度促使士人参政的热情高涨，形成积极干政的政治与文化氛围。

宋朝尚文抑武，不仅文官治理国家的参与度达到了一个历史的高度，被给予了很大的权力，同时还形成了不杀士大夫与上书言事者的皇家传统，这些极大地增加了士人参政的热情。宋臣文彦博更曾当神宗之面直白地指出北宋是皇帝与士大夫共治天下，当时士人的使命感由此可见一斑。

但在另一方面，宋朝军事方面实行强干弱枝，中央集权，并将军队交由文臣统领，且行更戍法，士兵轮换驻防，使得兵不识将，将不识兵，由此军备废弛，战斗力下降，边防危机不断。

而西夏正不断崛起，辽国此时期更是处于强盛期，在相互间的战争中，宋朝屡战屡败，不得不付出大量的经济代价以换取一时的和平，巨额的经济负担却又导致社会矛盾不断加剧。

此外，复杂的官僚体系日益臃肿，又优待官吏，耗费大量钱粮，而工作效率却在不断下降。中央集权带来的财权集中，使得上层统治者行成挥霍与享乐之风。这一切使得北宋在经济、文化非常鼎盛的同时，积贫、积弱的局面也日渐严重。对内，阶级矛盾突出，王小波、李顺等大规模的人民起义屡次暴发；对外，无法有效抵御外族侵扰，每年被大肆掠夺走海量岁币。

因此，士人有着强烈的危机感与使命感，迫切希望消除这些问题，实现自己经时济世的政治理想。

只是对如何解决这些问题，各党派因思想、利益等多种原因，看法并不统一，使得党争不断。不仅新党、旧党之间存在着斗争，新党与旧党内部也存在着不同的派别，更有蜀党、洛党等各种纠缠不休的派别斗争。斗争发展到后期，观念之争转为权力斗争，而皇帝为巩固皇权的绝对统治地位，对此不但不予以制止，反而时常有意地推动党派斗争，以达到自己的目的。

因此，宋朝的士大夫虽然参政的积极性很高，但是真正能够如意的却是没有多少。而在三教通融的情况下，当他们的政治理想受挫，便会转向佛老思想，寻求心灵的安慰，归隐便成为政治不得意者的选择。纵观苏轼一生，虽然从未真正归隐，但其思想确实在黄州时期发生重大转折，在他的第一次政治挫折之后，他便转向佛老，这成为他政治逆境中自我疗伤的思想工具。

除文化传统与北宋政治环境之外，地域文化因素的影响也不容忽视。

四川地区自古地势险固，容易形成地方割据势力，因此宋朝中央政府对之抱有较强的戒备心理（程民生，1997，p. 50）。宋初赵匡胤平定后蜀孟昶叛乱，但是其后依然是叛乱不断，频繁的战争严重破坏了蜀地的社会、经济、文化，当地文化也因此陷入低迷，使得蜀地人才在科举考试中无法取得较好的成绩。另一方面蜀地与政治中心联系较弱，加之战争的影响，使得相互间基本的信任关系未能很好地建立，相应的，当地的士人对科考应举也显得不是很热衷。多种因素作用之下，渐渐地便形成不忍离乡出仕的传统。

这种地域文化在苏轼的时代仍能够清晰地感受到，苏辙对此有一个较为直白的表述：

> 苏氏自唐始家于眉，阅五季皆不出仕，盖非独苏氏也，凡眉之士大夫，修身于家，为政于乡，皆莫肯仕者。（苏辙，宋/1987，p. 518）

蜀人不愿出仕的风气到了苏轼出生时正处于渐渐改变的临界点，苏轼的叔叔苏涣中举对其家乡的冲击达到了一个高潮：

> 闻之，自五代崩乱，蜀之学者衰少，又皆怀慕亲戚乡党，不肯出仕。公始命其子涣就学，所以劝导成就者无所不至。及涣以进士得官西归，父老纵观以为荣，教其子孙者皆法苏氏。自是眉之学者日益，至千余人。（苏轼，宋/1986，p. 495）

说蜀地的不仕传统由苏洵打破，这或许有夸张的成分，经王水照考证，苏涣之前有9位进士及第，到苏轼时已增至68位。但是无疑苏涣的成功大大刺激了犹豫中的蜀人，于是"意始大变"。苏轼对叔叔成功归乡时的场景有生动的记述：

> 天圣中，伯父解褐西归，乡人叹嗟，观者塞途。（苏轼，宋/2009，p. 1425）

一方面蜀人不愿出仕是传统习惯，对于在这种情况中长大的苏轼来说不可能没有任何影响；另一方面，这种传统本身也正在变革之中，而且苏轼的叔叔正是此种转变的代表人物。苏轼也因此处于地域文化与传统的转折点上，传统与变革的冲突也是仕隐矛盾的根源之一。

(二) 成长中家庭的影响

1. 家庭对仕的影响

尽管苏轼对陶渊明欲仕则仕、欲隐则隐的洒脱很赞赏，但从他自身来说，他却并未选择陶渊明的道路，而是带着疲惫在仕途中前行。"儒家的淑世精神是苏轼人生道路上行进的一条基线，虽有起伏偏斜，却贯串始终"（王水照，1999，p.73），这种淑世精神使他无法真正效法白居易、陶渊明，即不能真正归隐。追溯其根源，苏轼的家庭教育和影响是主要原因，他的父母、祖父都对此有着重要的影响，其中他的母亲程氏最为关键。

苏轼的母亲程氏对苏轼从政的动机和政治思想的影响可以说是至为深远。苏辙在追忆幼时与母亲的生活情形时，讲过这样的一个故事：

> 公生十年，而先君宦学四方，太夫人亲授以书。闻古今成败，辄能语其要。太夫人尝读《东汉史》，至《范滂传》，慨然太息。公侍侧曰："轼若为滂，母许之否乎？"太夫人曰："汝能为滂，吾顾不能为滂母邪！"公亦奋厉有当世志。太夫人喜曰："吾有子矣。"（苏辙，宋/1987，p.1411）

因为父亲苏洵长期在外，于是程氏有机会直接教导苏轼，塑造苏轼的人生观和价值观。而程氏是一个非常有能力、有思想的女子，她出身官宦之家，为大理寺丞程文应之女，具有较好的学识，对儒家的思想有着很高的接受度，这在她对于丈夫苏洵的游学求官的支持、对苏轼的教育中都有较为突出的表现。苏洵在《祭亡妻文》（宋/1993，p.429）中说：

> 昔予少年，游荡不学，子虽不言，耿耿不乐。我知子心，忧我泯没，

感叹折节,以至今日。

可见程氏本身并不认同苏洵早年游戏山水的做法。而后来的故事更将她心中的真实想法完全展现出来:

> 府君年二十七犹不学。一旦慨然谓夫人曰:"吾自视犹可学。然家待我而生。学,且废生,奈何?"夫人曰:"我欲言之久矣,恶使子为因我而学者。子苟有志,以生累我可也。"即罄出服玩鬻之以治生,不数年遂为富家。府君由是得专志于学,卒成大儒。(苏洵,宋/1993,p. 526)①

程氏不仅积极支持丈夫求学,而且在苏洵外出的多年时间里,她"亲授苏轼兄弟以书,以气节勉二子;不发宿藏,不残鸟雀,以身教"(孔凡礼,1998,p. 17)。

再回过头来看当时苏轼与母亲的互动,苏母实际上促使年幼的苏轼认同了范滂等死直道的杰出历史人物。

范滂为东汉官员,"少厉清节,为州里所服,举孝廉、光禄四行。时冀州饥荒,盗贼群起,乃以滂为清诏使,案察之。滂登车揽辔,慨然有澄清天下之志"(许嘉璐,2004,p. 1362)。

当时宦官与外戚轮番把持朝政,相互之间倾轧不已,朝政败坏,士大夫力图通过清议来挽救国家。在与宦官的斗争中,士大夫处于下风,被构陷为党人,先后遭遇两次党锢之祸,大量正直敢言之士被杀害,范滂正死于第二次党锢之祸。

史书记载他将要赴死时与母亲的一段故事:

---

① 程夫人墓志铭为司马光所作,收录于苏洵的《嘉祐集笺注》中。

建宁二年，遂大诛党人。诏下，急捕滂等。督邮吴道至县，抱诏书，闭传舍，伏床而泣。滂闻之，曰："必为我也，即自诣狱。"县令郭揖大惊，出解印绶，引与俱亡。曰："天下大矣，子何为在此？"滂曰："滂死则祸塞，何敢以罪累君，又老母流利乎？"其母与之就诀，滂白母曰："仲博孝敬，足以供养，滂从龙付舒君归黄泉，存亡各得其所。惟大人割不忍之恩，勿增感戚。"母曰："汝今得与李杜齐名，死亦何恨！既有令名，复求寿考，可兼得乎？"滂跪受教，再拜而辞。（许嘉璐，2004，p. 1365）

范滂故事中涉及了为道义而牺牲生命和亲情，呈现出的是一种伟大而决绝的牺牲精神。苏轼明确感受到了母亲对范滂事迹的欣赏，但似乎并不确定母亲是否希望自己成为范滂那样的人物，于是开口探寻母亲的态度，结果得到了非常肯定的答复。于是，苏轼"奋历有当世志"，而这正是母亲所希望的，因此，大喜地感叹道："吾有子矣。"并且这样的事例并非孤例：

夫人喜读书，皆识其大义。轼、辙之幼也，夫人亲教之，常戒曰："汝读书勿效曹耦止欲以书自名而已。"每称引古人名节以励之，曰："汝果能死直道，吾无戚焉。"（孔凡礼，1998，p. 17）

母成国太夫人程氏，亦好读书，明识过人，志节凛然，每语其家人，二子必不负吾志。（孔凡礼，1998，p. 17）

苏轼后来的言行也证明了他确实将母亲的教导内化为自己的行事准则，并表现出强烈的牺牲精神：

吾侪虽老且穷，而道理贯心肝，忠义填骨髓，直须谈笑于死生之际，

> 若见仆困穷便相于邑……兄虽怀坎壈于时,遇有事可尊主泽民者,便忘躯为之,祸福得丧,赋与造物。(苏轼,宋/1986,p. 1496)
>
> 臣愚蠢无状,常不自揆,窃怀忧国忧民之意,自为小官,即好僭议朝政,屡以此获罪。然受性于天,不能尽改。(苏轼,宋/1986,p. 935)
>
> 臣自少年从仕以来,以刚褊疾恶,尽言孤立,为累朝人主所知,然亦以此见疾于群小,其来久矣。(苏轼,宋/1986,p. 1014)

程氏从日常谈话到读书学习中都会不时以范滂这样的典范人物对苏轼进行教导和鼓励,这种影响无疑是非常深刻的。

除了母亲程氏外,父亲苏洵也对苏轼淑世精神的形成有着一定的影响。

苏洵少时对自己的才能十分自信,并未将考试放在心上,而是游山玩水,后来考试遇挫,才发奋读书,外出求学,其间苏轼兄弟的教育都归母亲程氏管。而到苏轼十二岁时,苏洵回家,在中举无望的情况下,开始用心教导苏轼兄弟。

程氏和苏洵都有兹世之志,无奈一为女子,一者屡考不中,因而将希望都放在了苏轼兄弟的身上:

> 方其少时,先公、先夫人皆曰:"吾尝有志兹世,今老矣,二子其尚成吾志乎?"(孔凡礼,1998,p. 17)

此外,苏轼的祖父苏序对其淑世精神也有相当的影响。

苏序,字仲先。苏序本身只是粗识文字,但却很开明,把自己赚得的钱用来买书供三个儿子学习。他和长子苏澹支撑家庭,为二子苏涣及三子苏洵创造学习条件,而他本人也以身为榜样,到老年时开始作诗,虽然并无多少文采,却也能意思通达。二子苏涣后来以进士得官,引发乡里震动,蜀人纷纷效仿,可以说苏序功不可没。正是苏序的努力才使得祖上三世不仕的局面被打破，营造了一个仕进氛围较浓的家庭环境，从而使得苏轼自小便接受正统的儒家教育。

苏序在苏轼12岁时去世，因此，苏轼对他这位祖父并不陌生，回忆时"尚能记忆其事"。苏序在家中营造的进取氛围很好地为苏轼提供了学习环境，并且他本身鼓励子女积极进取的态度和做法无疑会影响到苏轼，强化他的仕进之心。

通过对苏轼家庭情况的分析，我们看到在苏轼的成长过程中，苏母一直对他输入直道死节的思想，使得苏轼形成了以道自任的使命感，在强权面前奋不顾身，虽屡受重挫而不改其志。用苏轼自己的话来说就是：

> 或谓"轼稍自韬戢，虽不获柄用，亦当免祸"，虽然，假令轼以是而易其所为，尚得为轼哉！（脱脱，元/1977，p. 10819）

父亲苏洵在屡试不第之后将希望寄托于他们兄弟二人身上，而祖父苏序积极地鼓励和支持子女仕进的做法也对苏轼产生了影响，这些因素都使得苏轼自小便种下救世的思想种子。

2．家庭对隐的影响

再看苏轼成长过程中家庭对他隐逸思想的影响。从归乡到归隐田园，最后到寻求心安之乡，归隐的渴望从未有一刻消失，我们同样也可从他的早期经历中寻找到归隐思想的源头。

苏轼出生时苏洵正立志发奋读书，他两岁时，大伯父苏澹去世；三岁时长兄景先夭折，父亲苏洵外出求学（孔凡礼，1998，p. 10）。而二伯父苏涣长年在外，长驻家中的年长男性唯有祖父苏序而已，而苏序又是一个性格随和、没有什么架子的老人，而且"居家不治事，以家事属诸子"（苏洵，宋/1993，p. 386）。母亲程氏本身还要支撑家计，因此苏轼到七八岁时才"始知读书"（孔凡礼，1998，p. 11）。这就直接导致了苏轼的童年是自然成长的状态，自小无严父的威压，苏轼对权威没有多少敬畏之心，显现出一种天然的野性。这种自然成长起来的野性在其读书期间与老师的互动中显现了出来。

苏轼八岁那年，师从眉山道士张易简。当时宋仁宗锐意改革，起用范仲淹、韩琦、富弼、欧阳修等，政局为之一变。国子监直讲石介作《庆历圣德诗》加以颂扬。传至蜀中，为苏轼所知，他对范、韩、富、欧阳四人非常仰慕。他询问老师张易简，只得到"童子何用知之？"的回复。苏轼听后说道："此天人耶，则不敢知；若亦人耳，何为其不可？"结果，其师张易简"奇轼言，尽以告之"，而且说"韩、范、富、欧阳此四人者，人杰也"（孔凡礼，1998，p. 12）。

在13岁时，苏轼师从刘巨（字微之）。某天，刘微之创作了一首名为《鹭鸶》的诗，末句为："渔人或惊起，雪片逐风斜。"苏轼看后说道："先生诗佳矣，窃疑断章无归宿，曷若'雪片落蒹葭'乎？"刘巨听后说道："吾非若师也。"（孔凡礼，1998，p. 25）

这两个例子中，苏轼面对两位老师时全无一般学生的战战兢兢，而是与权威直接对话，毫无顾忌地表达自己的看法，改起老师的诗文来有如同辈切磋一般自然。

此外，苏轼的书法、绘画、诗歌理论等，都具有打破传统的创新精力：苏轼打破以往作词的传统，创造出了豪放词风；以文为诗、以诗为词，并以次韵手法来追和古人。虽然在今天看来这些都是极具创造性的，但在当时，很多有着较大的争议，甚至受到批评，苏轼却是依然故我。这种野性在他参加科举考试时被表现得异常彻底：

苏子瞻自在场屋，笔力豪骋，不能曲折。于作赋省试时，欧阳文忠公锐意欲革文弊，初未之识。梅圣俞作考官，得其《刑赏忠厚之至论》，以为似孟子。然中引皋陶曰'杀之'三，尧曰'宥之'三，事不见所据。亟以示文忠，大喜。往取其赋，则已为他考官斥落矣。即擢为第二。及放榜，圣俞终以前所引为疑，遂以问之。子瞻徐曰：'想当然耳，何必须要有出处！'圣俞大骇。然人已无不服其雄俊。（叶梦得，宋/1997，p. 115）

在士人心中至关重要的省试中，苏轼没有如履薄冰，反倒是放手施为，不理会事必有据的传统，"想当然"地创造典故，还放言"何必须要有出处"。

对权威，苏轼没有表现出敬畏，反而直言其问题所在。而他的父亲苏洵在他归家后，似乎也发现了他这个问题。在苏轼12岁时，他作了《名二子说》，其中担忧地写道：

轮辐盖轸，皆有职乎车，而轼独若无所为者。虽然，去轼则吾未见其为完车也。轼乎，吾惧汝之不外饰也。天下之车，莫不由辙，而言车之功者，辙不与焉。虽然，车仆马毙，而患亦不及辙。是辙者善处乎祸福之间也。辙乎，吾知免矣。（苏洵，宋/1993，p. 414）

有着如此野性的苏轼很自然地流露出了对田园生活的喜爱，他曾反复提儿时的此种心态：

轼少时本欲逃窜山林，父兄不许，迫以婚宦，故汩没至今。（苏轼，1986，p. 1422）

余本田家，少有志丘壑。（苏轼，宋/2009，p. 2216）

父亲长年不在身边，母亲独撑家计，而家中唯一的年长男性还是一个居家不治事、为人随和的老祖父，此种无人管束的成长环境导致苏轼野性难驯，喜爱亲近自然，又个性刚直。

再从苏轼其后的种种表现来看，苏洵在其早年成长过程中的缺席，还使得苏轼对他的祖父苏序产生了较为强烈的认同。试看两人性格和行为中的相似之处：

苏轼说他祖父苏序的性格是"人不问知与不知，径与欢笑造极，输发府藏"（苏轼，宋/1986，p. 495），而苏轼自言："余性不慎言语，与人无亲疏，辄输写腑脏"（苏轼，宋/1986，p. 472），两者简直如出一辙。

苏序居家不治事，"性简易，无威仪，簿于为己而厚于为人。与人交，无贫贱，皆得其欢心"（苏洵，宋/1993，p. 386）。而苏轼交友，认为天下无一个不是好人，乃至其妻不得不反复提醒他何人可交，何人不可交（苏轼，宋/1986，p. 472）。这又是性格和为人处世上极为相似的一点。

苏序"力为藏退之行，以求不闻于世。然行之既久，则乡人亦多知之，以为古之隐君子莫及也"（苏洵，宋/1993，p. 386）。而苏轼则自言："轼龆龀好道，本不欲婚宦，为父兄所强，一落世网，不能自逭，然未尝一念忘此心也。"（孔凡礼，1998，p. 32）

苏轼将祖父苏序作为自己的认同对象，在他心中苏序是一个隐者形象，他力求不闻于世的隐者风范对苏轼影响深远。苏轼就常自称为"山中人"：

我本山中人，寒苦盗寸廪。（苏轼，宋/2009，p. 366）
我本山中人，习见匪独闻。（苏轼，宋/2009，p. 895）
念我山中人，久与麋鹿并。（苏轼，宋/2009，p. 1499）

再结合苏轼的野性来看，他对祖父的认同使他也可以纵情于山水，让他的野性得以释放。

在苏轼幼时，父亲苏洵的缺位对其影响是巨大的，而当苏洵归家后，又对苏轼施加了另一重影响。苏洵自觉考试无望后，将自己的希望寄托在了苏轼兄弟身上，于是严加管教。苏轼一下子体验到了父亲的威严和管束，并失去了往日的自由。他曾自言：

我昔居家断往还，著书不暇窥园葵。（苏轼，宋/2009，p. 247）

在后来晁美叔想与他定交时，苏轼感叹道：

我年二十无朋俦，当时四海一子由。（苏轼，宋/2009，p. 1895）

这显然与苏轼外向的性格不符合，更与他后来朋友遍天下的情况相矛盾，不难推测他朋友稀少、一心闭门苦读的情况并非是他本人意愿，而是父亲严格教育造成的。苏轼老年时的一个梦境很好地还原了他小时候学习的情形：

夜梦嬉游童子如，父师检责惊走书。（苏轼，宋/2009，p. 2251）

这种严格的教育对有着很强野性的苏轼来说自然是很不适应，因此，他回忆少时生活，有逃窜山林、不欲婚宦之说。从政后，苏轼自感备受束缚，常有服辕马、笼中鸟之感，自然更加向往小时候自由自在的生活，逃窜山林的想法再上心头也是再正常不过了。

（三）政治经历的影响

自步入仕途，苏轼的仕隐问题破土而出，在政治风雨中变化、发展，其仕隐平衡的三种形式皆是在这样的环境下形成的。在此过程中，他遇到的人和事不计其数，其中一些事对其仕或隐产生了重要影响。

1. 仕所受到的影响

苏轼20岁时，在父亲的带领下，见到了户部侍郎张方平，"一见待以国士"（孔凡礼，1998，p. 35），从此苏轼兄弟出入其门下，建立了深厚的情谊。后来苏轼能得到欧阳修的赏识，张方平出力不小，他专门为苏轼兄弟写了推荐信给欧阳修。

苏轼22岁那年，他一举高中，宋仁宗对苏轼兄弟非常看好，认为是宰相之才。同时，其文章得到当时的主考官欧阳修的欣赏，"修喜得轼，并以培植其成长为己任"（孔凡礼，1998，p. 55）。苏轼由此被天下士人所知。经欧阳修的引见，苏轼拜见了当时的名臣文彦博、富弼、韩琦等人。俗话说物以类聚，人以群分，观苏轼所交人物都是当时的人杰，士人阶层中的精英，也是国家的栋梁。苏轼与他们相交，自然会见贤思齐，何况他本身就有着高迈的气节。

几年后，宋英宗还想破格提拔苏轼为知制诰或修起居注，虽然被宰相韩琦劝阻，不过苏轼也由此直观地感受到了英宗对他的赏识。

到宋神宗时，神宗单独召见苏轼，以诚挚的态度请他谈论政令中的不当之处，苏轼大受感动，坦陈了自己的想法。神宗对苏轼尖锐意见的包容和鼓励极大地鼓励了他参政、议政的热情。

神宗去世，高太后垂帘听政后，旧党领袖司马光大力举荐苏轼，让他由待罪之臣的身份飞速进入了国家的决策层。

可见，在仕途中苏轼仕的动力是有着外力不断给予强化的，而且很多是当权者有意为之，好使他忠心为国效力，如高太后就曾有意强化苏轼的感恩

心理:

> 轼尝锁宿禁中,召入对便殿。宣仁后问曰:"卿前年为何官?"曰:"臣为常州团练副使。"曰:"今为何官?"曰:"臣今待罪翰林学士。"曰:"何以遽至此?"曰:"遭遇太皇太后、皇帝陛下。"曰:"非也。"曰:"岂大臣论荐乎?"曰:"亦非也。"轼惊曰:"臣虽无状,不敢自他途以进。"曰:"此先帝意也。先帝每诵卿文章,必叹曰'奇才!奇才!'但未及进用卿耳。"轼不觉哭失声。宣仁后与哲宗亦泣,左右皆感涕。已而命坐赐茶,撤御前金莲烛送归院。(脱脱,元/1977,p.10818)

这种笼络人心的手段虽然并不新鲜,但对自小接受忠君报国思想的苏轼来说,显然是很有效。为了报君主的知遇之恩,苏轼尽心竭力:

> 臣荷先帝之遇,保全之恩,又蒙陛下非次拔擢,思慕感涕,不知所报,冒昧进计,伏惟哀怜裁幸。(苏轼,宋/1986,p.768)
>
> 今侍从之中,受恩之深,无如小臣,臣不当言,谁当言者?(苏轼,宋/1986,p.807)

另一方面,来自人民的拥戴也极大地强化了他以道自任、兼济天下的信念。如在"乌台诗案"中,杭州、湖州等地的百姓自发地组织起来为苏轼祈祷,希望他能平安。苏轼于狱中听闻之后非常感动,在绝命诗中嘱托家人将他葬于湖杭一带:

> 百岁神游定何处,桐乡知葬浙江西。(苏轼,宋/2009,p.998)

又于绍圣初，贬谪惠州时，苏轼受到了当地人民的热情欢迎，他写道：

  吏民惊坐怪何事，父老相携迎此翁。（苏轼，宋/2009，p. 2071）

这些强化有力地促使苏轼坚持着自身的政治理想，在困境中未曾真正放下一切，归隐田园。

2. 隐所受到的影响

另一方面，死亡的威胁、君臣关系的淡漠、生活的窘迫和心中的失望与疲惫，以及亲情的牵绊都促使苏轼非常渴望归隐。

苏轼生性磊落，刚直敢言，因此饱受挫折，而他本身又十分厌恶玩弄心机，在政治斗争中显得十分不适应。他屡屡发出感慨：

  嗟我本何人，麋鹿强冠襟。（苏轼，宋/2009，p. 681）
  何异服辕马，沙尘满风鬃。（苏轼，宋/2009，p. 2285）

君臣相得毕竟是理想化的，便是神宗起初欣赏他，包容他，也不过是爱惜他的文才，而不是真的很认同他的政治思想。等到后来他说得多了，自然也会厌烦，于是便有"乌台诗案"，让苏轼深切地体验到了死亡恐惧感——"梦绕云山心似鹿，魂飞汤火命如鸡"（苏轼，宋/2009，p. 998）。危及生命的政治挫折对苏轼的打击不可谓不大，所以在黄州时，他也变得小心起来，以避免无谓的牺牲。

至哲宗时，苏轼虽曾为哲宗的老师，但哲宗对他没有基本的好感。在苏轼出知定州时，连按惯例入宫辞别的机会都没有。尔后一贬再贬，并且用语恶毒之极，君臣之情至此消磨殆尽。心中的失望加上疲惫，使苏轼渴望能够过上平静的日子。

此外，在贬谪生活中，贫困也困扰着苏轼。没有了稳定的经济来源，生活的窘迫促使苏轼渴望能拥有属于自己的田地，以供养家糊口。被贬黄州时，他描述自己的生活是："初到黄，廪入既绝，人口不少，私甚忧之。但痛自节俭，日用不得过百五十。"（颜其中，1984，p. 292）若非他亲口所说，今人很难相信这会是名动千古的苏轼的生活。再看晚年的贬谪生活也是类似："余迁惠州一年，衣食渐窘，重九俯迩，樽俎萧然。"（颜其中，1984，p. 317）

高官厚禄虽好，却不符合他的本心，而正直敢言换来的却是家人衣食难保，还不如归隐田园。因此，他曾多次谋划买田终老，一是为脱离他所厌恶的政治斗争；二是为了能够让家人过上稳定的生活。

除此之外，亲情的牵绊也是苏轼归隐的重要原因。苏轼、苏辙兄弟自幼一起读书，游戏，未尝有一日分离，感情十分深厚，既是兄弟，也是师友、知己。这在苏轼的叙述中表达得非常清楚：

岂独为吾弟，要是贤友生。（苏轼，宋/2009，p. 757）
吾从天下士，莫如与子欢。（苏轼，宋/2009，p. 215）
嗟予寡兄弟，四海一子由，故人虽云多，出处不我谋。（苏轼，宋/2009，p. 816）

情感深厚的兄弟二人不忍分离，只是踏上仕途便身不由己，宦游四方，聚少离多的日子是必然的。在制科考试前，苏轼兄弟在准备考试的过程中，读到韦应物的诗句："安知风雨夜，复此对床眠"，兄弟二人对即将到来的离别分外伤感，于是相约早早退隐，过闲居的日子。这夜雨对床之约从此成了苏轼心中的一个执念，哪怕是在生死之际也未曾忘怀。

在前往凤翔任职的路上，与弟弟子由分别时，苏轼写道：

> 寒灯相对记畴昔，夜雨何时听萧瑟。君知此意不可忘，慎勿苦爱高官职。（苏轼，宋/2009，p. 95）

此时，苏轼已经是名满天下，又在制科考试中取得历史最好成绩，未来前途一片光明。该诗既是在提醒弟弟不要忘记两人早退的约定，更是对自己的警醒，让自己不要沉迷于高官厚禄，从而忘记了当初的约定。

"乌台诗案"中，苏轼受尽折磨，以为必死，于是在狱中写下了两首绝命诗给苏辙，其中一首道：

> 是处青山可埋骨，他时夜雨独伤神。与君今世为兄弟，又结来世未了因。（苏轼，宋/2009，p. 998）

苏轼对不能完成夜雨对床之约的遗憾和悲切溢于言表，感人肺腑。在后来的日子里，兄弟二人也时常在书信中讨论归隐之事。等到临老北归时，还与苏辙通信商量终老之地，足见兄弟感情对其隐逸思想的影响。

四、结语

元符三年（1100），徽宗即位，大赦天下，苏轼得以回归，准备退隐田园。然而，天不遂人愿，建中靖国元年（1101）七月二十八日，苏轼病逝于暂借的常州孙氏宅中，死后葬于河南汝州郏县的峨眉山。

纵观苏轼整个政治生涯，用他自己的话来形容就是"麋鹿强冠襟"，他本性如山间麋鹿，却身陷宦海之中。

心理社会性理论"将人的发展视为个体的（心理）需要及能力与社会期望和要求之间持续相互作用的产物"（Newman，Newman，2005，p. 45），并认为在成长过程中，社会首先通过家庭对个体产生影响，而个体随着生命发展，也会对之前的经验进行重新诠释，赋予过往经历新的意义。这正是苏轼生命故事的写照。

年幼时，由于父亲的缺位，苏轼一方面在母亲的影响下，形成了对历史人物范滂的认同，将儒家思想内化到自己的信念中；另一方面在自然成长中发展起来的野性，以及对祖父的认同，又使得他无形中与道家的思想相合。仕隐矛盾的种子也由此产生。他曾说：

> 古之君子不必仕，不必不仕。必仕则忘其身，必不仕则忘其君。（苏轼，宋/1986，p. 368）
>
> 君子之得其君也，既度其君，又度其身。君能之我不能，不敢进也；我能之而君不能，不可为也。不敢进而进，是易其君；不可为而为，是轻其身。是二人者，皆有罪焉。（苏轼，宋/1986，p. 36）

苏轼清楚地知道报效帝王和保全自身的矛盾，但是并不愿意放弃任意一个，而是试图调和二者。究其根源在于他早年发展阶段中，通过认同吸纳了死直道和全其身这两种相互矛盾的思想。

思想中的矛盾使他要在死直道和全其身之间寻求一种平衡。所以他犯颜直谏，却又总在危机中抽身而退，形成"在朝—外任—被贬"这一仕途变化模式，并一再重复。所以其仕与隐总是一直保持着某种平衡，政治挫折又不断打破仕隐平衡，促使两者的内涵不断发生变化，以维持平衡的需要。

概言之，在苏轼的生命故事中，传统的文化和历史背景正是产生仕隐矛盾的沃土，而苏轼复杂的家庭因素是其独特的仕隐矛盾得以产生的根源，从政后所经历的事情则进一步推动了仕隐矛盾的变化和发展。在历经磨难之后，他终以超旷的态度来面对过往经历和生活。

参考文献

程民生（1997）.宋代地域文化.开封：河南大学出版社.

孔凡礼（1998）.苏轼年谱.北京：中华书局.

李泽厚（2001）.美的历程：修订插图本.天津：天津社会科学院出版社.

木斋，张爱东，郭淑云（2000）.中国古代诗人的仕隐情结.北京：京华出版社.

苏轼（宋/2009）.苏轼诗集（孔凡礼点校）.北京：中华书局.

苏轼（宋/1986）.苏轼文集（孔凡礼点校）.北京：中华书局.

苏轼（宋/2007）.苏轼词编年校注（邹同庆，王宗堂校注）.北京：中华书局.

苏轼（宋/2010）.东坡志林（王松龄点校）.北京：中华书局.

苏辙（宋/1987）.栾城集（曾枣庄，马德富点校）.上海：古籍出版社.

苏洵（宋/1993）.嘉祐集笺注（曾枣庄，金成礼笺注）.上海：上海古籍出版社.

脱脱（元/1977）.宋史.上海：中华书局.

王秀珊（2002）.论东坡词中的仕隐情怀.硕士学位论文，"国立"中兴大学，台中.

王水照（1999）.苏轼研究.石家庄：河北教育出版社.

王水照（1981）.苏轼.上海：上海古籍出版社.

王立（2003）.文人审美心态与中国文学十大主题.沈阳：辽海出版社.

叶梦得（宋/1997）.石林燕语.北京：中华书局.

Schultz, W. T.（2011）.心理传记学手册（郑剑虹等译）.广州：暨南大学出版社.（英文版2005年）.

Su Shi's Self-contradiction between Being an Official and Resignation

Shi-ming Wang   Shun-sen Chen

(Education Science College of MinNan Normal University, Zhangzhou, 363000)

／Abstract／

Su Shi, a noted statesman, literary giant, has a tough and fickle political career, and his self-contradiction between official and resign is especially remarkable. The paper starts from such aspect to interpret the life story of Su Shi by virtue of psychobiography. Research done has found that Su Shi spared his effort to keep a balance between official and recluse, nevertheless, as time passed by, connotations of that balance has changed greatly; before Wutai poem case took place, his ideal thought of seclusion after official career maintained his balance; from Wutai poem case to being degraded and dispatched to Huizhou and Danzhou, official and recluse conflicted with each other fiercely, representing a deadlocked balance; from the degradation and dispatch to his death, official and recluse integrated with each other harmoniously, even beyond the contradiction. As to the causes, it shall be credited to our traditional culture and historical background, the fertile field for the generation of contradiction between official and recluse, but Su Shi's complicated family background is the root cause of his unique dealing with the relationship between official and recluse, and his official experience promoted the change and development of his contradiction between official and resign.

/ Keywords /

Su Shi, Contradiction between Official and Recluse, Psychobiography

在无名的生活中突围：
一位台湾水电工为尊严进行斗争的故事[*]

张慈宜[**]

（辅仁大学心理系，台湾新北，24205）

/ 摘 要 /

本文以生命叙说的取向，讲述了一位台湾水电工的故事。故事主要由两个主轴编织而成，第一个主轴涉及传主作为一个技术工人为了维护自己的工作尊严所须付出的努力与斗争。第二个主轴则借由传主在阵头活动中与同侪所共同营造的意义丰富、生命力旺盛的世界，对照出基层劳动者在工作中被异化、被剥夺自我表达机会的状况。此

---

[*] "无名的生活"借自福柯所著的一本书《无名者的生活》，"台湾水电工"则是出自本文传主小恒的名片，名片上没有任何商号，就印了"台湾水电工"五个大字。小恒在此玩了一个有趣又巧妙的梗，很多年前有一名曾经上过社会版版面因而声名大噪的台湾A片男演员，其艺名就叫作"台湾水电工阿贤"。

[**] 张慈宜，E-mail: 023966@mail.fju.edu.tw

外，本文亦从认识论、社会正义及批判教育学的角度，申论为何我们需要撰写劳动阶级男人的生命故事。

/ 关键词 /

生命叙说，劳动阶级，工作尊严，异化，社会正义，批判教育学

没有记忆，我们就什么都不是了。（Buneul, L., 1992, p. 13）

透过一幅幅鲜明的图像和具体的描述，我们才真正进入我们曾经靠着抽象的概念徘徊其外的乡村世界，真正走进这些人的生活和他们的苦难与梦幻之中。（李孝悌，2000，p. 19）

经验从来不会自己说话。我们用什么语言来讲述它，就决定了它的涵义是什么。（Giroux, H., 1992, p. 17）

一、楔子

临下车前，接到小恒的电话，说他人还在泰山，要我等他一下，他立刻赶过来。

我们约好了今天要访谈，敲定访谈时间的过程，披露了我们之间的差异。得知小恒除了早上有一个工程要验收之外，余下没有什么事，我提议下午两点可能是一个适当的时机。小恒掐算验收工程的工作大约可以在十一点完成，想约十一点。我说："那不就要跨到中午吃饭时间？这样不是会有点麻烦？"以几年前的访谈经验来看，与小恒一谈总是要谈上好几个小时的。小恒说："那有什么关系？"

在无名的生活中突围：一位台湾水电工为尊严进行斗争的故事

也没错，那又有什么关系呢。意外地，在这么一个琐碎、微不足道的差异中，让我看见了小恒组织行动与时间的方式如何与我不同。对我来说，时间以及性质不同的行动（在此例中，是访谈和午餐）之间都有一种趋近于封闭性的特质，应该各尽其份，井然有序；然而，对小恒来说，活动（以及相涉的时间）则以一种即兴即起的方式流动、混合成一个整体，不分彼此。

在等待小恒的期间，我打算去另一个阵头①朋友阿宝那儿碰碰运气。他那个位处地藏庵附属活动中心一隅的小房间，常是得闲的阵头朋友们落脚交谊之处。"你今天怎么有空过来？"迎面而来的是丰荣。"我跟小恒约好今天要访谈他，"看到丰荣面露狐疑，补充说明："我要写一篇论文。""又要写论文？""对啊，我要读第二个博士。"跟这些阵头朋友在一起，总忍不住开起玩笑。②我们一边说话，一边折返向地藏庵的方向走去，因为阿宝不在。

阿宝担任地藏庵附设活动中心的管理员已经五六年的时间了。前一任的管理员阿伯，常常喝了酒之后误事（如久睡不起，无法早起开门等），后来被庙方资遣。当年此缺空出时，就曾听闻竞争激烈，多位地藏庵的管理委员都引荐了自己的人马。最后，阿宝也是在管理委员的护航之下，以其"忠厚老实"的特质获得聘任。阿宝也确实没让当初那些保荐他的委员们失望，把工作做得尽心尽意。当他不在这个管理室时，总可以见到阿宝的妈妈，偶尔则是父亲，代阿宝镇守此处。刚刚看到的就是阿宝的父亲，老人的记忆很好，他还记得我，虽然过去六七年期间，彼此只见过很少的几次面，几乎没谈上什么话。父子俩有许多共同或相像的地方，比如身材、相貌，比如阿宝爸年轻时也是地藏

---

① "阵头"是台湾民间庙会活动中不可或缺的元素。阵头的种类繁多，可大致分为：宗教类（如本文之官将首、八家将等）、音乐类（如：南管、北管）、歌舞类、武术类（如：宋江镇）、游艺类、体育类（如龙阵、狮阵）等。
② 幽默、戏谑是阵头朋友世界中（或说更广泛的庶民生活中）不可或缺的一块，对此有兴趣的朋友可以参见笔者的另外一篇论文（张慈宜，2010）《边界上的演出者：在"文明"社会中撑出抵抗与创造的空间》。

庵官将首①的一员。老人精神烁砾，衣着讲究，一头油光黑发衬着深邃的五官，风流倜傥不在话下。

可以感觉得出来，阿宝（以及他的家人）很中意目前这份工作，相较于前一份清洁公司的工作，薪水不相上下，但任务则轻松得多。况且，如果活动中心的场地出借办宴席的话，还有额外的清洁外快②。活动中心是一个还算热门的宴席举办场所。2006年元旦，我为了我的博士论文第一次下阵头田野，阵头活动结束后的流水席就是在此举办的。也就难怪，当年阵头朋友们谈起阿宝雀屏中选一事，大多认为阿宝交了好运。

但是命运并非一直眷顾着阿宝以及其他的阵头朋友。这里所谓的"命运"，借用鲍曼（Bauman, Z., 2012, p.13）的说法，用来指称那些人们"无力提前预知它们的来临，更遑论预防或者驯服它们"的力量。大约一年前，我坐在阿宝这个五脏俱全的舒适小室，有一搭没一搭地和他闲聊。我称赞阿宝功夫多样，颇不简单，阿宝脸上浮现惯有的不太张扬的笑容，闲闲说道："那些现在都无效了（闽南语：指没有用了）。"与好脾气的阿宝比起来，我总是容易显得激动的那一个，口气急促了起来："安怎讲（闽南语：怎么说）？"阿宝说现在都不用技术了。看我仍不明白，举例说明：以前盖房子（用水泥）抹墙壁，需要功夫才能把墙壁抹得直挺挺，现在靠工具（模具）就行了，不用有技术的师父，随便一个工人轻易就能上手。几个月后，我认识的一个曾在修车厂工作的技职院校学生告诉我（这会儿的我已经一点也不惊讶了），现在修车主要是靠计算机来侦测错误所在，再也不像老一辈的工人一样得凭经验功夫来掌握了。这些不禁让我怀疑，社会针对那些无法依凭读书在主流晋升轨道上前进的孩子所给出的勉励——如"一技之长在身，胜过万贯家财"，到底还

---

① 官将首是台湾庙会活动中常见的阵头，出阵时，成员脸部需彩绘，并有盔帽、红裤、坎肩、云肩、袖套、靠腿、假发、獠牙等全套繁复之衣着装备。
② 虽说是外快，但这是众所皆知行之多年的不成文规矩。

有多少真实性？到底还有哪些传统技术工作未被削减成半技术，甚或非技术性的工作？

（一）为何我们需要生命叙说？

结束与阿宝的那一席闲谈，我在回家的路上喟叹不已。我以为我知道工人所面对的"去技术化"的处境！这早就不是一个新鲜的议题了，虽然我不是这方面的专攻者，但读过的文献中不时也会概略性地提上一笔。很清楚的是，诸如"需要中等程度技能的'好的'中产阶级工作，例如汽车工，相对于需要技能不多的底层工作和需要很多技能的顶层工作似乎正在消失。"（Stiglitz, 2013, p. 46），"科技的变动提高了技术性劳工的需求，并以机器取代许多非技术性劳工"（p. 92），此类的抽象知识性论述，在了解我的阵头朋友们的现实工作处境方面并未发挥积极的作用。直到阿宝为我讲述了他生活世界中所面临的去技术化的实际过程，我才恍然领悟"科技进步"、"全球化"这些时代巨轮有多么势不可挡，对我们生活的渗透程度有多深，而个人的生命轨迹在与这些不留情的巨轮正面遭逢时又会呈现出什么样的光景。阿宝的一席谈话，让我想起据说很爱喝酒、已经几年没有工作的阿发大哥（化名）。阿发大哥很瘦，待我总是很客气，与其他阵头朋友十分不同的是，他对我咧开大嘴微笑时看上去总显得有些羞赧，乃至于有近乎讨好的意味。据其他阵头朋友说，他喝醉时脾气牛得很，有时与人吵架吵得凶。我问阿发大哥做什么工作？朋友说："没有在工作啦，没有稿头（闽南语，指工作、活儿）可以做。"我没有想太多，一直以为可能是建筑业不景气，工作机会少，加上有点年纪，身体也不太好，所以也就不工作了。阿宝的话才刺激我去思考事情没有那么简单，这会儿阿发哥所撞上的"命运"，并不是建筑业不景气的循环，而是更让人敬畏、不可复返的"去技术化"号高速列车，阿发大哥无论如何奔跑也注定追赶不上的!

那些透过理论的阅读理解而以为参悟的东西,每每要到了现实人生的经验迎面撞上来时,才发现曾经以为的"明白"与"掌握"都苍白得令人发笑。就像一名社会系学生在我的"反思与社会实践"课堂上所发出的痛苦呐喊:那些弱势阶级如何受到社会压迫的理论她明明都读过,考试时还都得了高分,为何竟看不懂自身劳动阶级父母的处境,也从来没有质疑自己与父母的情感疏离与此有关!该名学生后来透过在下田野的过程中访谈书写一位出身贫穷、后来又受到工作伤害的女工的生命故事,并且在课堂上被督导就深入理解个案的生命不断进行对话,而发展出对于自身劳动家庭处境及亲子关系生疏隔绝的洞察。最后,因着新的理解而发展出在家庭关系中的挪动,修复了多年来疏离的母女关系。① 这就是为什么我们必须进行生命叙说、写作生命故事的最重要的原因!

我们对于生活的理解,之所以需要透过有重量的生命的撞击与启发,而无法只仰赖干净利落的统计数字以及或简明或繁复的理论,应该跟人类的思考模式的特性有关。事实上,传统的实证主义心理学并不是没有注意到这个特殊的现象。只不过,其矢志追求用简明的因果关系来解释并且预测人类行为的雄心抱负,遮蔽了心理学的耳目,以致无法理解"人们如何解释他们的世界,以及我们(us,指心理学家们)又是如何诠释他们的(their)解释行动的"(Bruner,1990)。心理学家将人们在思考判断或决策上容易受到个体生动故事的影响而忽略统计数字或者统计规则的现象,框定为一种思考谬误②,可说极

---

① "Anyway,还是非常非常感谢慈宜老师,我不知道如果没有我们这门课,我现在会是怎样。我记得我跟你说,大学两年半,每次和家里通电话都觉得和我妈没话说,不超过三分钟;现在妈妈会隔两三天就跟我打来电话,我也非常愿意和她分享我生活中的事情、想法。也许从初中以来,现在妈妈才是真正走进了我的内心,而她也觉得自己的女儿没有那么陌生吧。我不知道要怎么把这份感激表达出来,谢谢慈宜。"(学生 C 给笔者的信,写于 2012 年 8 月 29 日)
② 此一谬误被称为基底比例谬误(base-rate fallacy),首先由特沃斯基和克赫曼(Tversky & Kahneman,1974)深具影响力的研究所提出,之后在各个版本的心理学或社会心理学教科书中不断被引述。

其讽刺地为布鲁纳（Bruner）的前述诊断作了绝佳的佐证！

幸而，并非所有的心理学家都禁锢于这种意识形态：将借助分类、概念及数字来进行推理的命题式、逻辑式的思考，当成人类"获得真知"的保证。

布鲁纳（Bruner, 1986）在其影响深远的《实存的心智，可能的世界》（*Actual minds, possible worlds*）一书中，主张人类有两种思考模式，一种是典范式思考（paradigmatic cognition），即命题/逻辑推演式的思考；另外一种则是故事性/叙事性思考（narrative cognition），关注的是人类的意图及行动、历程中的悲欢沉浮与结果。对致力于探究叙事/叙说这种认识（narrative knowing）模式的珀金霍恩（Polkinghorne, 1988）来说，"叙事是人们用来了解人类世界的方式"，这种思考让我们获得关于一个人之行为动机及行动处境的知识，并据此"使得他人及我们自身的行动可以被理解"（Polkinghorne, 1995）。而对于人类处境性的这种细致了解是命题式的思考方式所无法达致的，诚如卡特尔（Carter）所言，叙事性的思考，"以一种特殊的方式捕捉了人类事务意义之丰富性与细致性"，并且"这种丰富性与细致性是抽象命题、事实的陈述，或者定义，所无法表达的"（Polkinghorne, 1995, p. 11）。进一步必须要强调的是，叙事性的思考不仅是我们据以理解他人与自身行动、认识这个世界的依凭而已，亦是我们进行道德评判与选择的基础（Sarbin, 1986）。

（二）为何我们需要劳动阶级男人的生命叙说？

"这些故事，一旦被说出，就'创造'（make）了事件，'创造'了历史。"布鲁纳（Bruner, 1986, p. 42）如此说道。

是的，我们需要创造历史，需要像小恒这样的基层劳动阶级的男人的故事被说出来，被听到。为什么？

不止一个理由支持我应该这么做。首先，同时也是最重要的一则原因，其实已经见诸稍早前所描述过的学生的故事中。出身劳动家庭的小孩，一旦凭借着优异的学业成绩开始攀爬主流的晋升阶梯时，老天爷竟像是跟他们开了个残酷的玩笑似的，命运之门一打开，展现在眼前的，不仅是一条仿佛（当然，也只能是仿佛）通向美好生活的闪亮大道，同时也是一条哀伤的离家之路。他们之中的大多数，此后将返身认不得自己的父母。赖安与赛克瑞（Ryan & Sackrey, 1996）这两位出身劳动阶级的学者，在他们的书中亦不无痛苦地提到，那些阶级向上流动的人，不得不面对对立阶级文化的撕扯，以及"无处可归"（being nowhere at home）的漂浮感。一方面是感受到自己对于后来所进入的阶级而言像个冒牌货；另一方面，则是必须与过去、父母、兄弟姊妹、亲戚朋友分道扬镳，再也不是他们之中的一分子。

个别家庭的状况不同，所遭受到的断裂与痛苦的程度也不相同。毕业于辅仁大学心理所的陈玉君（2010），在其硕士论文中梳理了她"生命中不能承受之断裂"。家中书读得最好的玉君，在面对劳动阶级家人时，身上总有各种忍受不住的怒气与哀伤滋长、爆裂出来。论文中不只一处会冒出这样令人揪心的文字：

> 然而，我自己更万万没有料到，当年顺从父母的期望拼命读书的我，会成为后来这个父母眼中用学历在践踏家人的我。
>
> 每次，当我为了父亲屡劝不听地抽烟、喝酒、吃槟榔、签赌，大哥不顾身体日以继夜地工作，或大妹不管家人感受而把男友带回家中居住等事情，而跟家人起冲突，母亲气得脱口而出的话："早知道你读书之后会变这样，当初就不要给你读书。"总是深深刺伤我的心……（陈玉君，2010, p. 3)。"

玉君的故事绝非特立独行的孤立个案！英国心理学家瓦莱丽·沃克黛

(Valerie Walkerdine，1997）自陈对于所谓的"向上流动"这件事一直感到非常痛苦（very painful）。而且，在接受治疗的那些年里不断被一个恼人的意象所纠缠：

> 我的母亲站在我们家小小的门廊里。那儿黑黝黝灰蒙蒙的，我站在阶梯上，在她之上，俯视着她，然后藉由门厅的窗我注视着窗外的绿茵。（Valerie Walkerdine，1997，p. 13）

我想，无须任何提醒，读者们就能轻易地发现在沃克黛脑中盘桓不去的这个意象中，阶梯所彰显的阶级意义（Williams，1983）。在协助劳动阶级子女寻路回家的这件事情上，辅仁大学心理所已经耕耘了很多年，也生产了多篇深度自省的硕士论文。而我自己在过去几年的大学教育工作经验中，也见证、陪伴了不少在寻觅回家之路上痛苦奋斗的大学生。① 所以，是这么多年轻的、或者已经不再年轻的生命的苦苦挣扎，以及辛苦劳动却一再承受子女异样/疏离眼神的父亲母亲们的哀伤，让写出有尊严的劳动阶级生命故事成为一件必须要做的事！

对于在社会上广泛流传的"功绩主义"（meritocracy）如何将不同社会阶级在各面向光谱（至少包括：声望、精神与物质报酬、支配—从属关系、知识的效能/价值、文化的雅俗等）中所占据的位置"高下/优劣"（既牵涉到客观的基础，亦牵涉到主观的认定）正当化，以及学校体制又如何在宣传功绩主义意识形态上扮演关键角色，批判教育学者已经多所论述（如：Bowles & Gintis，1977；Giroux，1992；Apple，2004 等）。然而，如同我们先前所讨论过

---

① 要开启这么一趟找寻回家之路的艰辛旅程，一般而言，是在课堂有意识地设计勾动学生回观家庭经验的安排下发生的。这些课程设计的细节，及所牵涉的心理动力历程，值得另外发展一篇论文来阐述，恕不在此赘述。

的，只有理论和论述还不够，我们还需要有直抵人心力量的个体生命故事——那些活生生的，充盈着荣耀与耻辱、欢欣与悲伤的故事——被撰述出来。

诚如史景迁（2000, p. 24）的喟叹："要从过去召唤出那些穷人和为人遗忘者的生活总是困难的。"劳动阶级的生命传记很少占据历史的舞台，他们比谁都容易受到历史飓风的摧折，然而当历史之风呼啸而过后，翻飞的史册中得以窥见的只有杰出人物或者被社会认定为"偏差者"的足迹。福柯以璀璨的文笔为其所著的《无名者的生活》写了一篇充满激情的导言。在这篇导言中，福柯写道：

> 长期以来，日常生活要进入话语，其中必须充斥着寓言式非同寻常的东西，并因此发生变形，才有可能；必须由英雄业绩、功勋、探险、神意或恩典，可能还会有恶贯满盈的罪行，使日常生活脱离它自身；日常生活不得不带上一种不可能之事的印迹。只有这时，日常生活才会成为可以讲述的。（福柯，1999, p. 67）

这本文集中的无名者的生活，用福柯的话来说，"正是它们与权力的一次遭遇"，才得以"留下片纸只言"（福柯，1999, p. 61）。具体来说，这里的无名者乃是社会的偏差者，如：同性恋、疯狂者、浪荡子、流氓无赖、作奸犯科者等。这样说来，其实广大的基层劳动民众才真正称得上是历史上的"无名者"，正因为他们是如此"平凡"，如此"寻常"，以致未被权力掳获镇压，也就只能继续遗留在历史的暗夜里。

相较于劳动阶级妇女，劳动阶级男性的生命故事更不易受到史学家以及其他学术工作者的青睐。主要原因可能与劳动阶级男人并不被主流社会安放在一个弱势者或者受压迫者的位置有关，因而也就不用特别赋予其"声音"，或者为其"发声"，来将其从特殊的悲苦状态中拯救出来，或者还其公道。

因为我的博士论文研究，我接触到一群从事阵头活动的台湾基层劳动阶级男人。一方面，他们仿佛既"平庸"（对于史学者及生命史工作者来说），又"卑微"（对社会主流价值来说）。另一方面，他们却是我所见识过活力最旺盛、生命热情最洋溢的人群之一。多年来，我从他们身上学到了许多极为宝贵的东西，因为他们，我的生命产生了极大的转变。① 正是无名的他们，构成了我们社会坚实的基底，是他们，让我们的世界不至于摇晃。他们的愿景、他们的渴望、他们的恐惧、他们用力实践出来的尊严、他们的美丽与哀愁，应该被这个世界所倾听。把他们的故事说出来，套用人类学家露丝·贝哈（Ruth Behar, 2010）的说法，成了我的"义务记忆"（duty-momery）②。

基于以上所述及的种种原因，我写了一个台湾水电师父小恒的故事，他同时也是我的阵头田野研究的关键报道人之一。好了，楔子已经拖得太长了，还是快让主角上场吧！

二、在"无名的生活"中突围的男人

> 正如故事探照灯和聚光灯；它们只照亮舞台的一部分而将剩下的部分留在黑暗中。（Bauman, 2006）

小恒来了，看起来更加精瘦了些，也黑了些。

1. 既是震慑全场的大哥，也是温柔的大哥

上一次见面是什么时候？想起来了，是 10 个月前，我居中安排小恒到北

---

① 详见笔者的博士论文（张慈宜，2008）：《流动、欢娱，及演出：一个阵头田野研究》。
② 根据历史学家诺拉（Nora, 1989）的说法，所谓的"义务记忆"，是一种感受到内在的呼声、不得不去记忆的责任命令！

部一家学校排名垫底的技术学院演讲。该校五专部男学生青春正盛，崇尚"男子气概"，因此想借由小恒对于阵头活动及文化的演讲，去偷渡对于阳刚男子汉迷思的破解。这些未被教育体制善待、早就已经发展出各式各样抵制学校权威的做法的青少年们（如 Willis, 1988），在校方人员和我这个主持人开场期间，都仍旧自顾自嬉笑打闹，旁若无人。然后神奇的事情发生了，小恒一登场，会场刹时鸦雀无声。小恒有条不紊地讲述着，偶尔穿插一些台式幽默，年轻的观众也很捧场。一百多双晶亮的眼睛在幽暗中专注地发光。办理这场演讲的工作人员是我朋友，事后传颂不已，这一幕景象是她在该校工作三年多来未曾见过的景象。

之所以会有这个演讲，灵感来自于五年多前见识到小恒对待被边缘化少年的温柔。某日小恒接到台北市某国中辅导室的电话，告诉他有一些调皮捣蛋的国中生对于阵头很有兴趣，邀约小恒莅校演讲。我们到达现场后才发现少年只有四位，而且果真调皮！据辅导老师①说，这几个孩子因为上课捣蛋，干扰课堂学习，所以被教师们"下放"到辅导室。活动在铺了木质地板的团体室进行。稚嫩的少年们因着我无从知晓的生命脉络，必须展演夸张的叛逆与乖僻（张慈宜，游贺凯，2011）。演讲过程中，少年们满口脏话，开着粗鲁的玩笑，身体或者半仰卧，或者蜷缩在地板上，不时起身推挤、打闹一番。小恒始终维持着平静但有力度的声音，在少年们玩得太过火时，小恒会暂停一下。但他不会像一般快要被搞疯的老师们那样无奈或厉声地要求秩序，或者是满满的道德训诲倾泻而下，小恒摆出一个江湖历练丰富的前辈大哥的姿态，用一种幽默的口吻婉言相劝。少年们的行为稍微有些收束，团体室内依然有叫嚣和吵闹，但坐在一旁的我，感觉到空气中有一种少年们和小恒逐渐产生共振的气息。小恒总共去了这个辅导室四次，费心地准备了丰富的照片及文字简报、官将首阵头的各种装备，并且征调了他的徒弟阿亮到现场着装，彩绘脸谱，并表演了

---

① 是个年轻有想法的辅导老师，可以不受阵头"暴戾"污名所障蔽。

几个简单的架势，把少年们看得目瞪口呆。对我来说，这样慎重的对待，既反映了小恒对于任务的投入与认真，更蕴含了小恒对偶遇的这几个少年温柔的情意。

2. 庙埕上回荡着的那个脸上火热的少年的声音

小恒来时，我正在地藏庵与丰荣泡茶，不便拔腿就走。三人闲聊一会儿，已近中午，丰荣需要开始为下午一点乩坛办事进行准备工作了，我们也就告辞吃饭去。丰荣以前做砌砖的工作，但现在的建筑许多已经采用轻隔间的工法，所以工作机会少了很多，还好，丰荣的哥哥是地藏庵的乩童，好些年前便拉着丰荣来乩坛服务。与机灵的小恒不同，丰荣是个老实人，据说年轻的时候连跟女生讲话都会脸红。约莫40岁的现在，也还显得木讷，方才访阿宝不遇而巧遇丰荣时，他也没邀我到地藏庵坐坐，是我一路跟他闲聊，一路就跟着他回地藏庵。丰荣腼腆低调的照顾方式一点也没变，我注意到他经常微侧着头用眼角的余光留意着我有没有跟上。在键盘上敲着关于丰荣的这一段记述时，那些负载着丰荣的记忆也在我脑海中翻飞。丰荣也是"被打·翻墙小组"①（这个小组的成员实在太多了）的一员。有一回他没听清楚老师的指示，运动会那天，在不对的时间抵达操场，被老师赏了一个耳光。结果很多年后，在那个风大雨大的夜里，光影黯淡的庙埕上，被回忆做了这么一遭突袭的丰荣，突然大喊了一声："恁背无爱读了啦！"（你爹不读了啦）。脸上带着笑，那惊天一喊像是在展现一种抵抗的气魄。在那冷清寂寥的夜里回荡着的是那个脸上火热的少年的声音，还是那个心中犹有不甘的三十多岁熟男的声音？

---

① 被老师打，翻学校围墙，是我的很多阵头朋友的共同回忆。

3. 社会网络与工作的流转

小恒说:"想吃什么?"我说:"随便啊,都可以。"小恒提议那就在庙口吃点简便的东西就好。选了一摊卖臭豆腐、米粉汤等典型台湾小吃的。老板显然是小恒的熟人。"带新的女朋友来吃饭噢。"不断地开着各种玩笑。后来小恒告诉我老板是他同学,也是他小时候的玩伴,一直到十几岁都一起玩的玩伴。这个现象我七年前刚下阵头田野时就发现了,对在台北市长大、朋友社交圈随着每一个求学和工作阶段兴替、与所住的地点没有发展出任何亲密联系的我来说,一开始就很惊奇地发现:当我与阵头朋友们在新庄中港厝①这个区域内活动时,总是被包围在一张复杂编织起来的社会网络中。阵头朋友们彼此之间、与当地的店家或住家之间、与地藏庵里的管理委员之间,谁是谁的儿子/兄弟、谁是谁的同学或亲戚、谁是谁的上同事等,屡见不鲜。

这个复杂又环环交错的社会网络,不仅相当程度上主宰了这些劳动阶级阵头朋友们的社交休闲活动空间,事实上也左右了他们的职业生涯选择。以小恒为例,他这一辈子没有看人事广告找工作的经验,从他第一份工作到现在,全部都由亲戚朋友居中介绍。

读书对小恒来说是件无趣而痛苦的事,所以高中没读完就出社会了。第一份工作是车床,老板是妈妈结拜姊妹的儿子,算是小恒的哥哥。老板喜欢钓鱼,小恒常常在上工时发现老板留了这样的纸条:"我今天要去大甲钓鱼,工厂就拜托你了,谢谢。"小恒自谓属于刻苦耐劳的古早台湾人的一分子,不像

---

① 中港厝坐落于新庄这个台北市重要的卫星城市中,涵盖的范围大约是二省道以南的中港路到新泰路之间。40年前这里还有很多农田和菜园,现在则为"栉比鳞次的各类型商店、饮食店、小型工厂,以及间或夹杂的金融机构、医疗诊所、比较新式的住宅大厦等所取代,是一个新旧小区杂陈,生活机能完整便利的生活圈"(张慈宜,2010,p.151)。

现行的年轻人，如果老板不在就乐得浑水摸鱼。因为工厂就小恒一个员工，所以他把订单拿出来翻一翻，自行判断什么工作比较赶就先做。后来因为觉得老板个性太过疏懒，工作的重担多落到自己头上，就离开了。之后的几份工作（抽风机工厂工作、电影公司摄影助理及灯光组、砌砖工作、泥作工作、水电工程、酒店总经理①）也都是亲朋引荐或直接招纳的产物。现行工作所需的水电工程技术则是跟哥哥学的，之后脱离哥哥自己承包工程，没有实体店面，生意主要靠人际网络运作。

4. 为工作尊严斗争的男人

今天的访谈小恒之所以迟到，是因为在泰山收工程款时出了一些状况，他跟客户争执了很久，差点吵了起来。50万的工程款，对方想要杀价到46万，小恒不肯。客户说这次折个价，下次多给小恒一些工作就补回来了。小恒表示这是当初议好的价格，而且估价单上也都有盖章签名，不能不算数。如果这样，那他当初就把价格抬得高高的，等着给他们折扣就好了，然而他做事情不是这样的，每一分价钱都是真材实料。我问问题解决了没，小恒说对方还得再请示高层。听着心下怃然，我没想到水电师父还得应付这样蛮横的索求，而且对方还是大规模的上市公司，竟然拿赚辛苦钱的水电工人开刀！

然而这种状况在小恒的职业生涯中并不少见，说到气愤处的小恒接着又分享了一个更难缠的案例。业主不认9.2万的账单，说他原先的预算只有2万，看在小恒做了这么多工程的份上，最多只能再出3万。在漫长的讨价还价过程中，小恒把价钱降到8万，还是谈不拢，双方僵持不下。"难道中间所追加的工程，没有先跟对方谈清楚价钱再做吗？"小恒解释说，当然，如果为了保险

---

① 朋友在大陆开的酒店，请小恒去管理。这个工作小恒做了四年，酒喝了太多，身体负荷不了，所以后来还是辞职回台。

起见，就要针对追加工程的部分先打一份估价单，对方同意之后再进行工程。但实务上很难这样做，因为有时候客户是陆陆续续提出要求，如果每一步都要确认的话，旷日废时，很可能到时候其他工班已经做完撤出了，这样就会无法配合。这个业主当初又要赶在元旦前开幕，根本也没时间做往返的确认动作。后来，业主打电话跟介绍小恒接此份工作的设计师抱怨，设计师打电话来关切，问小恒是否愿意让他来协调工程款。小恒告诉设计师："既然我们双方都有错，那就面子做给你，你谈多少，我就收多少。"说到此，小恒问我一句："这样有没有阿莎力！"（阿莎力是闽南语，意指爽快干脆）。设计师提议6.5万了结。无效。

据小恒表示，许多同业也都会碰到这种状况，都是自认倒霉，认赔了事。但小恒不是一般人，他跑到警察局去备案，告诉警察：客户只愿意付我很不合理的价钱，我要把我做的东西拆回家。小恒的个性颇有决绝的一面，与其接受太不合理的待遇，他宁可拼着认了自己的损失，也不让对方占到任何好处。警察介入协调时，业主就哭了，哭诉他实在没有钱。后来协商成7.5万，小恒让对方开列七张本票，分期偿还。小恒对我说："我不是一个不能商量的人，有时候我也很软，没有钱就分期付款嘛，但来硬的我就没法接受。"

认为对方想占便宜或觉得自己不受尊重时，小恒很难退让，态度会变得很强硬，因此得罪了不少客户和设计师。举例来说，阵头朋友茶壶大哥介绍小恒去帮他的房东太太修理水电设施。上了年纪的房东太太要求小恒算便宜一点，酸溜溜地说道："哎，现在时机歹歹，有赚就好了啦。"小恒立刻呛回："时机歹是你在歹，不是我在歹。"茶壶大哥在一旁打圆场，小恒依然嘴硬："我不是把钱开得高高的，让人家杀价的人。"（以上的对话皆为闽南语）。

小恒说设计师都快被他得罪光了，工作流失了很多。我听了觉得有些不安，我知道小恒前两年买了房子，贷款压力不轻。小恒结婚生小孩之后还是跟爸妈住，但与太太及渐渐长大的小孩挤在一个房间里实在太局促了，一直想要买个房子。为了买到称心的房子，小恒和太太东奔西跑看了好多房子，费了很多心。我脑海中一直记得他说过的一句话："像我们这种人，一辈子就只能买这么一次房子。"我试探道：有些人知道客户会杀价，会故意把价格开得高一点，让客户有杀价的空间，这样客户高兴，自己也不会损失。小恒觉得没有必要这样，人跟人交往就应该直来直往，不要拐弯抹角，不然人跟人之间根本就没有信任可言。于是，我没有再说什么了，我仿佛可以理解，这是小恒努力在维持他的工作尊严的方式，我觉得我应该尊重这样的努力。诚如斯科特（Scott, J. C. 1990, p. 23）所言，"即便对当代的劳动阶级来说，以下的状况仍然成立，当其尊严受到轻视，工作受到严密的监督与控制，对其所构成的压迫，绝不亚于其工作与薪资所受到忽视"。

5. 新信仰："顾客至上！"

桑内特（Sennett）在 25 年后重返过去所研究的波士顿的一家烘焙店，在高科技烤炉以及临时、弹性聘雇制度入侵之后，他发现这一批新的面包师傅已经对工作失去认同感，他们用各式各样的话语说着同样的一件事："我不是真正的面包师傅"（Sennett, R., 1999, p. 94）。小恒的工作虽然没有受到这样的侵蚀，但他的尊严一样备受考验。

早在一甲子之前，社会学大师米尔斯（Mills, W.）在《白领》（*White Collar*）这本书中，就已经注意到售货员"过去可以'自由行动'的职业生涯领域之一——即她自己的人格领域，现在也必须进行管理，她必须成为机敏的而又驯服的商品销售工具"（2006, p. 143）。而在商务从以产品为中心转向以服务为中心之后，则所谓的服务导向，或者顾客导向的商业或组织行为便铺天盖地地席卷所有的产业。于是，管理顾客关系便成为所有商业活动中最要紧的事。

"服务顾客是没有任何说'不'的理由"（衡南阳，2003），一本企管书籍的作者作出这样的宣称。对于身处于一个——套用米尔斯的想象来说——"世界宛如一个大卖场"的社会的我们来说，这样的呼吁毫无出奇之处，已经成为我们所熟悉的精神标语之一。企管顾问专家们提出各种数据，列出各种理由，揭露出诸如此类的一个残酷真相："'认真工作'与'赚钱'是毫无关联的"（神田昌典，2009，p.22）。因为产品能够产生的差异很小，如果愿意的话，大家都可以制造出好产品。而且，如消费者捉摸不定的品味一样，产品的命运常是祸福不定的。营销专家派柏斯与罗杰斯（Peppers & Rogers, 1995, p.356）大胆断言，自始至终，"只有顾客是实在的"。在这样的理念下，竭尽全力让顾客心满意足不过是最基本的常识，在此之上，企业的领航人或者营销专家们抢着推出各种震撼人心的顾客管理方案/目标。举例来说，加拿大日产汽车的总裁规划了顾客终生满意营销计划（Peppers & Rogers, 1995）；而负责策划如何营销一本"服务营销"专书的专业人士，会将服务人员与顾客之间的关系比拟成爱情以及宗教的关系——"只有'顾客满意'是不够的！你必须让顾客爱慕你、成为你的信徒"（洪顺庆，2003，封面文字），也就不足为奇了。

6. 关系及人格被商品化之后，还剩下什么？

相对于某些企管顾问专家使出浑身解数传授经营顾客关系的上乘心法，社会观察家和社会科学家的态度就显得保留许多。雷夫金（Rifkin, 2001）对于现今迈入他所谓的"将人类生活完全商务化"的新纪元，所有人类关系都被"商品化"之后，到底我们的亲属关系、社群关系、我们的社会义务及社会认同还能有多少旧有的质地保存下来，感到忧心不已。另外，自从社会学者霍奇斯柴德（Hochschild, A.）提出"情绪劳动"（emotional labor）的概念之后，吸引了众多研究者投入探讨情绪劳动会对工作者造成什么样的影响。根据霍奇斯柴德的研究，"情绪劳动"这个概念用来"表示对情感的控制，以便制造一个大家可以看到的脸部及身体表情；情绪劳动是被出售来取得工资的，所以它有交换价值"（Hochschild, 1992）。目前的研究成果发现，许多职业的从业人员都面临须在工作中进行情绪劳动的处境（de Castro, Agnew & Fitzgerald, 2004）。并且，情绪劳动与工作者情绪耗竭（emotional exhaustion）这样一种不良后果有显著相关，亦已得到跨行业研究之证实，此类研究种类繁多，兹举数例如下：旅馆工作人员（Ang Chooi Hwa, 2012）、教师（Mittal & Chhabra, 2011）、医疗专业人员（Naz & Gul, 2011）、公交车司机（Scott & Barnes, 2011）及综合各种职业从业人员（Pugliesi, 1999）等。

更进一步，由过去所累积的研究成果来看，情绪劳动并不只是与情绪耗竭有关而已，其作用的范围更广。梅斯梅尔-马格纳斯等（Mesmer-Magnus, Dechurch, Wax, et al., 2011）针对情绪劳动的相关研究进行后设分析，指出：情绪劳动与情绪耗竭、去个人化（depersonalization）以及整体的工作倦怠感（burnout）都有显著正相关。此外，前述作者的后设分析还发现，情绪劳动与雇员的健康之间有负相关存在。

霍奇斯柴德（Hochschild, 1992）当初区分了两种情绪劳动，"表面伪装"（surface acting）及"深度伪装"（deep acting）。前者指涉的是：不管表情或者是身体姿势都像是"演出来的"（put on），至于后者，则是调动行动者的积极想象，把表现出来的行动视为"自我的一部分"。后续的研究针对此两种伪装方式对情绪状态的伤害是否有同样的效果进行探究，研究结果虽未臻于一致，但的确有相对较多的研究发现这两种情绪劳动与情绪耗竭之间的关系，表面伪装倾向于呈现正相关，而深度伪装则倾向于有负相关的关系（例如：Ang Chooi Hwa, 2012；Mesmer-Magnus, Dechurch, Wax, et al., 2011；Scott & Barnes, 2011；苏隽婷, 2009等）。我们如何来看待这样的实证结果呢？

这样的研究结果是否建议与其训练一些把"微笑"穿戴上去的"表面的"服务质量,不如让员工们对顾客服务价值高度驯化,将之接纳(甚至内化)为自我认同的一部分?认同自己是一个愿意为任何顾客(包括不合理的奥客,即难缠不讲道理的客人)鞠躬尽瘁,制造顾客满意、快乐时光的和蔼可亲的罐头人种?姑且不论这样的"驯化"或者"内化"是否真能成功,如果我们相信深度伪装可能是一个解决方案,解决雇员因表面伪装而面临情绪耗竭或工作倦怠之困境,则我们很快就会陷入另外一种更加艰难的困境。要一个人面对极端不合理的顾客提供"真诚的"、"礼貌的"服务时,其实我们不是在要求这个人设法无视对方的无理或挑衅,就是在要求这个人屈从于不合理的强权。对于前者来说,这等于在要求工作者疏离自己的真正感觉。对于后者来说,则等于在工作者努力维护尊严的自我认同中植入了一个没有尊严的危险因子,这下子,这个"屈从的我"、"为五斗米折腰的我"也成了"真实的我"的一部分了。由以上的分析,可以清楚地看到:要做到深度伪装,不管使用的是前述的哪一种方法,其所带来的后果,难道不正如米尔斯所谓的自我的异化,或者是出卖自己的人格?

　　因此,小恒对顾客据理力争的工作态度,一方面可以看成在这个"顾客至上"的当代社会中,"不合时宜"、"欠缺考虑",乃至"没有服务精神"(这已经是一个很严重的罪名!)的作为。另一方面,也可以看成是他维护自己身心健康、工作尊严、乃至于人格完整性的积极奋斗,虽然不是不需要付出代价!

7. 初识小恒:嘴角那抹捉呷的笑意

　　小恒谈及这些不愉快的工作难处时,虽显得激动,嗓门高亢,然而整个人看起来仍显得疲累,甚至有些黯淡。然而话题一转换,开始谈论他对今年地藏

在无名的生活中突围：一位台湾水电工为尊严进行斗争的故事

庵绕境活动的规划时，就整个人神采焕发了起来。看着他熠熠放着光的眼睛，我就不由得想起马克思的名言："工人只有在他的工作之外才能感受到自己，在他工作的时候则感受不到自己。当他不工作的时候，他是自在的，而当他工作时，他则不自在。"（Clarke, Hall, Jefferson & Roberts, 1998, p.50）循着小恒眼睛里的光，诱我跌进时光的隧道中……

2006年3月，在一场阵头活动中，我第一次见到了小恒。其时，我已经跑了阵头田野三个多月了。那些热心的阵头朋友们，一听到我要做阵头研究，立刻就说："你去找小恒就对了。"不然就是："那你就要去找小恒了。"

当时，我完全不以为意，从没想过要特别去寻找小恒这号人物。每个周六、周日跟着我的田野窗口蔡毛东奔西跑，见识到我前所未见的一个世界，生活完全被这个陌生世界的新奇与丰盛所涨满。光是应付眼前的目不暇接，以及我的旧世界与此新世界遭逢所引发的种种震荡，就叫我完全无暇他顾了。

然而，大师出手自是不凡。小恒完完全全知道如何令人印象深刻！

"嫂子！"我一时又惊又窘迫。[①] 一个陌生的中年大哥举杯向我和健明敬酒，一开口就来了这么一句话。健明是我田野初期接触较多的年轻阵头朋友，年纪与我相差一轮左右。健明赶紧起身，说明我是辅仁大学的老师，正在从事阵头的研究云云。

我后来才知道，这位身材直挺挺、相貌威严的中年大哥，就是小恒。

中年大哥向我招招手，示意我跟着他。我不明所以，还是跟着他走出"办桌"（闽南语，是台湾常见的宴席形式，又称为流水席）的会场。在会场外的马路边站定，小恒随即递了一根烟给我。我说："你怎么知道我会抽烟？"他说："我一看就知道。"唔，从来没有人一开始就发现我会抽烟，反而是我靠着惊吓人得到不少乐趣。小恒讲了不少话，而且确实是能言善道，更加重要

---

① 这里的糗样，正可以见证田野初期的我是何其生嫩。

的是，这是不会令人厌烦的那种善道法。小恒提到作为一个外省人①当初打进阵头世界的辛苦，也提到他对阵头薪传的期许。由于我们是吃到一半中途跑出去，不便久聊。准备归位时，我说："不然我先'返去'（闽南语，即"回去"的意思）啰？"小恒立即说："哪有人这样讲？""啊？"我满脸问号。"父母还在，怎么可以这样讲？""啊？""返去是返去见祖先才这样讲。"喔喔，了解了解。同时，我也没有忽视小恒嘴角的一抹笑意。

之所以在下阵头田野近三个月之后才遇见小恒，是因为，他现在只出地藏庵、中港路土地公庙、自家中港神将会的绕境活动，外加一些老朋友选上炉主所举行的过炉绕境等。阵头现在已经不再是小恒生活中的重心了。他说总不成40岁还跟年轻人在那边装可爱吧。他也有严肃一点的说法，他告诉我："到了一个阶段，你（有）很多东西，很现实的问题必须去面对。到了我们这个年纪，这个阶段，你的负担越来越重，开始有家庭之后，你的想法就慢慢不像年轻的时候那样。"

年轻的时候怎样呢？年轻的时候常常为了出阵头请假，请到有时候被老板扫地出门。有同样经历的人听说还不少。

8. 小恒所渴望的人亲土亲的阵头文化

后来，我们成为好朋友。七年的岁月让我有机会从许多不同的点滴中看到，第一次见面时小恒那一席关于阵头文化的谈话，并不是被镁光灯训练出来的冠冕陈词。由于新庄地藏庵是全台官将首的发源地（李宗益，2002；吕江铭，2002），所以新庄地藏庵的官将首享有一个开山祖师的特殊地位。加上近年来，阵头被炒作成台湾本土文化的图腾（张慈宜，2008），因此，有线电视台、地方电视台，以及有地缘关系的辅仁大学传播学院的学生团体，都曾经来拍摄官将首

---

① 小恒的父亲是外省人，母亲则是台湾人，但他的方言要比我这个在台北长大的台湾人轮转许多。

阵头之专题。虽然不是中港官将首台面上的正式头人①，但因为在实务上经手了团体的许多组织工作，加上口才便给，所以成了受访率最高的阵头人物代表。

小恒不只一次地对我诉说他对"宗教艺术节"活动的满腹牢骚。在他看来，政府单位是官僚主义，只想花钱交差，活动的意义和成效丝毫不关心。至于民间的承办单位则是本位主义作祟，各个主办活动的庙宇，都在自家的庙埕办活动，小恒气愤地质疑："这样会有什么人来看？能有多少人来看？"加上宣传不力，活动的效果更是大打折扣。小恒曾向相关单位建议不如办在新庄的运动公园，可以吸引到更多的群众来认识阵头文化，但他的意见并没有被采纳。再者，历届的主办单位不肯积极构思与己方庙宇的神明、特色有关联性的活动，老是端同一道菜，也让小恒感到痛心。他告诉我，妈祖庙、关帝庙、文昌祠等历届的宗教艺术节的主办单位，都曾经来邀请中港官将首去演出。小恒埋怨说，不管是妈祖庙还是关帝庙，都应该找一个更适合妈祖或关帝君的主题活动，而不是每次都用官将首来当主题。

小恒渴望的阵头文化到底是什么呢？

小恒参加大甲镇澜宫妈祖绕境活动的感想，很可以一窥究竟。小恒这样总结他和朋友跟着妈祖绕境队伍走了一整天的感受：

> 会走死，很累，但是很感动。（笔者：怎么说？）我们就沿路一直走，在你行进的过程中，你永远前面都有人，你不用害怕你会寂寞。啊，都离很远，甚至有欧巴桑、阿嬷、阿公，阿公比较少，通常是阿嬷比较多，学生啦，反正什么人都有，也有集团。总之你沿路走都有人。暗暝沿路路边，远远就有一摊摊人家摆出来的食物，都不用怕饿着。

---

① 新庄地藏庵的官将首团体，由于绕境（为庆祝地藏庵文武大众老爷诞辰所举行的绕境活动）的幅员太过广大，多年前就已经划分为新庄、中港、化成三区。中港官将首的头人是叶明树，人称董仔，辈分较小恒为高，算是小恒的师父辈人物。

这是一种乡愁般的感受，渴望回到人与人彼此亲近、互相照顾扶持的梦土。但小恒可不是一个被乡愁缠绕、沉醉于梦中不愿醒来的人，他是一个行动派。这几年他有意识地整备军容，并且扩大阵头队伍的参与规模，某种程度上，有一种向历史复归的意味。这几年间，我看着小恒先从扩充并且整备阵头的出军行列开始着手，继而谋划如何扩大一般民众的参与。以后者为例，去年，小恒找我帮忙制作募集将脚①及随香人员的海报②，希望能募集到更多的人来共襄盛举，今年则更是连最时兴的宣传利器"脸书"（facebook）都用上了，成效如何则还有待检验。小恒的言谈间流露出对于过去农业社会中大家扶老携幼来参与阵头活动的向往。然而，我总觉得对他而言，最重要的事并非阵头传统的复兴，而是：众人不分彼此朝向一个共同的目标一起努力的感觉。小恒的"佛跳墙"哲学可以作为佐证。

9. 两套哲学："佛跳墙" Vs "即便服从，也要声张些什么"

2006年绕境结束后的庆功宴上，小恒以师父的身份，与官将首团的出军人员检讨这两日的表现（暗访、正日绕境）。谈话中间，上菜阿姨端来"佛跳墙"这道菜，小恒就借题发挥了起来。这番训勉与这一日清晨小恒征调阵头朋友 M 出掌大旗的不顺有关。调度上临时出了状况，一早小恒一边帮出军人员开脸③，一边还在联络 M 来帮忙掌旗。M 在睡梦中接到电话，含含糊糊没说答应，也没有拒绝。在一阵支支吾吾当中，小恒的电话就被挂掉了。看情况如此，小恒就派了小陆到 M 家硬把人给接了过来。

回到那一钵佛跳墙。小恒说："每个角色都同款重要。如果不是所有的这

---

① 将脚由还愿的民众扮演，在绕境队伍中跟在官将首团之后行走，无须经过特殊的训练。
② 为了制作海报，我们聚会讨论了几次，从挑照片、拟定文案到审核样稿，无不花心思研议。
③ 彩绘脸谱。

在无名的生活中突围：一位台湾水电工为尊严进行斗争的故事

些陪衬，官将首根本什么都不是！不然你们试看看三个人去墓地赞①看看！看会不会像疯子一样！"然后，小恒这样比喻："就像这一碗佛跳墙，每一项材料都有才会有这样的味道出来。"

小恒并不认为以前那一套前辈教导后生的方式适用于现在的年轻人（中港前辈们也几乎都有此体认）。但他偶尔也像其他吃过苦的前辈一样，会忍不住拿出来说嘴一下，当作一种古今参照。他告诉我他以前学官将首的时候，就一个人在那边赞过来，又赞过去。前辈们一堆人在那边喝酒聊天，看到你过来了，看你一眼，什么话都没说，自己就又再赞回去，哪像现在的少年仔随时想休息就休息。类似的情节也出现在丰荣与我的闲聊当中，丰荣说第一天赞完就"铁腿"②了。当时他在工地当泥水工，第二天上班，得要一边扶着墙才有办法上楼梯，但为了不想被说成是"奥少年仔"③，晚上还是继续去赞。

小恒、阿宝的官将首都是学了三年之后，才开始出军。小恒还说他本来留了一头长度过肩的长发，当时为了要出军的缘故，硬生生剃了个光头。我好奇地问："你那时候为什么留长发？"小恒说："爽啊。"我这才想起来台湾70—80年代的确有一阵子流行男子留长发。他说当时有前辈说："我们这里没有留长发在开官将首的。"一听他就知道意思了。于是，他跑去理发院。"你要理什么头？""剃光头。""真的假的？""快喔，不要让我后悔噢！"小恒即使在服从的当下，也要声张些什么的。

10. 足智多谋，运筹帷幄：楣角的艺术

然而如果以为小恒从头到尾就只有这么一个一百零一招，无论如何都非得

---

① 闽南语，指用力蹬脚于地。
② 闽南语，指激烈运动之后氧债积累，造成腿部肌肉酸疼的现象。
③ 闽南语，意指没用的少年。

要凸显出自己的"骨气"不可,那就太小看小恒了。小恒足智多谋,运筹帷幄的能力,借由阵头活动这个舞台,很好地得到了发挥。

除了年轻后辈的训练工作之外,要办好一个出色的阵头活动,不仅需要动用不少的人力、物资,还有很多层面都有"楣角"① 需要花心思。就说人力好了,就我所认识的阵头团体而言,绝大部分都不是职业团体,因此这些朋友参与阵头活动多属于互相奥援的性质。那么所依循的就不是商业交易的原则,而是交谊和互惠的原则了。一个认识的朋友告诉我,他们宫办一次神明诞辰绕境,得花上两年的时间才能将所欠的人情还完。另外一个朋友则曾经这么抱怨:"ХХ 他们只晓得捧我们老一辈的大腿,下次他们再来叫(人),没了啦,不爽去了。"也就是说,除非是花钱雇请阵头,否则,阵头团体的头人及其成员怎么"做人"就很重要了。而这个"做人"的功夫不仅是一门学问,也是一门艺术。就一个称职的领导人物而言,方方面面皆须虑及,而且还要有政治手腕。

然而,话说回来,也不要以为只要肯花钱办事,事情就轻而易举。以地藏庵 250 周年庆典为例,为求活动热烈,中港俊贤堂雇用了几个阵头来壮大阵容。② 当时,小恒即曾表示,一方面既得注重阵头的质量,一方面又因为地藏庵是地方的角头公庙,所以也应该让地方性的阵头团体有参与表现的机会。这就是所谓的楣角。

阵头活动中的楣角还很多呢,举凡绕境队伍中各方阵头如何排序、绕境的路线如何安排,都是学问。小恒曾详细为我解说阵头排列的理路。有些规则是老祖宗留下来的,如有开路狮、开路鼓的说法,所以狮和鼓一定要排前面。如果同类型的阵头不只一阵的话,谁排前面后面,都是有差别的。小恒说排序越后面,越接近大轿(神轿),价值感越高,但这只是一般性的原则,还有许多

---

① 闽南语,以门楣和角落来借喻须加以关注之处。
② 钱是由地藏庵拨下来的。

其他的状况需要加以考虑。举例来说，地藏庵的250周年庆典，行前，前辈们就不断强调队伍中的两只八将团一定要拉开一点，预防万一互相飙阵起来而有什么擦枪走火。

处理这些枝角时，政治手腕很重要。小恒不只一次表示姿态尽量摆低一点，事情就比较好办理。每年地藏庵的暗访和日巡，都有不少宫庙轩社团体设坛接驾。红坛周遭通常都有大量的民众聚集围观，接驾的阵头因此也就益加卖力演出。问题是这么一来，绕境所花的时间就更长了，近几年，暗访的绕境活动从傍晚六七点开始，往往要搞到凌晨一两点才能结束。为了让活动进行得更为顺畅，小恒和董仔等人都会在活动前夕到各个红坛向对方招呼致意。

但游戏要玩得精彩并不是一味摆低姿态就好。小恒说起他年轻时的一段经历。有一年，三重埔的阿清师迎热闹，请小恒、丰荣、培杰三人去开官将首，压（带领）大轿。当时队伍中另有一队素来认识的官将首团，小恒思忖，对方有可能因为风头被抢走而有所动作。果不其然，对方在结束绕境的行程之后又回头接驾，小恒让他们拜轿拜了两次，对方欲再第三次参礼时，小恒就不放他们过了。小恒解释说，一般参礼只有一次，而且通常只参到压轿的官将首而已，由官将首代为接礼就好，没有参到大轿的。所以，他自认为已经很客气了，对方还要再进一步他就不肯了。结果，小恒就直接飙起架势①，不让对方进去，双方因此僵持不下。最后是阿清师过来将对方喝退。事情过后，对方放出风声说他们老大很不爽，说当日他们要进行第三度参礼时没给他们参。小恒说，他笑笑地跟对方说："会吗？你们老大很有度量的啊。"

小恒认为很多人迎热闹都想一炮而红，大费周章搞了十分庞大的阵容出来，然后绕境的路线又长，搞得人仰马翻不说，还没有达到预期的效果。在他

---

① 小恒扮演的是中尊损将军，是官将首团的中枢、指挥角色，他展开架势之后，两旁的增将军自然会搭配演出。

的观念里,出得多,不如出得巧。他的说法是如果能做到"令人怀念"那才是好。这方面的大师级人物就是稍早前提到过的阿清师,他还曾经动用过马匹来参与绕境。小恒显然从他那儿学习到不少观念和灵感。

地藏庵250周年庆典,他调了号称全台最"冲"(炫、棒)的新竹哨角来帮忙,还仔细研拟如何开场可以一鸣惊人。阵头活动讲究互相奥援,小恒说重点在于如何"让对方有面子,自己也有面子"。他曾经出过18支哨角,外加一部吉普车载送寿桃寿面到新庄信安宫去。既得主人欢心,又不用跟着大伙辛苦绕境。小恒对我如此说道:玩阵头就是要玩楣角,主事者的判断很重要,不是对方请你出什么,你就出什么。他举例说,如果对方请我出两尊神将,我会回答我先回去评估看看。评估什么呢?如果我调得到20个人手,我就回对方说,你的场面这么大,两尊不够看,我帮你出四尊。如果调不到人手,就跟对方说你的阵头已经这么多了,有差我这两尊吗?不如我帮你出寿桃寿面。小恒归结说:"出一些让人家觉得有了你不算多,少了你不算少的东西,不如不要出。"

11. 酝酿气氛,一击千钧

另外,2006年5月,官将首集训期间所发生的事件也很可以看出小恒的个性与作风。

那一阵子小恒工作特别忙,常常很晚才来,甚至没空来督导集训。这一日,他工作比较早结束,七点多(约定的练习时间是七点),就来庙埕看看。结果一看怎么都没有人。小恒问丰荣:"怎么都没人?"丰荣闷闷地说:"我怎么知道?"

丰荣家就住在中港路口,离地藏庵不到10分钟的路程(事实上,我随便掐指一算,就可以数出一堆阵头朋友符合这项条件)。集训期间,时间一到,

在无名的生活中突围：一位台湾水电工为尊严进行斗争的故事

他就走路来庙埕报到。2006 年 12 月的集训①，天气已经冷了，更甭提冷气团过境的时候了。偏偏雨神也来搅局，那一阵子雨也下得特别频繁。几个又湿又冷的夜晚，庙埕上凄清到好像有一种寂寞拧得出来。然而，丰荣总是出现的。天气冷，他泡茶给大家喝，一趟一趟从庙里提水，搬运烧茶器具。

小恒待了一会儿，看到该练习的年轻出军人员三三两两地出现。就跟丰荣说："我要先走了。"丰荣说："你都不用看噢？"小恒："我还没洗澡，你也让我先回家洗个澡啊。"说完，小恒就走了，没跟大家打声招呼就走了。小恒事后对我解释说，一般他要离开时都会跟他们讲一下，但那天他有点生气，并且在酝酿一种气氛。如果机敏一点就会感受得到他的用意，小恒这样认为。

可惜，小伙子们并没有感受到。第二天，一样，小恒到场看了一会儿，就说要走了。丰荣又说："你都不看噢？"小恒叹一口气，说："要看什么？"丰荣当时甫因视网膜剥离手术回来不久，又不小心摔倒，下巴贴着绷带，小恒要丰荣自己小心，别等会"赞"到眼睛跑出来。说完就走了。

第三天，小恒到场的时候，小伙子们已经全员到齐了。小恒一句玩笑也不说，继续酝酿气氛。一开口，便道："是你们自己想来学的，没有人强迫你们来。那么你自己就得遵守时间，总不成叫丰荣和光辉②每天来这边等你。如果学这个有造成你的什么困扰的话，那就不要学啊，学这么痛苦做什么？没什么了不起的啊，大不了是我们这些老的再下去而已，我们以前连续开三天③也都没有休息换人啊。"

---

① 2006 年 12 月 23 日是地藏庵建庙 250 年的日子。地藏庵为此举办了一系列的活动，阵头绕境活动当然是这系列活动中的重头戏。循五月初一的惯例，中港官将首照样在活动前一个月展开集训。

② 丰荣和光辉都是中港官将首的前辈，两人皆 30 余岁。丰荣出军的时期约与小恒同期，光辉比他们两人晚一些。其实，除了他们两人外，还会有很多前辈到场关心。但小恒之外，主要是他们两人在指导晚辈的动作。

③ 较早前，地藏庵的文武大众老爷诞辰绕境是一连三天的活动，后来才改为二日。

12. 流动的庆典照亮了无名的生命

一年后，历史证明小恒的话并非虚言。不过原因倒不是年轻人不受教，而是扮演官将首阵营中损将军的阿亮跑去打职棒了。小恒和阿庆两位大哥级的人物就果真粉墨登场啦。①

这个男人的身体里藏着惊人的意志力！顶着41岁的高龄，及多年退居幕后未加锻炼的身体，二话不说，说上就上！况且，还有一个外人不知道的秘密，彼时，小恒已经被恐慌症缠身一两年了。"这样你怎么还敢下去（扮将）啊！"回荡在历史旷野中的一个既赞叹又惊惧的声音问道。"药就放在我胸口的口袋中，万一怎样可以马上吃。"来自远方的沉稳男声这样回答。

回到访谈的现场，我请小恒报告他现今一日的生活是怎样进行的。小恒晚婚，两个女儿都还小，分处国小低年级、幼儿园阶段。在大陆工作认识的妻子没有宗教信仰，并不喜欢小恒周旋于阵头世界。为了买房子的梦想，妻子几年前顶了一家早餐店，小恒一直分担着早起煮红茶的工作。这一阵子中港官将首开始集训后，小恒开始要忙着筹备绕境活动及督导年轻一辈演练的各项工作。为了顾及妻子的心情，小恒仍照常四点半起床煮红茶，然后八点送孩子们上学，接着上工，工作到傍晚五六点回家，吃饭洗澡后八九点到地藏庵庙埕看一下后辈的集训情形，或者处理一些绕境活动的相关事宜，十一点回家，一边瘫坐着休息，一边思考工作的、家庭的或者阵头的事情，弄到十二点或一点上床就寝。

乍听之下，这个时程宛如一个筋疲力尽的中年男人的一张生活快照，有点灰扑扑，不起眼的。然而，这个男人以及他的同伴所想象并且努力实现出来的那个闪亮发光的流动的庆典，照亮了这些男人们无名的生活。

---

① 分别出任暗访及正日绕境的损将军。

参考文献

陈玉君(2010). 撑：都市原住民劳动家庭的断裂与连结. 硕士学位论文，辅仁大学心理系，台北.

福柯(1999). 无名者的生活（李猛译）. 社会理论论坛,(6).

衡南阳(2003). 服务赢家——建构系统化的服务竞争力. 台北：商兆文化出版公司.

洪顺庆(2003). 从心营销：从满意到爱慕的服务秘诀. 台北：天下杂志出版公司.

李孝悌(2000). 代译序. 见史景迁. 妇人王氏之死（李孝恺译）. 台北：麦田出版社.

李宗益(2002). 将源——论官将首. 台北：兴直堡文史工作室.

吕江铭(2002). 官将首：唯一发源于台北县的家将艺阵. 台北：唐山出版社.

神田昌典(2009). 情感营销：用情感抓住顾客的实践技巧（先锋经营研究小组译）. 桃园：和昌出版社.

史景迁(2000). 妇人王氏之死（李孝恺译）. 台北：麦田出版社.

苏隽婷(2009). 情绪能力、情绪劳动与情绪耗竭关联性之研究——组织认同干扰效果之验证. 硕士学位论文，成功大学企业管理学系，台南.

张慈宜(2008). 流动、欢娱，及演出：一个阵头田野研究. 博士学位论文，辅仁大学心理系，台北.

张慈宜(2010). 边界上的演出者：在"文明"社会中撑出抵抗与创造的空间. 应用心理研究, 45, 149—171.

张慈宜,游贺凯(2011). 与他同行——在关系的涉入中抚慰生命的刻痕. 教育实践与研究, 24(1), 135—162.

Buneul, L. (1992). 布纽尔自传（刘森尧译）. 台北：远流出版事业公司.

Behar, R. (2010). 伤心人类学：易受伤的观察者（黄佩玲,黄恩霖译）. 台北：群学出版公司.

Bauman, Z. (2006). 废弃的生命（谷蕾,胡欣译）. 南京：江苏人民出版社.

Bauman, Z. (2012). 流动的时代（谷蕾,武媛媛译）. 南京：江苏人民出版社.

Hochschild, A. (1992). 情绪管理的探索（徐瑞珠译）. 台北：桂冠图书公司.

Mills, W. (2006). 白领：美国的中产阶级（周晓虹译）. 南京：南京大学出版社.

Peppers, D. & Rogers, M. (1995). 1:1营销（谢晶莹译）. 台北：时报文化出版社事业有限公司.

Rifkin, J. (2001). 付费体验的时代：超资本主义新纪元，使用权取代所有权（黄彦宪译）. 台北：远流出版事业公司.

Stiglitz, J. E. (2013). 不公平的代价：破解阶级对立的金权结构（罗耀宗译）. 台北：天下出版社.

Sennett, R. (1999). 职场启示录：走出新资本主义的迷惘（黄维玲译）. 台北：时报文化出版社事业有限公司.

Ang Chooi Hwa, Magdalene (2012). Emotional Labor and Emotional Exhaustion. *Journal of Management Research*, 12 (3), pp. 115 – 127.

Apple, M. W. (2004). *Ideology and Curriculum*. New York: Routledge.

Bowles, S. & Gintis, H. (1977). *Schooling in Capitalist America: Educational Reform and the Economic Life*. New York: Basic Books.

Bruner, J. (1986). *Actual Minds, Possible Worlds*. Cambridge: Harvard University Press.

Bruner, J. (1990). *Acts of Meaning*. Cambridge: Harvard University Press.

Clarke, J., Hall, S., Jefferson, T. & Roberts, B. (1998). Subcultures, Cultures and Class: a Theoretical Overview', In S. Hall & T. Jefferson (eds.) *Resistance through Rituals: Youth Subcultures in Post-war Britain*. London: Routledge.

de Castro B., Agnew J. & Fitzgerald T. (2004). Emotional Labor: Relevant Theory for Occupational Health Practice in Post-industrial America. *Official Journal Of The American Association Of Occupational Health Nurses*, 52 (3), pp. 109 – 115.

Giroux, H. (1992). *Border Crossings: Cultural Workers and the Politics of Education*. New York: Routledge.

Mittal, M. & Chhabra, S. (2011). A Study of Emotional Labour and Burnout Symptoms in Teachers. *Global Management Review*, 5 (4), pp. 55 – 67.

Mesmer-Magnus, J. R., Dechurch, L. A., Wax, A. M. et al. (2011). Dissonance Matters: Meta-analytic Examination of the Consequences of Emotional labor. *Academy of Management Annual Meeting Proceedings*, 1 – 6.

Naz, S. & Gul, S. (2011). Relationship between Emotional Labor and Emotional Exhaustion among Medical Professionals. *International Journal of Academic Research*, 3 (6), pp. 472 – 475.

Nora, P. (1989). Between Memory and History: Les Lieux de Mémoire. *Representations*, 26, pp. 7 – 24.

Polkinghorne, D. E. (1988). *Narrative Knowing and the Human Sciences*. Albany : State Univ. of New York Press.

Polkinghorne, D. E. (1995). Narrative Configuration in Qualitative Analysis. In J. A. Hatch & R. Wisniewski (eds.), *Life History and Narrative* (pp. 5 – 23). London: Falmer Press.

Pugliesi, K. (1999). The Consequences of Emotional Labor: Effects on Work Stress, Job Satisfaction, and Well-being. *Motivation & Emotion*, 23 (2), pp. 125 – 154.

Ryan, J. & Sackrey, C. (1996). *Strangers in Paradise : Academics from the Working Class*. Maryland: University Press of America.

Sarbin, T. R. (1986). The Narrative as a Root Metaphor for Psychology. In T. R. Sarbin (ed.), *Narrative Psychology: The Storied Nature of Human Conduct* (pp. 3 – 21). New York: Praeger New York: Praeger.

Scott, B. A. & Barnes, C. M. (2011). A Multilevel Field Investigation of Emotional Labor, Affect, Work Withdrawal, and Gender. *Academy of Management Journal*, 54 (1), pp. 116 – 136.

Scott, J. C. (1990). *Domination and the Arts of Resistance : Hidden Transcripts*, New Haven: Yale University Press.

Tversky, A. & Kahneman, D. (1974). Judgment under Uncertainty: Heuristics and Biases. *Science*, 185, No. 4157, 1124 – 1131.

Walkerdine, V. (1997). *Daddy's Girl : Young Girls and Popular Culture*. Basingstoke: Macmillan Press.

Williams, R. (1983). *Culture and Society*. New York: Columbia University Press.

Willis, P. (1988). *Learning to Labour : How Working Class Kids Get Working Class Jobs*. England: Gower.

The Break Out of an Unknown Life: an Electrical Technician's Life Narrative

Tsz-Yi Chang

(Department of Psychology, Fu Jen Catholic University, 24205)

／ Abstract ／

This study addresses a life narrative based on the story of an electrical technician in Taiwan. The narrative consists of two main parts. The first one relates to how the biographee struggled to maintain the dignity as a skilled laborer. The second presents the world of God worshipping art troupe ("Zeng-Tou"), to which the biographee and his peers have devoted themselves. The troupe, highly charged with meaning and energy, can thereby cast light upon the reality the blue collar workers confront: the alienation and deprivation of self-expression. In addition, the necessity of writing out the life story of a working class man can be verified through the perspectives of epistemology, social justice, and critical pedagogy.

／ Keywords ／

life narrative, working class, work dignity, alienation, social justice, critical pedagogy

都市儿童近视初期传记性历程之研究

张煜麟[*1]　倪鸣香[2]　刘影梅[3]

([1]南台科技大学信息传播学系，台南，71005)
([2]政治大学教育学院幼儿教育研究所，台北，11605)
([3]阳明大学临床暨社区护理研究所，台北，11221)

/ 摘　要 /

近视是台湾重要的公共卫生议题，近视比例高，度数深，发生早，反映出台湾近视防治成效不彰。本研究拟剖析都市儿童近视初期的传记性历程，以对儿童近视防治工作提出建议。借由叙述访谈法与深度访谈法的使用，本研究以两组罹患近视的都市儿童作为研究个案，搜集家长与儿童个案近视历程的传记经验。经个案近视经验的诠释，本研究发现，当代台湾都市儿童罹患近视的历程，深受近视儿童家长的教养经验、学校教育机制、医疗建议与社区公共卫生等多种社会脉络的影响。最终，本文从亲职教

---

*　张煜麟，E-mail: a9387484@gmail.com

育、教育机构、专业眼科诊所、社区保健机制与大众媒体等五个面向，对儿童近视防治工作提出建议。

／关键词／

近视，健康促进，传记性研究

一、前言

儿童近视是台湾重要的公共卫生议题。根据台大医院眼科2006年的调查，国小一年级学童近视罹患率19.8%，国小六年级61.4%，国中三年级为76.5%，高中三年级达84.3%；2011年国小一年级近视罹患率增加到21.6%，国小六年级亦达65.9%，儿童近视发生率于全球数一数二。由于近视越早，度数增加的速率越快，若小学三年级前发生，每年平均会增加100—125度，四至九年级发生，年平均增加75—100度，成人后成为超过600度高度近视患者的风险大增。依目前儿童与青少年近视率推估，未来台湾将有五分之一以上的人口会面临高度近视，并发生不可逆之严重并发症（视网膜退化、剥离；黄斑部病变；青光眼；白内障）的风险。因此，如何有效降低儿童近视发生率的问题，俨然成为台湾视力保健研究的核心问题。

检视台湾地区有关儿童视力保健的研究，多致力于探讨造成学童视力恶化的环境、生理与教学压力等因素（施永丰，林隆光，柯良时等，1989；陈政友，林隆光，彭秀英等，2006）。诸多视力保健研究皆指出，随着学童视力恶化年龄的下降，家长角色在学龄前与小学低年级幼童视力保健上具有关键影响力（陈政友，2001；刘乃昀，2008；陈政友，沈希哲，刘婉柔等，2009；丁怡方，吴澈娥，池易钏等，2010）。然，目前有关家长与幼童视力防治的相关研究也指出，后续有关家长与幼童视力防治工作的研究，实有必要采取个案追踪的方式，探究学龄前到 10 岁左右罹患近视的变迁历程，以便更清楚发掘影响父母协助幼童进行视力防治行动的各种社会与心理因素，提出更具执行成效的视力保健方案（彭秀英，2011，p. 85）。

鉴于目前台湾仍缺乏从时间历程的角度探究家长协助幼童面对罹患近视历程的研究，本研究尝试采取传记性研究取向，对儿童近视历程进行初探，经由近视儿童家长所提供的经验数据，以描绘出家长如何在家庭、学校环境与医疗机构所交织的社会脉络中，进行儿童视力防治的工作。

二、研究方法

本研究通过叙述访谈（narrative interview）与深度访谈的应用，获取都市近视儿童从超高风险之学龄前到三年级及次高风险阶段间的患病与治疗的历程内涵。兹对研究对象、数据搜集及数据处理与解析等三方面说明于下：

（一）研究对象

本研究为探究家长如何协助儿童进行近视防治历程的初探研究，在研究对象的选择上，拟以单一或少数个案作为起点，借以累积后续研究的可普及性经验。

在研究个案的立意选择上，基于目前对儿童近视成因的研究多指出都市化的程度、升学主义的压力、家长对近视资讯的掌握度，以及家长对儿童视力保健的投入程度是影响儿童近视防治的关键因素，初步选定以年龄 11 岁（五年级学生）、就读台北市公立或私立国小、家长近视资讯掌握能力较强、且儿童在学龄前超高风险阶段即遭遇到近视问题者，作为个案选定的依据。

依据上述条件，本研究先对两位年龄为 11 岁、就读于台北市私立小学的近视儿童家长进行传记经验访谈，并择取其一，作为呈现典型都市孩童早发近视历程的代表个案。再以此个案为参照，寻找现年亦为 11 岁、就读于一般公立小学、学业压力相对较低、生活经验着重体能活动，且具有近视经验的儿童，作为研究的对照个案。本研究经由传记性资讯的归纳推演，描绘出都会家庭的家长如何协助其子女进行近视防治的经验内涵。

（二）资料搜集

本研究结合叙述访谈法与深度访谈法进行资料搜集。叙述访谈法为德国社会学者舒策（Fritz Schütze）所开展，强调运用即兴叙述的方式，让报道人在研究命题的范畴内，将个人的经验事件发展及相关的经历，进行浓缩、细节化的即兴叙述（Schütze, 1987, p. 49）。本研究即以"麻烦你（受访者近视个案的主要照顾者）从头开始说这段小孩子近视的过程"作为起始句，导引近视儿童的家长从传记性的观点，叙述他们如何发现与协助子女进行近视防治的经验。

另，本研究根据深度访谈的原则，透过访谈者主动发问，搜集儿童学龄前的童年经验，包括幼儿园与小学求学经验、亲职教养等内涵。

2012 年 11 月 3 日本研究先完成两位儿童近视个案的访谈工作。访谈后，本研究确认两个个案所呈现的儿童近视防治经验内容，具有类同性质；其后选取一份儿童近视防治经验较为丰富的文本，作为本研究的分析个案。进一步，以此分析个案作为参照基准，于 2013 年 1 月 8 日完成本研究参照个案的访谈。

（三）资料解析说明

关于如何解析资料，基于本研究所涉及的近视防治工作的经验流，多属日常生活经验中片段记忆的组合，相较于整体生命历程的经验叙述文本，更具有浓缩性，因此，在解析文本的方法上，本研究尝试简化叙述访谈的分析步骤，略去结构描述，直接转用基本事件框分析、整体形塑与个案间对照比较的解析理解程序（Schütze，1983，p. 285 - 288），以描绘建构出个案对象如何协助其子女进行视力防治的行动意识。

三、个案描述

本研究采取匿名处理，分别重新赋予研究个案子女"玲玉"（个案一）与"湘平"（个案二）的名字。以下，扼要描绘两位研究个案子女的基本生活图像，作为理解个案近视经验的背景资料。

个案一

玲玉，11岁，家中排行次女，上有位年长四岁的哥哥。目前就读于台北北区知名私立国小。她从五岁起就进入该校幼儿园就读，至今已国小五年级。

三岁前，她由外籍帮佣照顾。三至五岁期间，转由母亲为主要照顾者，平日会到邻近住家的公园的游戏场游玩，假日期间全家多从事户外活动。五岁后，进入幼儿园就读，在她的记忆中，幼儿园是个好玩、充满游戏的场所。

玲玉从幼儿园阶段就进行童书的阅读与学习。六岁起，进入国小一年级，开始学习基本课程。日常收看电视的时间不长，上学外还上补习班参加各类才艺课程。二年级起接触电脑，五年级起养成使用手机上网的习惯。目前的日常生活主要配合小学上课作息来进行，一周间，有两天上课到晚上八点半，其余时间，于下午四点左右离开学校。离校后，赴补习班修读国语阅读与英文等课程。另，据玲玉母亲的陈述，她的体适能状况与同年龄相较属中等，体能与一般儿童相仿，成长过程并无重大疾病记录。

个案二

湘平，11 岁，在家中排行为长女，下有两位弟弟及一位妹妹。目前就读于台北市南区一所公立国小五年级。该校为社区型的公立小学，邻近大学学区，社区居民对该校办学成果的风评甚佳。湘平从七岁起就进入该校就读，至今已五年。

她自幼由家族长辈担任主要照顾者。四至六岁期间，与父母分开两地居住，由家族长辈选择住家邻近的公立高中附设幼儿园就读。此阶段，湘平习惯陪同长辈收看电视节目，或于邻近公园游戏，较少一同游戏与共读。父母亲基于工作、生育子女与分隔两地居住等因素，无法为她安排各项才艺或体能训练课程。

湘平的父母经营眼镜行工作，特别是父亲曾学习视力矫正相关信息，具有专业验光师的职业身份，也经常透过验光等做法，掌握其子女视力变化的状况。

四、罹患近视历程的个案整体形塑

个案的整体形塑是根据叙述事件框的系列性结构，进行生命历程的重构。本研究将儿童近视经验视为一连串事件框所构连的历程性体验，通过界定所叙述经验之基本事件框以及解析这一连串事件框的意义主轴，堆砌形塑出近视个案子女之近视经验的整体图像。

个案一：以佩戴角膜塑形镜片来抑制视力的恶化

（一）幼儿园的例行检查

对于玲玉五岁前的成长历程，玲玉的父母并没有关于她视力恶化的记忆，也没有任何关于她视力检查的信息。她的近视病例是在幼儿园例行筛选中发现的。

玲玉进入幼儿园就读后，在进行例行视力筛检时，被发现疑有视力不良的状况。按卫生教育当局规定，幼儿园照例发给父母回条，要求父母于一定的时间内，带孩子赴眼科检查，并将检查结果回报学校。这套透过教育单位、于幼儿园中运作的视力保健制度，看来已成为让父母关注子女视力保健问题的起始事件，它半强迫地引导当代的都会父母，必须带疑有视力不良的子女前往眼科医疗院所就诊。

因此，幼儿园大班时期的玲玉，被父母带往眼科诊所检查，初步诊断的结果是她约有100度以内的近视状况，惯常判定她的视力状况应处于假性近视的阶段。这种以假性近视来称呼视力状况的说法，多少假设了儿童的视力恶化或有改善的可能，仍不需要戴眼镜，也不需矫正。接续，基于父母对子女视力保健的期望，眼科诊所根据医学专业，提供父母每日为孩子"固定"点散瞳剂的治疗，以保护眼球，抑制度数增加。于是，点散瞳剂的工作，成为玲玉从幼儿园到小学阶段的日常生活例行工作。

（二）上小学后出现近视恶化的危机

国小一年级，玲玉的近视度数逼近100度，母亲仍旧依循眼科医生的建议，每日持续为她点散瞳剂。不过，在国小定期视力追踪检查的结果，却不如玲玉母亲的预期。玲玉在升国小后的两年，视力恶化的状况持续严重，二年级上学期已经上了200度了。她开始质疑眼科医生建议的点散瞳剂是否正确。经过一年以上的尝试后，她发现点散瞳剂对于改善儿童假性近视的状况，几乎是完全没有效果，玲玉的近视度数上升，并未受到控制。

事实上，发现玲玉近视恶化现象，是肇因于玲玉母亲观察到女儿看电视出现歪头斜看的行为。医生诊断为200度近视，这个数据说明了"假性近视"要再恢复正常的可能已不高，玲玉只好走上需要长期配戴眼镜的生活。

（三）戴上眼镜的抉择

由于玲玉的哥哥也遭遇了近视的问题，玲玉的母亲多少已累积处理子女近视问题的经验，于是，她特别关注女儿的假性近视，恐怕会落入到一旦戴上眼镜，就拿不下来的处境。于是，她期待能透过有效地改善生活习惯（如看电视与出游）与居家环境（如灯光）等条件，来推迟近视的恶化。同时，她也更关注教学环境与视力保健等环境因素是否足以抑制视力恶化的问题。而在她检视玲玉所就读的私立小学的教学设施与教学方式后，她仍维持信任学校教师对于预防近视的处理方式，相信该校的任课老师与教学主管机关，必然会重视儿童视力保健的问题。不过，当她发现点散瞳剂的治疗，无助于抑制玲玉的近视恶化，她推测女儿近视的成因，可能来自于生理或遗传因素的影响，遂而她意识到，期待女儿玲玉的假性近视能够治疗的想法，恐怕是难以如愿。因此，在医生宣布玲玉的近视达200度时，她一方面继续让女儿持续点散瞳剂，希望能够控制近视度数的增加；一方面也决定让二年级的女儿开始配戴眼镜，协助女儿适应配戴眼镜后的生活改变。

这项于国小二年级开始配戴眼镜的抉择，不仅是客观上因近视度数的升高，女儿在学习上，因看不清楚影响学习后所产生的行为，亦是玲玉母亲所考虑的诸多因素之一。换句话说，对玲玉来说，戴上人生第一副眼镜的举动，实际上是来自学校的检测信息、医生建议与身为母亲的教养压力等诸多考虑，加上母亲自身过往处理近视的经验，以及考虑小孩个人生理特质等多重因素运作的结果。

（四）视力恶化的危机

国小二年级起，玲玉开始配戴眼镜，但母亲并没有就此忽视女儿视力恶化的问题。她仍持续要求玲玉维持每日点散瞳剂，期望女儿在散瞳剂的控制下，能够延缓视力恶化的问题。

但不出半年，小学二年级下学期的例行检查中，玲玉母亲发现女儿的视力状况不仅持续恶化，更出现视差问题，其中一眼的近视度数迅速从200度恶化到500度。面对玲玉视力严重恶化的现象，玲玉的母亲产生更高的焦虑感，并积极寻求医疗体系的协助。然，眼科医生所提供的意见，仍一如以往，建议母亲继续采取如前的处理方式。此时着急于控制女儿视力恶化的母亲，对于原先采取点散瞳剂与佩戴一般镜片的建议，已失去信心。她接受其他眼科医生建议，尝试给玲玉佩戴调控镜片，希望新的矫正技术，能够带来抑制近视恶化的效果。于是，在玲玉小学二年级下学期到小学三年级的期间，她一家换过一家地往返于不同的眼科诊所、眼镜行间，不断地验光，佩戴可以稍微减轻眼睛负担的远近调控镜片。

在辗转于台北各家知名眼科诊所，尝试选用镜片来控制视力的过程中，玲玉在母亲的协助下，佩戴能够同时兼顾看远方与近距离的调控镜片。经半年的尝试，她的母亲发现，调控镜片抑制近视度数增加的效果并不佳。女儿视力持续恶化的压力，迫使她持续寻找其他抑制近视度数增长的方案。

(五) 寻找可接受的处理方案

国小三年级起，玲玉母亲在各种尝试皆无效后，决定接受眼科医生建议，让女儿佩戴角膜塑形镜片来抑制视力的恶化。之后历经两年，到国小五年级为止，她发现女儿的近视度数，大体上维持稳定的状况，此做法成为她目前可接受的子女近视防治方案。

需要补充的是，玲玉母亲处理女儿近视恶化过程的决定，也受到她先前处理玲玉哥哥的近视过程的影响。当时身为母亲的她，也是遵从眼科医生的嘱咐，采用点散瞳剂的方式，控制玲玉哥哥的假性近视。但是，在逐步提高散瞳剂剂量来抑制近视恶化的过程中，她发现这种做法会发生副作用——畏光的现象。当时，玲玉哥哥正处幼儿园就学阶段，点散瞳剂后，他遭遇到必须戴墨镜才能进行校园活动的难处，从而也影响到玲玉哥哥在幼儿园的学习。这项过去来自玲玉哥哥的近视防治经验，成为玲玉母亲放弃持续使用点散瞳剂来控制玲玉视力恶化的参考依据之一。

此外，上述这项协助玲玉哥哥处理近视问题的经验，是在距今约三四年前，当时整个台北市的眼科诊所中，佩戴角膜塑形镜片的技术仍处于摸索阶段。于是，为了找到有足够的技术能力、能够帮助女儿佩戴角膜塑形镜片的眼科诊所，身为近视子女的父母，面对资讯不充足的情况，只能够花费大量的时间与金钱，不断寻找合适的眼科诊所，在尝试错误的过程中，找到能够协助玲玉哥哥配戴角膜塑形镜片的眼科诊所。最后，一如玲玉母亲所期待的，玲玉近视度数的增长问题，确实在她佩戴角膜塑形镜片后得到控制。不过，此后，佩戴此镜片的清洁问题，成为她每日的例行工作。

到此，这整段看似顺利找到合适眼科诊所、协助子女控制近视度数的过程，实际上受到父母先前近视防治经验的协助及所累积就诊经验的导引。而这段寻找眼科医疗信息的就诊经验，突显了当前父母在面对子女视力恶化问题上的困境，父母仍普遍缺乏迅速与可靠的专业近视咨询来源。

（六）视力保健是子女成长须承受的功课

随着玲玉生活自主能力的提高，国小四年级后，玲玉的母亲渐次地将佩戴角膜塑形镜片的清洁注意事项，委由她自己来处理。尔后一年间，虽偶然也会发生因清洁不当，如灰尘附着于镜片，造成角膜发炎的状况，不过，小学五年级后，玲玉已能安全地处理镜片清洁与佩戴的相关工作。佩戴角膜塑形镜片的工作，后续成为玲玉每日的例行事务，玲玉母亲对于女儿视力恶化问题的焦虑感，在近视度数获得控制后，也大致获得纾解。目前有关近视的预防工作，仅以三个月为周期，定期回眼科诊所进行复检，若无其他因素出现，未来可预期的结果就是维持佩戴角膜塑形镜片来控制视力恶化的问题。

个案二：以大量的户外体能活动来抑制视力的恶化

（一）以游戏与体能活动为主的小学低年级

湘平在九岁上小学三年级那一年，开始出现视力恶化的状况，于此之前，家人与她自己都未曾察觉视力有恶化的状况。学龄前阶段，湘平的父母并未特别关注湘平的视力保健问题；同时，因隔代教养的关系，在没有约束的状况下，湘平常随长辈收看大量的电视节目。不过，在湘平的成长过程中，学龄前大量收看电视的生活习惯，并没有直接带来视力恶化的影响。在湘平的学龄前到国小二年级的阶段，她的视力均维持在正常的水平。

七岁起，湘平进入国小就读。一年级时，例行的视力筛检显示她的视力均正常。此时期，湘平的父母偶尔会约束她收看电视的行为，且安排学校下课后，参加街坊邻里家长所推荐的数学练习课程。不过，湘平所参加的一些课后课程，主要是以课后陪伴为主的辅导课程，并没有占去她大量的课余时间。原则上，在国小一、二年级阶段，湘平放学后多直接回家，每天功课完成后，因父母忙于事业，她便与邻里同伴在户外公园进行各类的运动与追逐游戏，未参加辅导课程。

大体而言，国小一、二年级期间，家里虽偶有约束湘平收看电视的行为，并为了协助她适应学校的课业，安排少量测验卷书写的练习，但她在国小低年级阶段的课余生活，仍是以户外游戏与体能活动为主。

(二) 罹患近视迹象的出现

湘平视力的恶化被发现，起因于她在学习表现上的改变。国小一、二年级时期，她在书写作业与阅读时，甚至是收看电视时，常有注意力不集中的现象。但是，因父母在此期间专注于眼镜行的经营，并没有多余时间看顾子女的课业，对湘平上课与阅读过程中所出现的注意力不集中的问题，采取宽容与放任的态度，未积极处理。

随着湘平升上国小三年级，她需要全日于学校上课，同时，课余学校所举办的课业辅导等课程也增加，加上湘平逐渐形成了阅读习惯，之前其阅读难以专注的现象开始改变，也出现阅读行为的改变，这些学习状态的改变，吸引了具有眼科检验技能的父亲关注湘平的视力是否有恶化的状况。某一次父亲出于好奇，对湘平进行视力检查后，惊讶地发现，原来湘平在开始能够专注于阅读的同时，其视力也开始转向不良的状况。而经由他实际检测后发现，国小三年级的湘平，已有约200度左右的近视度数。

(三) 近视初期的处置

在湘平近视的初期，身为眼镜行老板的父亲，为她佩戴了150度的镜片。基于对视力保健资讯的熟悉，以及诸多客户维护经验的参考，湘平的父亲认为点散瞳剂并非是有效的矫正治疗。他从眼镜行的工作经验中发现，纵使医学上证实点散瞳剂对于视力保健具有成效，但是由于日常作息的限制，点散瞳剂的做法，极难发挥近视防治的效果。因此，湘平的父亲，并未依循一般眼科医师的建议，以点散瞳剂来控制子女的假性近视，而是直接采取配戴眼镜的办法来暂时减轻视力的负担；同时，让湘平在课余时间尽量往外跑，增加户外活动，作为改善女儿视力问题的策略。

不过，截至三年级结束为止，湘平并没有养成配戴眼镜的习惯，她处于可戴可不戴的状况。四年级后，她的近视度数增加到250度左右，也仍未形成配戴眼镜的习惯。湘平的父母对于子女配戴眼镜的行为实行放任，只是约束她不要长时间紧盯电视或计算机画面。此外，他们对学校在近视防治上的成效深表怀疑，湘平的父亲认为学校的视力保健工作，难以提供有效的协助。

（四）质疑流行的近视防治法

针对眼科专业诊所近年来大力推荐的以佩戴角膜塑形镜片来控制儿童视力恶化的做法，湘平的父母也基于自身视力保健的知识与经营眼镜行所累积的经验，对于眼科诊所目前所推荐的做法，保留自己的看法。

湘平的父亲从协助近视者佩戴硬式隐形眼镜的经验中发现，由于佩戴硬式隐形眼镜具有压迫角膜的间接作用，使得许多民众认为佩戴隐形眼镜具有控制视力度数恶化的效果。然而，他通过对自身工作经验的检视，从而认定，硬式隐形眼镜所带来的视力改善效果，实际上是种暂时的效果，当近视者未来不再佩戴隐形眼镜后，近视的度数便会恢复到佩戴前的状况。身为眼镜行老板的他，以此工作经验推认目前眼科诊所推荐的角膜塑形镜片方法，只能暂时压住近视度数的恶化，尔后角膜塑形镜片取下时，近视度数很快就会恢复到原有恶化的状况，且之后视力的恶化，可能还会远远超乎家长的预期。因此，湘平的父亲坚持不让自己的女儿，冒着角膜受伤的风险来佩戴角膜塑形镜片。他宁愿相信控制阅读时间的长度，以及增加子女户外运动的时间，才是实际上最为有效的方法。

换言之，湘平父亲从子女近视防治经验中认定，子女的近视防治，并不是单纯的眼科医疗技术的问题，而是与子女的教学状况、学习时间长度与课外活动等有极大关联的问题。因此，实质性地降低子女的阅读时间，让子女花费大量时间在课余进行户外活动，增加与学习成效无明显关联的户外活动，才是协助子女维持视力的有效方式。

（五）保健视力的生活经验

从国小三年级出现约200度以上的近视，到升上五年级的暑假间，湘平的近视度数增长到约300度，相对许多近视个案的例子而言，两年半的时间，湘平近视度数的增长幅度不高。由于近视度数已有300度，视力模糊与视觉空间感的消失，使得她需要依赖眼镜来进行日常生活中各种阅读、写字与运动的工作，终日配戴眼镜的行为，已经成为她自然而然的生活习惯。

不过，对于湘平的近视度数增幅不大的解释，湘平的父母相信：这是因为他们刻意让她在课余尽可能从事户外活动的关系。尤其是，湘平在三年级之后，课余还参加田径队练习，大量户外的体能训练，理应或多或少减缓了近视度数增加的速度。

此外，这两年半间，湘平的父亲意外地发现，湘平竟然有两度出现近视度数降低的现象。第一次是在湘平三年级的暑假，父母安排湘平前往湘平母亲位于台北县麦寮的原生家庭生活，在经历一个月余的山间游戏与农忙等工作后，回返台北住所后的某次的视力检测中，意外发现湘平的近视度数从200多度降低到100度左右；第二次是四年级的暑假，湘平开始接触类型滑板（俗称"蛇板"）的平衡运动，尔后，她每天练习，经历数月后，也在视力检测中有类似的发现，这种运动隐然具有抒解视力恶化的效果。

虽然没有医疗追踪研究的证明，湘平父亲透过女儿近视经验的分享，透露出如果近视儿童能每日花费大量时间进行户外活动，或有可能获得推迟视力恶化的机会。进一步，此种近视防治的经验无疑地强化了湘平父母对儿童近视防治的想法——让子女能够拥有大量的时间，在都市以外或户外的开放空间，从事各类视力调控与空间平衡的运动,才是减缓视力恶化的有效手段。

(六)户外体能活动作为视力保健的有效措施

到五年级为止,湘平的视力恶化状况获得一定程度的控制。湘平的父亲在反思子女近视历程后指出,那些在成长初期被父母投以大量才艺课程(如珠算、钢琴、语言等)的小孩,往往在年纪很小的时候,即出现罹患近视的困扰;相反地,部分功课投入程度较低、父母在子女的教养行动上采取较无规划的放任与随性等教育方式的小孩,或许貌似难以专注于学习,但是,由于他们享有大量户外的活动,于是,通常也有较佳的视力。最后,他以其自身从事眼镜行工作以及协助子女从事近视防治的经验,提出常识性推论:儿童近视的形成,会与都市生活、教学制度与阅读习惯养成等因素有关。进一步,一般眼科所建议的处置方式,在现实的案例中,往往难以获得明显的效果。

五、个案间的参照

从玲玉个案叙述中,可梳理出六个事件框,包括幼儿园的例行检查,上小学后视力开始恶化戴上眼镜的抉择,寻找最终的解决方案与接受视力保健是子女成长所必须承受的功课等。每段历程的事件框,又会受到几项主要事件的影响。譬如学校视力检查后给家长的回执通知,眼科医生建议点散瞳剂控制假性近视,以及家长关注幼儿写字姿势对于视力影响等事件。透过对每个事件框内个案行动意向的揭露,我们得以掌握每一段罹患近视历程中,个案实际所从事的视力保健行动的需求与策略(见图1),最终,此个案可以"以佩戴角膜塑形镜片来抑制视力的恶化"来定位行动的主轴。

湘平个案的近视历程,可以"以户外体能活动方式来抑制视力的恶化"来定位,该历程同样可区分出六个事件框,其中每一个事件框中亦受到多项事件的影响(参见图2)。

都市儿童近视初期传记性历程之研究

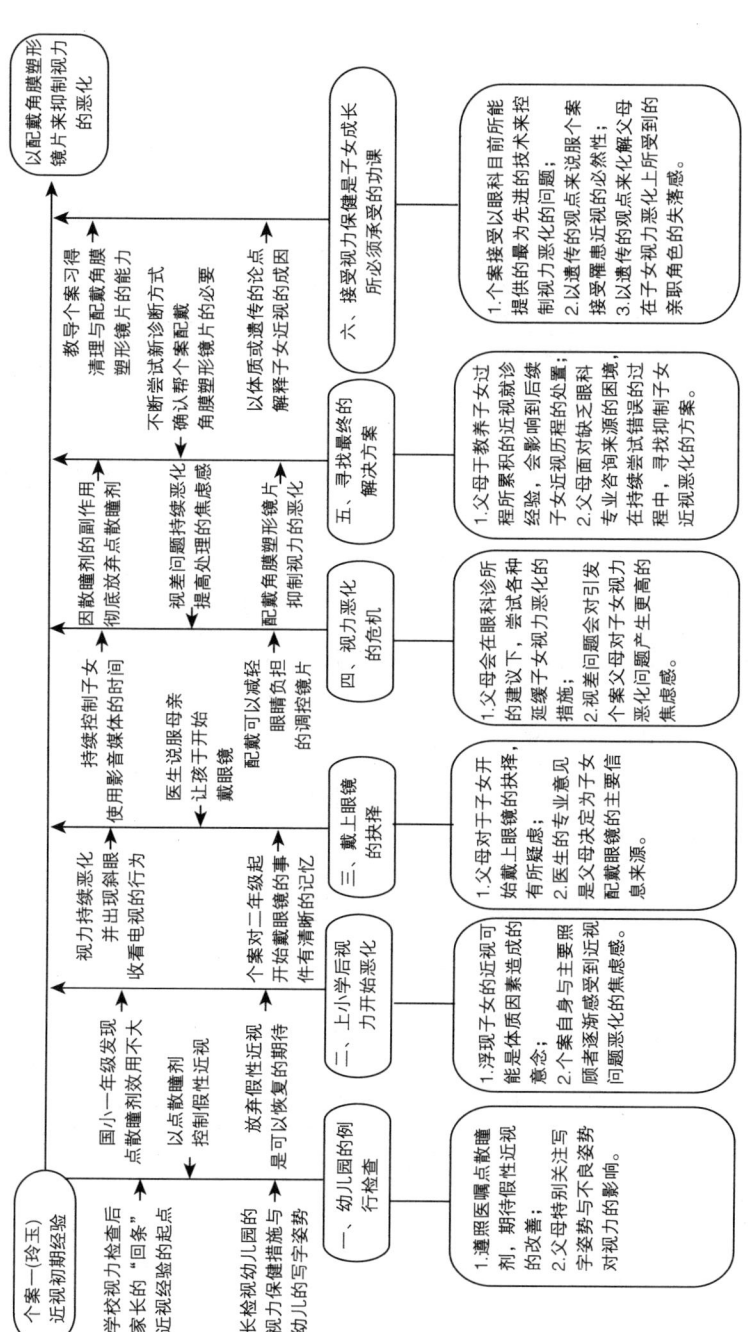

图1 个案一（玲玉）近视初期历程的整体形构图

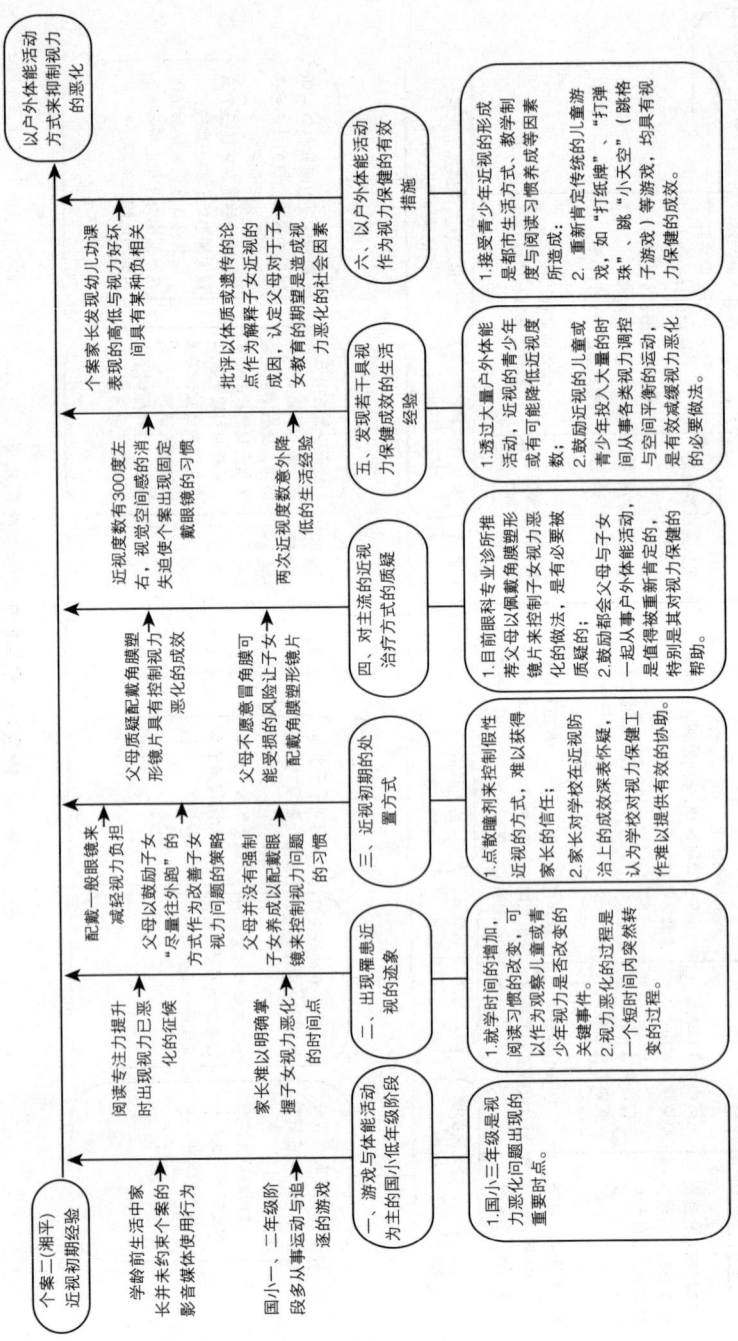

图2 个案二（湘平）近视初期历程的整体形构图

参照玲玉与湘平罹患近视的历程，明显可见作为当代都市中父母的无奈，他们或许只是默默地接受近视的发生。在社会变迁带走孩童所需的户外活动空间时，都市孩童的动态游戏大幅降低，父母被压缩在无法改变的社会情势下，能做的，无非是不断参考眼科专业的意见，不断焦虑于子女的视力恶化，或改善灯光，随时叮咛子女进行视力矫正的工作。在两个个案参照比较中，相对于玲玉，湘平似乎幸运些，在从事视力工作的父母悉心的关照下，拥有更多的户外活动与游戏时空，并能减少长时间阅读与收视媒体的行为，在增加看远、视力焦距改变、身体平衡的活动机会中，推迟了近视恶化的现象。

六、近视经验意识与防治建议

归纳上述两个罹患近视儿童的经验，本研究拟从学校单位、亲职介入、专业眼科诊断机构、社区保健机构与大众媒体等五个面向，对儿童近视防治工作提出初步建议，兹依序将列表对照的个案经验与建议说明如后。

（一）对学校单位视力防治工作的建议

针对学校单位的视力防治工作，提出 5 项建议，参考表 1。

表 1　对学校单位视力防治工作的建议

近视的经验意识	防治的建议
1. 家长关注写字姿势、学校教学环境等因素对儿童视力恶化的影响。	1. 学校宜对国小低年级学生投入更多针对读写姿势、光线照明环境、学习时间、户外运动、屏幕注视时间等方面的关注，提供正式书面说明，以确保学生家长可以同步调控家中、安亲班、补习班等环境，减少家长对学校教学环境造成学生视力问题的疑虑。
2. 家长对当前学校近视防治工作与成效深表质疑。	2. 学校宜具体提出视力保健防治工作的重点，说明校方如何协助儿童进行视力保健。

续表

近视的经验意识	防治的建议
3. 家长发现国小三年级可能是视力恶化问题出现的重要时点。	3. 学校宜针对国小三年级学生之作息、授课、近距离长时间用眼、户外活动与学生视力概况进行追踪观察研究。
4. 家长难以在短时间内有效掌握近视突发的初期状况。	4. 一学期一次由学校护理师执行之视力筛检,可能不足以因应部分儿童视力突然恶化之趋势,正式的书面说明手册将可协助家长及早发现与处理儿童视力的问题。
5. 家长发现点散瞳剂后,可能造成孩童在学校学习上出现不适应的问题。	5. 学校教师宜关注进行散瞳剂治疗的儿童,协同家长,共同协助儿童避免因点散瞳剂的畏光副作用,影响孩童在校的正常作息与其户外活动。

教育负责机构2013年提出的101学年度学童视力保健执行计划内容建议:1. 增加学童"规律用眼3010"比率。2. 增加学童"天天户外远眺120"比率。3. 减缓学童视力不良率。4. 增加学童眼睛就医率。5. 加强学校教师、学童及家长之视力保健专业知识。6. 有眼科医师到校服务之学校增加学童遵医嘱矫治的比率。本研究针对学校面向提出的六项建议,将可作为教育负责机构所提出防治要点的补充。针对国小低年级与中年级以上的学生,宜采取不同的近视防治做法。尤其低年级学生正养成写字姿势与阅读习惯,更须关注其对视力的影响,增加体能活动,并强化其手腕部分的肌力,以协助他们养成正确的写字姿势与阅读习惯。对于中、高年级学生,阅读与教学时间的增加,也带来视力不良因素的增加,校方或可增加每学期的视力检查频率,以便尽早发现视力问题,提醒家长尽早进行儿童视力防治的工作。

另,对于正处于假性近视或疑似近视阶段的儿童,学校宜在教学活动上投入关注,特别是对正在点散瞳剂进行近视治疗的学童,学校教师应主动掌握点散瞳剂对儿童活动的影响,适时协同提醒家长,如户外活动时戴帽子、太阳眼镜,尽可能降低点散瞳剂所带来的学习困扰。

(二) 对亲职介入视力防治工作的建议

透过家长亲职介入教育来降低与推迟孩童近视机会的推动，亦是目前普遍被认为具有防治成效的做法。即适度提高小学学童家长对近视预防的认识，提升家中学童自身的近视预防知识、学童近视预防行动线索，以及对学童自身采取近视预防行为的倾向（陈政友等，2009）。

不过，关于家长的亲职教育课程，如何与一般学校所推广的近视保健信息有所差别，家长对于儿童近视防治之亲职教育的具体需求为何，仍是目前研究上有待补充的内容。本研究基于个案近视经验的归纳，针对亲职教育介入儿童视力防治的需求，提供四项建议，可参考表2。

表2 对亲职教育介入视力防治工作的建议

近视的经验意识	防治的建议
1. 父母会对子女视力恶化的问题感受到严重的焦虑感。	1. 开设儿童视力保健的亲职课程，提供父母咨询孩童近视问题的管道。
2. 父母认为与子女一起从事户外体能活动，将有助于子女视力的保健。	2. 提供各类具有视力保健效用的户外活动信息，鼓励家长培养儿童养成每天从事两小时户外活动的习惯。除了每天应走出户外，接受均匀全光谱的阳光洗礼外，更重要的是选用不断调整视力焦距、身体知觉与空间平衡的户外运动，取代长时间近距离用眼。
3. 父母对子女终身须配戴眼镜的抉择，感到不安与焦虑。	3. 提供父母近视健康保健咨询管道。

以上三项建议，大体上强调面对儿童近视防治的父母，在子女近视恶化过程中，会因近视阶段的变化面临不同程度的困境与焦虑感。因此，若能依儿童近视前阶段、近视阶段、视差问题的处境以及佩戴近视矫正镜片的不同阶段，提供所需的亲职课程，是后续亲职介入视力防治工作上值得努力的方向。此

外，依据目前视力保健研究的成果，清楚地列出哪些户外活动的类型与运动方式具有较佳的视力防治成效，并鼓励父母培养儿童户外活动的习惯等做法，亦是可参考的建议。

(三) 对专业眼科诊断机构视力防治工作的建议

眼科医生所提供的专业意见，仍是目前家长决定采取何种医疗方式来推迟视力恶化的主要信息来源。其中比如以点散瞳剂来控制假性近视、增加户外游戏时间，具有降低近视风险的功效（林隆光，2012）；而应用角膜塑形镜片来进行近视矫正，是目前台湾各大眼科医院主治医生可供家长参考的医疗建议选项（颜敏芳，2009）。然，从本研究个案经验显示，眼科医师所提供的医疗建议，往往较少说明近视矫正措施在生活脉络中可能会遭遇的副作用，以及可能失效的原因。因此，本研究建议眼科医生应有主动告知近视矫正措施之副作用的责任，主动提供充分的近视矫正信息，避免家长错失儿童视力矫正的契机。相关建议，参考表3。

表 3 对专业眼科诊断机构视力防治工作的建议

近视的经验意识	防治的建议
1. 眼科医生的专业意见仍是家长决定为子女佩戴视力矫正眼镜的主要资讯来源。	1. 眼科医生宜意识到建议孩童佩戴眼镜或各种远近调控镜片过程中，家长在进行决定时所承受的亲职责任焦虑。宜主动提供各种视力防治内容，以降低家长的焦虑感。
2. 家长在子女视力度数迅速恶化时，会接受眼科医生建议，采用先进的矫正技术来控制视力恶化的问题。	2. 眼科医生有义务告知家长，佩戴角膜塑形镜片对视力可能带来的各种影响。
3. 遵照眼科医生嘱咐，点散瞳剂来控制假性近视，仍是目前控制近视初期症状的主要做法。	3. 眼科医生应提醒家长有关点散瞳剂可能带来的副作用，并具体说明点散瞳剂的效用。

（四） 对社区保健机构视力防治工作的建议

针对学龄前儿童家长的近视防治行为的研究指出，家长在从事子女近视防治工作时，其中获得社会支持网络（如就医方便性、医疗资讯等因素）较好的家长，在儿童近视防治态度及行为方面有较佳的表现（彭秀英，2011）。本研究亦肯定上述观点，并建议后续可以居住地区或社区保健机构为中心，分享家长有关视力保健就诊的经验。相关建议，可参考表4。

表4 对社区保健机构视力防治工作的建议

近视的经验意识	防治的建议
1. 家长教养子女过程中所累积的近视就诊经验，会影响后续子女近视历程的处置。	1. 透过社区沟通网络的建立，分享家长有关视力保健就诊的经验。
2. 家长面对缺乏眼科专业咨询的困境时，会在尝试错误的过程中，寻找可以就近看诊的眼科专业诊所。	2. 提供家长就近接受专业眼科诊断的资讯服务。

（五） 对大众媒体儿童视力保健工作的建议

透过媒体或儿童读物等内容，结合社会营销或健康促进的策略来增强学童或师生视力保健的态度与行动，亦是目前近视防治工作的重点（张露娜，郑珠里，吕淑雯等，2008）。视力防治工作的行销，除须持续对儿童进行宣导外，亦有必要将行销要求对象转向家长，如于大众媒体上，结合家长童年所熟悉的传统户外儿童游戏经验，提供成功协助儿童控制视力恶化的例子。

此外，也有必要透过媒体报道与健康传播，以扭转普罗大众对近视成因的误解。两项建议参见表5。

表5 对大众媒体儿童视力保健工作的建议

近视的经验意识	防治的建议
1. 家长觉察大量户外体能活动与传统儿童游戏可能具有推迟近视恶化的功效。	1. 透过科学传播与媒体报道,倡导视力保健成功经验的例子。
2. 家长在无助的情况下,会以遗传决定论或环境因素决定论的观点来认定都会儿童近视的成因。	2. 透过科学传播与媒体报道的讨论,对孩童近视的成因进行深入的报道,提高大众对于近视成因的理解。

七、后续研究建议

通过对两位同为11岁的近视儿童的个案研究,本研究尝试从历程的观点,运用传记研究法涉入近视生发的面貌,理解国家医疗体系对社会个体影响的微观样态。相较于以往的研究成果,本研究特色在于能具体地呈现近视经验的时序性变迁,揭示家庭、学校与各种社会脉络对近视成因的影响。后续研究将可扩大个案的年龄层与数量,以期深入掌握影响近视变迁的社会历程。

另,未来研究除关注近视儿童的近视历程之外,亦可扩充含括家长自身个人的近视历程的采集,透过家庭中代间近视经验的比较与参照,从家庭近视史的视野,来理解家长如何积极有效地介入子女的近视防治工作。

在传播媒体充斥的当今,儿童视力防治工作不只是教育与卫生推广机构该负起的健康促进议题,亦应属健康传播研究领域中,阅听人对于健康或科学知识如何理解与认识的议题。如何透过近视个案自身近视经验的叙述,以重建近视防治需求之阅听人,建立起有关他们自身近视经验的常民知识结构,当是后续健康传播研究值得探究的课题。

参考文献

陈政友（2001）. 台湾地区高中（职）与大专学生健康生活型态与相关因素研究. 学校卫生，40，22—49.

陈政友，沈希哲，刘婉柔等（2009）. 小学学童家长近视预防亲职教育介入成效研究. 健康促进与卫生教育学报，32，1—24.

陈政友，林隆光，彭秀英等（2006）. 小学学童学习压力与其近视发生及恶化关系之一年追踪研究. 卫生教育学报，25，1—26.

丁怡方，吴澈娥，池易钏等（2010）. 北部某地区低年级小学学童家长协助孩童视力保健行为与学童近视之相关性. 医护科技期刊，13（1），27—39.

"教育部"（2013，6月）：101学年度学幼童视力保健执行计划. http://www.ym.edu.tw/action（访问时间：2013年6月5日）.

林隆光（2012）. 多在户外玩耍 小孩近视风险低. 健康世界，322，10.

刘乃昀（2008）. 台北市家长对学童采取近视防治行为及其相关因素研究——健康信念模式应用. 学校卫生，52，13—35.

倪鸣香（2004）. 叙述访谈与传记研究. 教育研究月刊，118，26—31.

彭秀英（2011）. 学龄前儿童家长实施幼童近视防治行为与其相关因素研究. 学校卫生，58，83—100.

施永丰，林隆光，柯良时等（1989）. 眼球望远视运动对近视防治效果的初步评估. "中华民国"眼科医学会杂志，28（1），49—52.

颜敏芳（2009）. 近视矫正新选择？角膜塑形术. 健康世界，282，23—25.

张露娜，郑珠里，吕淑雯等（2008）. 运用置入性健康行销策略增强亲师生护眼行动方案. 健康促进暨卫生教育杂志，28，137—152.

Garfinkel, H. (1967). *Studies in Ethnomethodolgy*. Englewood Cliffs, New Jersey: Princeton-Hall.

Rosenthal, G. (2004). Biographical Research. In Seale, C., Gobo, G., Gubrium, J. F. et al. (Eds.). *Qualitative Research Practice*. London: Sage, 48–64.

Schütze, F. (1983). Biographieforschung and Narratives Interview. *Neue Praxis*, 3, 283-293.

Schütze, F. (1987). *Das Narrative Interview in Interaktions Feldstudien:* Erzähl Theoretische Grundlagen. Hagen: Fernuniversität-Gesamtschule in Hagen.

A Study of Biographical Process for Urban Children in Early Myopia Phase

Yu-Lin Chang[1] Ming-Shiang Ni[2] Yiing-Mei Liou[3]

([1] Department of Information and Communication, Southern Taiwan University of Science and Technology, Tainan, 71005)

([2] Graduate Institute of Early Childhood Education, National Chengchi University, Taibei, 11605)

([3] Institute of Clinical and Community Health Nursing, and Laboratory of Physical Activity & Obesity Prevention, National Yang-Ming University, Taibei, 11221)

/ Abstract /

Because myopia is an important public health issue in Taiwan, the high prevalence of myopia, high degrees of eyeglass prescription, it come to occur early, they all response the low effect about myopia prevention work in Taiwan. This study intended to analyze the biographical processes of the early myopia phase of urban children, and provide some suggestions for prevention work. By using narrative interview and deep interview method, this study collected the experiences of becoming myopia from two cases of parents and children. Based on the interpretation of narrative text, this study found many kinds of social context among the prior parenting experience, school promotional mechanisms, medical advice, and community public health, which affected the becoming of present myopia children. Finally, in order to provide some suggestions on children's myopia prevention work, this paper concluded the biographical experience of children's early myopia process, and indicated five dimensions to improve the children's myopia prevention work, including the parenting education, the educational institutions, professional medical clinic, health promotion community and mass media.

／ Keywords ／

myopia, health promotion, biographical research

幸福进取者与不幸者情绪调节的对比性个案研究

尹可丽[*]

(云南师范大学教育科学与管理学院，昆明，650500)

/ 摘　要 /

幸福进取者是心理健康水平处于高层次的人。本研究以生活中真实发生的困扰及快乐事件为焦点，采用对比性个案研究方法，对五名幸福进取者与三名不幸者的情绪调节机制进行分析。个案间、个案内的对比结果认为，幸福进取者与不幸者调节情绪的方式是不同的，幸福进取者促进积极情绪的路径比消解负面情绪的路径多，而不幸者基本上缺乏增进积极情绪的路径。幸福进取者在情绪调节上，更重于采取直接促进快乐的建设性意义的做法，以不关注负面情绪的方式，来获得积极的心理健康。

/ 关键词 /

情绪调节，幸福进取者，不幸者，对比性个案研究

---

[*] 尹可丽，E-mail:yayasles@163.com

一、问题的提出

"幸福进取者"（Happy Enterprising Individual）由黄希庭提出，是指那些能够自立、自信、自尊、自强，能够以辩证的态度对待世界、他人、自己、过去、现在和未来、顺境与逆境的，具有健全人格的人（黄希庭，郑涌，李宏翰，2006）。人本主义心理学家马斯洛曾用"自我实现的人"（Self-actualized Individual）来指那些达到高层次的成熟、健康和自我完成的人。他将自我实现大致描述为充分利用和开发天资、能力、潜力等等，自我实现的人似乎在竭尽所能，使自己趋于完美。自我实现的本质特征是人的潜力和创造力的发挥（马斯洛，1954）。与自我实现主张所不同的是，幸福进取的焦点不在于潜力和创造力的发挥，而在于自我效能感与生命意义的获得。人的一生充满艰辛和挫折，所以中国古人有"人生譬朝露，居世多屯蹇"的诗句。有的人在困难和挫折中遭受打击而情绪恶劣，大多数时候被生活和工作的悲观、不满情绪所包围，个别人甚至自称"不幸者"（Unhappy Individual），但幸福进取者却能够在苦短人生中克服困难、战胜挫折，使自己活得有乐趣、有意义。如果说，自我实现是一种人生最高理想，只有少数英才能达到，那么，幸福进取当是一种人生普遍追求，大多数人通过努力都有望获得。

在自我调节机制上，幸福进取者在应对压力时有好的自我调节机制，明显表现在努力与放弃、乐观与悲观两个应对维度上的良好自我调节（黄希庭，2006）；在人格上，幸福进取者表现出自立、自信、自尊、自强等特征；在心理健康层次上，幸福进取者属于高水平（黄希庭，郑涌，李宏翰，2006）。近年来，世界卫生组织（WHO）将心理健康界定为一种幸福的状态，在这种状态中，个人能够认识自己的能力，能够应对正常的生活压力，能够有成效地从事工作，并能够对其社区作出贡献（WHO，2001；2003）。借此，幸福进取者高水平的心理健康状态，就是在不断努力进取的过程中体现出的一种幸福的良好状态。其进取的范围不仅是在工作上，而且也包括了情感、社会生活等方方面面；其进取的目标也不仅仅指明显的进步和远大目标的追求，还包括工作、生活、情感中那些细小的改善与提高。

人人都力图生活得更好、更幸福，都在采取这样那样的做法来改善自己的人生，但为什么有些人在力图进取的过程中，甚至在达成了预想的目标之后仍然感到痛苦而不幸，而有些人虽然也有挣扎中的苦痛，但幸福的感受却在其生活中占绝对优势呢？

目前的一些研究认为，情绪自我调节效能感（Affective Self-regulatory Efficacy）对人有利，因为它有可能对人的心理幸福感和情绪的自我安抚有帮助（Caprara, Giunta, Eisenberg, et al.，2008）。情绪自我调节效能感是指个体对自己是否具备管理自身情绪的能力的体验，这种体验包括有效识别自身情绪状态、认识自己对他人的情绪情感，管理和表达自己的消极、积极情绪（Bandura, Caprara, Barbaranelli, et al.，2003）。情绪自我调节效能感是影响主观幸福感的重要因素（窦凯，聂衍刚，王玉洁，刘毅，黎建斌，2013），它与个体体验到的积极情绪和幸福感、生活满意度有关（Lightsey, Maxwell, Nash, et al.，2011；Lightsey, McGhee, Ervin, et al.，2013），可正向预测主观幸福感和社会经济方面的成功（Cote, Gyurak & Levenson，2010）。

另外，在调节情绪时，个体所采用的策略或方式是不同的。研究表明，个体在调节情绪时，常采用工具性问题调节策略、被动情绪调节策略和前摄性情绪调节策略三类策略（Blanchard-Fields, Mienaltowski & Seay，2007），并且情绪调节策略（Emotion Regulation Strategies）的使用受到年龄的影响，老年人使用的被动情绪调节策略显著多于青年人（Blanchard-Fields & Coats，2008；莫书亮，孙葵，周宗，2011）。情绪调节策略也受人格的影响（莫书亮，孙葵，周宗，2011）。也有研究发现，性别及抑郁程度与个体采用的情绪调节方式（Emotion Regulation Methods）有关，高抑郁组在感受负情绪时有更多的重视和宣泄，在感受正性情绪时存在比较多的忽视和抑制，比较少的重视和宣泄（黄敏儿，郭德俊，2001）。由于以往的研究者未严格区分"策略"与"方式"，本研究中采用情绪调节方式这一概念来表达个体在调节自己的情绪时所采用的策略、方式、方法或做法。

上述研究说明，情绪调节效能感与主观幸福感关系密切，个体在调节情绪的策略、方式上存在不同。幸福进取者与不幸者情绪经历的不同，可能不仅是因为他们对自己调节情绪的能力的感受，即情绪自我调节效能感不同，也有可能是因为他们在管理情绪的策略或方式上存在不同。

另外，当前已有的研究虽然解释了情绪调节效能感与主观幸福感的关系，描述了个体在调节情绪时所采用的诸多策略或方式，检验了不同个体间存在的一些差异，但是这些研究还未能描述从心理困扰至情绪调节、再至负面情绪的消解或积极情绪产生的过程中，情绪调节效能感及调节方式究竟是怎样发挥作用的，即情绪调节机制是如何运作的。加之上述这些研究所采用的方法主要是问卷调查法或实验法，其关注点在于清晰地、简洁地描述或推断几个限定变量间的关系，而非真实的悲与喜，也非人们在多样的、残酷的生活事件中浮沉、挣扎、奋斗时错综复杂的感受及行动。也许除了情绪调节效能感、情绪调节方式之外，更有其他重要的因素影响了真实生活中个人对情绪的调节。要在丰富而多样化的事例中叙述、厘清那些与情绪调节有关的信念及方式，需要进行质的研究。

幸福进取者是心理健康水平处于高层次的人，研究幸福进取者如何调节情绪，可以帮助人们反思自己的生活，借鉴他人的经验而学习好的做法，从而提高自己的生命质量。

二、研究方法

(一) 对比性个案研究

个案研究方法是调查多样、复杂背景中现象的一种策略，特别是对研究问题和背景之间的边界不明的情况来说（Yin，2003）。系统的个案研究在科学研究中有其独特的地位，它们特别适用于当研究目标是解释假设的因果过程，但这种因果过程无法通过问卷调查或实验研究获得很好理解的时候（Cronbach et al.，1980）。个案研究方法通常采用目的性取样选择那些具有丰富的、有比较价值的信息的个案，而非代表性取样（Flyvberg，2006）。典型性不是个案"再现"总体的性质（代表性），而是个案集中体现了某一类别的现象的重要特征（王宁，2002）。个案可以是单一个案，也可以由多个个案组成。多个案研究（Multiple-case Design）允许研究者探索个案内与个案间的不同。目标是通过案例重复验证结果。因为要进行比较，所以至关重要的是仔细选择那些研究者能够预期获得相似的结果或者是基于理论的相反结果的个案（Yin，2003）。在多个案分析中，研究者常把蕴含于每个个案的主题找出来，然后比较这些主题有何相同点或差异。这一程序被称为个案内和个案间主题展开。这种分析数据的方式可以整体性地分析整个个案，也可以部分分析个案的某一个方面（Stake，1995）。

本研究拟以生活中真实发生的困扰事件为焦点，通过选择具有丰富信息的、可以进行对比的个案：幸福进取者与不幸者两类个案，经由对个案间、个案内的对比，来研究以下问题：当心理困扰事件发生后，两类个案描述的故事中所包含的情绪调节信念（包括情绪调节效能信念以及其他与情绪调节有关的稳定看法等）、情绪调节方式有何特点？这些信念和做法是如何共同影响个案的情绪状况的，其路径如何？

（三）研究程序与个案对象

1. 深度访谈的程序

研究者于 2009 年 5 月至 2010 年 4 月，在大约一年的时间内围绕心理困扰和快乐问题，对居住于云南与重庆的 76 名成人进行了深度访谈。

（1）访谈提纲

在本研究中，涉及的访谈内容主要围绕以下问题展开："我们平常会遇到想不开，想不通，或者是感到难过、焦虑、悲伤、烦心这些情况，我把这种情况叫心理困扰。你是否遇到过这种情况？请讲讲对你影响比较大的、你印象比较深的心理困扰的事情。哪件事对你的影响最大？当你遇到心理困扰时，你是怎么化解的，有些什么办法？为什么你会用这些办法？你的办法有没有用？"

"请讲讲你一生中，对你影响比较大的、你印象比较深的快乐、开心（愉快、高兴）的事情。平时你有什么办法使自己精神愉快？你的办法有没有用？为什么？"

（2）访谈过程和记录

在整个访谈过程中，研究者的访谈是建立在受访者对问题回答的基础之上逐步深入进行的，并且，研究者还就访谈过程和备忘录中捕捉到的一些问题进行了追踪式访谈。在访谈中，为了避免研究者对受访者回答理解错误，采用了复述受访者的回答等方法来保证数据可信。访谈中经受访者同意采用了录音笔进行录音，并同时进行笔录。访谈结束后，逐字将录音转为文字材料，撰写备忘录和对访谈对象当时的行为观察记录（并非每次）。

2. 个案对象选择的方式、理论依据及选择标准

根据假设的研究问题和对比性个案研究的要求，从 76 名受访者中选取了其中信息量丰富的，具有典型性特征的五名幸福进取者、三名不幸者作为研究个案。

个案选择标准的理论依据：虽然黄希庭等人对幸福进取者作出了界定，但是当前还未有实证性研究对这一概念进行完整验证，加之此概念所涉及的"自立、自信、自尊、自强、辩证的态度、健全人格"等内涵丰富，当下较难作为本研究选择个案的具体而明确的判断标准，因而使用下述指标：（1）根据本文对幸福进取的范围和目标的界定，采用个案对困扰事件的应对态度和结果作为进取的指标。（2）幸福的指标参考凯斯（Keyes）对幸福感的界定。恺斯认为幸福感是个人从情感状态、心理机能、社会机能等方面对自己生活的看法和评估，它反映了人的积极心理健康状况（Keyes & Ryff，2003）。凯斯提出心理健康是情绪幸福感（Emotional Well-being）、心理幸福感（Psychological Well-being）、社会幸福感（Social Well-being）的征状群。情绪幸福感（EWB）包括积极情绪和生活满意 2 个维度；心理幸福感（PWB）显示了个体遇到挑战时对自己独特才干的认识和努力的生活，包括 6 个维度：自我接纳、个人成长、生活目标、与他人的积极关系、自主和掌控环境（Ryff，1989；Ryff & Keyes，1995）；社会幸福感（SWB）显示出社会生活个体功能发挥的程度，包括 5 个维度：社会融合、社会贡献、社会利益、社会成长和社会接纳（Keyes，1998）。心理健康状态水平高的人，即"振作向上"（flourishing）的个体必须至少在情绪幸福感的 2 个维度中的 1 项测量上表现出高水平，而且必须至少在积极的心理及社会机能的 11 个维度中的 6 项测量上表现出高水平。心理健康状态水平低的人，被称为"颓废萎靡"（languishing）的个体，至少有 1 项情绪性安康的测量表现为低水平，而且至少在积极机能的 11 个维度中的 6 项测量上表现为低水平（Keyes，2002，2007）。由于本文所界定的幸福进

取者所具有的高水平的心理健康状态，与凯斯的积极情绪、积极心理及社会机能的心理健康理论具有一定的契合度，并且此理论能够根据三类幸福感的状况对人的心理健康水平进行明确的分类诊断（尹可丽，何嘉梅，2012），故而采用此理论作为重要参照依据。

研究者根据上述理论依据，将个案的选择标准界定为：

幸福进取者的选择标准为：（1）能够主动地、积极地、有效地解决或应对遇到的困扰事件；（2）在积极情绪、生活满意2项中有1项表现出高水平；（3）社会幸福感和心理幸福感的11个维度中有6个项目表现出高水平。3项选择标准都满足者为幸福进取者。

不幸者的选择标准为：（1）被动地、消极地、无效或低效解决或应对遇到的困扰事件；（2）在积极情绪、生活满意2项中有1项表现出低水平；（3）社会幸福感和心理幸福感的11个维度中有6个项目表现出低水平。3项选择标准都满足者为不幸者。

个案选择的方式：（1）受访个案对自己情绪或幸福状况的直接评价；（2）受访者熟人、朋友对受访个案的情绪或心理健康状况的评价，或因受访者为研究者的熟人，研究者根据对受访者的日常观察经验作出评价。（3）研究者根据访谈记录结果，按照个案的选择标准对个案对象作出评价，结合三种或两种选择方式对76名受访者逐一评价，从中选择出符合条件的个案。

3. 个案对象描述

（1）幸福进取者的案例

样本资料1，退休老教师A，83岁，阿昌族，男，小学毕业。居住于村庄，是新中国成立后阿昌族的第一代教师还健在者之一，村中传统宗教活动的主持者。遇到的最大困扰事件是两年前二儿子死亡。之后半年渐渐消解了痛苦，现已释怀。对心理健康状况的自我评价是："我心里好过，我喜欢"。熟悉者对他评价是："最会乐的人"、"德高望重"。研究者评价：积极、有效地消解二儿子死亡带来的痛苦；快乐，满意感高；在社会贡献、社会融合、社会成长、社会接纳、社会利益、自我接纳、掌控环境、与他人积极关系、自主和生活目标10项积极功能方面都有好的表现。

样本资料2，某村会计B，45岁，傣族，男，小学毕业，居住于村庄。遇到的最大困扰事件是2000年种西瓜赔了十万零六百元钱，用了不到两年的时间就还清了账。自我评价："心理健康就是高高兴兴、轻轻松松，我到哪里都是高高兴兴，嘻嘻哈哈，大说大笑，我就是这种人。"妻子评价他："朋友多，天天都有朋友来家串（门）。"侄女评价他："能力强。生活过得好。"研究者评价：积极主动、有效地解决困难；快乐，满意感高。在社会贡献、融合、接纳感、心理的自我接纳、对环境的掌控、与人的积极关系、个人成长、自主、生活目标等9项积极功能方面都有很好表现。

样本资料3，某乡退休书记C，69岁，阿昌族，男，小学毕业，居住于村庄。遇到的最大困扰事件是小儿子吸毒，全家经过了两三年最苦恼、思想负担最重的阶段，儿子经劳改戒毒，解决了这个困难。自我评价："我是笑得起呢（在得知儿子吸毒、戒毒阶段）"，"他们说和我在一起，等于吃开心果，要多活几年"。伙伴评价他，"爱笑了，开心"，侄儿评价他，"活得开心得很，相当开心！他什么年纪的人，老人、小米人（小孩）都讲白话交流"。研究者评价：积极、主动帮助儿子戒毒，有效化解困扰；快乐，满意感高；社会贡献、融合、接纳、自我接纳、掌控环境、积极关系、自主、生活目标等8项积极功能都有突出表现。

样本资料4，自由职业者D，43岁，汉族，女，初中毕业，居住于城市。遇到的最大困扰事件是因丈夫有外遇而分居。现靠非正规出租车谋生，独自承担抚养儿子的责任。自我评价："我是乐天派"。D为研究者熟知，多次乘D

的出租车，经 D 介绍并协助研究者访谈其他市民。研究者对其的观察评价为：乐观、诚信、乐于助人。研究者对 D 的访谈结果的评价：快乐感高；社会成长、社会接纳、心理的自我接纳、掌控环境、积极关系、自主、生活目标等 7 项积极功能表现良好。

样本资料 5，研究员 E，55 岁，汉族，男，硕士毕业，居住于城市。遇到的最大困扰事件是多年前妻子患重病。自我评价为："我的心理健康水平高。""生活非常充实，快乐时间比较多。""我的心很大。"E 为研究者所熟悉的朋友，研究者从日常经验出发，对 E 的评价为：事业成功者、积极乐观者、乐于助人者。研究者对 E 的访谈结果的评价：快乐，满意感高；在自我接纳、个人成长、生活目标、与他人的积极关系、自主和掌控环境等 6 个指标上表现突出。

（2）不幸者的案例

样本资料 6，村民 F，28 岁，阿昌族，女，初中毕业，居住于村庄。遇到的最大困扰事件是理想破灭。自我评价为："我这种（人）在烦恼中长大，在烦恼中生活，得不到什么健康"，"日子难过"。研究者对 F 的评价为：在化解心理困扰上表现被动、消极、低效；生活不快乐，不满意，情绪幸福感低；社会幸福感中的社会利益感低；心理幸福感中与人的积极关系低。

样本资料 7，村民 G，57 岁，汉族，女，小学五年级毕业，居住于村庄。遇到的最大困扰事件是儿子死亡，还有对两个女儿的婚姻不满，都无法释怀。自我评价："我没有高兴的事情"，"我就是难过、伤心"。她的亲妹妹对她的评价："表面上好像不难过了，实际上她那些烦恼化解不了。"研究者对 G 的评价：化解困扰的方式是回避式的，低效的；不快乐，不满意。社会幸福感中的社会成长、社会利益感低；心理幸福感中生活目标悲观。

样本资料 8，自由职业者 H，39 岁，汉族，女，小学毕业，居住于城市。遇到的最大困扰是与公婆关系紧张，家庭纷争多等，无法解决困难。自我评价:"压力大","委屈","快乐的时间绝对的少"。朋友评价:"一身都是病","愁心大"。研究者对 H 的评价:对困扰的化解无效;情绪不快乐,不满意;心理幸福感中掌控环境感低下。

4. 分析访谈数据的策略

采取质的数据分析策略——解释性建构(Explanation building Yin,2003)。解释性建构是一种反复的过程:(1)调查者作出初步的理论陈述;(2)将最初案例的结果与理论进行对比;(3)修订理论;(4)将个案的其他细节与修订的理论进行对比;(5)将修订的理论与第二个案例对比。个案研究的一般指导原则是注意所有的证据,证据的陈述与解释分开,并充分关注探索不同的解释(Yin,2003)。

三、结果

由于本研究探讨的是个案的情绪调节信念、方法与情绪状况的关系,如果采取分别陈述各个因素在个案中的表现,只能解决"有哪些信念、哪些方法"的问题,而不可能分析因素间是如何作用的。因此,只有通过对这些因素发挥作用的过程进行整体的分析,才能解决拟研究的问题。

(一)幸福进取者如何调节情绪

1. 幸福进取者 A

A 的情绪调节有两条路径:调整对情绪和困难的心态→调整一般自我效能

信念①→化解消极情绪；沉浸爱好之中 / 乐于人际交流 / 贡献社会→促进快乐情绪。

　　A 于 1948 年高小毕业，1951 年和哥哥在村中办夜校，义务扫盲；1952 年创办村小学。1958 年后因调动历经 12 所学校，但他因为调动是"为党为人民"而"心里喜欢"。1960 年入党。有三儿两女，与小儿子住在一起。A 认为自己一生没有什么曲折，遭受打击的事件发生在他退休之后。退休之后，他在山上盖了一间小窝棚，栽果树，喂鸡，"什么也不买，让家里好过些"。之后二儿子失事死了，他很难过。难过状况历时半年。他认为自己的难过最终得于消解，是因为他对自己的这些安慰："不怕了，自己要散心"；"孙女大了，孙子也大了，不考虑了，他们自己找活路了，打工去了"；"儿女好，儿子好、媳妇好、孙男孙女也好，叫我不要去哪里，好好呢休息"；"政府、党也好，退休工资不管多少也给着"。A 失去二儿子后的难过和担忧，来自对二儿子所生孩子生活的担心；对自己生活的担心；对自己想让家里人减轻负担、生活好过一些的难过。A 先调整了自己的情绪，安慰自己不要担心；然后再调整对自己所担忧问题的认识：二儿子的孩子已经可以自谋生路，不用自己操心了；自己老了，但小儿子一家对自己好，有依靠；自己的生活有退休金，虽微薄，但也算不增加小儿子经济负担。通过两方面的调整，A 形成了新的生活目标及对自己一般自我效能感的新认识："在家里能做什么做什么，能帮就帮，不能帮就休息。"通过调整对情绪和困难的认识，A 形成了符合自己情况的新的效能信念，从而消解了失去二儿子的悲伤。

　　A 高寿，且被村中人誉为生活得最乐，最会乐的人。他总结自己为什么能

---

① 在本研究中，效能信念包括了一般自我效能感和情绪自我效能感两种。自我效能是一个层级结构，处于最顶层的是一般自我效能 (general self-efficacy)，最底层的则是与具体活动或具体任务相联系的自我效能 (task-related self-efficacy)，领域自我效能 (domain-related self-efficacy) 则处于二者之间。一般自我效能描述的是个体应对、处理新问题和困难情境的总体自信程度 (陆昌勤等, 2004)。情绪调节自我效能是自我效能信念跨领域的一种表达 (G. V. Caprara & Steca, 2005)，属于一种领域自我效能。

够快乐,原因之一是有爱好,他的爱好是"爱逛、肯逛,在不住家(即喜欢外出逛之意)",他每天来往于村寨附近山上自己盖的窝棚与家之间,"来来往往",去看看果树,喂喂鸡等;他的另一个爱好是"爱开玩笑",经常参与村中老人、甚至年轻人的交谈,喜好与人说说笑笑。他估计自己年迈可能需要减少外出活动时间,儿子儿媳也劝在家好好休息,他已订了明年的《老年报》。A的另一个重要的快乐来源是为村子做些好事,比如"哪条路难走,我扛着锄头去挖挖,小路这些,挖给人家好走些,我也好过"。A的爱好是使他退休后能够积极生活的动力,使他能够独乐并与人同乐;有计划性的应对变化使他生活得自在,而为村庄做好事使他感到满足,这些做法直接使他的心理处于积极健康的状态。

2. 幸福进取者 B

B 的情绪调节有两种路径:调整一般自我效能信念→成就个人→增进快乐;建立朋友资源/贡献社会→增进快乐。

B 生活于傣族村寨,主要靠务农为生。2000 年与亲戚合伙种了 174 亩西瓜。每天早出晚归,带领媳妇、孩子去苦干。那年西瓜结得晚,雨水多,一公斤西瓜拉到昆明才卖七分钱。最后他 70 多亩地上的西瓜一个也没能摘,全部烂在田里,亏本十万零六百元钱。之后 B 约有半个月时间胃痛,多睡,懒起床。半个月后,农忙季节开始,B 又带领全家投入劳动。对此事,B 的想法是:"以前从老人到我们这辈子,从来不乱花钱,难道我们要干败掉?不可能,我们这种想(法),应该不可能,我们有脚有手,咋个也要把它做得出来。"相信自己能够做成功,是一种积极的一般自我效能信念,在这种信念下,B 有目的有计划地种植甘蔗、西瓜,吸取经验教训,"第二年,我也准备多种西瓜,但我媳妇说,种不得那么多,我就没种,如果种得多,那年差不多本钱来了。我去包，但不包多，栽了 18 亩"。B 和媳妇还做起了过去没做过的小生意，卖菜、拉谷子卖等。两年便还清了贷款和欠款。从确立效能信念到成就个人的行动，B "反正要到忙的时候，也要去忙"，直接将失败带来的痛苦和困扰抛之脑后，而替代为因新的目标和希望忙碌而带来的快乐。这也表现在 B 对待当前两个孩子读高中、初中资金困难的态度，"虽然困难着一点，但是还是轻轻松松"，B 这种处理困难的高水平一般自我效能感，获得愉快情绪的效能感显得格外突出。

B 没有直接针对消极负面情绪的做法，似乎是通过积极的效能信念指导了积极的行动，从而用积极情感直接取代了负面情绪。B 认为自己开心愉快是因为有充足的朋友资源，"我小时候朋友多得很，去哪里他们也来叫我约我。从小了，到现在也是这种，晚上不会有几天没有亲戚朋友来串（门）"，"我们困难时亲戚朋友来帮忙，活路做不的来，也可以叫朋友来帮忙，随时可以叫来"。B 重视自己对朋友的帮助，"有时候朋友之间资金不恰好，我说反正今天有两百，我们俩分着用"，"朋友也相信我"。另外，B 很看重对自己生活社区作的贡献，"反正寨子上不管是做什么事，大事小事，不管是哪家，像挂礼这些，随时人家来叫我们去帮，不管丧事好事，我也帮人家多，敢这样说"。B 丰富的朋友资源，是他得以解决困难的条件之一，也是他获得快乐的资源；而 B 重视服务村社邻里，对他的快乐情绪产生了重要作用。

3. 幸福进取者 C

C 的情绪调节路径是：情绪价值信念①→情绪调节效能感→调节对情绪和困扰的心态→消解抑郁情绪；情绪价值信念→沉浸于爱好／成就个人／贡献社会→增进快乐。

---

① 本研究中，情绪价值信念是指个体对积极或消极情绪对于自己做人做事有何种价值的观念。

曾任某乡书记的C，最感苦恼的事情是几年前小儿子吸食海洛因，搞得"妻离子散"。在那两三年时间里，他和妻子"掉了多少眼泪、出了多少钱"。对此，C首先调整自己的思想，要"想得开，心胸要开阔，要宽宏大量"，"不能怨天尤人，怨这怨那"。因为吸毒"不光是他（儿子）一个人的问题，是社会上的问题，要从这个角度来考虑这个问题"。遇到同样是儿子吸毒的老同事，老同事说自己"头都抬不起"，他安慰说："不怕不怕，我们是笑得起呢。要想得开，社会上不光是你我的子女，多得很，全国上百万，要从整体来考虑。当今社会这个不奇怪，应该要想得通，想不通，你我没意思。"因此，他"不埋怨他（儿子），埋怨社会"，他写信给儿子，"你只有与这条路彻底决裂，才能有前途，你不能说某某大人害着你了，或者是别人又害着你了，你不能怪别人"。后经劳教戒毒，小儿子"痛改前非，整个县就只有他一个人戒断掉，现在他还吃着财政饭"。C为什么在遭逢这么大的打击时还能够做到"想得开"，"笑得起来"，"不怨天尤人"呢？其原因是"我在这方面很注重自己的心理平衡。一个人心里不平衡，就容易苍老。如果一个人不会开玩笑，不会说笑话……整天的愁眉苦脸、怨天怨地，这种人寿命短"。因此他坚持"笑口常开"，比如对"火冒（生气）的媳妇，我就笑着给她，嘿嘞嘿嘞的"，所以他"爱开玩笑，笑一笑老转少，要自己散自己的心，也要帮助别人散心"，他用开玩笑帮助别人，"遇到这些困难，要自己化解，也要帮助别人化解"，他成为村寨的"开心果"，"他们说是我一在就笑得起，和我在一起，要多活几年"。他的玩笑为什么能够取到助人的作用，是因为"开玩笑，要讲艺术，艺术，就是说，你讲出来以后，什么人都可以听……人家听了也想笑，给人听了要有幽默感，不伤害对方情感，使人有种拥人感，啊，这个人是爱开玩笑呢，（和他）一在一起就愉快"。而他为什么能够掌握开玩笑的艺术呢？那是通过观察其他人粗言乱语开玩笑而让人生气，自己"从实践生活中总结出来的"。C在生活中喜的获得与悲的消减，都与他对人生价值的信念紧密相连。C认为

"人的一生，确实是焦生活、焦吃穿、么么这样，想想这样，焦愁过大的人，确实是苍老。当然你高枕无忧，一样也不会想，睡着跟猪一样打呼，也没有意思。要有价值，这个价值就是心情愉快，能够日子过得好，在能够盘吃盘穿的前提下来愉快，当然也不是搞穷欢乐"。

C因为有着要注重心理平衡并且自己能够保持心理平衡的信念，故而产生了调整自己对儿子事情的认识的行为，这种认识上的调整，起到了消减痛苦的作用。C因持有"人活着的价值是心情愉快"的信念，开玩笑这一爱好成为他生活幸福的动力，他在实践中不断总结学习有艺术性地开玩笑，将自己成就为"开心果"，不仅给他自己，也给家人、朋友和周围的人贡献了欢乐。即使是在儿子吸毒的艰难时期，他也用自己的幽默给自己和他人创造了快乐。

4. 幸福进取者D

D的情绪调节路径是：沉浸于爱好／建立朋友资源／关注社会进步→增进快乐；情绪价值信念→负面情绪的消减→一般自我效能信念增强→快乐感的提高。

市民D的丈夫在四五年前和一个女孩好上了。女孩找上门来，D"不吵，也不闹"，她让丈夫去跟女孩一起过，丈夫不走，"因为孩子读高二，心理不成熟"，她没与丈夫分开。但丈夫也对"家庭不负责了"，现二人已分居一年。D曾在没人时掉眼泪伤心。"现在不伤心了。"她让自己不伤心的办法是："尽量不去想它，自己找点喜欢干的事情来干，织毛衣呀，有时打点小麻将。比如给儿子做，给父亲织毛衣"，"为自己喜欢的人做事，我心里高兴，做起这些事，我心里没烦恼得"。D在织毛衣等小事情中获得了乐趣，甚至获得了某种成长和价值感。"我看到人家做那个花样子（鞋垫），觉得很好看，就喜欢，会和人家要来做，想着我要赶紧把它做完"；给父亲织毛衣，父亲不要高领，怕热，但又闲桃心领冷，叫打个围巾，她动脑筋想办法，在高领上放上拉链，可做两用，父亲很喜欢。"我看到我爸爸高兴，那时心情好惨了！" D 对困扰带来的负面情绪主要采取置之不管的态度，因为"已经发生的事，没有必要再去管它"，她以做自己喜欢的事情、帮助朋友、关注社会好的方面直接增进积极心理感受。在生活中，D "喜欢和朋友说说笑笑，爱讲笑话"；有时朋友发愁，她还用自己的"没必要，愁一点意义都没有，事情只有想办法去解决"来劝慰、帮助朋友。D 喜欢关注和评论社会上发生的事情，比如市区卫生、绿化等，她感受到"重庆越来越好"。

D 在生活中为什么能够这样做，是受到她的情绪价值信念的调节的。她的情绪价值信念是"过一天就要过好每一天，如果每天都伤心难过，就太亏了。要善待自己"；"愁一点意义都没有，事情只有想办法解决，愁了它也不来"。她的效能信念是"我遇到啥事情我不会愁，只要我努力去做，我能够做得了就做，不能做我想办法，找做得了的人做"，"自己有多大的能力做多大的事"。另外 D 认为自己是"乐天派"，这是因为遗传父亲，"父亲是个乐观的人，父亲常说母亲'你愁啥子，愁了就来了？还不如不去愁，高高兴兴过日子'"。D 的情绪价值、效能信念使她从容应对一次跑车遭遇劫匪的事件。"他（劫匪）说让我怎么做我就怎么做，心里只想着怎么解脱"，她把脚尽量伸直一只，劫匪没能绑紧她的腿；把嘴巴尽量嘟着，胶布贴得松，可以叫喊。劫匪换车牌时，她乘机跑了，她报案及时，追回了自己的车。这件事越发增加了她的目标效能信念，"我遇到劫匪，都没伤我一根汗毛，何况遇到……事"。正是 D 的这些信念直接消减了她的负面情绪，提高了她的快乐幸福感受。

5. 幸福进取者 E

研究员 E 的情绪调节路径是：调整对困扰的心态等→增强情绪调节效能信

念→缓解负面情绪；目标志向信念①→消减负面情绪→促进快乐；目标志向信念/沉浸于爱好/建立朋友资源→促进快乐。

E个人经历比较复杂，是当过兵、进过工厂、下过乡的"老三届"，先后工作了若干个单位，每个单位大概有3—5年。E以"自己喜欢的上班方式、自由地做自己喜欢的事情"。他遇到的"一生中最难受的一个阶段"，是多年前妻子患重病。当时他所能做的事只是"全力以赴，关注妻子病情"。那段时间，"比较忙，就天天往医院跑"，"根本想不起为缓解这种难受做什么"。但当时，"父母，岳父岳母，那个时候，他们的默默支持、关注和理解非常重要……实际上女儿的懂事，共同来负担那种痛苦"，还有他将妻子病情告知妻子的朋友，"也让他觉得有些缓解，好像顶着这个事件的不是我一个人"。E认为在日常生活中自己有"多种缓解不愉快的办法"，年轻时与妻子争吵之后，用外出去"踢大树"，"出去转一圈，快走"，"换件衣服"等办法来缓解烦躁、紧张的情绪。现在如果碰到一些小的困扰，比如评奖落选，主要采用的办法就是"非常理性地去分析这类问题"，因为他所追求的学术理想，对"每一个学者都是公平的，是通过自己努力可以达到的，它的评价不是几个人主观的评价，也不是一个机构、一个组织的简单评价，是一个社会评价"。另外，随着年龄的增长，E遇到不愉快事件时，"现在一般来说，不需要我用激烈的行动（踢树、急走等）来表达了，遇到意外的失落……仍然可以借助一些简单的方式来平定自己的情绪"，当一次被告知自己评奖推荐落选时，虽感失落意外，但"我用一个动作，比如喝一口水"，就缓解了这种情绪。伴随E的这些调整情绪的动作或对困扰作认识上的调整，是他高水平的调控情绪的自我效能感的表现。比如，"踢树只是个标志性动作……一回到家情绪至少就缓解了，或者第二天笑谈'我出去把树踢了两下'，情绪就好了"，"基本上一两个小时，跟其他人谈到这个事情（落选）的时候，已经能够平静地对待这种问题了"，

---

① 本研究中，目标志向信念是指个体对确立自己做人做事目标、理想的观念。

"我有一句名言，什么事情都打不倒我，可以说是百毒不侵"。

E 在生活中缓解自己不愉快的最为核心的办法"就是最根本的一点，一个人要有自己的一种志向和抱负"，并且"理想，虽然好像谈得比较虚了点，但我觉得一个人活着，他生命的意义……在于他有自己明确的奋斗目标，有自己追求的东西。那么这种东西是给人快乐的最根本原因。我自我评价心理健康水平高，我个人生活得非常充实，快乐时间比较多，在于我有自己的追求，而且我这种追求，能够实现，或者自己非常坚信这一点，一定能达到，这是一个人快乐的根本源泉"。可见，E 的志向和抱负，以及能够实现这些目标的信念，是他快乐的直接来源，也是他缓解负面情绪、增进快乐的方法。并且这种方法属于高层次，是"战略"，至于踢树、急走等外在行为，是"战术"。除了获得快乐的"战略"外，E 还有更多快乐的"战术"：比如爱好，旅游、郊游、到水库深水区仰泳、与战友聚会打牌等都是他喜欢的活动，这些活动让他获得很放松、很愉悦的感受。E 有多种人际交往圈：战友圈、同事圈、记者圈、同学圈等等。其中让他最感轻松的快乐源是战友圈，自己和年轻时的战友"交往最轻松、最没有压力"，这个战友圈"平均二个月聚会一次"。

（二）不幸者如何调节情绪

1. 不幸者 F

F 调节情绪的路径是：幻想→消解负面情绪无效→一般自我效能信念的降低；哭、封闭自我、外出、劳动等→消解负面情绪→低情绪调节效能感。

村民 F 是一个有目标的阿昌族年轻妇女，她的目标是"我只是说把一切困难抛朝脑后，在自己有什么创业、能做将出来，自己才觉得最幸福呢"，"资金困难，没有什么……要有一个发展的项目，自己发展出来，就是自己的目标了"。读书时，她有"读书的理想"，但初中毕业后考不上高中，回家后想去打工，以为"也有机会成为什么什么人，也有过一段时间的想象……但家里大人不允许出去打工，原以为也可在家乡做点什么，但时间不长就结婚了"，"一切理想全泡汤"。婚后最初还是幸福的，公婆也好，但村中习俗是大儿子成家后要与父母分家。分家后她生了两个孩子，分到的田地只有两亩多，九年多来，"生活一步比一步难……经济困难，粮食不够，自己想做的不得做"。眼前面临的问题是要盖房。先前某高层领导答应补贴村中每家2万元，53户每家100多万，但县里落实下来，只有几个名额，并且分配不合理，有房住的还补贴了盖新房，F家没房住却没补贴到钱。费尽九牛二虎之力（凭借与某领导的一点远亲关系），乡上答应先让盖，是否落实补贴还不知道。但盖房要盖在耕地上，两亩多地本来就不够吃，盖房再占去一个地基，更窘迫。"我现在背的完全是债，就是经济负担。"为了解决经济负担，她想得很多："比如有人来承包，做项目……我就盼望有人来投资建厂，让拖着娃娃的，剩余劳动力不用出去打工，在这里做也得吃，也可以解决一部分吃穿"，"如果人家不做，自己要做什么，想象做着，但没有能力做"，"如果我有本事，我自己建起厂来……自己有能力就好了"。有人来村投资建厂的可能性几乎是空想，她自己更不可能实现，"就像读书时的理想一样全泡汤了"。对F来说，孩子是她想外出打工抛不掉的负担，而"小学都未能读毕业"的丈夫是她想干事依靠不了的对象，因为"在我自己看来，就好比一棵树，我是想爬上去，还在底下有好多抛不掉、踩不到的地方"。F采用不切实际的目标和幻想应对生活压力，其结果导致了她对丈夫和孩子的负面情绪和认知，不仅根本无法消减她的不幸感，反而增加了无能无助感。当F与家里发生纠纷时，她采取的做法是"到没有人的地方蛮哭一场，发泄一下心中的难处"，心烦时"出去，去远处的亲戚、朋友家住几天"，但却装着"什么事情都没发生"，即使人家提到自己的伤心事，也"只是抹抹眼泪，又讲其他话题"。如果不外出，"就去挖地，把所有的力气把它犟挖犟挖，挖到自己没有力气、没有思想再去想那些"。对于现在的这些烦恼，她认为自己哭、外出或去挖地可以"发泄一下"，"散心"，但她"真不知道以后还有什么事情，不知自己会不会说是想不开了还是会想办法散得开"，"再隔 10 年也是这种想象的"。

F 没有快乐的事，也没有让自己快乐的方法。

2. 不幸者 G

G 调节情绪的路径是：对他人提要求、哭泣、封闭自我等→消解抑郁低效；宿命信念（低一般自我效能信念）→加重不幸感。

G 是一个勤劳的妇女，她先遭遇的不幸是"靠锄头挖，劳动挣来几万（块）钱供二儿子读书，1996 年儿子刚工作六个月就患病"，向亲戚借钱、贷款治病无效死亡，"心想日子不轻易出头"。难过了 10 多年时间。在这 10 多年时间中，如果"老伴顺着自己，不惹我心烦；孩子听话，成器一些；自己不要生病，全家不要生病；家庭和睦一些，心里这样想"的时候，她就会"好过一些"。那时她经常到山上无人的地方痛哭，不想去人多的地方，"见人绕着走，不想讲话，心情不好。人家讲话会戳着我"。比如，某家杀猪请了七八桌客，她问'怎么这样多客'，那人说'儿子能干啊！'这就戳到了她的心。她对老伴、女儿的要求，对自己身体的要求，对家庭的要求，是一种由内向外的、她自己无法掌控的要求；而哭泣、封闭自我的做法，并未能缓解她失去儿子的痛苦。

缠绕 G 的痛苦，还来自她的两个女儿。虽然两个女儿都有工作和好的收入。但是两个女儿的婚姻都给她带来了极大的苦恼。两桩婚姻都被反对，但女儿都不听话执意为之。大女婿"心灵扭曲"，经常叫骂侮辱，有时还打老婆，对家庭不负责，而且不肯上门继承家产。二女婿是回族，结婚时要求给老人行礼，说回族不磕头，商量给老人敬个礼、鞠躬，都不愿意，"伤了老人的面子，伤了老人的心"。对待女儿的问题，G 的做法是"不要多想，想多了伤心伤肝；不要多管，过一步讲一步的话，自己管不来，就不要多说，不要给别人心烦"。她心里难过，只和亲姊妹讲，从不让外人认得，因为"怕麻烦别人"，也因为"芝麻大的事情就吵得一寨子，人家笑话呢"。对儿子的死，G 现在（2010 年）才觉得好了一点，原因是 2009 年社区开办了老年活动中心，她只要无事，就去跳舞，"从这里找到了自己快乐的生活方式"。然而，F 获得的这种快乐，仅是表面而暂时的，"去跳舞也只是暂时忘记"。"自己没有高兴的事情。"生活中缠绕的苦难，使 G 认为"一切都是命运，也许是自己的命过着，前辈子杀人放火，命成了，没有办法，要苦多少钱来还账"。悲观的宿命信念体现出的低自我效能感，更加重了她的不幸感受。

3. 不幸者 H

H 调节情绪的路径是：忍让→一般自我效能信念降低→消极体验。

自由职业者 H 是个贤良的女人。2001 年全家由农民被政府城市化为市民。丈夫做卖猪生意。全家五口人，公婆、夫妻俩和一个儿子住一起。H 的困难，在于"生活压力大得很"，H 的姐姐说，"屋里五个人吃饭，她一个人顶起，娃儿一天要用钱，老的还要吃好的，妹婿只要拢屋，就要钱买这买那，只知道打牌打牌"。让 H 最为痛苦的是公婆的无理取闹，"吃饭要端到床上吃（儿媳端到床上给他们），看电视吃，要你啷个做你就要啷个做"。她采取的做法就是忍，然而"你忍让他，你忍忍忍，忍出一身病，气出来的病"。家庭中不断的纷争是让 H 感到不幸的原因，比如，H 刚生产几个月，丈夫的四姐、婆婆不做饭，自己背着孩子做饭，心里委屈。天黑了丈夫回家，还问为什么饭不熟。"四姐守她妈哭，她妈跪在地上哭，要死。"还有诸多类似委屈，以及 H 丈夫的几个姐姐把家中弄得关系复杂，但 H 的做法只是忍，因为"老的，从来不会为子女着想,你不能得罪他。如果你还了他一下,他两个就要死要活的,老太爷要跳楼,老太婆要吃闹(毒)药。没得法"。H认为想把公婆关系建立好,不可能。因为丈夫是儿子,她要承担。她提出拿 20 万元钱,请四个姐姐哪个接手老人,"你觉得我不好,看哪个姐姐好,你们就跟哪个姐姐过",但老的不干,"他说我死也要死在你的屋"。离婚,"娃儿怎么办,都是为娃儿有个完整的家"。总之,对老的、姐姐们给自己带来的烦恼,她是"没有办法化解了"。

与周围的人不同,H"不喜欢打牌,我从来没有进过麻将馆",她唯一的安慰是找自己的亲姐姐说说话,"姐几个摆龙门阵,要好得多"。

表 1 摘录了五名幸福进取者与三名不幸者的情绪调节路径。

表 1 幸福进取者与不幸者的情绪调节路径

	情绪调节路径
A	① 调整对情绪和困难的心态→调整一般自我效能信念→化解消极情绪 ② 沉浸爱好之中／乐于人际交流／贡献社会→促进快乐情绪
B	调整一般自我效能信念→成就个人→增进快乐 建立朋友资源／贡献社会→增进快乐
C	① 情绪价值信念→情绪调节效能感→调节情绪和困扰的心态→消解抑郁情绪 ② 情绪价值信念→沉浸于爱好／成就个人／贡献社会→增进快乐
D	沉浸于爱好／建立朋友资源／关注社会进步→增进快乐 情绪价值信念→负面情绪的消减→一般自我效能信念增强→快乐感的提高
E	调整对困扰的心态等→增强情绪调节效能信念→缓解负面情绪 目标志向信念→消减负面情绪→促进快乐 目标志向信念／沉浸于爱好／建立朋友资源→促进快乐
F	① 幻想→消解负面情绪无效→一般自我效能信念的降低 ② 哭、封闭自我、外出、挖地等→消解负面情绪→低情绪调节效能感
G	对他人提要求、哭泣、封闭自我、跳舞等→低效消解抑郁 宿命信念(低一般自我效能信念)→加重不幸感
H	①忍让→一般自我效能信念降低→消极体验

四、讨论

(一) 幸福进取者情绪调节的路径

五名幸福进取者增进积极情绪的方式涉及"做自己喜欢的事情"、"与朋友交流、交往"、"成就自己"、"贡献社会"等具有建设性意义的做法,涉及的信念包括情绪价值信念、目标志向信念及一般自我效能感。幸福进取者增进快乐的建设性做法、情绪价值信念、目标志向信念等都与人生意义有关联。生命意义和情绪健康之间存在明显的正相关关系,生命意义能够持续地预测心理健康(Zika & ChamberlainK,1992)。拥有积极情绪使人活着有意义。正如 C 所言,"笑一笑老转少","人的一生……要有价值,这个价值就是心情愉快"。E 认为拥有奋斗的目标和志向更是一个人生命的意义、快乐的源泉,E 说道,"一个人活着,他生命的意义……在于他有自己明确的奋斗目标,有自己追求的东西。那么这种东西是给人快乐的最根本原因"。幸福进取者对积极情绪或目标志向与生命意义的积极关系的看法指导着 C、E 做出促进快乐的建设性行为。

幸福进取者化解消极情绪的方式包括调节对困扰、情绪的认识等做法,涉及的信念包括情绪价值信念、一般自我效能信念及情绪调节自我效能感。在面对困扰时,幸福进取者很少提到自己向朋友倾诉痛苦以求得安慰和解决困难的方法,相反,他们能够有效调整自己对困难和情绪的认识,即采用认知再评方式调节负性情绪。这与新近对幸福大学生的研究结果有一致性。在负情绪情境下,大学生被试的低幸福组有较多表情抑制,高幸福组有更多表情行为及较强的认知再评习惯(唐淦琦,黄敏儿,2012)。另外,情绪价值信念也发挥了作用,如 C 所言,"愁眉苦脸……这种人寿命短";D 认为:"如果每天都伤心难过，就太亏了"，"愁啥子，愁了就来了？还不如不去愁，高高兴兴过日子"，正是因为认为消极情绪影响健康、于事无补，所以 C、D 对自己消极情绪的产生比较警觉，一旦产生，就立即调整。情绪调节自我效能感在幸福进取者促进快乐的路径中未见，但在调节消极情绪中出现，比如 C 与 E 的例子，说明此类效能感对消极情绪的调节可能更重要。

五个幸福进取者情绪调节的做法多样，运作路径各异。幸福进取者指向快乐的运作路径多于指向消极情绪的路径，整体来看，主要有五种作用路径：(1) A、B、D、E 这四个人都直接采取一些建设性意义的做法直接促进快乐感受；(2) C、D 的情绪价值信念影响其采取促进快乐、调节消极情绪的做法，进而促进其快乐感受或化解消极情绪；(3) E 的目标志向信念影响其促进快乐、调节消极情绪的做法，然后促进快乐感受或化解消极情绪；(4) B 首先调节一般自我效能信念，然后直接采取促进快乐的做法获得积极情绪。(5) A、E 调节消极情绪的行为，使其调节或增强了一般自我效能信念或者情绪调节效能信念，从而消减了负面情绪。

（二）不幸者情绪调节的路径

三名不幸者没有促进快乐的做法，积极情绪缺失，她们应对困扰的做法是幻想、哭、对他人提要求、封闭自我、忍让等，这些方法对改善其情绪、生活而言不具有建设性意义。不幸者应对心理困扰的做法在一些前人的研究中被证实是无效的。比如，H 的"忍"。有研究指出，忍是中国人处理人际冲突的重要因应策略，但忍对心理健康产生的不良影响也被现代人注意到（李敏龙，杨国枢，2008）。另外，虽然 G 报告自己近期因参与跳舞而减少了难过，但她也明白这种快乐是短暂的，表面的，未解除其心灵伤痛的。F 遇到困扰时，所采取的挖地挖到无力去想痛苦的办法，从形式上看与 E 困扰时去踢树、快走相似,但不同之处在于,F挖地是为了压抑情绪,是"挖到没有力气去想那些事",而E踢树是为了表达情绪,"踢树只是一个标志性动作,第二天与妻女笑谈'我出去把树踢了两下',情绪就好了"。更为关键的是,E认为自己"踢树"有效,并且"踢树"这种标志性动作已经升级为"喝一口水"即可,他的情绪调节效能感随着年龄的增加而增长,自称已"百毒不侵",而F怀疑未来自己还能不能用"挖地"这类办法将痛苦化解。已有的研究发现,抑郁症患者更关注消极事件(Canli, Sivers & Thomason, 2004)。不幸者缺乏增进积极心理健康的努力,而将注意力主要集中于对抗困扰事件,加之她们对抗困扰事件的做法是缺乏建设性意义的,因此她们的生活感受沉浸在悲多喜少的状态。

不幸者调节消极情绪的运作路径中,表现出应对负性情绪的行动之后,一般自我效能信念的降低。F对改善生活进行幻想后的无果,减少了她追求美好生活的效能感,遇到困扰后哭泣、回避等,降低了她有效调节情绪的效能感。H因忍让应对困扰无果,加重了无法解决家庭纷扰、无法抵抗公婆欺负的低效能感。G受到一系列打击后,用"命"来解释痛苦,而无力与命抗争的低效能感,又加重了她的不幸感受。

(三) 两类个案情绪调节的比较

经由两类个案情绪调节路径的分别描摹,可以看到,虽然幸福进取者通过调整认知和心态来化解负面情绪,但他们更重于采取具有建设性意义的做法,以不关注负面情绪的方式直接促进积极情绪感受,来获得积极的心理健康;不幸者基本上采用一些低效的做法处理消极情绪,缺乏促进积极情绪的路径。已有的研究发现,好的情绪预测了有益身心健康的结果,比如,从逆境中恢复,获得心理成长(Fredrickson, Tugade, Waugh, et al., 2003);经历积极情感可能增加了个体对未来的良好感觉（Fredrickson，2003），当积极情感对消极情感的比率达到或超过 2.9，个体将处于蓬勃发展的心理健康状态（Fredrickson & Losada，2005）。幸福进取者的情况的确证明，采取一些建设性做法主动地促进积极情绪对人能否快乐很重要，并且是否采用这些做法与人的情绪价值信念、目标志向信念可能有直接关系，也可能没有关系。因而，本研究获得的启示之一是，如果要使人产生积极情绪，直接使用一些建设性做法就会产生效果；如果要让人主动地谋求、监控自己的快乐，除了采用这些建设性做法之外，可能还需要增加对正、负情绪价值的认识或确立目标志向。

当前的研究证据表明，在情绪调节策略上，认知重评（Cognitive Reappraisal）相较于表达抑制（Expression Suppression）能更好地调节情绪，有利于人们的身心健康。认知重评发生在情绪产生的早期，主要通过改变对情绪事件的理解，改变对情绪事件个人意义的认识来降低情绪反应。表达抑制是一种反应关注策略，发生在情绪产生的晚期，主要是通过抑制将要发生或正在发生的情绪表达行为，从而降低主观情绪体验（程利，袁加锦，何媛媛等，2009）。幸福进取者在消解负性情绪时表现出来的对情绪和困难、困扰心态的调整，就是认知重评策略的使用，而不幸者忍让、自我封闭、躲着哭泣，是表达抑制策略的使用。可以说，表达抑制是不幸者未能有效调节负性情绪的原因之一。

幸福进取者与不幸者在自我效能信念上的不同表现主要反映在一般自我效能感方面，幸福者 A、B、D 的一般自我效能感很高，而不幸者 F、G、H 都表现出低的一般自我效能感。一般自我效能信念中包括处理心理困扰、压力和适应变化、调节情绪等的效能感，这些效能感使人们对自己的能力更为自信，从而使幸福进取者对成功、对待生活意义和乐趣、对生存的目标持有更为积极的信念，进而具有更为积极的情绪。另外，幸福者 C、E 在应对负性情绪时表现出高的情绪调节自我效能感。已有的研究表明，相信自己有能力控制自身情绪的个体比那些认为自己会受情绪左右的个体更加成功（McCraty，Barrios-Choplin, Rozman, et al., 2004)。情绪调节自我效能感影响健康及行为，它可以使个体有效应对压力，提高人际关系质量，提高主观幸福感，还对抑郁等发挥重要的调节作用（汤冬玲，董妍，俞国良等，2010）。但是，在不幸者身上，并未见情绪调节效能感发挥作用。这似乎暗示着当人面临困境时，情绪调节效能感会发挥作用，但具有高水平的一般自我效能感更重要。因为只针对情绪的调节，是无法从根本上改善困境的，也无法真正改善情绪。

（三）研究的局限性

情绪调节的终极目标在不同文化情境下具有巨大的差异性，比如美国文化模式允许高激活快乐情绪的存在，他们甚至会促进其情绪体验的产生，增强情绪及其表达，而在信奉儒家传统思想的东亚文化中，追求高激活水平的快乐感受是不受鼓励的（梅基斯塔，阿尔伯特，2007）。本研究发现，幸福进取者会主动采取一些建设性做法促进快乐的产生，并且存在着跨族群（民族）的一致性。五位幸福者的民族属性分别是阿昌族、傣族和汉族，分别来自村寨与城市，但在"有爱好"、"成就自己"、"贡献社会"、"有朋友圈"等促进快乐的方式上是一致的，只是每个人的具体行为又有不同。这说明促进快乐情绪体验的产生、增强情绪并非是美国人的独特行为，中国人也有如此行为。本研究认为幸福进取者在促进快乐的方式上具有族群的跨文化一致性，但并未将个体置于其生存的社会文化、历史背景中去考察这些方式及其具体表现的差异，也未能确定幸福进取者所促进或增强的快乐感受的强度如何。未来的研究需要更深入地探索社会心理与文化因素对幸福者与不幸者的情绪调节的影响。

本研究个案是依据个案选择标准从前期访谈对象中确定的，除一名幸福进取者的学历为硕士研究生之外，其余三名幸福进取者的文化程度为小学，一名为初中，与三名不幸者的文化程度大致相当。五位幸福者中，有一位为女性，而三名不幸者均为女性。已有的研究发现,在感受正性情绪时,男性存在比较多的忽视和抑制,女性存在比较多的重视和宣泄(黄敏儿,郭德俊,2001)。三位女性不幸者正性情绪的缺失,四位男性幸福者对正性情绪的重视,都与已有的研究结论不同。也许情绪价值信念、目标志向信念这类与文化有关的价值信念相较性别这类人口学变量对人主动促进快乐所产生的影响更大、更重要。未来的研究可以采用其他研究方法进一步考察情绪价值信念、目标志向信念与情绪调节方式、情绪状况的关系。

最后,本研究在解释个案时,是从情绪调节方式、效能信念着手进行的。除了这些因素之外,其他因素,比如人格,是否在个案调节情绪的路径中有所反映呢?在案例描述中,A、B、C、D都有报告自己"爱开玩笑","喜欢说笑话","爱笑","爱与人说说笑笑"等,这些既是活动(或行为),又具有人格色彩的特征。E也有对自己"心大"的人格特征的报告。这些人格特征对幸福进取者调节情绪的贡献是什么,还需要进一步的研究证据。

五、结论

并非仅有情绪调节效能感对幸福进取者的情绪调节发挥了作用,高水平的一般自我效能感、情绪价值信念、目标志向信念等也均有贡献于幸福进取者的情绪调节。

在遇到心理困扰时,虽然直接解决困扰带来的负面情绪是重要的,但采取具有建设性意义的做法,对于直接增进快乐等积极的心理健康,可能更有影响力。

参考文献

程利,袁加锦,何媛媛等(2009).情绪调节策略:认知重评优于表达抑制.心理科学进展,17,730—735.

窦凯,聂衍刚,王玉洁等(2013).青少年情绪调节自我效能感与主观幸福感:情绪调节方式的中介作用.心理科学,36,139—144.

黄敏儿,郭德俊(2001).大学生情绪调节方式与抑郁的研究.中国心理卫生杂志,15,438—441.

黄希庭(2006).压力、应对与幸福进取者.西南师范大学学报(人文社会科学版),32,1—6.

黄希庭,郑涌,李宏翰(2006).学生健全人格养成教育的心理学观点.广西师范大学学报(哲学社会科学版),42,90—94.

李敏龙,杨国枢(2008).忍的心理与行为.见华人本土心理学(下册).(杨国枢,光国,杨中芳主编).重庆:重庆大学出版社,579—601.

陆昌勤,凌文辁,方俐洛(2004).管理自我效能感与一般自我效能感的关系.心理学报,36,586—592.

马斯洛(1986).动机与人格.(许金生,刘峰等译).北京:生活.读书.新知三联书店.(英文版1954年)

梅基斯塔·贝塔,阿尔伯特·达斯丁(2011).情绪的文化调节性.见格罗斯·詹姆斯主编.情绪调节手册(桑标,马伟娜,邓欣媚等译).上海:上海人民出版社.(英文版2007年)

莫书亮,孙葵,周宗奎(2011).老年人日常人际问题解决中的悲伤情绪体验和情绪调节策略:年龄和人格特质的作用.心理科学,34,111—116.

汤冬玲,董妍,俞国良等(2010).情绪调节自我效能感:一个新的研究主题.心理科学进展,18,598—604.

唐淦琦,黄敏儿(2012).高低幸福感人群的负情绪特点:生理和表情的依据.心理学报,44,1086—1099.

王宁 (2002). 代表性还是典型性? ——个案的属性与个案研究的逻辑基础. 社会学研究, 5, 123—125.

尹可丽, 何嘉梅 (2012). 简版心理健康连续体量表 (成人版) 的信效度. 中国心理卫生杂志, 26, 388—392.

Bandura, A., Caprara, G. V., Barbaranelli, C., et al. (2003). Role of Affective Self-regulatory Efficacy on Diverse Spheres of Psychological Functioning. *Child Development*, 74, 769 – 782.

Blanchard-Fields, F. & Coats, A. H. (2008). The Experience of Anger and Sadness in Everyday Problems Impacts Age Differences in Emotion Regulation. *Development Psychology*, 44, 1547 – 1556.

Blanchard-Fields, F., Mienaltowski, A. & Seay, R. (2007). Age Differences in Everyday Problem-solving Effectiveness: Older Adults Select More Effective Strategies for Interpersonal Problems. *Journals of Gerontology*, Series B: Psychological Sciences and Social Sciences, 62, 61 – 64.

Canli, T., Sivers, H. & Thomason, M. E. (2004). Brain Activation to Emotional Words in Depressed vs. Healthy Subject. *Neuroreport*, 15, 2585 – 2588.

Caprara, G. V., Giunta, L. D., Eisenberg, N., et al. (2008). Assessing Regulatory Emotional Self-efficacy in Three Countries. *Psychological Assessment*, 20, 227 – 237.

Cote, S., Gyurak, A. & Levenson, R. W. (2010). The Ability to Regulate Emotion is Associated with Greater Well-being, Income, and Socioeconomic Status. *Emotion*, 10, 923 – 933.

Cronbach, L. J., Ambron, S. R., Dornbusch, S. M., Hess, R. D., Hornik, R. C., Phillips, D. C., et al. (1980). Toward Reform of Program Evaluation: Aims, Methods, and Institutional Arrangements. San Francisco: Jossey-Bass.

Flyvberg, B. (2006). Five Misunderstandings about Case Study Research. *Qualitative Inquiry*, 12, 219 – 245.

Fredrickson, B. L. (2003). The Value of Positive Emotions. *American Scientist*, 91, 330 – 335.

Fredrickson, B. L. & Losada, M. F. (2005). Positive Affect and the Complex Dynamics of Human Flourishing. *American Psychologist*, 60, 678 – 686.

Fredrickson, B. L., Tugade, M. M., Waugh, C. E., et al. (2003). What Good are Positive Emotions in Crises? A Prospective Study of Resilience and Emotions Following the Terrorist Attacks on the United States on September 11th, 2001, *Journal of Personality and Social Psychology*, 84, 365 - 376.

Keyes C. L. M. (1998). Social Well-being. *Social Psychology Quarterly*, 61, 121 - 140.

Keyes, C. L. M. (2002). The Mental Health Continuum: From Languishing to Flourishing in Life. *Journal of Health and Social Behavior*, 43, 207 - 222.

Keyes, C. L. M. (2007). Promoting and Protecting Mental Health as Flourishing: A Complementary Strategy for Improving National Mental Health. *American Psychologist*, 62, 95 - 108.

Keyes, C. L. M, & Ryff, C. D. (2003). Somatization and Mental Health: A Comparative Study of the Idiom of Distress Hypothesis. *Social Science & Medicine*, 57, 1833 - 1845.

Lightsey, O. R., Maxwell, D. A., Nash, T. M., et al. (2011). Self-control and Self-efficacy for Affect Regulation as Moderators of the Negative Affect-life Satisfaction Relationship. *Journal of Cognitive Psychotherapy*, 25, 142 - 154.

Lightsey, O. R., McGhee, R., Ervin, A., et al. (2013). Self-efficacy for Affect Regulation as a Predictor of Future Life Satisfaction and Moderator of the Negative Affect—Life Satisfaction Relationship. *Journal of Happiness Studies*, 14, 1 - 18.

McCraty, R., Barrios-Choplin, B., Rozman, D., et al. (1998). The Impact of a New Emotional Self-management Program on Stress, Emotions, Heart Rate Variability, DHEA and Cortisol. *Integrative Psychological and Behavioral Science*, 33, 151 - 170.

Ryff, C. D. (1989). Happiness Is Everything, or Is It? Explorations on the Meaning of Psychological Wellbeing. *Journal of Personality and Social Psychology*, 57, 1069 - 1081.

Ryff, C. D. & Keyes, C. L. M. (1995). The Structure of Psychological Well-being Revisited. *Journal of Personality and Social Psychology*, 69, 719 - 727.

Stake, R. E. (1995). *The Art of Case Study Research*. Thousand Oaks, C. A. : Sage.

Tugade, M. M. & Fredrickson, B. L. (2004). Resilient Individuals Use Positive Emotions to Bounce Back From Negative Emotional Experiences. *Journal of Personality and Social Psychology*, 86, 320 - 333.

WHO. (2001). The World Health Report: 2001. Mental Health: New Understanding, New

Hope, http://www.who.int/whr/2001/en/.

WHO. (2003). Investing in Mental Health. World Health Organization, Geneva, http://bpp.wharton.upenn.edu/betseys/papers/Happiness.pdf.

Yin, R. K. (2003). *Case Study Research: Design and Methods* (3rd ed.). Thousand Oaks, C. A. : Sage.

Zika, S. & Chamberlain (1992). On the Relation between Meaning in Life and Psychological Well-being. *British Journal of Psychology*, 83, 133 – 145.

How Happy Enterprising Individual and Unhappy Individual Regulate Emotion: A Comparative Case Study

Ke-li Yin

(School of Education and Management, Yunnan Normal University, Kunming 650500)

/ Abstract /

Happy enterprising individual is the one who is in a superb condition of mental health. Focusing on troubled events and happy events occurring in real daily life, this study used comparative case method to analyze the difference on emotion regulation mechanism between five happy enterprising individuals and three unhappy individuals. The comparative results of in-case and between-case study showed that there were some differences on ways of emotion regulation between happy enterprising individuals and unhappy ones. Happy enterprising individuals had more ways to promote positive emotion rather than to defuse negative emotion, whereas unhappy individuals definitely had no way to enhance positive emotion. As to emotion regulation, happy enterprising individuals were inclined to take immediate constructive methods to boost happiness but paid no attention to negative emotion, and in this way, they could gain positive mental health.

/ Keywords /

regulate emotion, happy enterprising individual, unhappy individual, comparative case study

优秀贫困大学生的心理弹性及其保护性因素的个案研究
——对 A 的个案分析*

刘礼艳 刘电芝**

(苏州大学教育学院,江苏,苏州,215021)

/ 摘 要 /

以质性研究的范式,对优秀贫困大学生 A 进行个案研究,探索其心理成长的动态过程及其心理弹性与保护性因素。遵循质性研究的"目的性抽样"原则,选取典型对象 A 作为研究对象,以深度访谈转换的文本材料、日记、博客等为分析文本。分析出心理成长过程遇到的三个主要任务阶段,探讨了 A 遇到挫折、应对挫折和回顾挫

---

* 基金项目:江苏省高校哲学社会科学研究重点项目:社会转型中弱势群体的心理成长与社会支持研究(课题批准号:2011ZDIXM041)、江苏省体育局体育科技项目:体育冠军心理韧性品质的个案分析及体育人才选拔的韧性品质诊断(立项编号:ST12001204)、江苏省普通高校研究生科研创新计划项目:老有所依——老年人心理弹性形成的要素分析及启示(项目编号:CXZZ13_0780)。

** 刘电芝,E-mail: liudzh@suda.edu.cn

折的整个动态过程,重点分析了应对挫折的过程中,A 的心理弹性品质及其保护性因素。在此基础上总结出处境不利的儿童健康成长的启示,为此类儿童的心理成长提供借鉴。

/关键词/
贫困大学生,心理弹性,个案研究

一、研究问题的提出

随着社会主义市场经济体制的建立,特别是高校实行"招生并轨、缴费上学"制度以后,贫困大学生数目大规模增加。贫困大学生除了与普通大学生一样承担学业压力外,还承担着家庭经济贫困所带来的困扰。逆境环境中成长的个体心理上呈现两极分化,部分个体自强、自立,甚至成为著名的成功人士;部分个体则自暴自弃,延续弱势特征,甚或敌对、扰乱社会,成为社会的不安定因素。在贫困大学生群体内部,虽然存在一些因经济困难而有自卑、自暴自弃等心理问题的大学生,但同时,也有一些大学生愈挫愈勇,坚强,乐观,能很好地应对逆境和挫折。究其原因,造成这种差异的原因很大程度取决于其心理弹性水平。亨特和钱德勒(Hunter & Chandler, 1999)提出了心理弹性的层次模型,认为具备最低层面心理弹性的个体通过暴力和侵犯来保护自我,中间层面的个体通过拒绝和防御,高级层面的个体则是积极调动资源灵活处理压力。那么心理弹性是如何形成的呢?一个心理弹性好的个体具有哪些品质和保护性因素呢?

心理弹性(Resilience),也叫心理韧性、复原力、抗逆力,是个体应对压力、挫折、创伤等消极生活事件的能力或特质(Werner, 1995;Lazarus,

1993)。心理弹性的保护性因素主要是指社会支持（social support），是指个体能获得的来自他人（家庭、朋友、同事等）和社会各方面的心理上和物质上的支持和援助（Bishop，1993，pp. 170 – 173）。

曼德尔科和皮里（Mandelco & Peery，2000）在总结前人研究的基础上提出弹性特质的形成包括内、外部因素。内部因素包括智力、认知方式、人格特点等。外部因素指家庭内因素（家庭环境、教养方式等）和家庭外因素（学校、社会公益机构等）。各种因素相互影响，在内部因素缺失时，如果外部因素能及时补偿，也能够达到良好的心理适应。理查森（Richardson，2002）认为保持弹性的核心是动态平衡。在心理成长方面，对心理弹性起关键中介作用的是内部和外部"保护性因素"，保护性因素能减轻不利处境对儿童的消极影响（Rutter，1987）。

上述研究无疑为我们研究心理弹性及其保护性因素提供了理论基础。但目前更多的是通过定量的研究，是一种对现状的揭示。而对心理弹性是如何一步一步形成的动态过程，只是理论的构想，缺乏进一步的深入研究。本研究拟用质性研究的方法，从一个典型个案入手，深入分析优秀贫困大学生心理弹性的动态形成过程，以期为处境不利儿童的心理成长提供借鉴。

二、研究方法

(一) 研究方法的选择

本研究是对典型个案进行分析，是属于质性研究。质的研究关注的是过程、意义和理解。个案研究能对微观的、深层的、特殊的心理现象进行深入细致的描述与分析，能了解被试复杂的、深层的心理生活经验，它适合于动态研究，可以对心理事件的整个脉络进行详细的动态描述。本研究主要是分析优秀贫困大学生面对贫困等挫折的一系列感受和动态的心理成长过程，是个案研究。

（二）研究对象的选择

本研究的对象抽取遵循质性研究中"目的性抽样"原则中"校标抽样"的具体策略。"校标抽样"指的是：事先为抽样设定一个标准或一些基本条件，然后选择符合这个标准或这些条件的个案进行研究（陈向明，2000，pp. 108—109）。本研究对象为优秀贫困大学生，抽取的大学生需要符合以下五个条件：（1）家庭贫困，进入学校贫困数据库。即学生家乡所在地的民政局审查认可备案、学生向学校提交申请和证明材料、学校认可纳入学校贫困数据库的学生；（2）SCL-90测试结果显示，各因子平均分数不大于1.8、表现出良好的心理健康状况者；（3）学业成绩突出、在校期间获得过国家奖学金或学校奖学金至少两次以上者；（4）担任班级或学校有关组织重要职务、在职位上有突出表现、获得过"优秀学生干部"荣誉称号者；（5）辅导员推荐、班级同学认可者。本研究通过采访24名优秀贫困大学生，数据达到饱和状态，即在后续访谈中得到的资料只是对以前收集资料的重复，就说明访谈次数已经足够了，于是结束了访谈过程。在此过程中，一个典型案例——A继而凸显出来。A在优秀贫困大学生中具有代表性，且具有特异性，是值得研究的个案，于是我们进一步深入收集A的资料。A，25岁，家住农村，父母以务农为生，家里有五个孩子，两个在上大学，一个在读高中，家庭经济困难。同时A在高三（2004年）患红斑狼疮，这个免疫系统疾病至今还没有特效药，所以A至今还在吃药维持治疗，2010年又得了肺结核。贫病交加，A遇到的困难是很多人无法想象的。但是A没有被困难压倒，一直是一个十分优秀的学生。A现在是某211重点高校的一名三年级硕士研究生，学业成绩突出，在校期间曾获得过国家一等奖学金、朱敬文奖学金、自强自立标兵等，担任过班级学习委员，获得过"优秀学生干部"荣誉称号，SCL-90 测试结果显示，心理健康良好。A 读研期间因病休学一年，不仅未延期毕业，而且依旧是本年级中优秀的学生，完成论文五篇，已发表论文两篇，其中一篇发在中文核心期刊上，剩余几篇正在审稿中。参加了导师著作中一章的撰写，约 18000 字（2011 年已出版）。在本研究中，经济贫困和疾病是 A 承受的双重压力。

（三）研究资料的收集

个案研究依赖于收集详尽的相关资料。本研究收集的资料包括对 A 的访谈资料、A 的日记、日志以及博客。

我们在 2011 年 11 月 1 日对 A 进行了访谈。访谈运用生命线访谈法，生命线图是为了帮助访谈对象更好地回顾其生命历程，聚焦对访谈对象影响深刻的关键事件。如图 1 所示，在生命线图中，横坐标轴线表示年龄，右侧的实线代表现在所处的点，实线左边是已经经历的人生，右边是未来；纵坐标代表某时期的感情起伏程度，越往上越开心，越往下越悲伤。我们要求访谈对象在生命图上标出高峰和低谷时期的年龄，同时将这些时期对他产生深刻影响的关键事件，用圆点标出，之后再把圆点用曲线连接起来。整个曲线可以描述访谈对象的人生道路及其感受。之后根据 A 所标注的图，针对关键事件进行访谈，了解她在具体事件上的感受、应对措施、受到的支持等，访谈进行了 2 小时 42 分钟，后来在需要的情况下又进行了一次补充访谈，进行了 34 分钟。经同意访谈过程中全程进行了录音，将录音转录为文本，作为原始分析文本的来源之一。

同时，出于 A 对我们研究的支持，我们得到了她的一些日记，作为我们的原始分析文本的来源之二。征得同意，我们对她日志和博客上的资料进行了整理，作为我们的原始分析文本之三。

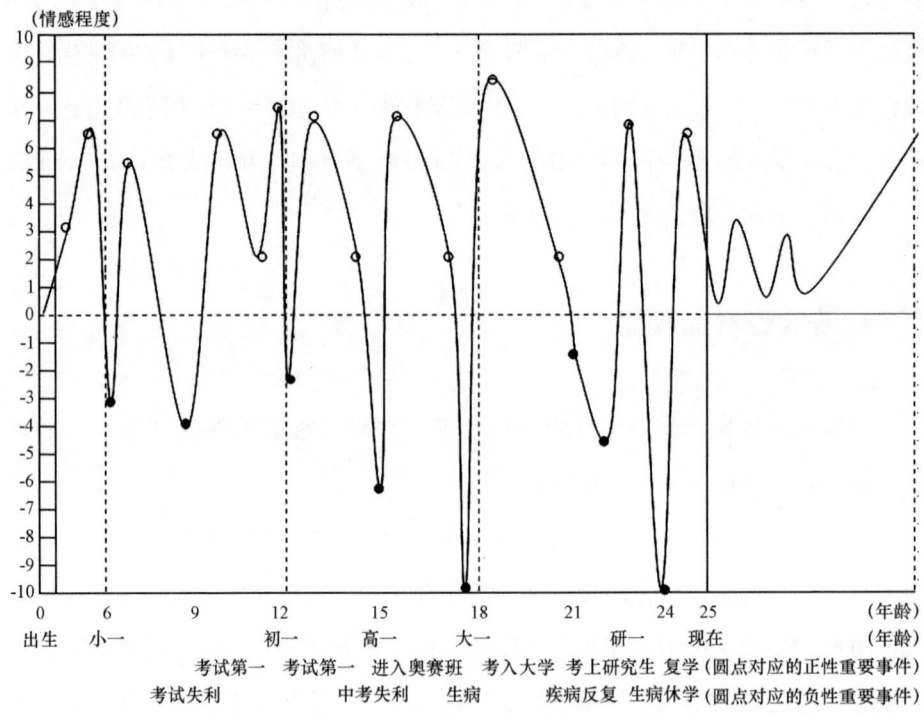

图 1　A 的生命线图

（四）研究资料的分析

本研究对研究资料的分析主要采用类属分析法和情境分析法。

类属分析是指在资料中寻找反复出现的现象以及解释这些现象的重要概念的一个过程，在这一过程中，具有相同属性的资料被归入同一类别，并且以一定的概念命名（陈向明，2000，p. 335）。本研究以此来寻找 A 的心理弹性品质和保护性因素。

情境分析法是指将资料放置于研究现象所处的自然情境中，按照故事发生时序对有关事件和人物进行描述性分析。这是一种将整体先分散再整合的方式，对事物作整体和动态的呈现，注意寻找将资料连接成一个叙事结构的关键线索（陈向明，2000）。本研究将 A 的心理成长历程和心理弹性品质及其保护性因素采用一个个情境片断来展现。

三、心理成长过程中遇到的主要任务

（一）学龄前阶段（0—5 岁），亲子关系建立和游戏为主要任务

学龄前，A 的主要任务是亲子关系的建立和游戏。上学前，A 主要是在家里度过，和奶奶、爸爸妈妈以及两个姐姐一起生活。A 的记忆不是很多，但主要围绕的是与亲人的相处和游戏。A 回忆道：

> 小时候家里的氛围挺好的，父母们都挺和睦的，也都挺疼我的，因为在我四岁前，我都是最小的。因为孩子多，家里种了很多田，上学前没人哄，就跟着他们到田边玩，有时候，就边干活边教我数数，回答我很多"这是什么？它为什么长成这样？"等诸如此类的问题。不和他们在一起的时候，就是和姐姐们在一起玩。

如 A 在 2004 年 11 月 30 日的一篇日记中回忆小时候的生活道：

> 记得最深还是四岁半的时候跟着爸爸、奶奶去棉花站去卖棉花，因为那次是有任务的，就是照看载棉花的板车，我很无聊但是也必须尽责，最后还受到了表扬。

可见，家长从小交给任务，可以培养孩子的责任心。哪怕孩子还很小，也是能够完成力所能及的任务的。

A 访谈的时候也谈到：

> 小时候和姐姐们一起玩，村里也有很多玩伴，所以像丢沙包、踢毽子、拔河、抓石子、拍纸片、捉迷藏等游戏，玩得乐此不疲。

（二）青少年阶段（6—17 岁），学习任务为主要任务

A 是六岁开始上小学的，从上学开始直到高中毕业，学习就成了 A 这个生命段中的主要任务。在图 1 中，A 生命线的起伏绝大部分与成绩的起伏有关。如在访谈中了解到：

> 二年级（7 岁）考得不好，拿成绩单前，我爸问老师我考得怎么样，他说不怎么样，我当时就蒙了，很伤心，回家就躺在床上。
> 四年级（10 岁）得了全校第一，所以特别开心。
> 初一（12 岁）第一次期中考试很偶然地得了第一，之后整个初中都是班级第一、第二，老师也挺关照我的。
> 中考（15 岁）的时候考得不好，看到成绩整个傻掉了，很伤心。
> 然后进高中（15 岁），进去一个月就月考，而且还按成绩分班。然后我被分到奥赛班了，所以高兴极了。

可见 A 的情感起伏与学习成绩紧密相关，老师的鼓励和肯定是 A 成长的动力。

(三) 青年早期阶段（17—25 岁），与疾病共存和学习为主要任务

在 17 岁的时候，A 患了红斑狼疮，23 岁又患上了肺结核，从此和疾病的抗争和共存成为除学习以外的又一个主要任务，是生命中的重要组成部分。A 的生命线图中，最低而且都达到了最低点的两次就是分别患红斑狼疮和肺结核的时候。A 说：

> 红斑狼疮是一个慢性自身免疫性疾病，现在没法治愈，只有用激素维持，而激素的副作用又很大，所以在控制住病情之后也要定期去医院复查的。大学期间基本上一个月去医院复查一次，而且病情还会随着气候和自己的劳累程度而变化。所以从此与医院杠上了。……2010 年得了肺结核，由于具有传染性，必须休学，开始了无奈的一年休学，这一年处于专攻疾病的状态。

同时，这阶段也要兼顾学习，毕竟学习是学生的本分。

四、应对挫折的过程

综合分析而言，A 遇到的挫折主要有三类。第一类是考试失败，第二类是贫困，第三类是疾病。那么 A 在遇到挫折时的感受是怎样的呢，她是如何应对，又是如何反思的呢？

（一）遇到挫折

1. 考试失败的感受

在 A 的生命线中主要有小学二年级（7 岁）和中考（15 岁）两次考试失利，两次失利的她都用"伤心"来形容，在情感程度上分别是 -4 和 -7 的分值，即都是处于负性情绪，中考失利比前一次更甚。A 在访谈中提到前一次的感受：

> 听说这次要发小红花了，然后我还给我爸妈说这次去就能拿小红花啦，但是呢，那次考得不好，没拿到小红花……只觉得很丢人。

中考失利的感受：

> 当时去拿成绩单的时候我是骑车过去的，大概一个多小时的车程。然后看到成绩整个傻掉了，是我初中考得最烂的一次，最重要的一次我掉链子了。当时是在班主任那里看成绩的，看到这样的成绩，我只想快点走掉，我觉得自己太让他失望了。出来之后，我整个人都是木的，我不想马上回去，我不知道怎样去对家里人说，他们可是对我寄予了很高的期望的，于是就骑着自行车绕着我们的县城绕了几圈。回到家后，家里人问我考得怎样，我说考得不好。他们看着我的神情也没敢多问，我的整个人还是混沌的，也没有多说，反正当时是很伤心的。

2. 遭遇贫困的感受

在 A 的生命线中，A 没有因贫困而起伏。可是在问到现状时，A 说：

> 我从小经济条件就不是太好，毕竟在农村，而且小的时候，家里五个孩子读书，经济可想而知。但又没到那种饿肚子的状况。哦，不对，我初中的时候，有一年我们那干旱，家里颗粒无收，那年我尝到了吃不饱饭的滋味。那时候饭很少的，米饭下面会放红薯、南瓜什么的，很多时候是吃不饱，但是每次盛饭，不会盛很多，因为饭就那么一点，你多吃了，别人就没得吃了。当时父母们会盛很少的饭，想省给我们孩子长身体，我们会不忍心，会帮他们多盛点，因为他们还要很辛苦地干活。

在 A 2004 年的日记里更具体地透露着贫困的感受：

> 昂贵的医药费仍然使我痛心不已，父母们种田不已。
>
> 到街上各处一看，才发现自己真的好穷，想买一双凉鞋，却到处都是比自己口袋里的钱还多的价钱。

在第二次访谈中，问到在与别人交往中，感受到自己贫穷了吗？A 说道："有羡慕吧，估计偶尔也有自卑，但更多的时候我对这方面不太关注，而且我这个人比较知足，觉得有吃有住身体健康就挺好的啦，所以能够坦然处之。" A 谈到："当然，也想改善贫穷的现状，想通过自己的努力去挣钱，去孝敬父母，然后让父母不要那么辛苦。"

3. 遭遇疾病的感受

在 A 的生命线中，两次最低点就是生病的时候。在疾病面前，A 感受到了害怕、恐惧、绝望等负面情绪的冲击，感受到了生命的脆弱。

> 有一次，有人看到我脸，就问我怎么回事啊，我就说红斑狼疮，他就说，红斑狼疮很厉害的，会死人的，是绝症。当时我对红斑狼疮还不够了解，听到的其他信息，也都是这一类的。所以当时一听，我眼泪就刷刷地流下来了。我每天都去宿管那熬药，当时我听到就受不了了，跑到宿管的水房把水龙头打开，就哇哇地哭。我以前很不爱哭的，小的时候被钉子扎流血了都不哭的。

在 A 的日志里，从另一个角度来描述了当时的另一种感受：

> 整张脸带着鼻子都红肿起来，头发也像失了根似的脱落，牙龈莫名其妙地出血……其实我能忍受关节疼痛、头昏脑涨、腿脚发肿、带状疱疹……唯一不能接受的就是变得自己都不敢不愿不想不忍看的肿胀的被一只栩栩如生的鲜活的紫红色蝴蝶占据着的脸。

A 在访谈中也透露：

> 我当时的回头率是 200%，真的很多人都扭头看我。自己当时的感受就是，唉，把别人吓着了，真不好意思，以后走路低着点。当然心情不好的时候也会想，你看什么看啊，然后把头抬起来，让他看个够。

A在访谈中提到：

得肺结核的时候，还是挺伤心的。当时虚弱无力，而且经常咳嗽到肺疼等，其实身体上的虚弱和疼痛倒没什么，我对生病已经习惯了，更多的是精神上对传染病的恐惧、人际交往上的纠结和学校规定的必须休学。记得当时第一次去传染病专科医院时，我的整个身体都是紧绷的，我知道我在害怕，我在抗拒。因为得了传染病后，患病就不是自己一个人的事情了，就是涉及到其他人的事情，这是和红斑狼疮最本质的区别，这也是为什么这个病没有红斑狼疮重，但我的分值也达到了 –10 分的原因。记得出院后的有一天，准备过几天就休学回家，到同学处拿东西，经过我原宿舍的时候（得病后我就一直住在隔离宿舍），看到我原宿舍的床上的被子还铺着，想想一年不回来，应该整理整理，就经过宿舍同学允许进入房间整理被子，前后不过十分钟我就出来了，中途回来了一舍友，脸色就不好看了，接着就因为我进去几分钟的事情，舍友们闹到了学院里。允许我进去的舍友也给我打电话哭说，你当时为什么要进来，你就没想到我们会害怕吗？当时我就蒙了，伤心透了，我没想到会这样，我都已经治疗一个月了，医生都说我已经不传染了，我才出院。几位舍友本科就是我同学，一直相处不错，怎么现在就不想想我的感受？

A的日记透露出感情上的受伤：

其实你们做的那些事情我能够理解，但感情上无法接受。我理解你们的恐惧，我也不想传染给你们，但是你们要知道现在生病的人是我，同宿舍五年了，你们考虑过我的感受吗？

(二)应对挫折

1. 心理弹性

心理弹性即应对挫折时的品质。

（1）心态上乐观

在心态上，A 表现出来的品质：接受现实、乐观、不服输。在访谈中，A 说：

> 不管现实怎么样，只要去面对了，接受了，就解决了一半了。
> （中考失利）事情就已经这样了，没有别的办法，只能接受。再说还有学上，在别的学校也一样可以考大学的。哈哈，就这样安慰自己。
> 生病的时候，我确实很恐惧，但是，后来我接受了这个现实，我不能改变它，我就必须接受它，与它共存。……很多时候，我会这样安慰我自己，好歹还活着，还能继续求学，别的人得了这个病，很多连命都没了，自己已经算好的啦，可以知足了。

可见，A 接受了现实，并且能够乐观地安慰自己。

在日记中，A 记录着自己的不服输：

> 红斑狼疮教会了我不要在意别人的眼光，如果你对一件事情无能为力改变什么的话，那不是你的错，走自己的路，让别人去说吧。……我要像正常人一样活着，别人能够做的事情我也能做。

在补充访谈中，A 谈到面对贫困的现实以及坦然的态度：

> 我一直知道自己经济上不富裕，我接受这个事实，我并不觉得丢人，这是个历史遗留问题，我能做的是，我以后去改变它。我经常开玩笑说，我找不着工作，家里还有我的三亩田呢，当农民饿不死。

在谈到怎样形成这样的心态的时候，A笑道：

> 具体我也不知道，也许是受我爸的影响吧，我爸遇事总是说，没什么的，车到山前必有路，船到桥头自然直。估计潜移默化地受到了影响，之后就慢慢地形成了吧。

也许正是心态上的乐观让A能够坦然面对挫折和压力，在困难面前还能够微笑。

陈建文和黄希庭（2004）的研究表明乐观性是中学生心理韧性的重要成分，研究表明乐观者对逆境的应对要比非乐观者好。每个人一生中都会遇到这样或者那样的困难与挫折，乐观者更可能会迎头去处理问题，使用积极的应对策略。

（2）认知上积极

在认知上，A的表现主要是看书，进行积极的认知，豁达，善于反思，给予自己积极的自我暗示。

在访谈中，A谈到：

> 我挺喜欢看书的，超爱看书的那种，本科一、二年级的时候每年至少看了有100本，当时的课余时间我全部用在看书上了，觉得那是一种享受。其实我喜欢看书估计也是受我爸的影响，小时候记得农闲的时候，爸

爸很喜欢拿着书在那看，之后我识字了也会跟着他看。后来我从书中发现了更大的乐趣，就更是一发不可收拾了。

在 A 的日记上也随时能看到某本书的读后感，可见书籍对 A 的影响也是挺大的。在访谈中，也处处透露着 A 善于进行积极的认知：

我觉得中考失利也不是坏事，它让我不要骄傲自满，知道自己还有很多不足，还需要努力再努力。……其实因病休学很无奈、很伤心的，但是回家后就觉得能和父母相处一年时间也是一件很幸福的事情。其实，我们家里人都是这样吧，穷乐穷乐的，如果不辩证乐观地来看，会很苦的。开始好像是有意识地这样去做，后来就能够自动去积极地认知了。

当问到现在复学后和舍友关系怎么样时，A 说道：

现在挺好的。当时认知上理解但是感情上不能接受，回家后，就慢慢放开了，我觉得正因为我受伤了，我才更要原谅他们，因为只有放下，才能重新开始前行，要不然心里永远有受伤的感觉。而且在我生这个病之前，她们也一直对我蛮好的，我不想因为这些事情，五年的友谊就这样没了，他们当时是真的恐惧，我能理解。

在 A 的一篇博客上写道：

虽然长期患病在身，但这份经历本身是一笔财富。它让我感受到父母、亲人、老师、同学以及社会上的好心人对我的支持与关怀；它教会了我用豁达的心胸、感恩的心去面对生活；它引导我体味生命的可贵与爱的无价。

再看 A 的日记,特别是高考一百天系列日记时,我看到的最多的一句话,也是每篇的结束语,即以"加油,A!"开头,后面跟上一句激励自己的话,如"相信自己,相信未来"、"珍惜时间,提高效率"或"用行动来证明自己"等等。胡月琴和甘怡群(2008)的研究也表明积极认知是青少年心理韧性的重要组成部分。正是这种积极乐观的认知才会促使 A 能够克服常人难以克服的困难,面对生活中的一个个打击。

(3) 意志力上坚强

在意志力上,A 表现的主要是坚强、有毅力。在访谈中,A 谈到:

> 在医院时,我当时还是蛮强悍,做气管镜是用一根长管子伸到气管中到接近肺的地方,取一些痰液作检查。每次都有窒息的感觉,非常难受,但是我一直忍着,出来之后还笑了笑,当时痰吐出来都是带血丝的。

A 在谈到红斑狼疮时,说最需要她有勇气去面对的是脸上的蝴蝶斑:

> 我应该还算比较坚强的吧,如果不坚强的话,估计早垮了,特别是貌似毁容地度过了一个女孩最好的青春年华。

A 的日记中写道:

> 生活教会了我坚强,在疾病面前,没有人能代替我,唯有自己坚强面对。

在看 A 的高考一百天系列日记时，觉得在那么紧张的学习压力和疾病困扰的情况下，能够一天不落地记下每天 500 字以上的日记，还真的需要毅力。谈到怎样形成坚强的品质的时候，A 笑道：

穷人的孩子早当家吧。我觉得我家里人都很坚强，我爸妈们总是早出晚归，披星戴月地做农活，很苦，很累，但是为了我们还是努力去做。在那样的环境中，耳濡目染，自然形成的吧。

正是这种坚强、自控性才让 A 能够在面对挫折时不屈服。

(4) 行为上苦中作乐

在行为上，A 表现的主要是积极主动学习、对事情认真负责、苦中作乐。在访谈中，A 谈到：

在学习上是蛮认真的，从小学到大学，估计是习惯吧。研二那年休学在家，我也没有完全放松对学业的要求，我按期完成了导师布置的学术任务，并主动超额完成任务，在家自学课程，希望能够把落下来的知识补上。

据 A 的指导教师介绍，A 并未因为休学而放松自己，他休学那年完成的科研任务远远超过老师的安排，自己主动找事情、做科研，不到一年时间就完成五篇科研论文，还负责帮助同学修改了一篇，成为完成任务最多的学生。

其实我总喜欢在所做的事情中找点乐趣，记得当时（高三）生病跑步对于我来说是一件很累的事情，我就告诉自己，把跑步看作游戏就好过了，于是跑步的时候变换姿势和想法，就真的就像游戏了。

> 大学的时候，有个老师讲课讲得不好，照本宣科的那种，很多人都不愿意去听他的课，我没有逃过课，因为我总是想，能做大学老师，总有两把刷子，看看这节课能在他的课中听到什么有意思的信息，就这样一直坚持下来。
>
> 我觉得苦中作乐挺享受的，原本无趣的事情就可以变得有趣起来。我记得第一次无意中这样做的时候，自己不觉得，后来自己反思为什么之前很无聊后来不觉得的时候，才明白自己是在其中找到了乐趣，之后就慢慢地尝试运用这种思维和方法了。

也许正是有了这种苦中寻找乐趣的精神，才使 A 总是这么积极乐观。遇到具体问题时，乐于并能够享受面对困难的过程更容易表现出色且感觉良好。

2. 心理弹性的保护性因素

心理弹性的保护性因素即应对挫折时的社会支持。这里我们主要分析的是 A 感受到的社会支持。

（1）感受到的家庭的支持

在家庭的支持上，A 感受到家人物质上的支持、情感上的支持以及行动上的支持。访谈中，A 谈到：

> 虽然家里经济挺困难的，除了让我们吃饱穿暖，父母还坚持供我们上学，这一点我觉得他们很伟大，因为我们村学习风气不是太好，很多（人）初中毕业就出去打工了。

这是经济上的支持，还有情感上的支持：

> 记得，我中考失利，有一次午睡流泪了，具体原因我也不知道是什么，我妈进来看到了，就出去和我爸说，A这次没考好，不要说她了，她自己已经很难受了，梦里面眼泪都流出来了。这是我后来听我姐说的，所以家里人不仅没有责备我，还安慰我说又不是没有学上了。
>
> 研二休学回家，因为病的传染性，我不让家人靠近我，他们说他们不怕，依然每天把我的房间当成活动聚集地。虽然我每次都会刻意离得远点，但是心理还是挺温暖的。

行动关怀也处处可见：

> 在生病的时候，家人的关怀真是无微不至，第一次生病，家里来人到学校附近照顾我的生活起居，第二次生病休学回家，我妈每天都炖滋补肺的汤给我喝。

路特（Rutter, 1987）发现儿童的心理弹性与个体特征、家庭环境和家庭外的社会支持水平密切相关。席居哲和左志宏（2006）的研究表明心理弹性与父母的教养方式、家庭文化环境（家庭生态系统）有关。可见正是A感受到的家人的支持，让A能够在面对困难时具有安全感，更加具有心理弹性。

（2）感受到的学校的支持

在学校里，A最多地感受到老师和同学的支持。访谈中，A谈到老师的肯定和激励：

> 初二的一个物理老师对我很信任，有一次他对我说，你是有实力的，现在你在这儿，生活在这个小圈子里面，以后要走出去，走出去你会发现外面更精彩。老师的肯定与期望对我是极大的激励。

> 高三的时候，我班主任找我谈话说，虽然你现在身体倒了，但是精神不要垮。这句话一直激励着我。
>
> 大学期间，如果有什么补助，辅导员一直会想着我。很多老师都在精神或物质上支持过我，尤其是研究生阶段，我的指导老师对我帮助很大，不管是在学术上给予我的机会和指导，还是在生活上的关心和帮助，我能感受到她是真心地帮助我，我感觉自己很幸运。

可见，老师的肯定、鼓励以及帮助是支撑A发展的重要来源。路特（Rutter，1987）指出，在不和谐家庭环境中长大的孩子，如果在学校里能取得好的学习成绩并且有专心细致的老师给予指导，更有可能表现出良好的心理弹性。可见老师的支持让A更具有心理弹性。

A在访谈中提到同学朋友的支持让她很幸福：

> 我每个阶段都有那么一两个很好很好的朋友，大家一起吃饭，学习，生活，能够相互安慰，相互鼓励。在生病期间，很多同学都给予了情感上的帮助。记得我研一时因红斑狼疮复发住院，指导老师让团队的人分拨去看我，再加上本科的十几个同学也是分拨来看我，我住了二十八天的院，感觉很幸福。其实那次住院我没有把它看成低谷，甚至把它看成很快乐的事情。我深深地感受到了友谊，感受到了很多的支持。患肺结核的时候，虽然一段时间舍友关系处得不太愉快，但是想想她们之前对我也蛮好的，怕传染也是人之常情，因此现在相处也挺好的，而且当时研究生导师和同门同学对我物资与精神上的支持挺大的，帮我度过了那段不好过的日子。

可见，A的宽容与感恩的心态，使A获得了充足的来自同学与朋友的社会支持。席居哲和左志宏（2006）的研究表明同伴支持与心理弹性密切相关。

正是来自于同伴的支持让 A 能够挺过艰难的时期。

（3）感受到的其他社会支持

A 在博客上写道：

> 很容易认同一个人，可能是很容易看到其他人身上的闪光点吧。这样挺好，因为可以不断地学习别人地优点，进而完善自己。

在访谈中，她提到：

> 记得住院的时候，有位病友，三四十岁了，她就说在与人交往的时候，你不要怕吃亏，你吃了一些亏别人都是知道的，吃亏是福。我觉得很受教。

A 在日记上有几篇写给资助人的感谢信。在访谈中，她也提到：

> 社会上也有一些好心人给予我过物质上的帮助，其实他们的精神也激励着我，我想以后我也会积极参与慈善事业，把爱心传递出去。

可见，A 善于从不同途径学习，发现社会支持、感受社会支持、回馈社会支持是 A 的一大特点。胡月琴和甘怡群（2008）的研究表明人际协助是青少年心理韧性的重要组成部分。贫困生复原力水平与社会支持存在高度的正相关（滕沁，张宁，2009）。可见，A 感受到的其他社会支持也促使 A 拥有良好的心理弹性水平。

（三）回顾挫折

A 在回顾挫折时，说道：

> 其实不同的挫折，带来的心理体验不同，同时应对方式也不同。我主要遵循一个原则，即一个格言：要用勇气改变可以改变的事，用胸怀接受不能改变的事，并用智慧分辨两者的不同。比如学习上遇到困难，我知道能够通过努力去改变它，我会尽力去克服困难。比如经济困难，生病，不是我暂时能够改变的，我接受这个现实，我能做的就是尽自己的能力使其有一点点好转。

接受事实、努力改变是 A 的又一重要特点。

关于社会支持，A 在访谈中提到：

> 用感恩的心面对社会支持能够很好地促进自己去面对困难，克服困难。

在博客中，A 提到：

> 很感激所有关心我的人，是您们给了我面对疾病的勇气，给了我前进的动力，让我看到未来的曙光，谢谢！

同时 A 还把感恩转化为助人的动力。在访谈中，A 提到：

当时（高三）因为生病我不得不成了走读生，我就主动帮同学们带东西。很多时候是挺乐意的，但是心情不好的时候也会感到烦，因为当时学习任务重，每个人都是争分夺秒地学习，我每次吃完饭后还要进行一番采购，蛮耽误时间的，不过很快调整过来，觉得毕竟自己方便，能帮还是要帮的。

（四）应对困难过程的相互作用

从 A 应对困难的过程来看，正是 A 经历的挫折，直接或间接地培养或加强了 A 心理弹性品质和保护性因素的形成；也正是 A 拥有的这些心理弹性品质和保护性因素，才让 A 在困难面前能很好地应对。如在 A 生病的过程中产生的"我要像正常人一样活着，别人能够做的事情我也能做"这种认知，培养或加强了 A 的不服输精神；同时也正是 A 的这种不服输精神，让 A 在面对疾病时选择了坚强勇敢地面对和应对。

心理弹性品质及保护性因素必须具备一定的数量才能发挥作用，即不是指具备一两个品质即可，品质之间的相互作用也很重要。有研究表明，弹性儿童在任何一个时间点上都至少存在三个保护性因素（曾守锤，李其维，2003），本研究结果也同样表明，正是因为 A 同时具备乐观的心态、积极的认知、坚强的意志力、表现在行为上的积极主动学习、对事情认真负责、苦中作乐等心理弹性品质以及来自家庭、学校和社会上的心理弹性保护性因素，才得以抵抗遭遇的各种逆境与挫折。如果没有乐观的心态和积极的认知，A 在面对困难和挫折时就会陷入悲伤和苦闷，进而不会以积极的态度去面对；同样，如果没有坚强的意志，A 在应对困难遇到瓶颈期时，就不会选择坚持下去；而即使有了乐观的心态、积极的认知和坚强的意志，如果不付诸行动，一切都是镜中花、水中月；同样，没有来自家庭、学校和社会上的支持，A 在应对困境的路上就要难走很多。可见，正是同时具备这些心理弹性品质和保护性因素，才让 A 能够很好地应对来自考试失败、贫困、疾病等生活中的困难和挫折。

五、研究的效度

在质性研究中，常用"效度"来评估质性研究的质量，即研究的结果是否反映了研究对象的真实情况。常见的验证手段有：研究者检核、研究对象检核、资料之间的相互验证等。（刘电芝，2011，p. 150）

研究者检核，在本研究中，研究者在整理和诠释阶段，不断返回加以审查，看是否按照不同主题或类属诠释了文本，组织的文本是否恰当地诠释了心理弹性及其保护性因素这个研究问题。

研究对象检核，本研究中，在文本建立之后让研究对象校对了访谈文本，证实访谈内容是属实的。在文章成文后，研究者也让研究对象核查，看看文本是否正确地得到诠释，诠释的意思是否有偏离，最后得到研究对象的认可。

资料之间的相互验证，本研究中，主要是通过各种文本之间的比较，看反映的经验事实是否一致。如访谈中研究对象讲述的某一特定事件的时间、地点和背景与她在日记或博客中论述的是否一致，最后没有发现有冲突的地方，相互之间得到了印证。

六、启示

个案研究法对个别研究对象的细致了解远远胜过其他研究方法，但它具有个别性，不能确定因果关系，在推广性上有所欠缺。但是我们还是可以从研究对象的经验中得到一定的启发。在本研究中，A 作为一个优秀贫困大学生，能够很好地面对贫困和疾病的压力，其心理弹性的品质和保护性因素，可以为弱势家庭儿童的心理弹性培养提供一定的启示。弱势家庭儿童，在面临学习压力的同时，还同时面临经济困难等弱势的压力，只有培养了心理弹性品质和拥有了良好的心理弹性保护性因素，弱势家庭儿童才能更好地健康成长。

(一) 积极培养弱势家庭儿童的心理弹性品质

首先，要培养弱势家庭儿童正确地面对贫穷并培养积极的认知观。要让儿童意识到贫穷不是他的错，既然家庭贫穷，就要接受贫穷的事实，不卑不亢，相信自己未来有能力改变这个现状。培养儿童辩证乐观地看待贫穷。贫穷确实会让日子过得更苦一点，但是，穷人的孩子早当家，只要善于学习，积极对待，贫困并不一定是坏事，儿童可以从贫困中获得很多东西，如坚强、韧劲、发奋与吃苦耐劳的品质等等。

其次，要培养弱势家庭儿童坚强乐观、苦中作乐的精神。遇到困难要保持乐观的态度，坚强地面对。如果面对困难不是抱怨、埋怨，而是积极地面对，善于从苦中寻乐，这样就会转苦为乐，不以为苦了。每个人一生都要面对不同的困难任务，如果都能以苦为乐，那么就能很大程度解决成长问题。如何培养这种以苦为乐的能力呢？具体地说可以从三个方面培养：培养期待型快乐，即憧憬事情完成后的喜悦，以增强完成任务的动力；培养消费型快乐，即在任务实施的过程中培养快乐，如 A 在高三重病期间，在跑步时变换姿势和想法，当作游戏，就属这种快乐。培养享有性快乐，即任务完成后获得的成就感、舒适感。如打扫清洁卫生后，看到窗明几净的房间的舒适感、享受感，会再度激发打扫卫生的行为。

再次，要积极地培养弱势家庭儿童的责任心、意志力和感受力。培养儿童的责任心应从小开始，不要因为年纪小就包办代替，可通过交给儿童力所能及的任务来培养；随着年龄的增长，更应培养其改变家庭现状的责任心。培养意志力,让儿童拥有坚持、坚韧的品质,很多时候,只要坚持下去,困难就会解决。这里的感受力主要是指对社会支持的感受能力,社会支持有利于弱势家庭儿童更好地克服困难,这就需要培养儿童对社会支持的感受力,并对得到的社会支持感恩。拥有高的感受力,才会得到更多的社会支持,从而形成良性循环。

(二) 给弱势家庭儿童营造良好的家庭支持

首先,父母要给弱势家庭儿童经济上的支持,再穷不能穷孩子,再苦不能苦教育。要满足孩子基本的生活保障和教育保障。其次,弱势家庭儿童的父母给予情感支持更重要,父母应该善于向孩子表达爱和关心,让孩子体会到父母的爱和支持,增强孩子克服困难的动力。再次,父母应当给予弱势家庭儿童行动支持,做好孩子的榜样。很多时候,孩子不是照着父母的话去做,而是照着父母的行为去做。从行为上给孩子良好的潜移默化的影响。

(三) 给弱势家庭儿童营造良好的学校支持

在学校里老师和同学对弱势家庭儿童的影响最大,应当给予他们良好的支持。首先,老师应当肯定孩子表现出来的能力,并适时地给予鼓励。老师的适时鼓励会产生极大的激励作用。在孩子遇到困难的时候,老师应当给予一定的情感支持,教育和开导孩子,让孩子能够正确看待困难,努力克服困难。其次,同学应当对弱势家庭儿童一视同仁,充当他们的朋友。在学习生活上互帮互助,共同进步。在他们遇到困难的时候,同学可以进行安慰和帮助。

(四) 给弱势家庭儿童营造良好的其他社会支持

政府应当出台一些政策来改善弱势家庭儿童的社会教育环境,让弱势家庭的儿童能够真正享有平等的教育权。社会应当给弱势家庭儿童创造互相尊重的环境,不能让他们因为处于弱势家庭,就会被看不起。同时弱势家庭儿童的亲戚、邻居等也应当对他们进行情感上的支持,在他们遇到困难的时候,给予帮助。

参考文献

陈建文,黄希庭(2004). 中学生社会适应性的理论构建及量表编制. 心理科学, 27(1), 2—4.

陈向明(2000). 质的研究方法与社会科学研究. 北京: 教育科学出版社, 108—109, 335.

胡月琴,甘怡群(2008). 青少年心理韧性量表的编制和效度验证. 心理学报, 40(8), 902—912.

曾守锤,李其维(2003). 儿童心理弹性发展的研究综述, 心理科学, 26, 1091—1094.

刘电芝(2011). 教育与心理研究方法. 合肥: 安徽教育出版社, 150.

席居哲,左志宏(2006). 不同学习压力承受能力高中生的家庭生态比较. 中国心理卫生杂志, 20(4), 231—233.

Bishop G. D. (1993). *Health Psychology: Integrating Mind and Body. Boston*: Allyn and Bacon, 170–173.

Hunter A. J. & Chandler G. E. (1999). Adolescent Resilience. *Journal of Nursing Scholarship*, 31(3), 243–247.

Lazarus R S. (1993). From Psychological Stress to the Emotions: A History of Changing Outlooks. *Annual Review of Psychology*, 44, 1–21.

Mandleco B. L. & Peery J. C. (2000). An Organizational Framework for Conceptualizing Resilience in Children. *Journal of Child and Adolescent Psychiatric Nursing*, 3(13), 99–111.

Richardson G. E. (2002). Themeta Theory of Resilience and Resiliency. *Journal of Clinical Psychology*, 58(3), 307–321.

Rutter M. (1987). Psychosocial Resilience and Protective Mechanism. *Am I Orthopsychiatry*, 57, 316–331.

Werner E. E. (1995). Resilience in Development. *Current Directions in Psychological Science*, 3, 81–85.

A Case Study of the Resilience Factors and Its Protective Factors of Excellent Impoverished Undergraduate — Case Analysis of A

Liu Liyan Liu Dianzhi

School of Education, Soochow University, Suzhou, 215123, China

/ Abstract /

This study try to probe into the dynamic process of psychological growth and the resilience factors and its protective factors of excellent impoverished undergraduate in consistent with qualitative research paradigm. On the following "purposive sampling" principle, typical object A is selected as a research object. Text analysis with in-depth interviews of text materials, diary, blogs. We can see that psychological stage of development process of A can be divided into three main tasks: the preschool stage, adolescent and youth early phases. There are three main types of setbacks which A have: failed in the exam, poverty, disease. The resilience factors are optimism, positive cognition, the strong willpower, sweeten the bitterness of destiny on behavior; the resilience's protective factors are supports from family, school and other community.

/ Keywords /

impoverished undergraduate, resilience, case study

海峡两岸"生命叙事与心理传记学学术研讨会"简介

"生命叙事与心理传记学学术研讨会"是以心理学学科为主的跨学科会议，每年由海峡两岸轮流主办，旨在促进人文取向心理学的发展以及提供一个两岸学术和跨学科交流的平台，至今已先后成功举办了三届会议。关于该主题会议的缘起及各届会议情况简单介绍如下：

2011年9月在台北召开的第七届华人心理学家学术研讨会上，由郑剑虹教授和丁兴祥教授倡议，在台湾龙华科技大学举办三届"生命叙说"研讨会的基础上，适时召开首届海峡两岸"生命叙事与心理传记学学术研讨会"，该倡议得到了龙华科技大学李文玫博士等众多学者的响应和支持。2012年5月18日首届该主题的会议在龙华科技大学召开。海峡两岸81名学者和研究生与会，16篇论文在会议上进行了交流报告。在这次会议上，确定了由海峡两岸每年轮流主办该主题的会议，并创办刊物《生命叙事与心理传记学》（繁体字版和简体字版）。2013年6月26日至27日，第二届海峡两岸"生命叙事与心理传记学学术研讨会"在广东岭南师范学院（原湛江师范学院）举行。88名学者和研究生参会，参会人员学科背景涉及心理学、历史学、政治学、教育学和新闻学等众多领域，共提交40篇论文，会议报告了其中的31篇论文。2014年6月17日至20日在台湾辅仁大学和龙华科技大学召开了第三届海峡两岸"生命叙事与心理传记学学术研讨会"。17—18日由三位台湾学者在龙华科技大学开设质性研究方法工作坊，随后两天的会议分别在龙华科技大学和辅仁大学举行，有 100 名学者和学生参加了本届会议，报告了 62 篇论文，包括 3 场大会主题报告、11 场分组特邀报告和 48 篇分组专题报告。第四届会议将于 2015 年 6 月底在大陆举行。

《生命叙事与心理传记学》约稿启事

本刊分繁体字版和简体字版，由岭南师范学院心理传记学与生命叙事研究所和台湾生命叙事与心理传记学会主办。繁体字版为正式期刊（国际标准刊号），在台湾出版发行；简体字版为集刊，中央编译出版社出版。本刊实行匿名审稿制，每篇文章由两位专家审稿。设有如下栏目：心理传记学：理论探索；心理传记学：实例研究；生命叙事（含叙事心理、教育叙事、生命史等）；口述传记；质性研究。

投稿格式要求：

一、稿件提交：来稿需提交 Word 文档电子版（发送至电子邮箱：smxsxlzj@sina.com）

二、文章字数要求：考虑到本集刊的特点及创新性问题，对稿件字数不做严格要求，但每篇文章最多不超过 3 万字。

三、文题、作者及单位：中文文题一般以 20 个汉字以内为宜。作者姓名列在文题下，单位列在作者姓名之下。单位项依次列出单位名称，单位所在城市和邮政编码，三者之间用逗号分隔。如有基金资助的文章，在文题后面打上"＊"，在页下注中列出"＊"及所对应的基金名称、项目批准号；同时，也一并在首页页下注中列出第一作者或通讯作者的电子邮箱。

四、摘要和关键词：须附中、英文摘要。中文摘要不超过 300 字，为了便于国际交流，英文摘要可长些，但不超过 500 个单词或一页。中英文关键词

3—5 个，每个词之间用逗号分隔。摘要二字之间隔一个汉字。

五、正文：各级标题序号依次用一、（一）、1 和（1），做为一级标题，二级标题，三级标题和四级标题。文中表格采用三线表。根据出现的顺序列出表（图）1、表（图）2 及其相应的名称等。表（图）序及表名列于整个表（图）上方正中间，如有表（图）注，列在表（图）的下方。

正文中引用的研究文献可以作为句子的一个成分，放在引用内容的前面，例如，"张三和李四（2011）认为……"；也可放在引用内容的后面，例如，"……心理传记学与人格学的关系（张三，李四，2011）"。最多列出三个作者，中间用逗号分隔；如是英文作者，两个作者的，其间用"&"号分隔，三个作者的，在第二作者与第三作者之间用"&"。超过三个作者的，后加"等"字或"et al."。如直接引用他人的一段话，可另起一段，缩进两字，不加引号，小 5 号楷体。正文中注释采用页下注（脚注），用符号①、②……在文中标出，每页依序重新编号。引用内容如果为图书文献，要在相应的文中列出引用的内容所在页码，例如，（张三，1998，p. 68）。

六、参考文献：执行 APA 格式的"作者－出版年制"。中文文献在前，英文文献在后，按照作者姓氏字母顺序排列。几种主要文献的书写格式举例如下：

1. 中文文献

（1）引用期刊

作者（出版年）. 文章题目. 刊名. 刊卷（期），页码.

张建人，周晋彪，凌辉（2010）. 鲁迅人格的心理传记学研究. 中国临床心理学杂志，18（3），339—342.

（2）引用专著

作者（出版年）. 书名. 出版社所在城市：出版社.

胡波（1997）. 岭南文化与孙中山. 广州：中山大学出版社.

（3）引用析出文献

作者（出版年）. 析出文章名. 编者. 书名. 出版社所在城市：出版社.

何翠萍（1992）. 比较象征学大师——特纳. 见黄英贵主编. 见证与诠释：当代人类学家. 台北：中正书局.

（4）引用译著

作者译名或原名（采用译名或原名以译著封面作者署名为准）（译著出版年）. 书名（某某译）. 出版社所在城市：出版社.（原著版本语言及出版年）.

沃尔特. C. 兰格（2011）. 希特勒的心态——战时秘密报告（程洪雁译）. 北京：中央编译出版社.（英文版1972年）

（5）引用会议论文

作者（出版年月）. 论文题目. 会议名称，会议地点

郑剑虹（2011，9月）. 心理传记学研究的质量结合模式与资料筛选. 第七届华人心理学家学术研讨会论文，台北.

（6）引用学位论文

作者（出版年月）. 论文题目. 学位，授予学位单位，城市.

朱晨海（2003）. 近现代中国文化名人人格研究. 博士学位论文，华东师范大学心理系，上海.

2. 英文文献

（1）引用期刊（刊名斜体字）

Authur, A. A. (year). Title of Article. *Title of Periodical*. issue, page number.

McAdams, D. P. (2001). The Psychology of Life Stories. *Review of General Psychology*, 5(1), 100–122.

(2)引用专著（书名斜体字）

Authur, A. A. (year) . *Title of Work*. Location: Publisher.

McAdams, D. P. & Ochberg, R. L. (1988) . *Psychobiography and Life Narra-*

tives. Durham and London: Duke University Press.

(3)引用析出文献（书名斜体字）

Authur, A. A. (year). Title of Chapter. In Editor A. & Editor B. (Eds.), *Title of Book*(page number). Location: Publisher.

Crosby, F., & Crosby, T. L. (1981). Psychobiography and Psychohistory. In S. L. Long(Ed.), *The Handbook of Political Behavior*(pp. 195 – 254). New York: Plenum.

(4)引用会议论文（论文题目斜体字）

Authur, A. A. (year). *Title of Paper*. Paper sourse, Location.

Karpiak, I. E. (2008, October). *At Midlife: Crossing a Threshold of Change, Challenge, and Creativity*. Paper presented at National Chengchi University on 2008 International Conference on Creativity Education, Taipei.

(5)引用学位论文（论文题目斜体字）

Authur, A. A. (year). *Title of Paper*. Degree, University, City, Country.

Almeida, D. M. (1990). *Fathers' Participation in Family Work: Consequences for Fathers' Stress and Father – child Relations*. Master dissertation, University of Victoria, Victoria, British Columbia, Canada.

未提及的文献类型，请查阅《美国心理协会写作手册》（英文第5版，中译本，重庆大学出版社2008年版）。

其中中文部分的逗号、括号等标点符号用全角，连接号"—"为一字线。英文部分标点符号为半角，连接号" – "为半字线。不可混用。

已有中文译本的英文文献，如果作者参考的是原著，则按英文文献处理；如果参考的是译著，则按照中文文献中的译著处理。

七、访谈稿：访谈录音稿转录为逐字稿后，要断句，加标点符号。

八、数字：公历世纪、年代、年、月、日、时刻和计量均用阿拉伯数字。

九、字体要求：文题（小二宋体加粗）；作者（小四宋体加粗）；作者单位（小五宋体）；摘要与关键词（小五宋体，1.5 倍行距。"摘要"二字之间分隔一个汉字，关键词之间用逗号分隔，"摘要"和"关键词"这几个字字体加粗）；正文（五号宋体，1.5 倍行距；英文和数字均采用 Times New Roman 字体；图表为小五号宋体。一级标题四号宋体加粗，二级标题五号宋体加粗，三级标题五号黑体，四级标题五号宋体）；参考文献四字顶格，五号宋体加粗；引用的各类参考文献字体为小五号宋体。脚注字体为六号宋体。英文刊名、书名、会议论文、学位论文和网络论文题目用斜体。文中的统计学符号采用斜体。

心理传记学译丛

书名：卢梭与反叛精神——一项心理学研究

作者：[美]威廉·H. 布兰查德

人们都知道卢梭的伟大，却不知道这伟大的来源，本书力图解答这个秘密。正如本书作者所说，理解卢梭的秘密不在于发现他"真实的"、有意识的态度，而在于认识到他内心深处矛盾的价值观。

书名：甘地的真理——好战的非暴力起源

作者：[美]埃里克·埃里克森

在这部备受赞誉的关于甘地的研究著作中，著名的精神分析学家埃里克·埃里克森探寻了当甘地成为非暴力不合作运动的革命领袖时，他是如何成功地从精神上和政治上动员印度人民的。

书名：领袖——一项心理史学研究

作者：[美]查尔斯·B. 斯特罗齐尔
　　　[美]丹尼尔·奥弗

　　书稿对国外历史上杰出领袖的生活、成长经历等进行了心理学层面的分析，涉及柏拉图、林肯、甘地、威尔逊、恺撒·威廉二世、惠特曼等，探索了这些领袖如何把他们个人的使命与神秘性投射到他人尤其是其民众身上，并因此满足甚至创造了他们的追随者们独特的需求。

书名：作为革命者的斯大林（1879—1929）——一项历史与人格的研究

作者：[美]罗伯特·塔克

　　这是一部引入入胜的传记，讲述了斯大林的早年岁月以及1929年作为布尔什维克的领袖上升到权力顶峰的历程……一部堪与伊萨克·多伊彻的托洛茨基系列传记相媲美的图书，开创了斯大林传记研究中人格结构分析的先河。

书名：希特勒的心态——战时秘密报告

作者：[美]沃尔特·C. 兰格

　　这是"二战"期间对希特勒进行的独一无二的专业精神分析的秘密报告。作者深刻地指出，应当"倒过来"阅读希特勒的历史：他的强悍是由于他太软弱；他的歇斯底里是过于抑郁的结果；他对童年的美好回忆，其实正是掩盖紧张、扭曲和创伤的情感慰藉。该报告自1969年解密后，就成为实用心理分析的经典之作。